U0128728

中國國富論

中國經濟：從文化衝突到文明融合

魏　萼　著

文史哲學集成
文史哲出版社印行

國家圖書館出版品預行編目資料

中國國富論：中國經濟：從文化衝突到文明
融合 / 魏萼著. -- 初版 -- 臺北市：文史哲，
民 102.05
　　　頁；　　公分（文史哲學集成；640）
　　　ISBN 978-986-314-114-3（平裝）

1. 經濟發展 2. 中國

550.92　　　　　　　　　　　　102009739

文 史 哲 學 集 成　　640

中　國　國　富　論
—— 中國經濟：從文化衝突到文明融合

著　　　者：魏　　　　　　萼
出 版 者：文　史　哲　出　版　社
　　　　　http://www.lapen.com.tw
　　　　　e-mail：lapen@ms74.hinet.net
登記證字號：行政院新聞局版臺業字五三三七號
發 行 人：彭　　　正　　　雄
發 行 所：文　史　哲　出　版　社
印 刷 者：文　史　哲　出　版　社
　　　　　臺北市羅斯福路一段七十二巷四號
　　　　　郵政劃撥帳號：一六一八○一七五
　　　　　電話886-2-23511028・傳真886-2-23965656

實價新臺幣七二○元

中華民國一○二年（2013）五月初版

ISBN 978-986-314-114-3　　　00640

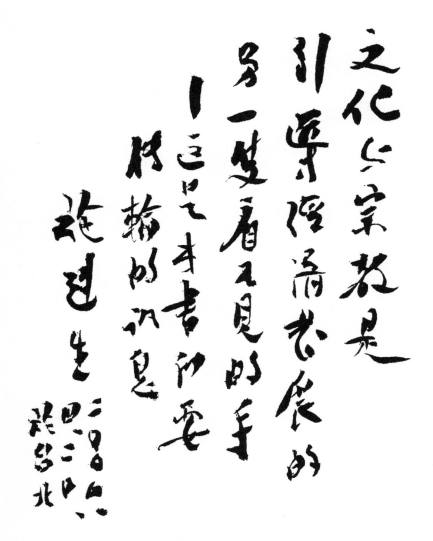

文化以宗教是
引要經濟老農的
另一雙眼及見的手
一定也是可要
內輸的訊息

施建生
二〇〇六
於台北

國富民強　民富國強

互為因果　法無先後

智者善謀　能者果斷

魏萼教授　新著

一個富有中國特色新國富論

庚辰暮春　南懷瑾題

南懷瑾先生　題字

張　序

　　中國文化經常被西方人士所誤解。二十一世紀的中國不僅要使中國遠離貧窮邁向富裕，而且也要肩負起世界文化重建的責任。這首先要使世界人士認清中國文化的本質，特別是儒家文化的真諦。而中國知識份子也要承擔推介中國文化給世界的新時代使命。基本上這要從儒家文化的重新解釋與定位做起；取其精華，棄其糟粕。同時也要使儒家文化在東亞地區徹底實踐，最具體的做法莫過於掃除東方「文化衝突」而趨向「文明調和」的境界。就以經濟思想來說，東方經濟思想中的義與利的結合乃是「文明調和」的結晶。這與日本明治維新時期的企業經濟學家澀澤榮一《論語與算盤》一九二八年的論著，基本上的看法是相同的，也與日本當時的思想主軸「和魂洋才」在意義上是相通的。

　　魏萼教授強調「藏富於民、民富國強」的市場經濟觀念是中國傳統經濟思想的精義所在。他並認爲「永遠有國營事業，但沒有永遠的國營事業」的看法是正確的，因爲國營事業旨在協助培養民營企業而並非整個國家經濟發展永遠的重心。同樣道理，他也引申出「永遠有經濟政策，但並沒有永遠的經濟政策」等主張，這也是中國傳統文化的精義所在。另外，他從過去東亞地區經濟發展經驗來看，政治穩定、經

濟穩定、社會穩定等是國家現代化過程中的重要環節。還有，邁向民主也國家現代化是必然的趨勢，但魏萼教授認為絕對不是政黨政治與公民投票的西方模式。他認為中國政治發展應是從「多黨參政」、「多黨監督」到「多黨競爭」的東方模式，然而這是一條穩健而長遠的道路。

西方文藝復興與宗教改革是西方現代化的里程碑，特別是基督新教對西歐、北美經濟發展的貢獻甚巨。戰後的東亞經濟發展與「儒家新教」的相關性甚值進一步探討。東方的文藝復興與宗教改革必然是一個極為重要的環節。其中，有古老歷史文化的中國不能缺席。北京大學百年來在中國歷史上的新文化運動中扮演著引擎的角色，面向二十一世紀的世界，北京大學如何燃燒另一階段性的新文化運動，來帶動新一波的中國現代化，從而實現「亞洲價值觀」的代言人功能，甚為重要。換言之，北大的精神、中國的道路、東方的經驗、亞洲的價值等方面彼此息息相關。當今最重要的是，中國知識份子要面向世界，擁抱世界，走出世界。尤其是推介中國傳統經濟文化資產給世界。兩百多年來西方經濟思想獨領風騷，但也多少帶來了世界的災害，甚至不幸。

魏萼教授的《中國國富論》是以中國文化為出發點，闡述富有中國特色市場經濟的本質。中國傳統文化來自《易經》「天人合一」的哲學基礎，其強調窮則變、變則通的哲學意義。通則不痛，痛則不通。西方哲學諷刺中國封建社會的「權力就是知識」，所以他們重視「知識就是權力」。這種看法我們不能完全認同。西方人士重視專家政治的看法固然有其價值，但經常是決策錯誤，因為他們缺乏認清「智慧」的涵

義。「智慧」是重視明辨是非，然後可以作出決策，才不至於走錯方向。所以除了「知識」的求「精」之外，還要有「智慧」的求「通」。《中國國富論》的思維核心是以司馬遷的「通古今之變，究天人之際，成一家之言」爲中心點，這與孫中山先生所說的博學、審問、慎思、明辨、篤行的意義是相貫通的。這裏所謂的篤行有時還要有政府的權力來執行，因此「權力」的擇善固執也相當重要，所以《中國國富論》是要「知識」、「智慧」、「權力」三位一體，才能實現「國家之干城，學術之重鎮」的意義。

　　儒家經濟思想是重視分工的，在朝爲官的、在野爲民的，或從士、農、工、商各行各業，均要恪守本分，充分發揮每個角色的功能。這也可引申到「人能盡其才、地能盡其利、物能盡其用、貨能暢其流」的資源調配意義。如此經濟效益自然提高，其經濟焉有不能發展之理呢？儒家經濟思想的精義在於和諧與理性，此也可伸張經濟的社會正義，當然有助於經濟發展與所得分配。但儒家經濟思想被誤會了，他們有些是故意的，有些是無知的。西方的「中國通」如費正清等人經常把儒家文化與專制經濟文化相結合，因此認爲儒家文化是違反市場經濟的。其實儒家思想因爲重視實事求是，所以有其不同階段性的時代意義。因此，「儒家社會主義」與「儒家資本主義」均有其適當性而且相互調和的超然意義。所以儒家文化與市場經濟是相結合的，是毋庸置疑的。然而儒家文化的百家爭鳴也在所難免，可是其結局誠如明儒王陽明所說的是「多元化一體」的。

　　再說當前儒學研究也有所謂的新儒家，其主旨在於重新

解釋儒家思想的現代意義。可是新儒家學者們皆有其學術背景與見解，這多少也產生百家爭鳴的現象，不過基本上他們對於儒家文化的價值性也多少給予肯定的。這是所謂「多元化一體」的另一種現象，說來這也是很正常的。不過，魏萼教授的看法則不單單要肯定他們對儒學的貢獻，並且將他們歸納爲「泛儒家」，同時正視儒家思想的實踐性。所以他提出「新新儒」的定義，其重點在於促使儒家思想的實證性以避免僅止于理論上的書生之見和口舌之爭而已。

　　魏萼教授曾任本校專任教授兼美國研究所所長、國際研究學院院長，特爲之寫序。我也希望學術界人士能夠重視這部富有影響力的著作。

淡江大學創辦人　**張建邦**

謹識于淡江大學

一九九九年十二月三十一日

吳　序

　　魏萼教授是經濟學家，也是本校客座教授；他研究的經濟理論是綜合中西方政治、文化等方面的經濟學。這個研究的方向有別於一般經濟學者僅憑單純的經濟理論爲主軸。他說經濟學不是數學上「單一方程式」，而是「聯立方程式」的經濟學。這個觀點在經濟學術界固然還有爭議，但也有其特色。基本上魏萼教授這部《中國國富論》的主旨是從戰後五十幾年來的東西方經濟發展經驗來尋找中國經濟發展的模式，以迎接日益複雜的二十一世紀經濟。

　　貧窮、髒亂與無知的中國是大家不願意看到的。鴉片戰爭以後，中國門戶開放，中國文化遭受到史無前例的衝擊。百餘年來中國的內憂外患層出不窮，中國民不聊生。

　　中國經濟發展比不上西方，因而民族自信心淪落了。六十幾年來中國的分裂，這也是中國近代史所造成的。當前最重要的事情是如何使中國現代化，使中國人遠離貧窮、髒亂與無知。

　　「五四」新文化運動以後，西方思想入侵中國。中國何去何從莫衷一是。於是對中國文化陷於長期的迷惘，孫中山先生的思想也未被國人普遍認同。戰後的「華人經濟圈」表現突出，這莫非中華文化特別優異的具體成果。面對二十一

世紀的中國必須全面脫離貧窮、迎接小康、邁向富裕。中國人不但要受人尊重，而且更要受人尊敬，這要等到中國「富裕而有禮義」美好社會的到來。所以第一階段經濟面的「扶貧工程」完成後，還要從事第二階段精神面的「新扶貧工程」。這將是艱巨而且亟待完成的工作。

　　「一體多元化」的社會是中國的特色。當今五十幾個少數民族經濟發展固然重要，可是對於少數民族文化的尊重更為重要。非但如此，中國對於各種宗教自由發展的支援與保護，不僅是中國文化傳統中的一個重要環節，同時也是世界時代潮流的走向。凡此種種不可忽視。其中佛教中國化，基督教、天主教中國化，伊斯蘭教中國化等是有其過程的，也就是從「文明的衝突」到「文明的調和」的意義，這正是中國歷史、文化發展的一個必然規律。

　　中國人必須把握傳統優秀文化中的倫理觀念，但也要選擇性吸收西方現代化中的科學與民主。這是傳統與現代化結合的問題。倫理、民主和科學等三位一體的思維方式是中國現代化的道路。倘若二十一世紀中國人要造福世界，也要有全球性認同而且適當性的理論模式。兩百多年之西方國家的富強，其現代化的思想模式逐漸被全球所認同，惟其本質缺乏世界的適當性，因此其思想模式也曾多少禍害了世界，甚為不幸。

　　中國是文明古國，中國文化是東方文化的重要支柱。可惜目前其不一定是「亞洲價值觀」的代表國家，因為五十幾年來日本的富裕與繁榮也被世人所共識，日本人現代化的經驗也逐漸另樹一幟成為世界八大文明之一。中國的文藝復興

將是中國優秀傳統文化的再生，此隨著中國的富強，中國文化勢將傳播於世界，進而促進世界的和平與人類的公理。特別是中國傳統經濟思想的精粹，猶如儒家孔孟經濟思想等。此乃中國文化的資產，應可貢獻世界經濟發展和社會正義。

《禮記》〈禮運篇大同章〉是中國知識份子共同戮力的目標，司馬遷《史記》中經濟思想「善因論」等的春秋之筆將可照耀千秋。中國經濟要走中國人應走的道路。然而如何「拿來」西方現代發展模式，將是通古今之變的具體作為。

魏萼教授所撰《中國國富論》乃是以中國文化為出發點，分析中國經濟發展應有的道路。其所專注的重點是力求中國特色的價值觀，特別是戰後東亞經濟發展模式的時代意義。其中強調文化宗教是經濟發展的「第三隻手」，也就是「第三隻看不見的手」，有別於西方經濟思想中僅是「一隻看不見的手」（市場經濟）或「一隻看得見的手」（政府調控）的二分法思維方式。在面向二十一世紀的經濟裏，「第三隻手」（文化與宗教）的重要性就不言而喻了。我希望魏萼教授的這部著作能夠發揚學術報國的功能。

作為一部具有獨特見解的學術論著，又是從中國文化這個全新角度來探究中國經濟發展之路，對書中提出的一些看法，自然會有不同見解，見仁見智，在所難免，這本身似乎應當也是中國優秀文化中應有之特色。

前北京大學校長　**吳樹青**
謹寫於北京大學
一九九九年十二月

自　序 (一)

　　中國人何其不幸，一百多年來內憂外患不斷，民不聊生。民國成立後，國人思想奔湧，知識份子擬對國家有所貢獻，但皆有心無力。

　　中國經濟發展的道路不是「國富民強」，而是「民富國強」。傳統中國經濟思想中的五均六管、平準法、均輸法均為中國經濟文化的特色。

　　臺灣經濟發展的經驗可供借鏡，但其代價仍甚高；尤其是其民主政治演繹的過程，頗為可議。

　　若從中國文化的本質觀之，兩岸經濟不能交流，則國民黨必將使之民進黨化（臺灣經濟思想亞當斯密、凱恩斯化）；兩岸經濟不斷交流，則中國經濟似將逐漸馬克思、列寧經濟思想中國化。這是一樁中國往何處去的重大議題。如此，中國百年來，第一位偉人孫中山先生經濟思想的時代性也將再被肯定。

　　實證與檢驗的結果，已確定《第三條路哲學》經濟發展模式，將逐漸被肯定。在二十一世紀裏，臺灣的經驗、中國的道路、儒家的思想、東方的文化、亞洲的價值、人類的福祉等等一脈相承，息息相關，深值重視。

　　中國的問題在於貧窮，中國經濟如何脫離發展中國家「貧

窮的惡性循環」，至為重要。亞當‧斯密、卡爾‧馬克思、約翰‧凱因斯等的思想均不足為中國經濟之所需。本著作強調經濟發展中的文化與宗教因素的重要性，它是「另一隻看不見的手」（第三隻手的經濟），也是中國經濟發展的動力。

　　本論著的撰述緣起於國學大師南懷瑾教授的啓蒙、恩師臺灣大學施建生教授的鼓勵；而淡江大學創辦人張建邦教授以及前北京大學校長吳樹青教授的作序推介，亦為本書增色不少。

　　（第一卷，第二卷序文）

魏　萼

謹識於淡江大學國際研究學院

一九九九年十二月三十一日

自　序（二）

　　《中國國富論》已出版了兩卷，這已於二〇〇〇年八月由中國時報的時報出版事業有限公司出版。其中第一卷專注於「一個富有中國特色的國富論」，而第二卷則專注於「經濟中國第三隻手的思考」。本書是《中國國富論》的第三卷，重點在於「中國經濟：從文化的衝突到文明的融合」。

　　西方經濟學可以從亞當・史密斯（Adam Smith，一七二三至一七九〇）的《國富論》（一七七六年）的出版開始，因此亞當・史密斯也被譽為西方經濟學之父。於是三百多年以來只有西方經濟學展現出一枝獨秀的經濟思維，這包括計量經濟學和數理經濟學等在內的林林總總。有關經濟分析，這些源自十五世紀西方文藝復興之後西方國家的富裕與文明因而被肯定的現代化普世價值；經濟學在東方如今才開始萌芽。《中國國富論》的撰寫正是要為中國經濟學尋找一點看法。

　　西方資本主義的發展是從倫理資本主義開始，由於工商業的發達，人與人之間等之關係複雜西方「倫理資本主義」逐漸發展成為「契約資本主義」也是必然的一個過程。無論倫理資本主義或契約資本主義均無法解決所謂的經濟「自由病」；其中最嚴重是貧富懸殊等社會正義缺失。站在政府經濟的人道立場來看，大力採取社會正義的政策是正確的，但

由於現實環境來看階級對立是必然的產物。準此倫理式或契約式的資本主義都不是解決社會經濟問題的關鍵；人們的才智是不同的，社會上貧富不均也是必然的。若有錢的資本家有心欲消滅貧窮，但亦解決不了人性自私的根本問題。於是操縱議會，影響輿論，這是無形的「反社會革命」，企圖使得社會上不正義的事實合理化與合法化。這真是一個悲劇。因此資本主義對經濟發展有正面意義，但其本質就是剝削弱者和階級對立等問題為代價。此典型的例子是恩格斯有關「曼徹斯特經驗」。

　　亞當・史密斯的經濟思想基本上是資本主義的理論與政策。西方資主義的哲學基礎是一個善良的人性為出發點而發展出來的「道德情操」為主要假設，其實亞當・史密斯的《道德情操論》（The Moral Sentiment，一九五九年）內容裡的一些假設有關道德規範的敘述不是不變的，因而使西方一昧主張的市場經濟和私有財產為主軸的思想體系失去依據。資本主義思想與人性的善良是相輔相成的，缺一不可；資本主義靠著「一隻看不見的手」（An Invisible Hand）的利潤為誘因，進而自然繁榮經濟，這是資本主義萌芽之成長、茁壯的「人性論」的考量。然而基於人性自私心的本質因而失去「人道論」的另一思維，所以有了社會主義思想產生。因此資本主義的社會經常缺少社會正義的力量。資本主義的世界經常令人懷念，因為它是世界進步的動力，然而也是世界動亂的本原，因為它缺乏人性的關懷。何況人性不一定是本善的，有時候人性是本惡的，那問題就更複雜了。尤其是中國人有宿命論者的傾向；聽天由命的心態此在在助長社會的不正義

與貧富懸殊的現象。

　　亞當·史密斯的《國富論》，他很有系統的推介利潤的追求乃是「一隻看不見的手」的主力，它展示了全球資本主義繁榮的時代；也是產生社會正義不彰的必然性。東方經濟學不只要有資本主義「市場經濟」這隻看不見的手的主力，必要有「政府經濟」這隻「看得見的手」的拉力，更要與「文化經濟」（另一隻看不見的手）的動力脫不了關係。東方經濟學重視主力、拉力和動力等三隻手的結合，以構成一個「三力」一體的經濟現實，因為經濟學不但是市場經濟學也是政府經濟學和文化經濟學等的學問。其間凱恩斯（John M. Keynes）的「一般理論」所提供的政府經濟只是補充市場經濟的不足，並非將市場經濟取而代之。

　　此外，文化使人和諧、文明使人幸福、政治使人分裂、戰爭使人分離。我們要發揚「中華文化」使其發展成為「中華文明」。因為《中國國富論》不只要使中國經濟發展（求富）而且也要使中國邁向中華文明的典範。本著作第一卷、第二卷出版時台大教授施建生先生、于宗先先生以及美國威斯康辛大學高希均教授等的審閱並發表高見，特此感謝。

魏 萼 敬識

於二〇一二年於臺北

中　國　國　富　論

—— 中國經濟：從文化衝突到文明融合

目　　次

第一篇
中國文化與中華文明

第一章　中華文明的崛起？

第一節　以中華文化救中國

優秀的中華文化可以救中國，而腐朽的中華文化不但可以禍中國，甚至可以禍世界。因爲優秀的中華文化能使中國國家富強、國內和諧、兩岸和解、世界和平；反之腐朽的中華文化可使國家積弱、國人民不聊生、兩岸分裂，進而影響世界的和平。今日臺灣海峽兩岸中華文化不斷的交流與合作，期能使中華文化的撥亂反正、去蕪存菁，進而以民族文化振興中華、以民本政治再造中國、以民生經濟富裕神州。

回歸中華文化乃是中國經濟崛起的保證，而中華文明的崛起在於追求中國的自由、民主、人權、法治以及社會福利與宗教自由等等現代化的普世價值。具體說，在政治上不只是要唯我獨尊，在軍事上不只是要耀武揚威，在經濟上不只是要財大氣粗而已[1]。

---

1 臺灣作家龍應臺應《南方周末》（不是北大所屬的機構）的邀請於二〇一〇年八月一日下午在北京大學發表演講；講題爲《溫柔的力量：從鄉愁到美麗島》演講的地方是北京大學校園百周年紀念講堂。詳情請參閱王銘義先生的報導；中國時報，二〇一〇年八月二日第十二版。另龍應臺演講《文明的力量：從鄉愁到美麗島》全文刊登於聯合報（臺北，二〇一〇年八月九日）。

一、「打醒孔家店」的時代意義

　　一九七八年改革開放以後中國，鄧小平「一言興邦」地改變了華夏中國的面貌；「打醒孔家店」恢復中華文化的要義，並且「尊儒敬孔」地重視中華文化中的儒家思想。於是三十幾年來中國經濟奇蹟屢現，中國人終於頂天立地而且有尊嚴的站起來了。文化是文明種子，文明是文化的花朵，其中經濟發展是文化邁向文明的保證。文化使人和諧、文明使人幸福。中華文化中的市場經濟是中國經濟發展的動力。市場經濟不是萬能，沒有市場經濟則是萬萬不能，可是政府絕對不是萬能，然而沒有政府經濟亦是不能。臺灣經濟發展經驗的民生思想甚值兩岸交流與合作的檢討。

　　中華文化的政治發展是以民本思想為依歸，它先是要「為民做主」，終將發展成為「以民為主」的政治現實。準此，其已涵蓋了西方的民主思想，但它不等於西方的民主政治。臺灣經濟發展之後大力推動地方自治的民主建設，其得失成敗經驗也可供參酌。

二、富有中國特色的孔孟大同社會主義

　　現階段中國國家發展的方針，對內以「和諧」以取代過去的「階級鬥爭」，對外則以「和平」取代過去的「輸出革命」。這是以中華文化精義為主軸的新思維，此已經過了實踐與檢驗，也充分證明了它是中國邁向富強，海峽兩岸邁向

和諧，世界邁向和平的真理。中國現代化文明的途徑是要以中華文化爲本位，而以孔孟儒家思想爲主要的思維方式。其中一九一九年「五四運動」正是要掃除中華文化的腐朽，因而有「打倒孔家店」的呼聲。經過百年以來的內憂與外患，中國人深知要尋找一個富有中國特色社會主義道路，然而孔孟思想中的「禮運大同」正是這個問題的答案。[2]

第二節　文化使人和諧、文明使人幸福

中華文化協和萬邦、平彰百姓；它是富有中國特色的政治、經濟、社會等建設，此會使人和諧與幸福。一九七八年以後的中國逐漸步入「馬列中國化」的境界，此後中國經濟的崛起已令世人刮目相看。食稟實而後知禮節、衣食足而後知榮辱，文明的基礎在於其經濟發展，而經濟發展的重心在於其文化，文化是民族的血液。世界上種種文化不能判定其優劣，但文化的不同確實會造成其經濟發展的差異。

中國經濟崛起之後，再造中華文明之盛世是必然的。文化使人和諧、文明使人幸福，文明是普世價值的表現。中國文化之本質是在於它有整合性，創新性和持續性；因之有消化西方外來文化的力量，也會有深化中國文化的本質。因之，中華文化「不做中國古代思想的奴隸」，也「不做西方外來文化的殖民地」。因此馬列文化中國化的道路越來越明顯。

2　林啓彥，《中國學術思想史》，叢林出版社，臺灣，臺北，一九九四年。第二〇一頁至第三四八頁。

馬列主義思想在中國如何定位必須重新介定。一八四八年的
《共產黨宣言》（The Manifesto of Communist Party，一八四
八）不能代表馬克斯（Karl Marx,一八一八～一八八三）的思
想；他與恩格斯（Frederick Engels,一八二〇～一八九五）合
著的《共產黨宣言》也是有前提的，然而馬克斯的人道主義、
人本主義、人權主義等的精神也應該給予肯定的。

　　中國文化有「海納百川，有容乃大」的特質應有吸收外
來文化與思想的本能，在此「拿來主義」的思維中，可深化
中華文化與思想。中華文化以孔孟思想為核心，它的大同主義
思想中的「老吾老以及人之老，幼吾幼以及人之幼……使鰥寡
孤獨廢疾者皆有所養……」等等是孔孟共產主義的社會意義，
這可從戰後的儒家文化圈的中、日、韓、臺灣、香港、新加
坡、澳門以及東南亞地區的華僑經濟發展等可以得到答案。

　　儒家思想也有學者持悲觀的看法，例如社會學家韋伯
（Max Weber,一八六四～一九二〇）則認為中國儒家文化無
法產生資本主義的精神；其無法產生資本主義理性社會主要
是因為「儒家新教」是在於適應環境的變化，隨遇而安，其
不如「基督新教」富有主宰環境和改變環境的功能。所以東
方「儒家新教」文化圈地區的經濟發展比不上西方基督新教
文化圈的經濟發展。韋伯的說法只是看到了所謂的腐朽儒家
文化，他並沒有看到真正儒家文化的本質，尤其是與時俱進、
因地制宜的儒家文化。[3]具體言之，儒家思想要從黃土文化走
向藍色文化；彼此融合後因而產生經濟發展的動力；一九七

3 Weber, Max, The Protestant Ethics and the Spirit of Capitalism, Free Press,
　New York, 1964.

八年以後中國經濟的崛起便是一例。

第三節　不做西方外來「盎格魯、薩克森主義」文化的殖民地

　　中國永遠是中國，她將走上中國人應走的現代化道路。富有中國特色的社會主義已經過了外來的馬列主義式共產主義的碰撞，然後朝向孔孟思想的大同社會主義走，此刻中國將從馬列主義中國化的過渡而逐漸消化馬列共產主義。中國有五千年的文化與文明是世界三大文明古國之一，歷史長河潺潺滾滾。中國自當回歸到中國文化與文明的歷史軌跡，逐漸消化與融合馬列主義思想。如此中國一定富強，這可從一九七八年以後鄧小平思想回歸中國文化後，其經濟發展令世人刮目相看確認。馬列主義使人分裂，孔孟主義使人和諧，這也可從最近六十幾年來臺灣海峽兩岸的分離與整合中得到明證。何況只要中國富強，哪會有分裂出來的臺灣。換言之，中國回歸中國文化之後，經濟必然發展、國力必然增強；因此以中國文化來統合兩岸的中國人的時刻自然到來。今日臺灣海峽兩岸的中國人來往甚為頻繁，這都是中華文化的威力所使然的。鄧小平一言興邦，改變了中國的新面貌。中共的「四個堅持」逐漸變質，終將以中國文化管子的禮、義、廉、恥「國之四維」逐漸可以取代中共的「四個堅持」。

　　中華文化的本質它有消化西方思想、深化中國思想的意義。換言之，中華文化必須抓得住「古為今用、洋為中用、

與時俱進、因地制定」的基本精神，它不做中國古代思想的奴隸，也不做西方外來文化的殖民地，它也不做大漢儒家沙文主義的狂夫，也不做西方安格魯・薩克森主義（Anglo-Saxonism）的幫凶。[4]

第四節 從計劃經濟到市場經濟轉移

一、從民本思想到民主思想

中國文化的民主精義是先從「為民做主」的父權思想，發展成為「以民為主」的民主思想。由於實施民主先決條件尚未確立，主要因為國人民品尚是低劣、民智尚未開啟；此時中國尚不宜全面實施民主政治。恃民品已高，民智已啟時，中國走向民主共和的道路一定會被肯定的。「為民做主」發展到「以民為主」的階段這是一條必然的途徑。民主政治不是一蹴而成的，它要有一個過程；這個是要慢慢培養而成，並不是從西方民主經驗移植而來的。若中國社會已發展到「以民為主」的現代化階段時，其民主政治的模式與西方民主政治也是相似而不相同。主要的區別是中華與西方文化不同。中西「天人合一」與「天人分開」的哲學基礎不同。民主的定義沒有「放之四海而皆準」，因為中西方文化有所不同，

---

4 魏萼，《中國國富論》（第一卷、第二卷），時報文化出版公司，臺灣，臺北，二○○一年。

然而民族性亦不同；因此，其所展示的民主政治內容自然有些差異。

二、從計劃經濟到市場經濟

中國文化的經濟意義是先從計劃經濟到市場經濟。中國文化是綜合儒、墨、釋、道、法、兵家等思想。誠如司馬遷的看法（史記・貨殖列傳）是先由善因之、利誘之、到教誨之、整齊之以及與之爭等五個不同階段。準此以中國經濟發展的特色是由國營事業或計劃經濟為起點，逐漸由法家的經濟思想發展到儒家、道家的思想。這乃是以政府計劃經濟發展到民間市場經濟。有此一定的過程。中國特色的市場經濟與西方的市場經濟亦有所不同，中國市場經濟先是以國營事業或經濟計劃逐漸轉移成為民營企業或市場經濟為主要。中國「天人合一」的經濟思想並不拘泥於私有財產制；反之亦是如此。

文化是文明的種子、文明是文化的花朵。全球多文化的國際社會裡文化雖無所謂良污之分，但其所引導邁向經濟發展之程度卻是互異，因而其產生的文明狀況亦有所不同的。

文明是普世價值的表現，它是國家現代化的目標；其基本內涵是自由、民主、人權、法治、社福以及宗教等等層面的現代化與國際化。

馬列主義使中國分裂、孔孟主義使中國統合。五千年來的中國文明歷史走向是文化的整合、文化的持續和文化的創

新；它當然不做中國古代思想的奴隸。[5]

第五節　「人性」與「人道」
兼顧的和諧社會

　　人性與人道的不同看法。西方經濟學之父亞當・史密（Adam Smith，一七二三～一七九〇）所著《國富論》（An Inquire into the Nature and the Causes of the Wealth of Nations，一七七六）本質認為人們基本上是自私的，依據理性的行為而追求利潤，自然可以使社會經濟繁榮進步；這就是「一隻看不見的手」（An Invisible Hand）的魅力，因而促成國家社會的經濟成長，如此國民生活水準自然提高。這是西方資本主義的主要理論依據。須知這個振振有辭的理論是建立在人的行為是理性的，社會是和諧的。然而這個道德情操假定是不容易存在的。相反的，社會的現實經常是反道德、反理性的；這就不是亞當・史密的基本假設人的行為是理性的想法。原來亞當・史密的基本假定是人有道德的情操，所以他才會有其《國富論》的主張。亞當・史密是沒有錯的，他在一七七六年發表的《國富論》這部著作之前曾於一七五九年發表一本《道德情操論》（The Theory of Moral Sentiments，一七五九）的書。假若這本書所描述的狀況不存在，那亞當・史密《國富論》裡所撰述的私有財產制度和自由市場經濟的看

---

5 同註 4。

法是不可行的。一八四四年恩格斯所發表的《英國工人階級狀況報告》（A Report on the Conditions of the English Worker, 一八四四）中所描述的英國工業城市曼徹斯特（Manchester）所顯示的缺乏人道的資本主義下的慘狀。這個缺乏人道的現象是有異於亞當‧史密資本主義之重視人性的現實。

以中國文化為主軸的經濟思想是重視人性亦重視人道的經濟思想，是有先後的。「己立立人、己達達人」就是如此。質言之，先有利己心，然後才有利他心，最後要做到利己心和利他心等二者之兼顧；同理，權宜性的政策或許先重視人性，才重視人道。然後兼而有之；這是中國文化的基本精神。人性與人道的追求是很難兼顧的，這主政者要靠智慧採用權宜性的運作以達到經濟福利的目標。貧窮不是社會主義，貧富不均也不是社會主義。均富或均足乃是中國特色的社會主義。孫中山的民生主義是以私有財產和市場經濟為主要，惟此與西方的資本主義不同；因為民生主義重視政府經濟所扮演的角色。

第六節　經濟中國「三隻手的協作」

促進中國經濟發展的三隻手；一是市場經濟，即是「一隻看不見的手」（An Invisible Hand），主要是自由市場經濟的力量。這是一個經濟發展的「主力」。其次是政府經濟，即是「一隻看得見的手」，主要是政府經濟的力量，這是一國經濟發展的政府經濟的「拉力」，也是經濟發展「一隻看

得見的手」。還有一國經濟發展的文化與宗教的因素，這是
經濟發展的「動力」，也是「一隻看不見的手」。市場經濟
的「主力」、政府經濟的「拉力」和文化經濟的「動力」等
構成了中國經濟發展的「三隻手」。

　　市場經濟不萬能，但是沒有市場經濟是萬萬不能；政府
經濟絕對不是萬能，但是沒有政府經濟亦是不能。這是以市
場經濟為主軸的中國經濟發展模式。此同時亦顯示政府經濟
的重要性，但並不能取市場經濟以代之。此亦即重視自由市
場經濟，但要慎防經濟發展的「自由病」。嚴格的說，中國
經濟思想的特色在本質上它是以社會政策邁向社會主義。社
會政策是手段，社會主義是目標。中國經濟文化，尤其是儒
家文化已證明其與經濟發展有正面的意義。儒家孔孟的社會
主義應可逐漸取代馬列的共產主義。中國當前的政策主張對
內文化政策是以和諧社會取代階級鬥爭，對外文化政策則是
以和平取代輸出革命。這似乎已將「尊儒敬孔」的思維理念
做為立國的中心號召。這個治國的方針、方向是正確的，於
是當前中國經濟的崛起是有道理的。

第七節　中華文明崛起的中國

　　孔夫子是儒家思想的開山祖師。其繼承並且整合、發揚
伏羲、周公等的思想；他是當時文化、思想的集大成者。孔
子思想歷經兩千六百多年以來內在、外在的思想變遷，難免
有些異化現象的史實，這是俗儒，醬儒的主要來源。這些腐

朽的儒家思想當然是禍害中國的；所以一九一九年「五四運動」當時之所以提出「打倒孔家店」的號召是有道理的。

儒家思想強調孔子思想的內聖與外王，其不只重視內聖修身、齊家的功夫，也重視外王治國、平天下的意義，這是儒家「入世」的思想體系。這無疑的也是儒家思想功利入世取向的本質，要使中國邁向文明的社會福利國家。宋儒朱熹的理學陳義大高，不能與時俱進並且不切實際，因此容易產生儒生成為言行不一「偽君子」的代言人，甚為可惜。

儒家文化富有實踐性，已使戰後的東亞地區經濟發展冠乎全球經濟。其儒家思想與世界現代化的相關性甚高。儒家思想不僅僅是人文科學的專利品，它也應結合社會科學、管理科學、自然科學，甚至於和科學技術等的結合。因此，「新新儒學」的入世觀念盼能得到臺灣海峽兩岸學術界的共識。「新新儒學」要剷除自由主義、功利主義以及官僚主義等的三座思想大山，並且要以「致中和」的理念來迎接這個未來的世紀。因此在這個可預見的將來中國的崛起是中國文明、現代化的崛起，而不僅僅是中國經濟、政治與軍事等的大國崛起而已。[6]

---

6 同註 1。

第二章　從伏羲緣起的中華經濟文化

第一節　伏羲氏的緣起

中華文化始自伏羲氏。伏羲氏王天下，作結繩而爲網罟，以佃以漁。[1]可知早在七千多年前已有了農牧漁並存的生活方式。繼之神農以耒耜之利教天下。神農氏不但重視農業的生產工具以增加農業的生產力，而且提倡日中爲市，展開了中國農村市場經濟的歷史。神農氏日中爲市，致天下之民，聚天下之貨，交易而退，各得其所。[2]傳說中的神農氏乃在伏羲氏之後，而在伏羲氏之前則爲燧人氏、有巢氏。燧人氏鑽木取火，有巢氏構木爲巢。燧人氏、有巢氏、伏羲氏、神農氏等傳達了遠古中華民族的用火、居住、務農和漁獵等的社會。其中伏羲氏與女媧氏的關係，此爲人文始祖的由來。他們是人面蛇身，發明網罟、制作八卦，此乃中華文化「天人合一」的緣起。神農氏的日中爲市展現中華文化中的自由市場經濟本質；各盡所能，各取所值。市場經濟並非西方世界獨特。從物物交換發展到貨幣經濟也是中華經濟生活的一個必然過程。

1　易經、繫辭。
2　同註1。

第二節　從水患到水利的時代

　　中國經濟以農立國，農業經濟離不開土地和水份，因此黃河流域、長江流城乃至於珠江流域等都是中華文化的母親河；這尤其是以黃河流域最具代表性。長江以南為稻米文化圈，長江以北則為小麥文化圈，而黃河以北逐漸形成畜牧文化圈。以農業為本位的中華經濟與河流脫不了關係。這種現象在世界歷史經濟發展過程中也不例外。巴比倫經濟文化源自幼發拉底河和底格里斯河，印度經濟文化源自恆河和印度河，埃及經濟文化源自尼羅河等等。中國古經濟文化源自黃河、長江，但黃河、長江洪水不斷，氾濫天下，這世界古文明的各民族也不例外。堯舜禹三代皆苦於洪水，經濟發展成果遭到嚴重破壞。大禹治水，使人安居樂業。禹是智者，治水靠疏導的方式，這是將「水患」變成了「水利」的功蹟，這不是「人定勝天」，而是「順天應人」的睿智，也是「天人合一」經濟文化的體現。有夏一代經濟生活的記載始自《尚書》的「禹貢」篇。《尚書・禹貢》源自戰國時代人士之手筆，其可靠性若何，無從置評，但是可供參考。夏氏出自中原河南洛陽地區，該地河水經常氾濫成災。夏禹治洪之後，農民安居樂業。夏代清丈土地、釐清土地等級，並且課以稅款。夏代成為父子世襲的封建制度的開始。由於夏代地廣人疏的農業社會，雖然實施了封建社會，但奴隸社會不容易建立。孔子、墨子、朱子等先聖先賢均稱讚夏禹所領導的和諧

社會。[3]夏代除了農業有所發展之外，在工業、礦業、植物等也皆有進展，這都在《禹貢》的著作裡找到答案。[4]直至夏桀無道，使農業生產敗壞，經濟走了下坡。於是商湯代民伐桀，農業經濟又恢復了生機。這可從《尚書》、《易經》、《甲骨文》等文物看出商代初期繁榮的經濟生活。[5]殷商本來出自游牧生活，畜牧業本已有基礎。[6]亦可從許多出土的文物看出端倪。[7]

　　周代的農業發展又是另一高峰。周公一方面加強農業官吏制度，另一方面制訂「井田制度」。「井田制度」不但是中華文化農村經濟制度的典範，也是中國經濟思想的精髓。「井田制度」不只有農業經濟的意義，也有財政經濟、戶籍政治等意義。「井田制度」是以私有制為基礎，並且輔之於公有制，此乃出自中華文化「天人合一」的思想，也是中國經濟發展模式的典型。

第三節　井田制度的興起與衰落

　　井田制度是建立於封建制度之上的。封建制度勢微則井田制度崩潰。周昭王、周幽王等之無道、荒淫等行徑，促使

---

3 錢公傅，中國經濟發展史，文景出版社，臺北，一九七四年，第二十二頁。
4 同註3。
5 同註3，第三十二頁。
6 胡原宜，甲骨學商文論叢初續集，大通書局，臺北，一九三四年，第三六五頁。
7 同前。

封建制度破壞，進而使周代井田制度失去功能。井田制度的
勢微也造成西周的結束，遷都洛陽。西周末期，中原已有戰
亂，東周乃是春秋戰國之時代，井田制度也失去了功能，於
是有商鞅相秦；「廢井田・開阡陌」更是依據井田制度的基
本經神，重新規劃土地，並且主張土地私有制，土地也可以
自由買賣。秦孝公時代井田制度表面上是崩潰的，實際上是
井田制度另一階段的從新開始。[8]

　　春秋時期始自西元前的七七一年周室東遷至戰國末年
（西元前二二一年），凡五百五十一年。這個時期的經濟思
想是百家爭鳴、百花齊放，是中國歷史上學術思想最為光輝
的時代。九流十家思想奔放。秦統一天下之後，儒生們對於
秦始皇施政的不滿，遂有李斯建議秦王，行焚書坑儒的暴政。

　　憶起三代，夏商周政權輪替，夏亡之後有商，商亡之後
有周；夏商周三代雖然有不同政權，但三者同時並存。[9]夏人
執政時為夏，商人執政時為商，周人執政時為周。夏商周皆
以中原地區為據點，夏人居中，周人在西，商人在東。夏商
周三代皆以黃河為重心，孕育了中華文化與文明的基石。中
華文明先是從石器時代發展至銅器時代，乃至於鐵器時代。
中國歷史上的青銅器時代含蓋了夏商周三代。這個時期，中
華民族已經能夠使用銅與錫的合金製成青銅器；到了戰國時
期，中華文明已經進入了鐵器時代。[10]從青銅器時代到鐵器

8　一般認為法家思想是統制經濟，這個看法是錯誤的。商鞅相秦廢井田，
　　開阡陌的措施也是實施「耕者有其田」的辦法。

9　孫同勛（總校訂），中國文化史，大中國圖書公司，臺北，一九九七年，
　　第十頁。

10　同註9，第九頁。

時代發展的過程中也發展了中國的文字，官僚制度和社會結構等中華文明。其實在四千七百年前的人文初祖黃帝時代已有了舟車、天文、弓矢、指南針、音樂等等初步的中華文明。此文明在夏商周三代有大大的進展。可是西周之前的中華文明都是傳聞，並沒有文字的記載。西漢太史公司馬遷《史記》中的〈五帝本紀〉增強了傳聞中的可靠性。〈五帝本紀〉描述了黃帝乃是顓頊、帝嚳、帝堯、帝舜等人的祖先，繼之夏商周等的始祖亦爲黃帝的後人。《史記》以黃帝爲撰寫的開端。黃帝軒轅氏爲人文初祖，而伏羲氏則爲人文始祖。傳說中的伏羲氏比黃帝早了兩千多年。傳聞中的伏羲氏作八卦、神農氏的日中爲市等爲「天人合一」易經思想的源頭活水。燧人氏、伏羲氏、神農氏等一脈相承，反映了中華民族取火、漁獵、農業等社會發展的不同文明階段，也是中華經濟文化的原始階段。[11]

第四節　儒家與墨家的經濟思維方式

西周（西元前一〇五六年）開始的經濟思想史比較可靠，因爲有了歷史的記錄。堯、舜、禹、夏代、商代等約爲一千年，這一段期間的歷史皆爲傳聞。西周比較重視農業，這與西方文明古國相似。兩周始祖后稷，相傳他是堯帝時代的農事主管。西周王朝每年均有所謂的農祭大典，這正是因爲農

---

11 同註9，第十三頁。

業乃是萬民之所寄，民以食爲天，是也。周代大臣伊尹、管仲、范蠡等名人，亦爲名商。重商思想或重商主義乃是中國傳統文化之一，這是毋庸置疑的。這尤其是法家的經濟思想。儒家思想並不輕忽商業、商人。仿間腐儒的言論錯解了儒家思想的本質，遂在社會上有所謂士農兵工商等爲序的看法，此貽害民族經濟與文明甚爲重大。

　　春秋戰國時期經濟思想人才輩出，例如管仲、單旗、范蠡、孔丘、孟軻、墨翟、荀況、李悝、商鞅、韓非等等人士的思想。

　　管仲爲中國經濟學之父，《管子》一書爲其代表著作。他是唯物主義者。《管子》書中談論及「衣食足則知榮辱」、「食廩實則知禮節」等主張皆甚務實可行。管子的富民思想是藏富於民、民富國強。市場經濟以及私有財產制度乃是管子思想的主軸。當然的，他也主張那些壟斷性的名澤大山所珍藏的物資應該由政府來經營，用以伸張正義和充實國庫。《管子》的思想，其經濟的哲學基礎在於滿足人的自利心，這個理論與西方經濟學之父亞當·史密（Adam Smith, 1723-1790）《國富論》的基本經濟思想，在方向上相一致。不過管子的思想比亞當·史密的著作提早了至少兩千兩百年。管子的經濟思想被視爲法家經濟思想的代表，它還是自由市場經濟的典範，並非管制經濟的本質。

　　儒家經濟思想主張「因民之所利而利之」、「不義而富且貴，於我如浮雲」、「子罕言利」、「君子諭於義、小人諭於利」、「君子謀道不謀食」等等言論得知，孔孟儒家思想的理性、中庸、和諧等的看法也是認爲私有財產制度和市

場經濟機能的重要性。不過他反對讀書人和爲官者的求利，因爲儒家和官僚追逐的目標與百姓或商人應有所不同。儒家思想重視各行各業分工的角色功能。另外，儒家思想的大同社會是乃非馬列的共產主義，然而與同時期的歐洲希臘柏拉圖「共和國」的共產主義看法頗爲相似。

　　墨翟的思想自稱非儒，其實與孔孟儒學甚爲相近，只不過比較不重視那些形式上的禮儀和中庸之道。墨家思想所主張的兼愛、非攻、薄葬、尚同、尚賢、非儒、非樂、非命、明鬼、天志等均可在《墨子》的著作裡得知。墨家的思想比較務實，無拘泥於形式。墨家的思想是理性的資本主義，比儒家思想更明確是「入世」的意義。具體的說墨家的思想在經濟發展的現實上與西方基督新教的資本主義思想相當接近。

第五節　司馬遷與桑弘羊

　　楊朱是先秦道家思想的重要人物。楊朱「貴己」的思想與儒家思想「子罕言利」似有些不協調之處。然而楊朱等人的思想不主張一昧的私有財產制度，卻主張扶弱濟貧的均富思想。楊朱雖然是道家代表性的人物，卻與道家經典與《老子》的看法有些不同。《老子》的看法是「無爲」。「無爲」可以「知足常樂」來解釋。「貴己」則與西方經濟學亞當・史密的「利己心」的看法本質相同，但言義不同。前者不主張一昧的私有財產制度，後者則不然。楊朱思想中的「貴己」是「有我」，比較「入世」，此與墨家相似。老子的思想比

較「出世」，是乃「無為」的道家，楊朱乃是「有為」的道家。不管楊朱思想或是老子思想等道家思想皆反對一昧私有財產制度的終局；此無慾性違反了經濟再發展的動力，這難怪道家思想在唐代以後被佛教所融化成為佛道思想。[12]儒家思想也有在朝與在野的區別。司馬遷的經濟思想，是以自由市場經濟為取向的，在司馬遷的《史記》中〈平準書〉、〈貨殖列傳〉等皆是典型的在野儒家經濟思想。《史記·貨殖列傳》中的「天下熙熙，皆以利趨，天下攘攘，皆以利往」的觀念乃是人性之自然，這是司馬遷放任經濟思想的主張。因此他的經濟政策主張是「善因之」為主要，依次為「利誘之」、「教誨之」、「整齊之」、「與之爭」等逐步因主客觀情勢實施適當的政府經濟政策。

桑弘羊是西漢法家經濟思想的代表性人物。桑弘羊是重商主義者，也主張政府實施干涉政策，特別是平準法和均輸法的實踐。在鹽鐵論戰中桑弘羊持強烈反對儒生的觀點。漢昭帝始元六年（西元前八一年）召開了鹽鐵會議，御文大夫桑弘羊以及其助理們與儒生們（賢良、文學）的財經政策大辯論；這是中國歷史上少有的儒法財經政策大論戰。此項大辯論文稿的整理者桓寬也是儒生，多少有所偏袒。[13]儒家經濟思想若不「與時俱進」、「因地制宜」，則可能變成了教條主義，其對於經濟發展是沒有助益的。中國這部經濟思想史首重視儒生的觀點，其得失也有待重新評估；例如對王莽

---

12 胡寄窗，中國經濟思想史簡編，中國社會科學出版社，一九八一年，第一六九頁。

13 同註 12，第二一八頁。

的經濟政策有所非議，其實王莽的經濟思想充滿了人道主義的色彩。

第六節 唐宋功利主義的經濟思想

西晉的占田制、北魏的均田利等的歷史背景都是要解決「以農立國」的土地問題。唐代工商業發達，於是實施租庸調制。到了唐德宗時，楊炎於西元七八〇年實施兩稅制。北宋王安石提出了市易法、均輸法、青苗法、免行錢、方田均稅法等等財經措施，堪稱王安石變法。王安石並沒有什麼新穎的經濟新思維，只綜合了法家儒家等經濟思想，而形成一個很有體系的經濟政策。宋代除了王安石的經濟改革政策之外，沈括、蘇洵、蘇軾等人也是經濟思想家。南宋江南功利主義儒家以浙江永嘉學派的葉適和永康學派的陳亮等人為代表。明代的丘濬和李贄皆秉承了入世功利儒家思想並且加以發揚光大之。此外張居正的「一條鞭法」也是歷史的產物。明清之際海上絲路盛行，對外經濟貿易的經濟思想逐漸形成一個思潮。徐光啟、王夫之、顏元等均有重商主義的思想。

第七節 魏源·洪仁玕等人的改革、開放

清季魏源秉承林則徐之囑編寫《海國圖志》。明言「師夷長技以制夷」，期能化西方科技為國人之所用。繼之，有

洪仁玕的《資政新篇》，馮桂芳的《校邠盧抗議》，鄭觀應的《盛世危言》，康有為的《大同書》等等有關向西方經濟學習的思想出現。除此之外，一些曾經留學歐美的知識份子也提出了有關中國應該改革開放的言論，他們是馬建忠、嚴復、梁啓超、孫中山等等愛國人士；特別是孫中山先生的民生主義經濟思想。西元一九一九年五月四日的「五四運動」「打倒孔家店」的聲勢浩大，但頗有爭議。其間蘇聯也送來了馬列主義的經濟思想。孫中山的經濟思想是通古今之變，究天人之際，成一家之言。孫中山思想有來自中國傳統經濟思想的精髓（要做中國古代文化的新主人，不做中國古代思想的舊奴隸），有來自西方外來經濟的要義（要做西方外來文化新主人，不做西方外來思想的殖民地），也有孫中山與時俱進的新思想、新文化和新觀念。孫中山思想與魯迅的「拿來主義」是相通的。

第八節　孫中山思想中的馬克斯主義

　　孫中山也肯定馬克斯思想的，但他不認同馬克斯的方法。所謂馬克斯思想是指馬克斯的人道主義和人本主義；所謂馬克斯方法是指一八四八年的《共產黨宣言》中企業全面國有化等主張。孫中山稱馬克斯是社會病理學家。[14]一九七八年以後的中國改革開放方向正確。中國文化要消化西方文

---

14 魏萼，中國國富論（第一卷），時報文化出版公司，臺北，二○○○年，
　　第二五八頁。

化，深化中國文化。所謂的西方文化當然包括馬克斯的文化在內。此時此刻應從新檢討那些馬克斯文化是否爲中國現代化之所需，甚爲重要。

中華民族是多民族的融合，中華宗教是多宗教的融合，而中華文化是多種文化的融合。中華經濟文化乃是中華文化的一個重要環結。於是中國經濟要揚棄保守主義、功利主義、自由主義等的執著，要很理性採取拿來主義的基本精神，引取古今中外經濟思想文化的精髓，用以發展中國經濟，這是中華「和合」文化的具體意義。孫中山先生曾說「主義」沒有好壞之分，只要適於我們的乃是好主義；魯迅反對被動的西方「送來主義」，而主張主動的「拿來主義」，這個想法與鄧小平的黑貓白貓論觀點基本上相同。

第三章　邁向「文化中國」的意義

第一節　中國文化的特色

　　古老的中國，她既有悠久的文化，也有燦爛的文明；中國的文化與文明有一個很大的特色就是她的包容性和務實性。中國文化的包容性是那海納百川式的吸收外來文化；她的務實性是那和諧融合所創造中國文明。文化裡雖沒有優劣之別，但其所創造的文明則不同，其中的關鍵乃是在於不同文化將產生不同經濟發展的成績。是故文化乃是促進經濟發展的「另一隻看不見的手」。[1]文化之間是有衝突的，但文明則是世人普世的現代化價值。

　　今日中國的崛起首先來自經濟的崛起，經濟發展是一國文化邁向文明的必經之路；中國經濟發展之後，文明則隨之。二十一世紀的中國先發展經濟；亦即先有經濟的崛起後有文明的崛起。此文明的中國將再造漢唐文明盛世於今日世界。

　　文化使人和諧，文明則使人幸福；然而中國文明的崛起，其內涵若何？一般來說是指國際間所接軌的政治民主化、經

---

1 魏萼，中國國富論（經濟中國第三隻手的思考），時報文化出版公司‧臺灣，臺北，二〇〇〇年。

濟自由化和社會多元化等等方面，其中也應包括所謂的宗教
自由、人權發展、環境保護和社會福利等層面的現代化與國
際化在內；在廣義的文明方面則亦應包括禮、義、廉、恥等
人的行為模式。

　　臺灣自從一九四九年起國民政府謹慎地實踐孫文思想；
遠程的目標是要採取以市場經濟重建大陸，以民本政治再造
中國，以中國文化振興中華等戰略原則；然而其基地則在臺
灣。臺灣的經驗不應只是經濟發展上的經驗而已，它亦應是
政治、社會等的現代化發展的經驗。此可供中國大陸邁向現
代化的借鏡。

第二節　大漢儒家沙文主義

　　六十幾年來，在臺灣有許多政客口口聲聲說他愛臺灣，
實際上他在消耗臺灣；真正愛臺灣的人他要使臺灣更美麗，
更可愛，更文明；而不是那些只會搖旗吶喊、不會建設或反
建設的人。清末義和團標榜愛國主義，認為只有他們最愛國，
實際上他們的目光短暫，在保守主義心態作祟下，阻撓了國
家的改革與進步。況且他們自以為是忠貞愛國，而卻是排除
異己、陷害忠良的事實。如此的義和團違背中華文化的行徑，
怎能使國家不趨於敗壞呢？這種保守主義狹窄心態在臺灣蔣
介石與蔣經國二位領導人在位執政時候（一九四九年至一九
八八年）亦有不乏此敗類；這些大漢儒家沙文主義的狂夫是
敵不過那潺潺滾滾的時代巨流，終將會失敗的。同樣的在臺

灣李登輝以及陳水扁執政時期（一九八八年至二〇〇八年）也有許許多多人自以為最愛臺灣，他們反對理性的臺灣現代化政策，例如曾反對臺灣適時與中國大陸的經貿、文化交流與合作，使臺灣的政治、經濟被邊緣化了，此也限制臺灣與國際接軌的正常良機，甚為可惜。臺灣的現代化途徑是要立足臺灣，胸懷大陸和放眼世界；也就是要從原本土出發，向全球接軌，也要從臺灣國情出發，向國際接軌，同時也要與中國大陸交流與合作。我們認為兩岸若不交流，臺灣沒有出路，大陸若不改革，中國沒有希望。臺灣海峽兩岸的交流與合作是在為臺灣找出路，大陸找發展，中國找希望，中國人找前途的現代化作為。如今臺灣海峽兩岸的中國人正在積極的尋找進一步務實的合作與交流，事實證明中國人一定可以頂天立地的在這個世界上站起來。

　　文化使人和諧，文明使人幸福。文化不分好壞，這是對於不同文化間的尊重，但是不同文化將產生不同的經濟發展，很明顯真正的儒家文化對於經濟發展是有正面意義，這可以從日本、臺灣等的亞太四小龍以及中國大陸經濟發展得到明確的實證。回歸中國儒家文化以前的中國經濟是無法與臺灣相比的。今日中國（大陸）經濟發展有了傑出的表現臺灣經濟發展經驗是有貢獻的。臺灣經濟發展之後逐漸步儒家文明的現代化與國際化。儒家思想是與時俱進與因地制宜；它不做中國古代思想的奴隸，亦不做西方外來文化的殖民地；儒家思想是海納百川，有容乃大的思想文化。儒家思想有利於國家政治穩定、經濟穩定、社會穩定等，特別是它主張君君、臣臣、父父、子子等各安其位，此乃鼓勵各安其位

的宿命論者。所以儒家思想被西方學者批評爲「適應環境」的文化而不是有如基督新教文化屬於要「改變環境」的性格、因此儒家思想產生不了資本主義精神、也無法促進經濟高度發展。[2]這個看法是不正確的；然而對於腐朽儒家思想來說是正確的。

第三節　中華文化促使兩岸和平

中國現代化往何處去？中國歷代現代化過程中有一個規律；每當有文化衝突的時期，國家是積弱的；反之，每當有文化融合的時期，國家是富強的。例如周初、漢初、唐初、清初等時期國家是興盛的；而東周春秋戰國、東漢、晉朝、隋朝、宋朝、明朝等時期國家是相對積弱的。所謂的的文化調和就是指以中國文化爲本位融合了外來的文化，其中要消化外來思想並且深化中國文化；主要的是中國文化有高度的融合性。中國文化與外來文化初步碰撞時是會有衝突的，經過一些時間的磨合，很快地產生融合的現象，把外來文化成爲中國文化組成的一部份，這最具體的例子乃是印度的佛教。

清代末年鴉片戰爭之後，西方文化大量輸進中國；中國文化面臨著史無前例的大衝突；於是民不聊生。「五四運動」乃是中國文化遭受到外來文化衝擊而形成的亂象，於是自由主義、功利主義和封建主義等三座文化大山阻礙了中國現代

---

2 韋伯，（Weber, Max），德國知名社會學家，他認爲基督新教才能創造資本主義，富裕社會，並且批評東方孔儒和中東伊斯蘭的社會無此幸運。

化的步伐，於是中國人民品低劣、民智未開、民不聊生等現象充斥整個中國人心中。此時中國的內憂外患頻仍，中國人被譏諷為東亞病夫，在上海法租界還被視為與狗同等不能進入的悲慘命運。民國成立之後中國內憂外患變本加厲，這是中國文化面臨更嚴重考驗的時期。於是中華民國退居臺灣；中國大陸成為馬列主義的實驗工廠，中國分裂成為兩個，其中一大一小。國民黨在臺灣主張復興中華文化，而中國共產黨則曾要堅持擁抱馬列主義。直至一九七八年以後中共領導人鄧小平提出改革開放的維新政府並且「尊儒敬孔」，一反昔日的「批孔揚秦」的立場，中國又開始重視中華文化的價值。

　　鄧小平是個務實的「實事求是派」；他抓穩了中國文化的生命力，逐漸使馬列主義中國化之；進而促使中國文化去蕪存菁，以嶄新的面貌來面對西方文化的衝擊。中國文化有海納百川、有容乃大的本質。經過了中西文化的衝擊之過程，遂有文化融合的現實。如今的中國已是中西文化融合時代；歷史的經驗再度重演。中國文化融合之時中國自然富強，中國文明自然到來。於是今日以中國經濟發展驚人的成就令世人刮目相看，中國人的世紀已經到來。中國人回歸中國文化的結局是中國經濟發展邁向已開發國家的行列。臺灣海峽兩岸的中國人邁向文明的方向趨同，兩岸的中國人交流與合作加強，如此中國逐漸邁向文明與現代化。因為曾是臺灣的中國國民黨領導者蔣經國先生，一再提及反共不是反中國決策；只要中共回歸中國文化這條道路，臺灣海峽兩岸的中國人自然可以整合。具體言之；中共回歸中國文化這個思想戰略的結局是：中國的富強和兩岸的和諧。

第四節　以「四維」取代「四個堅持」

其實一九四九年以後臺灣在蔣介石的統治之下，首先要提倡振興中華文化；這個方向甚是正確的。當時他維護中華文化運動正好與中共所提倡的馬克斯、列寧主義等完全相反。臺灣的背後支撐力量是美國西方主流資本主義的思想，而中共在中國大陸背後的文化基礎是反西方的西方非主流思想。經過實踐檢驗的結果已充分證明西方歐美主流資本主義經濟思想勝過於東方蘇聯、東德、波蘭等非主流社會主義經濟思想。這也充分證明臺灣經濟發展經驗是正確的。一九七八年鄧小平維新提出改革與開放政策以後，其經濟發展的成績足以證明鄧小平的新思維是適合於中國現代化的。這與臺灣一九四九年以來的經濟發展戰略方向趨同。臺灣與中國大陸在不同的政權統治之下的經濟發展成績不一；但中國人畢竟中國人，中國經濟要走上一條富有中國特色經濟發展模式。這一方面臺灣的經濟發展經驗當然可供中國大陸的參考。事實也如此；臺灣經濟經驗貢獻了中國經濟，這包括超過百萬的台商在中國大陸的投資與貿易在內。一九八〇年代初臺灣的行政院長孫運璿曾提及中共的「經濟學臺灣」號召；這一點都沒錯。另外，孫運璿先生也提出中共的「政治學臺北」的號召，這一方面也可以進一步的斟酌；過去六十幾年來臺灣政治發展方向雖然正確，但要走出一個富有中國特色的民主政治發展模式，這也是必然而且必要的事。此有待進

一步探討。

　　不過，中國人畢竟遲早是要走出中國人自己現代化應有的道路。中國國民黨元老陳立夫曾主張「以中國文化統一中國」，他並且也提出以東周春秋時期齊國齊桓公宰相管仲所提出之「禮義廉恥」等四維的中國文化，以取代中共的「四個堅持」（堅持社會主義的道路、無產階級的專政、共產黨的領導、毛澤東的思想等）。中國要走的是中國文化的共產主義、社會主義，那是孔孟大同主義（社會主義）思想，並不是西方文化的馬列社會主義。無疑的，這一方面也是中共必行的道路。[3]

　　還有，中華人民共和國初期中共曾提出「批孔揚秦」的文化政策，這是有階段性的錯誤政策，此已違背中華文化的基本要義，當然使中國被孤立於世界，當時其經濟發展和人民福祉均無法滿足廣大人民的需要；其結局是中國人民民不聊生。

第五節　讓中國文化回歸中國

　　一九八七年十一月二日國民黨的蔣經國政權宣佈從當日起允許臺灣同胞可回大陸探親，尤其站在人道的立場允許老榮民回大陸探親。這是一個順乎天、應呼人的新政策，也是有關「中國問題」新紀元。臺灣海峽兩岸若不交流則中國國民黨將臺灣民進黨化；兩岸若交流則共產黨將趨於國民黨

---

3 中國國民黨之黨國元老陳立夫先生一貫的主張。

化。自從蔣經國先生的新政策實施的三十幾年以來事實已證明了中國人終會走中國人應有的道路，它不但使中國經濟崛起，同時更將使中國文明崛起。如今從中國現代化文明的走向來看，在趨勢上則將超越中國歷史上當時的漢唐盛世。但是中國貧富不均的社會經濟問題是一個大考驗。

一九九一年四月五日廈門大學七十周年校慶活動，有機會認識了前共產黨福建省省委書記項南先生，他要我參與中國扶貧工作；這個請求我很有興趣，於是我答應了配合他的中國扶貧基金會的工作。在臺灣，我組織了一些學者專家的參與，尤其是得到宜蘭縣羅東鎮聖母醫院院長呂道南（意大利籍的天主教神父）先生的支持。

我參與中國的扶貧工作是我的興趣，也是我的專長。中國貧窮的地方集中在老、少、邊、窮等地區。例如陝西的商洛地區在丹鳳縣、貴州的納雍縣、廣西的馬山、武鳴縣等地，都是扶貧的試點；這些試點都屬於醫療扶貧工作；其中有捐贈醫療器材、交換醫師、護士等的醫療工作，還有召開學術研討會互相交換扶貧經驗等。另外，我也爭取學術考察的機會；於是我的足跡幾乎跑遍了中國各地，這包括內蒙古、西藏、新疆、青海、寧夏、甘肅以及中國東北、西南、東南、西北各省等等地方。當時我也關心中國邊區的許多國家，例如俄羅斯、北韓、北越、印度、外蒙古等地的經濟發展；所以我去訪問考察這些國家有關的經濟發展事宜，特別是文化與宗教對於這些國家或地區經濟發展的影響。[4]

---

4 傅高義著，馮克利譯，鄧小平改變中國，天下・遠見出版股份有限公司，臺北・臺灣，二○一二年，第九一○頁至九三九頁。

第二篇
儒家思想與中國經濟發展

第一章　中國經濟思想的定位

第一節　市場經濟的溯源

　　中國經濟思想使從西周開始，此已有三千餘年；若從伏羲氏、神農氏等的經濟思想談起，迄今則已超過六、七千年。西周以前的堯、舜、夏禹、商湯等朝代的一千多年的中國經濟思想應以市場經濟、自由經濟、貨物經濟等為主要。因為這個時期的經濟是屬於農、林、漁、牧等的初級經濟發展階段，人民的生活單純，社會秩序穩定。此可以認知的是原始經濟時期的生活方式是自然的，但不一定是理性的。中國經濟思想史自從周文王、周武王以後的中國經濟思想比較明確。其實，先秦諸子經濟思想的儒家、法家、墨家等已樹立了典範，幾千年來中國歷朝歷代因之，一脈相傳。其中自由經濟（包括私有財產制度和市場經濟等）是中國經濟思想的核心本質。

　　中國經濟到底該走什麼制度呢？歷經一九四七年「二二八事件」變局，臺灣從一九四九年開始所走的經濟發展路向基本上是自由經濟為導向的，但政府的經濟計劃也要有貢獻；是乃所謂計劃性自由經經濟。中國大陸的中共從一九四

九年開始經濟制度搖擺不定，直至一九七八年鄧小平提出改革與開放的主張以後，也一直邁向計劃性自由經濟方向走；兩岸經濟制度發展的大方向終於相似，但不相同。計劃性的自由經濟基本精神是自由經濟為主，而政府經濟為輔，其最終的目的是自由經濟。先秦儒家經濟思想的精義正是如此；法家、墨家等也是如此。

先秦儒家經濟思想的代表者為孔子、孟子、荀子等。他們都是主張自由市場經濟為取向的，但政府經濟有必要的時候可以站出來，以維護經濟目標的達成。中國與西方經濟思想淵源雖然不同，但在本質上重視市場自由經濟是一致的。先秦經濟思想是中國這部經濟思想史的縮影。

儒家思想崇尚自由經濟：孔子說：「百姓足，君孰與不足？百姓不足，君孰與足？（論語「顏淵」），「因民所利而利之，斯不亦惠而不費乎？」論語「子張」），孟子說：「民主為道也，有恆產者有恆心，無恆產者無恆心」（「勝文公」上），「天下之言性也，則故而已矣！故者，以利為本。所惡於智者，為其鑿也。如智者若禹之行水也，則無惡於智矣。禹之行水也，行其所無事也，如智者亦行其所無事，則智大矣」（「離婁」）等等。儒家思想重視自由市場經濟之良性競爭，反對壟斷性經濟的措施，讓老百姓求利，政府僅以裁判者的角色解決那些市場的障礙物，以便使之市場經濟能夠均衡，並且是動態的均衡，使經濟不斷發展下去。又孔子說「子罕言利」（論語「子罕」），「君子喻於義，小人喻於利」（論語「里仁」），這是表示在為官者應該講義，百姓則可以求利。為官之道是要幫助人民賺錢，自己則要廉

潔，因其已經享有政府的俸祿。「君子」是指在朝爲官者，「小人」是指在野爲民者。孔子的話、言論經常被誤解了認爲卑鄙小人才求利，只有正人君子才講義氣。如此則影響經濟發展甚鉅。「君子喻於義，小人喻於利」中對於君子和小人的解釋到了宋朝范仲淹則把小人解讀卑鄙小人，如此誤解則對經濟發展造成傷害。孔子孟子對自由經濟的言論甚多。西方經濟思想亦重視市場經濟，他們的思想源自希臘、希伯來、羅馬等文化。東西方彼此不相關聯，而十八世紀亞當·史密「國富論」中所強調的市場經濟，此與中國儒家經濟思想在本質是相似而不相同的。如果說西方近代經濟思想中的市場經濟源自中國，這個說法難予採信。[1]

中西經濟思想不相同之處乃在於政府經濟的介入程度不同。中國經濟思想認爲最適度的政府乃是最好的政府，西洋經濟主流思想則認爲最少的政府乃是最好的政府。何謂最適度的政府因儒家、法家觀念不同而有些不同。法家政府介入的程度超過於儒家，而儒家中「在野儒家」則又認爲政府的必要性介入的程度愈小則愈好。所謂最適度的介入，程度則因時因空（地）的看法有些不同，但最主要的是因人（主政者）而異，這確實是一個有爭議問題。

儒家思想中的政府經濟是指補充民間市場經濟之不足而已。這似可從政府經濟計畫，經濟政策以及政府經濟企業等方面探討。

經濟計畫方面，例如孔子說「無欲速，無見小利。欲速，

---

1 朱謙之，中國思想對歐洲文化之影響，臺灣時代書局，臺北·臺灣，一九七七年，第二二頁至二一八頁。

則不達；見小利，則大事不成」，重視經濟發展要有規劃，從短期看或從長期看必須有所見解，不因小事而害大局。子曰「庶矣哉」！冉有曰「既庶矣，又何加焉」？子曰「富之」，曰「既富矣！又何加焉」？「教之」（論語「子路」）[2]，可見孔子重視經濟發展的重要性，有經濟發展然後可以發展教育與文明，所以有衣食足而後知禮節，食廩實而後知榮辱的道理。

第二節　儒家經濟思想的世俗化

經濟政策方面：孔子說「來百工，則財用足」，可知獎勵投資的重要性，吸收資金與人才則可促國家之經濟發展。孔子說「丘也聞有國家者，不患寡而患不均，不患貧而患不安，蓋均無貧，和無寡、安無傾」（論語「季氏」）[3]。可見其重視經濟成長之後的社會正義問題，若所得分配不均平則社會一定不安。此外孔子說「民無信不立」（論語、顏淵），主張信用才能確立工商業的發展。[4]孟子亦說「夫仁政自經界始」（「勝文公」上）[5]，由此可見先秦孔孟儒家對於重視經濟發展政策上的一些看法。[6]

---

2 論語，「子路」。
3 論語，「季氏」。
4 論語，「顏淵」。
5 孟子，「滕文公」（上）。
6 侯家駒，《先秦儒家自由經濟思想》，聯經出版事業公司，臺北・臺灣，一九八三年，第三八六頁至三九二頁。

　　儒家思想對於經濟發展的關係各方看法不一。西方人士對於鴉片戰後滿清政府腐敗中國經濟一塌糊塗、民不聊生認爲此乃儒家思想不利於經濟發展的因素；其實不然。儒家思想的勤勞、節儉、樸實、敬業、和諧、守信用、重義氣、知廉恥等等道德規範均有助於國家經濟發展，尤其是自由市場經濟的狀態下人們可以日出而作，日落而息，鑿井而飲、耕田而食。經濟運作正常則國家經濟發展一定好；政府經濟的功能自然減少。「藏富於民、民富國強」是國家發展的方向。有關西方人士例如韋伯（Max　Weber）的觀點或許是世俗化儒家（Vulgar Confucianism）的誤導使中國經濟發展不理想，所謂世俗化的儒家應該指的是中國傳統農村社會那些不重數字、不守時間、不重視科學、敷衍塞責、馬馬虎虎、不守信用、官僚作風、重視迷信、投機倒把、貪污腐化等等現象，這些都是經濟發展的阻力。因此庸俗化的儒家是民族文化的劣根性，而不是儒家思想精華雅俗共賞的儒家思想。這個看法完全與侯家駒教授的看法略有不同。[7]

　　質言之，法家思想對於經濟發展是有進取心的，道家思想對於經濟發展是有所不爲的；儒家思想對於經濟發展最爲適中，但容易產生執行上的偏差，這是因爲儒家思想人爲的腐朽性。看來還是墨家思想似乎最爲務實性；它是功利主義性的儒家；儒家思想因爲陳義過高，很容易產生言行不一的「僞君子」，因此其在經濟發展上的表現不如墨家的「真小人」務實。墨家明確強調「交相利」，儒家則說「子罕言利」；

---

7 同註 6，第四〇四頁。

彼此有了明顯的對比。可惜的是墨家經濟思想在秦漢以後很少受到重視。墨家思想可以說是一個「唯物論」的代表，而儒家思想最具「心物合一」論的代表。「唯物論」的經濟發展並沒有忽視「道德情操」的重要性；這才是中國文化的重點。

　　政府經營企業方面：管子的思想為法家的起源；孔子亦讚揚管子的許多看法；他是法家的代表。商鞅變法就是法家思想；後來西漢御史大夫桑弘羊亦秉承管子的許多主張。著名的「鹽鐵論」是漢宣帝時的儒生桓寬所編輯的；主要的是記載漢代昭帝時候召集賢良、文學與御史大夫桑弘羊及其助理們辯論鹽鐵等國營事業是否開放民營以及其他有關經濟政策與經濟發展的問題。桑弘羊被歸類為法家思想，其實他是屬於「在朝的儒家」，傾向於法家而已。他的思想被司馬遷批評得最厲害，司馬遷是傾向於自由經濟的右野儒家，但亦不排除必要時政府經濟的功能；司馬遷應被歸類為「在野的儒家」。司馬遷反對平準法與均輸法，凡此二法是漢明帝用來平準物價和互通有無的辦法，這是一種市場調節的政策，但司馬遷反對之。其實一個社會經濟秩序尚未上軌道之際，政府明睿的經濟政策是有需要的。凡此用以穩定物價和互通物資之有無。國營企業有時也是有其需要的，並非國營企業一定是與民爭利的。有些企業的產品社會確定是需要者，但民間沒有人願意生產，或有些企業有壟斷性，此將貽害民生者；或有些企業私人經營不善或不能生產者等等，政府還要來辦理這些企業，這才是政府經濟的價值，它也有其時空的經濟政策意義。

第三節　儒家經濟思想的本質

　　中國經濟發展甚重視均富思想。站在政府的立場一方面要協助百姓賺錢，但在另一方面要重視經濟發展的公允，公正與公義。這在作法上政府要用租稅或金融獎勵方式，以鼓勵百姓從事於生產事業，讓「一隻看不見的手」充分發揮其應有的功能，並且足以促進國家整體經濟發展。但是企業家賺了錢之後，則以繳稅的方式報效國家，政府則得到了施政「民富國強」的好政績。這是所謂「養雞取蛋」的理論。臺灣經濟發展的經驗正是如此。一九五〇年代的臺灣經濟；人民貧窮、國家亦貧窮，但是採取「養雞取蛋」私有財產制與市場經濟的經濟政策以後，幾十年來的臺灣經濟已是民富爾後國強的經濟境界，於是有臺灣奇蹟的美譽。昔日蘇聯以及東歐的許多國家其經濟發展的狀況正好相反。這可以證明此與經濟發展方向的正確與否息息相關。

　　但是為了顧及經濟發展的公正與公允，政府採取的租稅政策是：同等所得者同稅、不同等所得者不同稅。前者是橫斷面的平等，後者為垂直面的平等。政府稅收一方面要注意政府的財源和社會正義，另一方面則要重視不傷害到人民的生產意願。這個租稅策是為了「均富」的社會理想；重申人能盡其才，地能盡其利，物能盡其用，貨能暢其流的功能。這就是說各種經濟生產因素都要「正」其位，資源調配自然達到最佳的境界。

　　從戰後儒家社會主義與儒家資本主義國家經濟發展的對照得知，實踐儒家市場經濟的國家或地區，其經濟發展的狀況遠比非市場經濟國家表現良好，這可以從昔日的臺灣，中國大陸、香港、澳門、新加坡、南韓、北韓以及越南等經濟發展的過程與經驗得知。一九七八年以後的中國大陸以及一九八六年以後的越南實施了市場經濟、其經濟發展狀況與從前比較，那是截然不同的。這些均可以是以證明亞當・史密「一隻看不見的手」的功能奏效了。這也足以證明一昧實施計劃經濟（Command Economy）為主導的經濟，在儒家文化經濟的社會裡是行不通了。然而市場經濟也不是萬靈丹，在一個社會不安定，政治不安定以及社會不安定的經濟社會裡人民的市場教育水準亦不理想，市場經濟的功能性必然會受到嚴重的破壞，因此適度的計劃經濟也是需要的。計劃經濟不是要取代市場經濟而是要補充市場經濟的不足。所謂的社會平衡（Social Balance）就要做到計劃經濟與市場經濟的平衡點上，使社會福利無差異曲線（Social Welfare Indifferent Curve）與社會預算線（Social Budget Line）相切。從另外的一個角度看，社會差異曲線（Social Indifferent Curve）亦與生產可能線相切（Production Possibility Curve）。這個時候社會福利最佳，社會資源也充分利用，這就是孔子所說的「格物」與「盡性」，在經濟學上所謂資源調配（allocation of the Economic Resources）到最佳，正是此意。這在人盡其材，地盡其利，物盡其用，貨陽其流等方面都能做到最理想的境界。孫中山先生在決定國民革命之前上李鴻章書的重點亦在於此。

第四節　魯迅與儒家經濟思想

　　魯迅在中國曾被神化了，這尤其在一九八○年代改革開放以前的中共。之後，魯迅就逐漸被正常化了；然而魯迅的「大文豪」地位也仍然深深地被肯定。

　　魯迅精神的主軸乃是拿來主義，這是儒家思想的本質，它不只具有思想的方針，也富有實踐的意義。它當然有「洋為中用」、「古為今用」、「與時俱進」、「因地制宜」等的內涵。其實魯迅的觀念是乃孫中山先生思想的延長；具體的說，他與胡適之、鄧小平、蔣經國等的看法有些接近。談到胡適之先生；時至今日中共一直在貶抑胡適之的思想，這是不公平的。在中國，如何讓「胡適之回歸胡適之」，以務實的態度來對待胡適之，這也是相當重要的一件事。

　　魯迅曾大力為中國的前途而吶喊；他對中國傳統封建思想的遺毒而怒吼。他的吶喊有助於毛澤東的革命；他吶喊的目的是為中國、為中國人；但是無形中不利於蔣介石的國民黨。一九四九年以後的魯迅被神祇化了，也被國有化，進而也被商品化。其實也要讓魯迅回歸魯迅；就是要把魯迅從神壇裡請出來。換言之，要以實事求是、解放思想的態度來看魯迅；他是人，不是神。在臺灣的社會裡也要以平常心、平常人的態度來看待魯迅。同時也要以魯迅的觀念與思想來教育群眾，貫徹魯迅立人、樹人的理念。

第五節　富有中國特色的第三條路哲學

　　二十世紀出末西方學者暢言所謂的第三條路的哲學。主要是因爲西方人士的思維方式左右搖擺，忽左忽右，莫衷一是，當中轉變過程中所造成的的錯誤的代價甚高。這可從二十世紀那些所謂資本主義國家變成社會主義的國家，然後再由社會主義的國家再變成資本主義的國家的經過，那些轉換的成本太高，期許能夠折衷的找到一條一勞永逸治國平天下的道路，才會有所謂第三條路哲學的提出，同時也被認爲第三條路的哲學很類似中國的中庸之道；其實二者在本質上是不同。

　　西方第三條路是從不斷的左右搖擺，在嘗試中找到的，而東方儒家思想的中庸之道是本身的文化自我轉變而成的，這是內在因素，所以說在本質上是互異的。二十世紀末那些所謂社會主義的西方國家蘇聯以及東德、波蘭、匈牙利、南斯拉夫、羅馬尼亞、阿爾巴尼亞、以及波羅的海的愛沙尼亞、拉托維亞、立陶宛三國等等通通從左邊轉變爲右邊，一躍變成西方自由、民主等政治經濟體制的國家，在轉換的過程中曾經造成了社會、政治、經濟等的動亂不安，其代價甚高。還有從二十世紀西方已開發的國家的國內執政經驗的政黨政治模式亦復如此。美國民主黨與共和黨互相轉換，英國的保守黨與工黨的互相轉換，德國的基督教民主黨與基督教社會黨的轉換等等也是一樣。有鑑於此，第三條路哲學的提出不

是沒有道理的。可是這些經驗在東方的國家並不明確，特別是中國共產主義至今仍然紅旗飄飄，主要是因為中國已經將「馬列主義中國化」了，在中國文化的大洪流下已經將馬列主義成為中國文化的一部份，亦即將外來馬列主義思想被中國文化現代化所用了，共產主義似乎也已成為中國「禮運大同」的共產主義了。這是中國文化的包融力，五千年來豐富的歷史文化經驗一向如此，沒有例外。

中國傳統思想中的致中和哲學意義就在其中。文化不只我們中國人要重視，同時也要提供給世界做參考，用以貢獻世界。這將在二十一世紀裡得到印證。

致中和為何意呢？喜怒哀樂之未發謂之中，發而皆中節謂之和。中也者，天下之大本也；和也者，天下達道也。致中和，天地位焉。大學之道，在明明德，在親民，在止於至善。知止而後能定，定而後能靜，靜而後能安，安而後能慮，慮而後能得。物有本末，事有終始，知所先後，則近道矣！（大學開宗明義）。[8]

格物、致知、誠意、正心、修身、齊家、治國，平天下等一連串內聖外王的道理；是故儒家思想是理論的，也是在於實踐。

8　「大學」開宗明義。

第二章　東方與西方文化合流

第一節　何來文明衝突？

在這個二十一世紀裡，中國經濟發展到某一水準之後一定會有政治改革，而政治改革之後又會促進中國的經濟發展；不過中國的政治發展相當複雜，也相當緩慢。隨著戰後亞洲經濟（尤其是東北亞）的崛起，日本、中國在亞洲的影響力將大增。中國人站起來了，但二十一世紀初葉並不是中國人的世紀；它仍然將是西歐、北美人的世紀。這一方面，中國人實在太窮了，尤其是廣大的西北，其經濟一時仍無法騰飛。另一方面中國文化的再復興，特別是儒家思想的現代化和國際化之後，中國將以國際和平的新姿態走出世界，擁抱世界和貢獻世界。中國經濟發展之後的儒家思想與政治民主化必將同步，這與過去的歷史不同。儒家思想經常被誤以為是昔日權威主義和今日新權威主義，這種看法是錯誤的。二十一世紀的走向是中國文化的儒家化，儒家思想的現代化，其中中國民主思想與市場經濟必然接踵而來。儒家中國步入多元化的現代化民主模式是必然，也是必要的；它將也是世界和平的保障，因此何來中國威脅論呢？杭延頓

（Sumuel P. Huntington）的著作裡提出在這個二十一世紀裡日本將帶動亞洲化，而日本人則認為中國在東亞有主宰力。這是從日本人的民意調查中有百分之四十四的日本人認為中國在東亞的影響力，美國則有百分之三十，日本只有百分之十六。日本人是最識時務的民族，她在亞洲的態度將隨著這個世界新的大形勢而作必要的調整；東南亞各國為著因應逐漸崛起的中國政治與經濟；一則憂，一則喜，惟東南亞華人經濟勢力強大此將扮演著左右東南亞各國改變對中國態度的主力。[1]這個明顯的例子是以新加坡李光耀先生的睿智和遠見為指標。他的言行不但影響了新加坡，也是整個東南亞諸國對待新中國政策的重要指標之一。[2]

杭廷頓（Samuel P. Huntington）生於一九二七年，紐約人，哈佛大學博士；他也是民主黨人，並非美國保守派人士。因此他的主要思想站在不同於自由主義保守派的立場。他可以說是民主黨的理論家，曾經為詹森總統、卡特總統等人撰寫政府文稿。他的「文明衝突」論聞名於世，尤其是二〇〇一年「九一一」事件以後，他的理論得到應驗後其聲望更是家喻戶曉了。杭廷頓「文明衝突」論是站在西方哲學的基礎上，採用排它性的西方理論來分析當今世界東西方文明的衝

---

1 杭廷頓（Samuel P. Huntinton）著，The clash of civilization and Remaking of World order，黃裕美譯，《文明衝突與世界秩序的重建》，聯經出版社，臺灣，臺北，一九九七年，第二頁至六十一頁。

2 新加坡邁向民主的大道也是必然的，其前瞻性甚為明朗。二〇一一年五月七日所舉行的國會大選中執政黨取得八十一票，其得票率只有百分之六十一點一四；這是新加坡立國以來最低的得票率。從長期看，此次新加坡國會大選是新加坡邁向多黨政治的分水嶺。選後內閣資政李光耀以及國務資政吳作棟辭職。預料此次大選中取得六席的新加坡工人黨將大有作為。

突。其所謂的東方思想主要的是指中東、南亞的伊斯蘭教和中國、韓國等儒家思想。他並認為西方文化僅為西方文明之所需，世界的現代化並非西化，因為各國家、各地區、各民族等均有其個別文化的特色，尤其是亞洲地區經濟快速成長、人口急劇增加，伊斯蘭教勢力增強，西方相對影響力減少。如此東方的伊斯蘭教文化，中國的儒家文化都有強烈的民族主義而且相對崛起，成為東西方對抗的力量。西方的市場經濟、民主政治的想法與東方國家的看法不同，美國等西方國家必需認清多元化文明時代已經來臨，而且彼此有所衝擊，特別是宗教與宗教間的認同性發生了重大的差距。而且未來東西方文明衝突的來源將是彼此立足點的不同而無法妥協，這要歸咎於西方文化幾百年來的驕傲，而東方文化偏見與武斷等這些都是東西方文明的亂源。杭廷頓的思想顯然比美國共和黨務實，但他仍然是代表西方的思想，他無法體察東方文化包融性的特質。因此把東西方文明衝突講得太嚴重了，其實並沒有那麼的突顯，然而他的思想確實有其代表性、難怪他的學術理論已是國際學術界研討的焦點。[3]

第二節　東方與西方文化的匯通

　　東方與西方文化是相通的。東方與西方的文化的出發點雖不同，但是殊途可同歸的。東方的是先從哲學做為出發點，

---

3 同註 1。

而邁向科學，西方則是先從科學做爲出發點而邁向哲學。彼此文明現代化的結果是「哲學的科學」和「科學的哲學」的不同而已，可是彼此是相通的、他們可以說是相通而不共同，相似而不相同。沒有科學的哲學是瞎子，沒有哲學的科學是跛子。

　　東方的孔子（西元前五五一～四七九年）與西方的蘇格拉底（Socrates, B.C. 四六九～三七九）應是同時代的人，孔子比蘇格底長了八十四歲，他們兩人對東西方思想文化的影響甚大。東方的孔子思想是整合過去周代以前的思想，特別是周公、文王、武王等的思想，繼續加以發揚光大，這是從古代延續到現代的思想意義，並且富有創新的涵義。蘇格底拉則是因爲不敬神而並判處死刑，其實他可以爲自己辯護而免於一死，可是他並未如此的做，因爲他遵守司法。可是他死後，有人懷疑他是冤死的，進而從新檢討現有的司法的是非性，並且修改它。這個守法的概念，富有科學的是非分明精神是西方文化的特色。顯然這與東方富有哲學的意義的文化有些不同。這種二分法的文化可以說是西方「天人分開」的思想，而東方則是傾向於「天人合一」的思想。這也是西方以神爲主軸的文化基礎，東方則偏向以人爲主軸的文化基礎。西方基督教「十誡」的內容是一、不可別有上帝，二、不崇拜偶像，三、不妄稱上帝之名，四、守安息，五、尊敬父母，六、不殺人，七、不姦淫，八、不偷竊，九、不作僞證，十、不貪姦等。這十條誡律與東方儒家思想的大學、中庸、論語、孟子等四書的內容極爲相似，但有不同。

　　另外，宋代理學大哲朱熹（一一二三～一二〇〇）與湯

姆森‧阿奎那（Thomas Aquinas,一二二五年～一二七四年）所處的時代亦相當，但他們的思想相近，所不同的是東方的朱熹是從哲學出發談論理學，而阿奎那則是從神學出發（神學，強調其科學性）談論理學。朱熹與阿奎那的理學均各別有東西方時代意義，所強調的是人格道德境界卻是相似的。更有趣的是清代乾嘉儒學戴震（一七二四～一七七七）所強調的情慾觀念與西方思想家亞當‧史密斯（Adam smith, 一七二三～一七九〇）時代相同，在重視情慾的理念是相通的。同樣道理可以說明同一時代的孫中山（一八六六～一九二五）與約翰‧凱恩斯（John M. Keynes,一八八三～一九四六）所強調政府經濟的功能，這個看法也是相似的。

因此我們可以說認定的是目前中國現代化並不排斥西化，也不等於西化而是邁向西化。

第三節　清談老莊、空談孔孟

有唐一代是中國歷史上政治經濟重心從北方轉向南方的關鍵時代，這特別以唐代中葉爲重要的分水嶺。隋代、宋代、元代、清代等所謂的北狄政權南下，其文化則逐漸被南方的文化與文明所融化。當時江南地區遂成爲中國經濟、政治與文化等的中心，於是北方人口向南方的大遷移。唐宋以後，長江流域出海地區交通便捷，市場經濟發達，此後的蘇州、杭州、揚州以及南京等地已經成爲當時中國文明的典範之一，其在文學、戲劇、音樂、書法、小說、繪畫等等文藝層

面上均有傑出的貢獻。

　　江南地區位處長江、淮河、運河、大湖等四者的交錯地區，況且土地肥沃，因此物產豐富，對外貿易發達；民生富裕。該地區吸引了不少陝西、山西、湖南、安徽等地的商賈名流到江南從事商務活動。經濟發展是一國邁向文明的動力；江南地區文化文明水準於是比較高，這包括科考進士錄取的人數比率冠於全國各地。況且清代江南學者富有考證學術的風範，是乃考據學派「樸學」的由來。「樸學」是以科學發展觀為學術的出發點來發展數學、醫學、天文、地理等科學，這或許有些所謂的理學家斥之為「反儒學」。其實此富有實證意義的樸學乃是入世的儒學，也就是把科學與儒學融合起來，這也是清代江南儒學的風格。

　　清代儒學有經世濟民的意義，它重新評價宋明理學的價值觀，特別對孔子思想的重新評估，尤其對墨子「非儒」思想的實質評價；此當然有其政治性的意義。有清一代對於宋明理學無法與時俱進因而產生社會、政治、經濟等的污染了六百多年深不以為意。兩千多年來儒家思想與封建主義、官僚主義、宗法主義的結合，產生了腐朽、醬缸和世俗等的弊病，禍害中國歷朝歷代現代化至鉅。清儒試圖以解放思想、實事求是的態度來重新解釋孔孟儒家思想，其目的在於尋回儒家思想的基本精神，尤其是關心對於儒學「內聖外王」的本意。清儒是以再生的思維來探討孔孟，而不是以復古的態度來解釋儒家思想。他們反對魏晉「清談老莊」，宋明「空談孔孟」；他們也對於那些理學、道學產生懷疑和批評的態度。這雖然也有類似西方追求真理、務實等的處世精神所在，

然而西方人士重視科學與法治的層面上有其特色。可是這些西方特色的思維有其貢獻的意義。其中任何一個學派均有其哲學文化的基礎。西方人士大抵是從「天人分際」的視行著眼，例如倫敦政經學院學者紀登斯（Anthony Giddens）所提第三條道路的哲學，亦即經過左右搖擺之後邁向第三條中間的道路，例如這以一九九〇年代世界各國政經發展模式逐漸趨於社會資本主義或資本社會主義的道路。這在東方的社會則不一樣；東方國家以中國為例，也是邁向社會資本主義的通路，但過程不一樣。因為並沒有經過左右搖擺的過程，而是自我演變成為社會資本主義的方向去的。[4]

第四節　孔孟的共產主義

　　中國的文化與文明源遠流長，若從人文始祖伏羲氏開始約有八千四百多年，又若從人文初祖黃帝開始，亦有四千七百多年。中國文化與學術的源頭活水是「易經」，而易經的主要思想是「天人合一」，它是天道與人道的調和。易經乾掛的天行健（天道），君子以自強不息（人道），便是一例。陳立夫先生強調人道要從天道裡得到啓示。所謂「順天則昌，逆天者亡」是也。這表示人的行為若違背了天理是註定會失敗的。於是人要尊重天意，效法天意，配合天意。從陳立夫先生的研究又從天道中得到五個字，即公、誠、仁、中、行

---

4 紀登斯（Anthony Giddens）著，The Thirdway，鄭武國譯，《第三條路》，聯經出版社，臺灣，臺北，一九九九年，第七十三頁至一〇一頁。

等。這五個字也是儒家思想和中華文化的精義。[5]

「公」，就是「世界大同」，大同是「和而不同」，即大體相同；愛其所同、敬其所異，存小異立大同，多元一體是也。「異」與「同」之間也是調和的；所以世界大同，亦即世界大不相同。

「誠」，就是處理一切事務活動的原動力。誠意、正心、修身、齊家、治國、平天下。「內聖」而「外王」始自「誠之所至，金石為開」。以誠為出發點，可以解決許許多多待人、處世的種種事務。

「仁」，在家庭、在社會、在國家、君臣之間、父子之間、師生之間、夫婦之間、兄弟之間、長官與部屬之間等如何各安其位，彼此分工、互助、合作等的基礎在於仁。仁是人與人之間的相處哲學，彼此的角色與分工。

「中」，中庸之道，不偏不倚，永持其中。致中和的基本精神是「天地位焉」、「萬物育焉」。凡事做到如何恰到好處，無過之，亦無不及。因此不發生副作用，這是文化調和的基本要件。文化調和就不會發生文化磨擦，也不致於有遺憾的完美境界。

「行」，坐而言不如起而行。除了有原則之外，還必有實踐，否定一切空談。行就是要實踐的行動如此才能行仁政，才能自強不息。[6]

「公」、「誠」、「仁」、「中」、「行」等五字是中國文化的本質，也是儒學的要義，其基本根源來自易經。

5　陳立夫先生於一九九六年，三月二十四日接受北京中央電視台的訪問。
6　同註5。

第五節　宋明理學與清儒

　　朱熹（西元一一二三～一二○○），生於福建、尤溪，卒於福建・建陽。朱熹學貫儒、佛、道等三家，並有與時俱進的觀點貢獻世人，況且陳義甚穎；其道德標準境界高超，頗富道學意義。惟此與現實社會難能落實，人們容易導致陽奉陰爲的現象，朱熹的思想通情達理，貫通於宇宙與萬物之間；司馬遷史記裡所謂通古今之變，究天人之際、成一家之言等的內涵，朱熹均能領略得到。朱熹的思想對於人生的修養與治國平天下的道理等均能融會貫通，特別精通「天人合一」的義理人情，被視爲在朝爲官、在野爲民的分工合作各安其位的道理，皆能有所定位。其中爲人君者自當正心術、親賢臣、遠小人、恤民情等心志，如此才可以做到政通人和，這就是道學的精義；否則必將是權臣的私欲肆虐，國是日非，乃至於敗政。

　　朱熹一生全力推廣教育事業，其爲政出仕之時期較短。朱熹一生培育等等學子遵循父子有親，君臣有義、夫婦有別、長幼有序、朋友有信等「五教」的做人做事的道理。這些都是中國傳統文化孔孟之道的精華所在，是哲學、倫理的具體內容，但遠離法制與科學。朱熹以花甲之年擔任福建・漳州府之知州年餘。任職期間重視教化、整頓弊俗、辦學校、倡儒學，勤政愛民；其政績傑出，影響歷代的福建漳州文化與政治甚爲深遠。

　　戴震與亞當‧史密斯。戴震，字東原，生於雍正元年（西元一七二四年），卒於乾隆四十二年（西元一七七七年）得年五十四歲。安徽省屯溪人。戴震出生時天上雷雨交加，這是他取名的由來。他的學術思想來自宋儒，但其發展出清儒；這是時勢造英雄，英雄造時勢的典型。朱熹的宋儒也是劃時代的意義，而戴震的清儒則有「與時俱進」的特質。戴震的人欲與天理的結合，此與西方經濟學之父亞當‧史密斯的推動企業家精神的欲望，在本質上是一致的。戴震的思想可以說是繼承了王夫之。王夫之則是認為天理人欲融會一體，亦即理在欲中。王夫之對於理與欲合而為一之的堅持不如戴震徹底，因而王夫之晚年隱居進而向佛的屈服與讓步；戴震對佛教的不妥協是始終堅持的。因此戴震可謂是一位唯物論者；這完全與程顥、程頤以及朱熹等新儒家出入佛，道之門是有差距的。宋儒是理、物二元論者，戴震則是理、物，甚至於「氣」三元一體的，所以戴震的清儒是比較務實、入世的。因此其與西方經濟學之父亞當‧史密斯（Adam Smith,一七二三～一七九〇）的經濟思想甚為相似。戴震與史密斯所代表的中西經濟文化年代相同，思想相似，異曲同工。最具體的看法乃是戴震認為人欲乃在情理之中，而不是朱熹等宋儒所言之「棄人欲存天理」。宋儒倡言人欲與情理是相分開的，戴震則主張人欲與情理是合而為一的。清儒戴震更批評宋儒「以理殺人」，這是很嚴厲的指控，也很得體。

　　戴震的《孟子字義疏證》（上、中、下）中論及講理、天道、性，才（智能）、道、仁義、禮智、誠、權等的思想體系，自成一家之言。「理在欲中」乃是戴震「唯物論」思

想的核心價值。在儒家經典中談到許多有關「禮」的議題，尤其是禮與儉樸的生活方式連接在一起自有特色，但也束縛了止於至善的經濟生產效力。「理」的定義必需與時俱進，不能扼殺經濟發展的生命力。戴震的「以理殺人」論述是對「二程」以及朱熹理學對症下藥的作為。這種論述在當時清中葉乾嘉年間提出誠屬難能可貴。「以理殺人」是對於現實政治經濟良性發展的不信任，並且認為人性的發展缺乏「道德情操」的大假設之下所產生的學術理論。這種看法不一定正確，因為它不能放諸四海而皆準；至少對於經濟發展有壓抑的作用，此是不利於長期經濟發展的。持此觀點者在中國春秋戰國時代已有爭論，例如儒家思想中的孟子與荀子的看法不同；還有對於「人性本惡」學說中法家韓非子與儒家荀子的看法不同等。西方資本主義的惡劣結局那是社會正義的缺失，乃至於一九三〇年代世界經濟大恐慌均是亞當‧史密斯古典學派市場自由主義失靈的具體例證。此外，二十一世紀初（二〇〇八～二〇一〇）的世界金融大海嘯也離不開這個邏輯與事實，於是凱恩斯學派（Keynesian School）所主張的政府經濟及時扮演著重要的角色與功能。

　　戴震的理學思想有異於宋儒朱熹等的看法，然而其與浙東學派的陳亮、葉適等卻有異曲同工之效。戴震的思想雖不是萬靈丹，但在人性良知的大原則下是可以接受的；從長期趨勢觀之，其與西方亞當‧史密斯《國富論》的古典經濟學的基本觀點在方向上是一致的，它將帶來中國世界經濟的繁榮與進步。

第六節　全球化本土主義時代的到來

在西方文化的角度看來，全球化不太可能與本土化相結合。這是文化衝突理論的延伸。但若從東方文化的角度看來，全球化本土主義時代已經到來，這就是所謂全球主義（Globalism）和本土主義（Localism）的結合成爲全球化本土主義（Glolocalism）。二十一世紀裡全球資訊的變度發達已成爲所謂的地球村（Glolocal village）。一方之水土養一方人的時代業已經過去，在這個大時代裡是黃色文明（大陸文明）與藍色文明（海洋文明），甚已於黑色文明（非洲文明）等逐漸大結合的大時代，各種文明是可調合的，這就是「文明調和論」以取代「文明衝突論」的看法；因爲文明是普世價值。

中國五千年歷史文化就是在不斷融合過程中而形成爲今日的中華文化。但在文化融合過程中難免有產生文化衝突的可能現象，在中國歷上的三武一宗時代的例子最爲知名，但這種文化衝突現象只是短暫的過程，在整個中國歷史長河過程中一般性來說，還是文明融合的過程和結局。

在中國歷史上每當文化融合的朝代，其文治武功均是鼎盛的，這可從周朝、漢朝、唐朝等朝代文化融和的過程中得到例證。清朝末年以至於今日，中國曾經面臨到史無前例的文化大衝突，那就是西方思想的湧入，這包括主流的自由主義思潮和非主流的馬列主義思潮。當前中國正在以雷霆萬鈞

的態勢來消化、融合這些外來的思潮。

　　經過消化外來思想後，終將深化中國思想。這是中國文化思潮發展的一個循環定律。在中外思想融合過程中當然多少會帶來思想的衝突，這只是一個過程，雨過天晴之後當然帶來了中國經濟再度的發展和昇華。在二十一世紀裡是中國新文藝復興時期，也是中國文化、新啓蒙運動的時期，期間也會產生新產業革命，甚至於也會有中國新宗教改革時期；這一系列的新思想、新文化、新啓蒙、新產業、新宗教等等勢將更構成一個新的東方型現代文明體系，其間中國一定富強。此後的中國當可扶弱濟傾，貢獻國際。

　　想起中國歷史上知識份子的角色定位問題，「水可載舟、水亦可覆舟」，知識份子若能凝聚精神與智慧將其所知貢獻給社會國家，這社會國家必然富強，否則反之。魏晉南北朝時代知識份子的「清談老莊」以及宋明時期知識份子「空談孔孟」，這都是國家人力資源的浪費。「邦有道則士，邦無道則隱」，這是個重要的訊息。以德治國可以安天下。在這個二十一世紀裡中國當可頂天立地的在這個世界裡站起來，而知識份子當有雙肩挑大任的心胸與志向，可以將人文科學、社會科學、管理科學、自然科學以及各種科技等以「新新儒家」的思想凝聚起來，全力以赴把中華文明與中國現代化的道路結合起來。

　　基督教與天主教文化與中國文化也可以結合起來的，特別是天主教文化的中國儒家化，其意義特別明顯。中國龍（Chinese Dragon）與美國鷹（American Eagle）在這個二十一世紀裡會產生文化的衝突嗎？此答案應該也是否定的。

第七節 以文明融合論取代文化衝突論

「文明衝突論」被誤以爲是普遍的真理，尤其是美國於二〇〇一年九月十一日發生的所謂九一一事件後，文明衝突論的受歡迎性更是提高不少。文明衝突論，若用西方哲學角度看，或許有些理論依據，但仍然不是世界的普遍真理。因爲從東方哲學與思想來看，文明融合論或文明調和派才是東方世界普遍能夠接受的真理，這些東西方的文明觀點不同是可以理解的。但是不能說文明衝突論一枝獨秀，使文明融合的真理性被蒙蔽。東方的社會必需大聲疾呼，這個似是而非的普遍真理不能讓西方學者所誤導，例如杭廷頓教授等人的言論，使整個世界人類的福祉產生陰影。

杭廷頓的觀念不能強姦東方的價值；因爲東方有東方的文明現象。東方的多神宗教，中國五十六個民族聚集一堂，愉快融合；扶弱濟貧，其樂融融，這不是西方國家基督教、天主教、伊斯蘭教等等宗教，彼此思想的互相排斥所能解釋的。

文明衝突論是在西方的，可讀性甚高，這也是事實；但這不是普通的真理，而且更不是永恆不變的真理。東西方文化的交流與融合，彼此互相學習、截長補短甚爲重要。東方文化與文明融合論絕不能妄自菲薄，要勇敢的站起來出走世界，用以貢獻世界。展望二十一世紀，東方世界似乎可以逐漸站起來。但因其過去積弊太深因此經濟底子太弱，一時恐無法超越世界，但在可見的未來其發言權勢將逐漸大增。因

此要站起來，登高一呼不能讓西方文明衝突論專美於前，也要讓東方文明融合論或文明調和論能有機會發音，唱出全世界各民族、各宗教、各文化、各文明、各社會等等能夠互助互利、攜手並進以減少文化衝突所帶來的痛苦。這也是凡我東方文明貢獻世界「送去主義」的新意義。

第八節　文明是普世價值

　　不做中國古代思想的奴隸；也不做西方外來文化的殖民地。

　　智慧是要求「通」，知識這就是要求「精」。「通」是指哲學方向，「精」是指人文與社會科學或技術等的學問。一國要不斷發展必需認清自己的處境，掌握國內外之客觀情勢，並且提出最佳的方式或方法以解決困境，以力求發展，這就是藥到病除的道理。司馬遷的「通古今之變，究天人之際，成一家之言」足為要旨。魯迅所提「拿來主義」的觀念甚為重要。「拿來主義」是主動的自我選擇，而「送來主義」是被動的囫圇吞棄。因此古為今用，洋為中用，與時俱進等的方法論甚值重視。可是「五四運動」以後，許許多多知識份子重視全盤西化。這種崇洋媚外的思想是相當危險的；這也是中國人民族自尊心、自信心喪失的病變。須知中國有光榮的歷史與文明，這在明代以前一直是領先西方。但自從西方文藝復興以後，中國相對落後了。恢復民族的自尊心和自信心是一個要務；可是不能矯枉過正。民國成立以後不少

所謂國粹派人士的思想與觀念正好與「崇洋派」相反。他們是抓著中國古代文化的驕傲大作文章，固步自封的自我閉關政策，不斷的企圖在古文古籍裡找證據，用以尋找治國平天下的針藥，這種看法與做法完全違反中國「國粹」的精神。真正中國「國粹」是要吸收西方外來優秀的文化與文明以為中國之所用，使中國富強，並非排它性的意義。這種思維欲做為中國古代思想的奴隸是不切實際的；當然我們也不做西方外來文化的殖民地。浩浩長江、蕩蕩黃河，新舊思想，輸來相將。中國人要認清其五千年歷久文化與文明的本質與光芒，把握時代發展的脈膊，絕不捨本逐末；例如曾經抓住西洋文化的殘渣－馬列主義於不放。因此形成中西文化的衝突，其結果是民不聊生。

　　「中國」這個名字由來已久。在二十五史裡自從三代開始出現了二千二百五十九次，可見這個名字甚富歷史意義和時代價值。就以司馬遷《史記》來說，六十幾萬字裡也出現了一百一十八次之多。「中國」這個名字是經得起考驗的。

　　中國歷史上歷經分裂的時代，如東周的春秋戰國時期、東漢末年的三國、東晉的五胡十六國、隋朝以後的五代十國等等朝代和時代。但逐鹿中原的歷史常態和尊王攘夷的意識形態則是根深蒂厚。中國永遠是中國，在這個世界裡她仍將屹立不搖。

第三章　從文化衝突到文明融和

第一節　「二二八事件」的悲劇

　　鴉片戰後中國面臨著兩方面的文化衝擊，其一是垂直面文化衝擊，那是腐朽的中國文化；特別是腐朽儒家的文化；其二是橫斷面文化衝擊，那是西方外來文化的侵凌；特別是教條馬列主義。中國內憂外患接踵而來；民不聊生。於是舉凡義和團、百日維新、軍閥割據、五四運動、國共內戰、海峽兩岸分治、臺灣的「二二八」反國民黨事件、大陸的「六四」天安門事件等等禍害中國。然而中國終將走出中國人應有的道路。中華文化曾出了問題導致中國的積弱不振、中國人的貧困與不安；反之中華文化調和之後，中國一定富強，中國人自當享受太平。這可從臺灣的「二二八事件」為例談起。[1]

　　一九四九年以後，中國國民黨統治下的臺灣，經濟發展快速，這是全球皆承認的一個事實。經濟發展之餘，人民在

---

1 馬若孟、賴澤涵、魏萼合著，羅珞珈譯，《臺灣二二八事件》〈一個悲劇的開始〉，時報文化出版公司，臺灣・臺北，一九九二年。該書原著一九九一年在美國史丹佛大學出版社出版。

衣、食、住、行、育、樂等方面均無虞慮之時，百姓所追求
的自然是物質面以外之精神面的滿足。這些包括政治民主
化、社會多元化等的文明問題了。臺灣在一九四七年二月二
十七日晚間開始發生了其所謂的「二二八事件」；這個事件
的發生是在臺灣光復後不久的情況下發生的。這個事件的發
生在陳儀擔任「臺灣行政長官公署」的行政長官時發生的。
這個事件是一項文化衝突的結局；這個事件在過去蔣介石以
及蔣經國執政期間是無法平反的，但是在蔣經國逝世之後的
李登輝政權下「二二八事件」已獲得平反。在此之前，所謂
的戒嚴時期（一九八七年八月十五日解嚴）臺灣同胞是不敢
在公開場合談「二二八事件」的，只有一些官方非事實的宣
傳文件而已，但在此戒嚴解除之後立即取得全面平反，這是
臺灣本土化的必然性。在此臺灣人當家做主的時候，驕枉過
正的平反了「二二八事件」，此必然會形成一股反政府的力
量。其中就是臺灣獨立運動，化暗為明。影響了臺灣政治安
寧、社會安定以及經濟安全等事實[2]。

　　在臺灣的國民黨政府宣佈解嚴之前，國民黨幾乎掌握在
外省人的手中，本省臺灣人始終僅能擔任著一些小角色的功
能而已。由於臺灣光復初期政治大權歸於所謂的外省人所
有，而本土臺灣人則在困境中發展經濟。在政府經濟政策不
斷向西方經濟先進國家接軌之際，臺灣經經濟發展後，使臺
灣人富有了；順著整個形勢的發展；民主政治「選賢與能」
的民主化道路是一條不歸路。時間上對於外省人以及中國國

---

2 同註 1。

民黨是不利的。因之其將逐年失去應有的政治資源；國民黨本土化是必然的潮流。「二二八事件」的悲劇因而逐漸被臺灣本土勢力所扭曲、利用，終將使原來的中國國民黨變了質；這就是「臺灣國民黨」的由來。其政治理念是中華民國在臺灣的「獨立」；此種臺灣獨立思想是不改國號、不宣佈臺灣獨立，其實這就是「台獨」的另一個新形態而已。[3]

第二節　「二二八事件」是歷史的必然

　　「二二八事件」發生的原因許多，有經濟、有政治、有社會、有文化等等因素而形成的，這是臺灣人不認同中國的問題。自從臺灣有歷史記載以來的荷蘭人開始以至於今日的四百年來，臺灣人尋求獨立自主的想法從未間斷，但最嚴重的時期莫過於西元二〇〇八年陳水扁擔任臺灣總統的最後階段。然而馬英九於二〇〇八年五月二十日就職總統以後，臺灣的「台獨」意識已逐漸降低。臺灣獨立運動何以致此？這與「二二八事件」有關；另外李登輝以及陳水扁的執政也是助長「台獨」聲勢的重要原因。

　　「二二八事件」發生以及國民黨政府的高壓政策，其影響至大。在此事件當中約有八千多人喪身，事後將「臺灣行政長官公署」改為「臺灣省政府」。臺灣省政府的民政廳、財政廳、建設廳和教育廳等省廳重要機構要任命臺灣人擔任

---

3 同註 1。

主管職務，同時開始實踐地方自治；臺灣實施縣市長、省議員、縣議員等等地方性的首長民選；包括後來民選省長等這是中國歷史上實現民選政府官員的開始。此外臺灣實施「耕者有其田」；這個土地改革的第一階段「三七五減租」，第二階段「公地放領」，然後第三階段「耕者有其田」自然到位。這個土地改革成功的經驗是難能可貴的，其順利成功的關鍵因素與「二二八事件」也有密切的關聯性；從而臺灣展開推動工業化的新紀元。

　　「二二八事件」不但造成「台獨」的理論基礎，以促成臺灣政治民主化運動的發展；還有市場經濟發展的開端。從長期看這是臺灣現代化的起步；也是中國的希望和中國人的前途之所寄。質言之，「二二八事件」確實是臺灣一項悲劇的開始，亦是一項臺灣喜劇的序幕。更是臺灣海峽兩岸邁向中國現代化，彼此互動的經驗與教訓的重要依據。總之，「二二八事件」是臺灣「文化衝突」的原因，然而卻將是臺灣「文明融和」的結局。

第三節　立足臺灣・胸懷中國
—— 蔣經國先生的國家建設研究班

　　一九八七年五月李煥在蔣經國先生邀請的情況下擔任中國國民黨秘書長一職。蔣經國主席對李煥先生的要求是改造中國國民黨，臺灣實施民主化和兩岸交流與中國統一等為黨的施政目標。李煥先生並沒有什麼美國的背景，他雖曾留學

美國，並取得美國哥倫比亞大學教育學碩士，但美國人並不把他看成心腹，這主要原因是李煥先生也是民族主義者，其中國意識比較強，不容易被美國人收買。李煥先生也是三民主義的信徒，主張一個中國的立場比較堅定。繼任蔣介石中國國民黨總裁，蔣經國擔任中國國民黨主席以後，他不斷推動三民主義的思想教育，並且在陽明山「革命實踐研究院」培養黨的革命建國人才。當時擔任組織工作會主任及革命實踐研究院主任的李煥深獲蔣經國先生的器重，主持了「國家建設研究班」的工作，培養不少國家建設的人才，這些學員他們分別擔任了黨與政府重要職位；影響國家的前途至為深遠。[4]「國建班」要培養一批有思想有作為的國家建設人才；他們要以「立足臺灣、胸懷大陸、放眼天下」的作為為職志。當時「國建班」有三期，每期二十八人；其成員有翁岳生、施啟揚、關中、許水德、陳履安、吳伯雄、徐立德、孫震、郭為藩、梁國樹、劉泰英、林清江、蕭天讚、黃昆輝、趙守博、蔣孝武、謝孟雄、張京育、趙金祈、魏鏞、魏萼等八十四人。他們要樹立愛國的新典範，釐清如何做為一個真正愛臺灣的中國人。其中也有幾位變了節，成為中國國民黨的叛徒。

第四節　做一個真正愛臺灣的中國人

　　許多人口口聲聲說是愛臺灣，事實上他們正好相反。愛

---

4 本書作者魏萼亦是革命實踐研究院國家建設研究班第一期的學員。

臺灣是指那些對臺灣實際有所貢獻的人；而不是僅止於唱高調而思想觀念狹隘的政客而已。這些政客有時會變成消耗臺灣、消費臺灣的人；他們犧牲了臺灣的利益，但個人得到了「愛臺灣」的好處。在觀念上這是一件要認真面對的大事。

　　真正愛臺灣的人是要使臺灣更可愛、更美麗、更文明的人；他們在自己的工作崗位上認真做事、敬業樂群，並且對於臺灣的政治、經濟、社會、文化等等層面點點滴滴做出絲毫貢獻的臺灣人。他們不是清末的義和團。他們是音樂家、企業家、宗教家、醫生、護士、工程師、建築師、大學教授、律師、中小學教師、建築工人、環保工作者、一般公務員、軍警人員，甚至於在馬路旁邊擺地攤的人等等，各行各業只要他們守本份做盡職的工作，就是有貢獻的人。這是儒家思想的愛國理念。但是二千多年來儒家思想世俗化、腐朽化、醬缸化了；儒家思想經常與中國官僚主義、封建主義、保守主義等相結合，不能與時俱進；也不能因地制宜，也不能洋為中用，也不能古為今用，往往成為國家現代化的絆腳石。這莫非都是中華文化出了問題。推而廣之，這些腐朽儒學不但構成中國現代化的障礙，也造成國家的內憂與外患。中華文化在實踐中出了問題，這在中國歷史有不少的例子。正如近百年來的中國，這可以從臺灣中國人作家紀剛著作《滾滾遼河》等看出。任何文化出了問題的時候就是失了社會正義，於是內憂外患接踵而來，其結果是民不聊生。蘇聯作家蕭洛霍夫大作《靜靜頓河》也是如此。

第五節　中華文化出了問題？

　　《滾滾遼河》、《靜靜的頓河》。《滾滾遼河》涉及中國自鴉片戰爭以後西方文化進入，產生了中西文化失調的火花，因而國家積弱、民不聊生；此時西方列強不斷侵略中國。民國建立之後，中國問題變本加厲；軍閥割據、五四運動、日軍入侵，國共內戰、中國的分裂等等以及馬列主義「教條」在中國大陸；三民主義「教條」在臺灣。這都是當時中華文化出了問題的象徵；那是大漢儒家沙文主義或崇洋媚外盎格魯・薩克森主義在中國的兩極化的現象。這在紀剛的作品《滾滾遼河》有深入的描述。[5]

　　中國大陸與臺灣曾實施了兩種極端不同的文化所衍生的政治、經濟、社會體制。在臺灣為了維護中華文化的基本精神，難免矯枉過正；偏向儒家思想的「右派」思維。在中國大陸為了擺脫傳統文化的束縛，曾一廂情願的按照馬列主義等外來教條思想行事。彼此背道而馳，相互對抗。直至一九七八年以後中國大陸的鄧小平新思維下，其撥亂反正的提出改革開放等等主張，如此臺灣海峽兩岸中國人的「治國文化」

---

5 紀剛，《滾滾遼河》；現在該書手稿仍然存在美國哈佛大學燕京圖書館。《滾滾遼河》的作者紀剛，生於西元一九二四年；他已從臺灣移居美國；他本來是個小兒科醫生，本名趙岳山，於遼寧醫學院畢業。《滾滾遼河》於一九七〇年在臺北純文學出版社出版。這是一部暢銷小說，曾再版六十幾次後由臺北三民書局繼續出版。《滾滾遼河》雖然是一部長篇歷史小說，據作者紀剛先生稱，其真實性在百分之九十以上。

才逐漸趨同。

於是一九九〇年代的臺灣人民逐漸遠離三民主義的教條文化走上實事求是中華文化的「拿來主義」；而中國大陸的領導人則在於實施馬列主義中國化的治國平天下的康莊大道。很明顯的中共已經很理性放棄馬列主義的教條文化，也走上實事求是文化的「拿來主義」。彼此方向相同。其結果中國大陸經濟發展奇蹟頻傳，超過了所謂的臺灣經濟發展的經驗。這都是中華文化的貢獻。雖然中國經濟已是全球之第二強，但是中國人並沒有遠離貧窮與落後。因為其人均國民所得仍在全球第一百名以外。

紀剛的《滾滾遼河》是一部寫實的文學作品於一九四六年完成，而於一九六九年改寫完成四十五萬字，在臺灣三民書局出版。作者紀剛強調此作品並沒有考慮意識形態層面的問題。《滾滾遼河》目前主張存藏於美國哈佛大學燕京圖書館。

《靜靜的頓河》。除紀剛的《滾滾遼河》之外，蘇聯作家蕭洛霍夫大作《靜靜的頓河》於一九四〇年完成，一九五四年在蘇聯出版，目前珍藏於高爾基世界文學研究所。此書共有四部八卷；描述了第一次世界大戰和蘇聯的內戰以及二月和十月等的兩次革命。蕭洛霍夫描述了蘇聯在變遷的時代裡內戰與國際戰爭所產生的悲劇以及思想文化混亂中百姓是非莫明；蘇聯人民在沾滿鮮血的軍隊忽白忽紅的矛盾與痛苦中煎熬。[6]

蕭洛霍夫的代表作《靜靜的頓河》於一九四〇年完成；

---

6 蕭洛霍夫，《靜靜的頓河》；一九六五年獲瑞典諾貝爾文學獎。

繼之並於一九四一年獲得史達林獎，還於一九六五年獲得諾貝爾獎文學獎。中國作家紀剛的《滾滾遼河》與蘇聯作家蕭洛霍夫的《靜靜的頓河》分別描述中國與蘇聯等都是文化出了問題才使國家產生內憂與外患、民不聊生。此值臺灣海峽兩岸中國人去省思。[7]

俄羅斯經過西方十字軍東征和東方蒙古西征，並且經歷以西方文藝復興文化來迎接一個嶄新的時代。

蘇聯是一個跨越東西方文化的國家，而俄羅斯民族文化正是歷史上主要文化衝擊的焦點；也曾經產生文化的調和的時期。一四七六年莫斯科大公與東羅馬公主結婚以後更是所謂的第三羅馬；東正教繼承了拜占庭的科學與藝術，繼之西方文藝復興對俄羅斯文化也產生啓蒙的影響；特別是資本主義產生社會貧富懸殊與社會對立等現象。由於十九世紀俄國資本主義崛起，俄國人文化水平也提高了不少。蘇聯資本主義者與封建社會在矛盾中尋找新的出路。沙皇曾提出對內改革以舒解外部群眾的反抗壓力；其實不然，尼古拉二世反而忽視外界民主政治與自由經濟的大時代要求，進而採取一些鎮壓的行動，並且以對外戰爭來舒緩內部的反政府的壓力。此時西方馬克斯主義、恩格斯主義等爲號召的力量自然得到擁護，於是一九一七年二月革命遂推翻沙皇的政權與制度並且實施共產主義。經過八十幾年的實踐與檢驗，直至一九九

---

7 蕭洛霍夫，《靜靜的頓河》。本書是一部小說，作者思維衍起於一九二四年；而於一九二八年開始執筆，一九三〇年完成了三卷；繼之，第四卷於一九四〇年殺青全書終於完成。一九四一年獲史達林獎。蕭洛霍夫的小說系列分別出版於一九二八年、一九三四年以及一九四〇年等。

一年蘇聯的解體，俄羅斯又不得不走向西方文藝復興以來西方的政治、經濟與社會等的走向。因而目前俄羅斯現代化的道路顯然的是社會資本主義的趨向。

　　從蘇聯的建立於一九一七年十月至蘇聯的崩潰於一九九一年十二月的八十四年裡，蘇聯共產主義曾經以「國富民強」的假象欺矇了全世界。尤其史達時代的五個「五年經濟計畫」（一九二八年至一九五三年）的專制統治；在經濟上實行計畫經濟，一方面取消滅私有財產制度，另一方面反對市場經濟，其結局是國民生產力低落、民不聊生，尤其表現在於民間消費品的嚴重缺失上面。在政治上、國內不斷有階級鬥爭，國際不斷輸出革命。這種自欺欺人，害人害己的行徑，其滿足了某些執政獨裁者表面上的虛偽、猖狂的成就感；其實這已禍害了全世界。然而馬克斯的《資本論》以及其他有關的作品皆是以人性、人道、人權等的層面做為著力點，然而一八四八年的《共產主義宣言》是與恩格斯合著此不能代表馬克斯思想的全部。馬克斯思想也不適合於全蘇聯，甚至於世界其他地區。晚年的馬克斯說他是馬克斯（Karl Marx），不是馬克斯者（Karl　Marxian），更不是馬克斯主義者（Marxist）。顯然馬克斯思想已被政客所濫用了，馬克斯思想與列寧有別，與史太林更有別，這何況是毛澤東、全日成、胡志明等人呢？馬克斯、列寧主義曾叱吒風雲於一時，然而在一九九〇年代幾乎全部瓦解。在中國則不然，中國共產主義從早期的一九五〇年代「批孔揚秦」演變到二〇〇〇年代的「尊儒敬孔」。這似乎已經將孔孟「大同主義」（共產主義）逐漸取代馬列共產主義；這莫非被孔孟思想逐漸吸收、

消化馬列思想而自然形成一個富有中國特色的共產主義。這些新的發展將使中國文化永垂不朽。這個新的發展是「打醒孔家店」而不是「打倒孔家店」。對於孔孟思想為主要的中華文化去蕪存菁後必需重新給予定位，可以展現出促使中國富強的新生命力。

《靜靜的頓河》，這部文藝小說仍是一九六五年諾貝爾獎文學獎得主蕭洛霍夫的代表作。蕭洛霍夫是蘇聯知名作家，其作品《靜靜的頓河》在於描述第一次世界大戰、蘇聯內戰、蘇聯二月革命和十月革命等的歷史與文學作品。《靜靜的頓河》濃郁著頓河流域蘇聯鄉土風情，濃郁著正義、感情的民族性格的特色，甚富頓河的人文、歷史意義。

《靜靜的頓河》全書有四部八卷，尤其是第三部描述一九一八年至一九一九年葛利高里（Gregor Melekhov）成為叛軍的人物，這是因為當時哥薩克地區有了叛亂組織，因而自相殘殺。第四部作品描述葛利高里效忠的對象在紅白兩軍中搖擺。這是因為當時缺乏明確的思想旗幟的引導；也充分體驗了當下葛利高里此處思想取向的矛盾，莫衷一是，其在痛苦中煎熬。另外在蕭洛霍夫的筆下，兩個青年人的際遇不同，阿克西尼亞（Aksinia）則在哥薩克戰爭中死亡。

《靜靜的頓河》的作者蕭洛霍夫善於描述頓河他以藝術家、文學家的「春秋之筆」呈現了當時蘇聯時期俄國人文生活的真實面貌，深富有文學與歷史意義。

十九世紀末葉，俄國長期實施資本主義經濟制度之後的資本家與封建社會產生了矛盾的現象。資本主義的資產階級一方面與既得利益的封建階段有所衝突，另一方面則因為資

本主義所以產生貧富懸殊的弊病接踵而來。特別是資本主義實踐以來俄國經濟繁榮進步百姓國民所得增加，知識水平也因之大為提高，從而社會正義力量大為擴張。何況社會主義在當時的歐洲是一個重要潮流，特別是那馬克斯與恩格斯的思想與潮流逐漸深入那些富有正義感的俄國知識份子的腦中。舊觀念、舊制度等已不適合當時的需要。

俄國知識份子的訴求合乎於當時社會經濟環境，於是一九一七年二月俄國人推翻了沙皇政權與制度。由於俄國當時文化與思想錯綜複雜，而新的自由主義與社會主義在本質上的衝突。當時俄國仍然貧窮落後，尤其是廣大的農村經濟，土地問題自然是一個關鍵。布爾什維克為了爭取廣大農民的要求主張土地國有和平均土地使用權；還有士兵回歸農村，配合不戰爭的主張。於是俄國社會主義取代了資本主義。這個歐洲非主流的思想與制度禍害世界並且與資本主義世界相抗衡了六、七十年，這個盛極一時的共產主義終於於一九九一年十二月二十五日蘇聯土崩瓦解。這是世界歷史的另外一個轉捩點。經過了實踐與檢驗的結果，證明俄式的社會主義不適合於世界。蘇聯在第一次世界大戰以及內戰等等皆充分證明蘇聯等的文化衝突。然而一九九一年以後的俄羅斯似乎已找到了俄國現代化的新方向。同樣的意義《滾滾遼河》不僅是一部長篇小說的文藝作品，亦是一部見證中華民族近代史中中國人苦難的一部著作。該書手稿已由美國哈佛大學燕京圖書館收藏。

紀剛曾說《滾滾遼河》之所以撰寫有三個問題和一個答案。第一、孫中山先生領導的辛亥革命後建立民主共和國，

何以仍有軍閥割據？第二、爲何全國將統一之際，何以還有
強鄰入侵中國？第三、爲何抗日成功之後，中國又有內亂和
國家分裂呢？其答案是原來現代的中華文化出了問題。中華
文化，尤其是儒家文化產生了許多腐朽；這使中華文化失去
了生命力；此結果是中國內憂與外患，民不聊生。[8]

　　《滾滾遼河》，作者紀剛先生以第一人稱的角度來描述
抗日戰爭期間地下工作人員的抗日戰爭的艱苦行徑。此亦是
一部見證日本侵略中國，占領東北諸種惡行惡狀的實錄，爲
歷史做一些見證；尤其見證了中華民族在近代史中的災難。
因此，《滾滾遼河》這一部長篇小說的文藝創作於一九七〇
年得到中山文藝獎。

8　紀剛，《滾滾遼河》。本書是一部長篇小說，也是一個見證中國近代史的
　　著作。本書描述中華民族的災難。此凡四十五萬字；出版於一九七〇年五
　　月臺北純文學出版社出版。出版與再版達六十幾次之後，改由臺北三民書
　　局出版。

第四章　滔滔的愛河

—— 中國邁向文明之路

第一節　西子灣學海風雲

　　高雄有個愛河，也有一個西子灣；這兩個與「水」有關係的地方都代表著高雄各別的文化與文明的意義。高雄鄉土文化以及其民系性格在臺灣歷史上似乎比較傾向於激情、感性、浪漫等文化象徵，這些往往是以愛河來代表高雄文化的特質；西子灣則是著名的風景區，有蔣介石行館、英國領事館，還有中山大學等；中山大學富有學術之重鎮、國家之干城的意義；尤其它本是孫中山學術思想的搖籃。中山大學於一九八〇年十一月十二日在臺灣復校。[1]校內設有一個中山學術研究所，李煥先生、楊日旭先生等均曾擔任這個中山學術研究所的教授兼所長。[2]在大學行政體系上來講國立中山大學有一個特殊的中山學術研究所；可惜這個富有中山大學特色

---

1 所謂「復校」與「建校」之爭乃在於孫中山先生思想的延續或重新解釋之別，甚至於也有逐鹿中原或建立新中原之區分；具體言之，有所謂中國統一與中華民國在臺灣建國之意味的不同看法在內。
2 楊日旭教授曾任美國聖路易華盛頓大學教授；李煥則為中山大學校長兼任。後來，筆者也曾任此所長之職務；並且主張以中山思想統一中國。

的中山學術研究已於一九九七學年度隸屬於新成立的社會科學院，而中山學術研究所更於二〇〇六年廢止了，這個富有中山學術特色的研究所並且以新成立的亞太研究所取而代之，而且亦把原來的大陸研究所也包括進入這個所謂的亞太研究所。這個富有臺灣特別政治意義的改變，我們對此感到無比的遺憾與失望。[3] 這也顯示著臺灣的中華文化出了問題，而且表示中山大學已失去了未來中國往何處去，發言權的角色與功能。

馬列共產主義在中國，這只不過是中國歷史上的偶然，而孔孟大同主義（亦是共產主義）在中國，這肯定是中國歷史上的必然。孔孟共產主義（或可稱之為社會主義）可以吸收、消化馬列共產主義中的人道思想等要素。馬列主義的病毒在中國只是中華文化出了問題，尤其是孔孟思想生病的時候，因為中國文化體質缺乏抵抗力和免疫力，馬列主義「病毒」才有機會的入侵，如此使人體受到病魔的折磨，因而民不聊生。此只不過是一時，不是永遠的；一旦中國文化藥到病除之後，增強抵抗力，尤其是中國文化的「免疫力」提高的時候，就可以防止、排除外來馬列主義的病毒（教條），使中國回歸中國文化，特別是孔孟主義的文化。這就是當前中國的現狀。

中國自從鴉片戰爭以後的腐朽儒家思想盛行，導致中國在政治、經濟、社會、文教等方面的崩潰，於是內憂外患接踵而來，民不聊生。這是因為中國的儒家文化孔孟思想生病

---

3 這是歷史發展的必然。孫中山思想的研究重鎮逐漸被臺灣所放棄，可是該項研究在中國大陸卻逐漸大放光明。

了，這難怪「五四運動」者吳虞當時提出了「打倒孔家店」的呼聲，同時要求西化的主張，尤其是有些知識份子要求馬列主義的文化。這一方面是崇洋媚外，另一方面則是激情民族主義高漲；這是自由主義與保守主義的鬥爭。這個時期乃是中華文化的「黑暗時期」。我們不做西方外來文化的殖民地，尤其是西方非主流馬列主義文化；可是陳獨秀、李大釗等人的呼喊一時甚囂塵上。這個反西方的西方馬列主義思想正好與反保守主義以及反西方主義的思想體系自然形成「五四運動」的一部分時代產物；尤其是一九三〇年代以後的聲勢浩大，此終於趕走了傾向美國資本主義勢力的中國蔣介石政權。這個以馬列主義為號召的「中華人民共和國」政府終於在一九四九年十月一日誕生了。百年來許許多多中國知識份子經過了幻想共產主義、摸索共產主義、懷疑共產主義、否定共產主義，以至於反對共產主義等過程。一九七八年鄧小平執政以後中國進入了一個嶄新的階段以至於今日，中國人又站起來了，逐漸再度回歸到中華文化的孔孟思想的道路。這個結局是中國歷史發展的必然。

　　蔣介石於一九四九年到臺灣；他在臺灣秉承過去重視中華文化的一貫主張、重新實踐孫中山思想的建國方略、建國大綱、實業計畫以及三民主義的建設終於形成了今日的寶島臺灣。

第二節　中華文化與中華文明

　　中華文化的特質是：對內以族群和諧取代階級鬥爭，對

外以世界和平取代輸出革命。另外最重要者還是可以促進國家經濟發展，改善兩岸關係；另外還有可以團結少數民族等多元的意義。所以這次中共曾重新將孔子的雕像豎立於天安門廣場將加速使中華文化邁向中華文明。文化使人和諧、文明使人幸福。經濟發展此將再造中華的文明盛世並貢獻世界。[4]

　　中華歷史長河潺潺滾滾、源遠流長向東流，在中國歷史上不管是長江或黃河均有洪水氾濫之際，但這種逆流只是短暫的而已。正常的時刻裡，長江與黃河等一向向東流的。所以此次孔子雕像重新豎立於天安門廣場是象徵著中國文化將回歸正常，馬列主義的文化在中國的時代將從此宣告終結。此後中國文化將逐漸回歸中國。在文化中國的大前提下中國一定統一、富強，這將是歷史的大必然。

　　以中國文化統一中國，以中國文化富強中國，並非歷史的偶然。當中共正在推展馬列主義中國化的時刻，在臺灣一開始即以恢復中華文化為號召；而且一路走來始終如一。直至一九七八年中共曾經過了三十年來的反儒家文化「黑暗歲月」，中國經濟始終在惡性循環當中。臺灣海峽兩岸關係明顯的對峙，中國大陸對外的經濟貿易關係在此世界上曾甚為孤立。可是一九七八年以來，中共在基本國策上有了新思維之後，中國經濟遂翻天覆地有了巨大的變化。換言之，中國回歸中國文化以後的成就，也是與臺灣創造經濟奇蹟的相同經驗。明言之，這一方面是中共步臺灣經驗後塵的另一個經

---

4 魏萼，《中國文化與西方文明》，文史哲出版社，臺灣・臺北，二〇〇九年。

濟發展奇蹟。談到中國文化的實踐過程，中共亦是後知後覺的。這難怪在臺灣的中國國民黨曾經是反共的。直至一九八〇年代臺灣海峽兩岸共同趨於中國文化之後，在臺灣以蔣經國政府亦不反中共了，因為中共已回歸中國文化了。由於蔣經國所領導的中國國民黨已失去反共的依據，因而蔣經國進而提出反共不是反中國，此後展開兩岸文化的合作交流。不幸的是蔣經國於一九八八年一月十三日過逝。繼任者李登輝大力推動臺灣本土文化企圖與中國文化分割；繼之，陳水扁等人的台獨思想，其反中國文化的行徑更是變本加厲。此時臺灣人的台獨思想高漲在臺灣史上是無前例的。準此，臺灣似乎已失去了中華文化代言人的角色，進而失去了以「中國文化統一中國」領頭羊的角色與功能，甚為可惜。

　　另外，蔣經國在擔任國民黨主席以及中華民國總統時一向是主張「貫徹以三民主義統一中國」的看法。三民主義是集中西文化的精英所在，另外則是國父孫中山先生的創見。它亦是中國文化的產物；所以說三民主義是中國文化之子，而中國文化是三民主義之母；彼此乃是母子關係。「貫徹以三民主義統一中國」的主張是正確的，但是在李登輝、陳水扁二位總統主政的二十年期間展開過去的一連串分離主義的動作，因此三民主義統一中國的作為萎靡不振，使得三民主義統一中國的號召似將成為歷史的記憶。如今中國大陸卻逐步邁向孫中山先生的建國方略，建國大綱、實業計畫以及三民主義等的方向走。換言之，臺灣似已逐漸遠離、放棄孫文主義與中國文化的道路；這個形勢直到馬英九先生執政時才有了重大的改變。中國大陸則逐漸朝向以市場經濟重建大

陸，以民主政治再造中國、以中國文化振興中華等的方向前進。因此中國大陸一定富強、康樂，並已再造漢唐盛世於這個世界；而臺灣經濟、政治的前途何去何從大家仍然甚為關心。

第三節　中國心、臺灣情

　　中國心與臺灣情。中國歷史上的漢朝、唐朝以及清朝等的朝代初期，國勢是逐漸趨於強盛的。他們所以能夠強盛是各種文化的整合與融合；尤其是外來文化入主中國之後逐漸自然而然的使這些外來文化中華本土化了。首先這一切會產生文化衝突，但很快的這些外來文化被本地的文化所融合之後，於是產生和諧的社會。其主力文化仍然離開不了中華文化中的儒家思想。同樣道理，中國歷史上的漢末、唐末以及清末等朝代的趨於文化衝突，其主流文化逐漸變質，何況又受到外來文化的挑戰，因而產生文化的衝突。文化衝突的結局是經濟敗壞、民不聊生、社會失序。當今的中國崛起的過程正是一個典型的例子。滿清末年；這是從清季中葉的鴉片戰爭開始，這一方面當時中華文化已經腐朽，復加上西方強大外來文化的碰撞而形成一種史無前例的火花，此結局是國家的分裂和民不聊生。這似乎已形成了一個歷史發展的定律。這個時候國家是分裂的。所以說只要有一個強富的中國，那兒會有分裂的邊疆；換言之，若是中國不富強，邊疆必分裂出去；一八九四年甲午戰敗，臺灣的分裂出去這是可以理

解的。只要來日中國更為強盛，臺灣與中國真正統一的時刻
自然到來。中國的富裕、強盛有賴於前述中國文化的融合，
這似乎是漢初、唐初、清初等執政回歸的中國文化歷史的重
演。未來馬列主義外來文化自然而然將在中國文化中消失於
無形。此結局中國大陸新的文化走向與臺灣「一路走來」始
終如一的現代化模式相似、趨同；香港回歸中國實施「一國
兩制」聲稱五十年不變；其實五十年之後香港的現代化體制
也不必變，因為中國大陸先變，其必先認識外來西方主流文
化，並且發展成為中國的特色。其中臺灣在這個互動中的「中
華文化圈」中扮演著相當重要的角色。[5]

　　準此，從歷史發展中的中國與臺灣關係，中共似乎已步
入了以中華文化化解「台獨」思想。臺灣領導人蔣經國曾說
他反共不是反中國文化；亦即反共不反中國人；如今中共已
回歸中國，臺灣與中國大陸之現代化方向是一致的，其中具
體的說是中共向中華文化的認同，亦就是向臺灣的中華文化
認同，而且中國一定富強，臺灣海峽兩岸的現代化模式趨於
相同，彼此合作的潛在空間相當大。臺灣對於中國大陸邁向
現代化的道路當然是因勢利導的促其實現了。回顧當時一九
六〇年代中共在搞「文化大革命」，此不但違背中國現代化
的方向，所造成的結局是中國經濟被破壞，民不聊生。此難
怪中國要分裂，臺灣要走出去。如今中國現代化的方向正確，
中國是有希望的，在臺灣的中國人當然也樂觀其成；這是中
國人的驕傲。從過去的經驗證實中國的希望在臺灣，中國人

---

5 同註 4。

的前途在大陸。若大陸不改革，中國沒有希望，若兩岸不交流，臺灣沒出路。今日中國大陸不斷地改革，兩岸不斷地交流；這可以看出中國現代化的前途，一片看好。[6]

第四節　以孫文思想發展中國

孫中山的三民主義在中國大陸有很大發展的空間；它是一個思想、理論與政策的結合體。三民主義的學術精神是要與當時的時、空因素相整合的；換言之，三民主義的思想是要「與時俱進」和「因地制宜」。在臺灣正是因為它有時、空的特殊性所以學者與政客的看法上曾有很大的差異；這何況臺灣與中國大陸對此看法的分岐。臺灣島內各個學術團體對於三民主義解釋是有不同；這難怪國民黨與共產黨之間的對於中山思想的看法當然是有差別的。臺灣島內應以國立中山大學的中山學術為代表，這就是所謂中山思想的西子灣學派。一九九二年，筆者曾經組織了臺灣中山大學與廣州中山大學雙邊校際的中山學術討論會，其目的是舒解彼此對中山學術的歧見另外，筆者也促成臺灣的《國父全書》與中國大陸的《孫中山全集》當中彼此共同部份取出，並且翻譯成英文，這項工程已由史丹佛大學胡佛研究所出版。臺灣對於孫中山先生的三民主義有四十幾年（一九四九年至一九八九年）

---

6 魏萼，《中國國富論》（一個富有中國特色的新國富論），時報文化出版公司，臺灣，臺北，二〇〇〇年。臺灣海峽兩岸學人共同尋找孫中山思想的相似處。

實證經驗，證明其為正確性，而中國大陸自從一九七八年開始也逐漸落實於孫中山先生的思想，尤其中共領導人鄧小平的改革與開放新思維的貢獻。這一方面臺灣實踐孫中山思想的經濟發展成果亮麗，而中國大陸在一九七八年以前是失敗的經驗，使其不得不改轅易轍重新探討並實踐孫中山先生的思想。四十幾年來的臺灣經驗已證明了民生主義適合於中國；這個私有財產制以及市場經濟的「藏富於民」而後「民富國強」的經濟發展思想是符合於中國人的需要；此與一九七八年以前的中共做法是不一致的。即使沒有臺灣經濟發展的經驗，若從長期看，中共經濟自然而然也會走上臺灣過去的軌跡；因為這是典型的中國人思維方式。

如今中國大陸與臺灣兩個中國人的政權雖然不同，但是在中華文化和經濟發展的模式趨於相同；只不過在實踐的過程中臺灣的經驗一直扮演著發言人的角色。只是不幸的是臺灣有「台獨」的危機，李登輝和陳水扁等人企圖要以臺灣文化特色來取代中華文化；何況中國大陸已大力在推動中華文化中的孔孟文化復興；如今發展下去，中華文化的領頭羊角色則捨北京政府其誰呢？[7]

第五節　孔子思想重新定位

孔子的思想永垂不朽。中共已逐漸的肯定孔子思想和儒

---

7 同註6。

家文化。此可以使中國國內和諧以及經濟起飛，也可以使臺灣海峽兩岸趨於和解、國際和平。顯然中共已改變過去「批孔揚秦」的文化號召，走向「尊儒敬孔」的基本文化立場。

　　天安門廣場曾於二〇一一年一月十二日豎立了孔子雕像（四月二十日撤走）；這座雕像是青銅雕刻的，高達九點五公尺；在天安門廣場豎立孔子雕像，此意義極為深遠。天安門廣場是一個極為敏感的地方，它的一行一動都代表了政府的立國方向和政策作為。此次孔孟雕像的豎立無虞的表示全面肯定儒家思想與中華文化。中華文化的核心以儒家思想為代表，而儒家思想以孔子的思想為首要。孔子是至聖先師，在中國歷史上是無人可以取代的。孔子雕像的復出這也表示中華文化將是中共治國的主流思想，不再認為儒家思想是封建文化的劣根性；同時不再要把「四個堅持」看為立國方針。一九一九年「五四運動」要「打倒孔家店」並且提出西方的「德先生」與「賽先生」的主張。我們「不要做西方外來文化的殖民地」，當然我們也強調「不做中國古代思想的奴隸」。[8]此時此刻我們還是要呼籲封建主義的傳統性和保守性，必須革新。因此要「與時俱進」和「因地利宜」活化孔子思想和儒家文化是必要的；並且以「打醒孔家店」取代「打倒孔家店」的號召，另外也要強調魯迅的「拿來主義」的價值觀。

　　此次天安門廣場重新豎立巨幅孔子雕像的意義非凡，此無形中也顯示中共遲早會把憲法中的「四個堅持」撤走的信

8　西方文藝復興在西歐、北歐是東羅馬於一四五三年被土耳其人佔領，西方希臘、羅馬等文化東進的優勢被破壞；而西方文明經西歐，北歐發展因而世界文明的重心於是西移；直是今日。

號。而以中華文化的主要內涵「禮、義、廉、恥」取而代之。總之，此次在天安門廣場豎立了孔子雕像是從一九八九年四月二十六日天安門廣場把「馬、恩、列、史」四個巨幅畫像撤走以後的另一次確定富有中國特色的新政策的本質。

第六節　滔滔愛河
—— 民主路向的源頭活水

　　愛河，它是高雄的象徵；今日的高雄愛河頗富有文化性、經濟性甚至於富有政治性的意義。愛河的流水滔滔不絕，它亦象徵著要與世界現代化的時代巨流相接軌；它在無形中推動了臺灣的經濟自由化、政治民主化和社會多元化等的普世價值，進而對於鄧小平的中國改革與開放新思維的肯定。愛河滔滔，他是象徵著臺灣自由、民主路向的源頭活水。[9]

　　在臺灣清代統治期間的朱一貴事件，林爽文事件以及戴潮春事件等重大的政治風暴都發生在高雄。國民黨統治期間於一九四七年二月二十七日雖在臺北發生的「二二八事變」，但在高雄的峰火最大。另外是一九七九年十二月的「美麗島事件」則也發生在高雄。「美麗島事件」是臺灣邁向民主現代化進程中一個相當重要的里程碑。其所產生的影響巨大。參加高雄「美麗島事件」的人物以及與「美麗島事件」有關的辯護律師、家屬、朋友等等在一九八〇年代民主進步黨的

---

9 中共過去曾是「批孔揚秦」，今日的文化走向則是「尊儒敬孔」。

萌芽、成長、茁壯等扮演了一個極為重要的角色。他們是黃
信介、康寧祥、林義雄、許信良、施明德、呂秀蓮、陳水扁、
姚嘉文、張俊雄、江鵬堅、周清玉、尤清、張俊宏、蘇貞昌、
方淑敏、謝長廷、黃天福、陳菊、周清玉、許榮淑等等人，
他們當中以台大法律系的系友居多。在「美麗島事件」過後
二十幾年來隨著臺灣經濟發展，臺灣民主政治的需求自然全
面來臨；於是有「本土化」的政治發展模式必然展開；其結
果乃是「美麗島事件」有關的人士大部份擔任重要的政府職
位（民進黨執政期間）。於是臺灣本土化的過程中「台獨思
想」發展到最高峰。這以高雄地區為最。這個趨勢直到國民
黨的馬英九就職臺灣第十一屆總統，復加上陳水扁因重大貪
污案入獄以後，這種「臺獨」的發展趨勢才有緩和的跡象；
當然的，在中國大陸因實施改革與開放政策以市場經濟化解
「台獨」，這是因為中國的經濟政策向臺灣的經驗傾斜。「台
獨」在臺灣是沒有前途的。隨臺灣與中國大陸經濟制度與政
策趨於相同，自然而且可以化解「台獨」的可能性。其次，
過去中國國民黨是反共的，尤其是文化大革命時的那一套莫
名其妙的作為「革命有理，造反無罪」；所以國民黨蔣介石
和蔣經國是反共的，現在則沒有找到反共的炬焦所在。鄧小
平說香港回歸祖國以後實施「一國兩制」五十不變。這個說
法是五十年以後香港可以不必變，因為中國大陸經濟制度大
方向已經改變了。中國大陸三十幾年來的經濟搞得相當不
錯，中國人生活水準提高了，兩岸關係改變了，這是在臺灣
原來的中國國民黨所樂予見到的。成功不必在我；中國共產
黨做得不錯，國民黨就應該給予肯定與支持。「君子無所爭，

必也射乎。」因爲中國共產黨已經走進中華文化的中國，其不再是西方外來文化的殖民地，已經脫離馬克斯和列寧思想的桎梏。至少是「馬列主義中國化」了。這是以市場經濟重建大陸的事實。接下去的是如何以民主再造中國了。

中國政治一定要步入民主政治的道路。中國的民主政治發展與西方的民主政治在方向上是一致的，但在意義上是不同的。中國的民主政治發展是「民本」思想，此已包涵了西方的民主政治的具體內容。中國民主政治發展只要有「爲民做主」的階段，然後再發展「以民爲主」的目標。這些因爲中國人自從鴉片戰爭以後的內憂與外患，民不聊生，形成了「民智未開」、「民品低劣」的現實，如此冒然移植西方的民主思想到中國來是不理性的行爲。一九一九年胡適之以及陳獨秀等人所領導的「五四運動」稱將要「打倒孔家店」並且主張全盤西化的想法是錯誤，我們則認爲「打醒孔家店」才是真正的意義。

第七節　歷史長河潺潺滾滾

儒家經濟思想本是入世的、功利的、科學的。它追求是經濟成長、經濟穩定、經濟公允等等目標。然而儒家經濟思想實踐的作爲是常有偏差的。儒家經濟思想理論與理想陳義太高，容易造成理想目標與實踐的落差，特別是有些唯心論的指引，往往成爲僞君子口是心非的溫床。加之官僚主義和封建主義的助紂爲虐，以至於促使中國經濟發展經常遠離理

想的境界。具體言之，中國儒家經濟思想缺乏務實性，這種空談理論的儒家不容易主導環境，只是適應環境，不容易產生資本主義的精神，遑論創造社會資本主義的社會。鴉片戰爭以後中國人經濟相對的貧窮也是必然的。一國經濟若無以發展，一國文明必不易達成，如此人民何能邁向幸福呢？清末民智未開、民品低劣等現實，中國怎能邁向文明呢？

　　一個思想的價值觀往往是由主客觀時空因素而決定的，其中有主流思想，也有逆流思想；這在古今中外都一樣。不過主流思想的價值觀是常態，逆流思想價值觀則非常態。就以近代西歐為例，馬列主義的價值觀是反西方的西方思想，是逆流思想，它曾經盛行一時，但終將被主流思想的價值觀所淹沒。又如在中國，一九六〇年代末期所發生的「文化大革命」，這個瘋狂的逆流也曾被推崇過，但激情過後，終將回歸中國文化的中國。東方與西方文化相通而不相同，彼此的本質都肯定民主政治和市場經濟，但其方式與發展的過程是迥然不同的，然而彼此可以相互交叉影響。這就是所謂全球化本土主義（Glolocalism）的意義。具體的說，一國的思想從本土主義出發，可向全球化接軌，或從一國的國情出發，可向國際接軌；若從長期趨勢觀之，傾向於一致性；這是一個樂觀的發展大趨勢。其實有些不然，在古今中外的歷史長河中也曾有不少思想的異化現象，這些都是外在環境所造成的，例如中古世紀歐洲的「基督教黑暗時期」、中世紀以來的「伊斯蘭教黑暗時期」，以及近代中國的「儒教黑暗時期」等等。這些例子都是因為外來侵略主義所造成的強烈激情的民族主義。幾千年來猶太教民族的多災多難，也形成今日「猶

太希伯萊教民族主義」；另以臺灣爲例，恐懼外來政權的臺灣，其所產生一些臺灣人狹隘的民粹主義也是歷史所造成的。[1011]

　　然而中國歷史長河潺潺滾滾；時代巨流浩浩蕩蕩。主流思想終將戰勝逆流思維；因此中國人一定會回歸中國文化的中國。屆時中國一定富強。

10　西方社會哲學是「天賦人權」；東方社會哲學則是「革命民權」。東方的人權、民主、法制、自由等則有待人民去爭取。
11　被外國人無禮的統治、侵凌等因而激發強烈中華民族主義。

第三篇
功利主義儒家思想的本質

第一章　功利主義的儒家思想

第一節　儒家思想的過時論

　　儒家思想的基本精神在於倫理道德的重視，這表現在於個人、家庭、社會、國家等的價值觀與行為裡面，這包括修身、齊家、治國與平天下的大道理；這要從儒學的內聖與外王的基本功夫為個人主義的始點，這與西方的個人主義以自我為中心「自利心」的價值觀不同；儒家思想重視的是群己關係，即便是個人功利主義的道理也應該與社會群體利益的福祉相結合。西方思想的群體利益是要靠法律來規範，來約束此個人利益為主軸的價值導向；這顯然與儒家思想以道德為規範來維繫整個社會、國家的利益，在觀念上是不同的。換言之，西方的「契約主義」觀與東方的「道德主義」觀在個人主義的立足點上是截然不同的。在儒家思想方面因太強調道德規範無法滿足個人主義利益的需求，這也許是個人資本主義精神發展上的障礙，一般來說其也使社會、國家資本主義發展多少受到嚴重的限制。這難怪西方基督新教主義者要嘲笑東方儒家思想約束了社會國家的經濟發展。因此我們有所謂功利主義儒家思想的提議。其實功利主義的儒家在孔

孟思想中均已包括，這也可從司馬遷史記中「善因論」裡清楚的看到，可惜中國儒家士大夫的遺毒甚深；士大夫觀念中對於不勞而獲而且位居高尚的讀書人備受尊重。例如一些不事生產的士大夫是中國封建社會的壞樣板。固然我們要重視知識份子，但是若不重視知識份子的生產力以及其對國家社會的貢獻而僅僅重視士大夫「讀書人」虛假面具，這已提供了社會錯誤的價值座標導向，誤導社會經濟生產資源的配置，如此社會國家經濟何以能夠有長足的發展呢？西方經濟學之父亞當‧史密斯（Adam Smith）「國富論」中所謂經濟發展的激勵因素要靠利潤的導向以滿足的「利己心」，如此從個人到團體到整個社會國家的經濟總體都受到好處，這是「一隻看不見的手」促成的。這正是資本主義的精神和西歐、北美經濟發展的動力。

戰後儒家思想在東亞幾個國家（或地區）如日本、臺灣、香港、新加坡、韓國等經濟傑出的表現令人刮目相看，也令世人重新評估儒家思想對經濟發展等國家現代化的關聯性。其實東亞儒家文化經濟圈的中、日、韓、港、新等地儒家思想的屬性均有同，其在經濟發展上的表現也因地而異。惟西漢董仲舒重視儒術尊稱孔子為儒家，他罷黜百家，獨尊孔子，有所謂孔子傳人的風範與架勢，惟他是理學家，是乃綜合了春秋戰國九流十家的思想於一體是有劃時代的意義。可是他的「正其誼不謀其利，明其道不計其功」，有關遠離功利的思想本有所指，不可以偏概全；儒家思想若無功利主義的思想，國家經濟何以能發展，百姓生活何以能改善。

其實董仲舒罷除百家的思維已違背了儒家思想包容性的

基本精神。中國兩千多年來的儒家思想為封建統治樹立了磐石；董仲舒自有其功、過。

　　儒學「過時論」之所以被提出主要是因為近幾百年來中國文明比不上西方，尤其是西方的船堅炮利更使中國顯得無比的脆弱。直到二次世界大戰之後，亞太四小龍以及日本等經濟發展有了傑出表現之後，儒家思想與現代化的關係又被世人的關注。亞太儒家經濟文化圈中的儒家思想有其共同性，但也有各地區的特殊性。非僅如此，中國儒學發展二千五百多年發展史也因此歷朝歷代的儒學也有差異，這也是可以理解的事實。例如漢代儒家思想以經學為主要，而宋明儒家思想以義理為主軸，清儒則以務實的情慾來解釋理學。民國以來儒學的定位曾被模糊化了，這以「五四運動」為代表。高喊打倒孔家店文化取而代之的西方民主與科學，這理性嗎？這只不過是知識份子一時的呼喚而已，企圖消滅儒家封建主義的禍害而提出的權宜措施。可是儒家思想肯定是中國人的核心價值之所在，浩浩蕩蕩的中國主流思想是無法被取代的。這可以從中共政權從一九八〇年代中共有恢復中國儒家思想的跡象開始以至於二十一世紀初儒家思想在中國逐漸發光發熱，勢不可擋。惟中共的心目中的孔子思想是選擇性的吸收，而不是全盤的接受，這個擬先除去腐朽儒家思想的態度是正確的，也就是說當今中共對於孔子思想是「批判性的接受」，這個態度比之國民黨在臺灣對於儒家思想傾向於大致是「全盤性接受」的態度更為嚴謹，更具科學性。

第二節　儒家思想的大漢沙文主義

　　十字軍東征和蒙古西征以後的中東、西亞等地區的伊斯蘭教已經變了質，他們進入了伊斯蘭教的「黑暗時期」。這些國家或地區的共同特色是國家領導人中央集權，其在行政權與立法權等方面一把抓；各種宗教沒有甚麼自由，經常被查禁，沒有實施政黨政治的可能性，法院似是政府的分支機構，法庭只不過是政權下的橡皮圖章。目前這個地區要走上政治民主、經濟自由等的可能性甚低。因為他們缺乏自由、正義、包容與理性的環境。當今的伊斯蘭教文化圈正是如此，這種現象與第七世紀至第十一世紀間的阿拉伯世界等完全背道而馳。這莫非伊斯蘭教徒遭受到外來勢力的侵略與侮辱所衍生激情民族主義罷了。這現象在十九世紀中葉鴉片戰後的中國也有例可循。中國激情的民族主義具體的表現是清末的義和團，它是儒家大漢沙文主義的象徵；這個儒家思想的黑暗時期是中國內憂外患之下的產物，甚是可悲。義和團式的中國國粹不是儒家思想的本質。因為儒家思想富有包容性，不斷吸收外來思想的精華以充實儒家思想的內容，這種消化外來思想以深化中國思想的態度，才是中國文化儒家思想的本質，他是容它性，而不是排它性。換言之，它是黃色文明（中國本土文明）和藍色文明（西方外來文明）的融合；融合的結果產生了新文化的動力，它是國家邁向現代化文明的力量。

　　二次大戰後的東亞儒家文化經濟圈的日、韓、港、新、台等經濟自由化的傑出表現，足以證明儒家文化的特質在於適度的邁向市場經濟。在一項由加拿大佛雷學院和美國嘉園學院等聯合發表有關調查的一百二十二個國家或地區中香港被認為全球最自由的經濟體系，而新加坡名列第二，美國名列第三，臺灣第三十、中國大陸名列第一百零一名。這一百二十三個國家中並將剛果、緬甸、幾內亞比索、阿爾吉利亞、烏克蘭等國家也列入比較，而北韓、古巴等則不列入此評比。從這一項評比中確知香港、新加坡等儒家文化圈等地區是全球的最自由經濟體，這同時也充分證明這個地區是最理想的經商城市，是全球自由經濟的典範，因為沒有「自由病」的基因存在，這種情形與當今中東、西亞伊斯蘭教文化經濟圈的情況大相逕庭。[1]

　　戰後的東亞儒家文化經濟圈已逐漸脫離了儒家文化的黑暗時期，他們邁向自由經濟的發展方向是明確的，儒者不做儒家思想大漢沙文主義的狂夫。

第三節　中國經濟哲學與東亞經濟發展

　　中國這部經濟思想史是一部市場經濟制度史，它既不是社會主義經濟思想史，亦不是資本主義經濟發展史；它主張「藏富於民」而後能「民富國強」。其中市場經濟是中國經

---

1 聯合報，臺灣・臺北，二〇〇二年六月二十七日之報導。

濟發展的主軸，政府經濟只是補充市場經濟之不足而已，它
扮演著輔佐性的角色而已，它不是要將市場經濟取而代之。
換言之，一個小而有效率的政府（公共經濟）和一個大而有
活力的民間（市場經濟）正是中國經濟思想的本質。[2]中國經
濟的終極目標是要追求經濟的成長、經濟的穩定和所得分配
的均勻等為主要目的。中國傳統經濟思想甚是重視社會正義
的公允性，是乃有不患寡而患不均的社會政策意義，但它不
影響私有財產制度和市場經濟的正常機制。西方經濟學重視
「一隻看不見的手」的哲學，這種經濟發展功能性的看法與
中國經濟思想相通而不相同。因為政府經濟的意義，在東西
方是有差距的。[3]

　　管子是法家經濟思想的代表性人物，他的「輕重論」多
少重視政府經濟的價值觀，但此也不影響中國市場經濟的本
性。孔孟思想「君子諭於義，小人諭於利」，則是主張讓百
姓發財，司馬遷的「善因論」旨在強調政府經濟的無可奈何
性，在《史記》中〈貨殖列傳〉和〈平準書〉特別稱許商人
致富和愛國的功德，當然他不贊成「平準法」中的許多政府
政策。因此司馬遷對於西漢桑弘羊的「鹽鐵論」必然有許多
不同的意見。司馬遷《史記》裡許多有關市場經濟思想的觀
點是儒家思想代表，它是中國經濟發展「一隻看不見的手」，
也是東亞經濟發展的主力。東亞的中、日、韓、港、新、越
等同屬儒家文化經濟圈，惟彼此的儒學思想均有各別「本土

2　魏萼，《中國國富論》（一個富有中國特色的新國富論），時報文化出版
　　公司，臺灣・臺北，二〇〇〇年。
3　同註2。

化」的特色，甚有地區性的差異，這是難以避免的，因此東亞各國經濟發展的態勢亦有所差異。

　　不做西方文化霸權主義的幫凶。文藝復興之前的中國經濟和文明一向是領先傲視西方的。這多少可從馬哥孛羅遊記裡的描述裡得到答案。真正明顯落後於的西方的是鴉片戰後的中國。一百多年來中國遭受到內憂與外患，使得民不聊生，國人經濟貧窮、文化低劣，因而民族自尊心低落，進而崇洋媚外之心態甚為嚴重。民國成立之後，復因軍閥割據和日本等帝國主義的武力侵凌，繼之又有外來思想瀰漫整個中國，何況知識份子又未能為中國文化給予充分把舵與定位；導致一九四九年國共分裂中國。六十幾年來臺灣與大陸的分治，曾經實施了不同的文化之政治、經濟體制後，幸好一九七八年以後中國大陸的鄧小平實施了改革與開放的政策，而一九八七年以後臺灣的蔣經國實施了展開了對大陸接觸之開放政策。臺灣海峽兩岸又重新啟動了中國文化的交流與互動，特別對現代化新儒家的定義逐漸趨於相同，這是中國的希望，中國人的前途。

　　中國有五千年文化與文明，我們有孔孟等儒家思想的傳承；它可以融合外來各種優秀的文化與文明，同時可以藉此以深化中國文化與文明，特別是儒家文化富有整合性、持續性和創新性的特色，這正是中華民族優秀的民族文化遺產。崇洋媚外的結局產生了東西文化的衝突，進而造成文化的腐朽，其結果是政治不穩定，經濟不穩定與社會的不穩定，這都將影響國人的生計和國家的發展。如何恢復傳統優質的思想與文化，用以吸收西方先進的科技與文明，使中國富裕。

否則反是。當今的重點是如何加強中華民族的自信心以促進
民族的大團結；當中一方面要揚棄激情的民族主義，另一方
面則不做西方文化霸權主義的幫凶。如何使苦難的中國，悲
慘的中國人變成歷史的記憶，使中國人真正的站起來，此舉
目可待。

第二章　功利主義儒家經濟思想芻議

第一節　世界文明的重心將在東亞

　　古老文明的四大古國，其文明的發源均來自於河流。米索不達米亞亞美人的兩河流域，埃及人的尼羅河，印度人的印度河、恆河以及中國人的黃河等。這四個文明古國因河流而起，但因沙漠而衰落。經濟是文明的動力，這些文明古國的發源地均是當時經濟比較發展的地區，後來因為天然環境的破壞，而逐漸失去往日經濟繁榮的驕傲。這一方面是天然的災害風沙的侵蝕，另一方面則人類智能尚不能做到「參天化育」的地步。於是經濟的重心有了轉移，文明的古國有了新的輪替。這種世界文明重點地區的改變在短期間是看不出來，但從長期看是風水輪流轉的。這也可以證明十五世紀文藝復興以後的西歐北美等地曾獨領風騷了五百多年，但這不是永恆不變的。每當文明典範有所調整之後，全球的普世價值也必然有所調整。

　　自有人類歷史以來文明典範的重點物換星移十年河東、十年河西；所謂的普世價值也因時空隨之改變。這些歷史文明的陳跡包括米索不達米亞的烏爾文明，埃及的尼羅河文

明、印度的印度河文明、中國的黃河文明。中東的希伯萊文明、西歐的希臘、羅馬文明、中國的西周文明、東歐的拜占庭文明、中東的波斯和阿拉伯文明、中國的唐宋文明等等。元朝以後世界文明的重心轉移到西歐，然後北美。目前已有跡象逐漸呈現出東亞儒家的文明圈，這當然是因為中國經濟的崛起，其聲勢浩大，而日本在明治維新以後直到今日的文明成績令世人不能不刮目相看。東方型的普世價值已逐漸展露曙光。其中的一個因素是西方資本主義「人定勝天」的經濟剝削已經改變地球的生態環境，西歐北美經濟發展的優勢已經逐漸褪色，他們所謂的普世價值帶給世人的共識已經被懷疑。因此世界文明的重心五千五百年以來不斷的有所變動，例如從烏爾開始，然後開羅、德里、長安、雅典、羅馬、伊斯坦堡（拜占庭）、開封、北京、佛羅倫斯、巴黎、倫敦、紐約、東京、上海等等的改變。

　　中國已經崛起，她將影響世界、改變世界。預料全球新的普世價值即將到來。世界文明發展的重心逐漸轉移至東方儒家文化經濟圈的中國與日本等重要的國家。中國是個文明古國，歷經漢唐盛世的輝煌時代；長安、開封等名城曾經是世界文明的重鎮之所在。[1]

---

1 黃仁宇，《中國大歷史》，聯經出版事業公司時報文化出版公司，臺北，臺灣，一九九四年。

第二節　經濟發展是一國邁向文明的動力

　　世界上著名的四大聖人：孔夫子、釋迦牟尼、蘇格拉底、基督耶穌（另一說是以默罕穆德爲代表）。前二者來自東方的稻米文化圈；後二者來自西方的小麥文化圈。就以基督教來說，如今全球基督教信徒遍及小麥文化圈，而佛教信徒遍及稻米文化圈。孔夫子是東方的蘇格拉底，反之，蘇格拉底是西方的孔子。佛教的宗教與儒家的道德規範是相通的；另外蘇格拉底的哲學與希伯來的宗教也是相連接的。前二者代表著東方的哲學與宗教，後二者代表著西方的哲學與宗教。東方哲學重視「天下合一」的思維方式，其強調倫理道德的重要性，並且發展到科學的理想境界，而西方哲學重視「神人分離」的思維方式，其強調科學實證的重要性，並且發展倫理的人文價值。東西方現代化的發展途逕是殊途同歸的。沒有科學的哲學倫理（包括宗教）像瞎子，而沒有哲學倫理（包括宗教）的科學像跛子。現代化的結局是科學與哲學倫理（包括宗教）的整合，那是理性主義的意義，也是文明終極目標；當中的動力是經濟發展。「心物合一」論是理性主義，其發展過程中的重心是物資（經濟力）。經濟力雖不是萬能，但沒有經濟力則是萬萬無能；社會的現代化與物資是不能分開的，所以「唯物論」的重要性雖不是始終不變的，至少它有階段性的使命性。因此可見現代化的文明，經濟發展的重要性是毋庸置疑的，而經濟發展需要依靠科學與技

術，這是孫中山先生民生主義的本質。筆者雖然認為「唯物論」的重要性，但不是唯物論主義者。經濟發展必需實事求是，解放思想，擺脫意識形態的拘絆。[2]

十八世紀西方經濟學之父亞當・史密斯（Adam Smith, 1723-1790）在其《國富論》中強調人的慾望是一隻看不見的手，其中利潤是一個重要的指標。人們透過不斷的追求利潤以滿足慾望。所以說慾望的追求是一國經濟發展的重要因素。各種文化與宗教對於慾望的看法不同，因而也深深的影響了個別的經濟發展。[3]

佛教的「制慾論」是不利於經濟發展的，道教的「順慾論」是有利於經發發展的，儒家的「適慾論」也有利於經濟發展的，基督教的「縱慾論」當然有利於經濟發展的，而伊斯蘭教的「節慾論」則不甚有利於經濟發展的。以上各種宗教文化也因不同的教派和主張，對於個別宗教文化也產生不同的經濟發展效果；譬如說清儒與宋儒的不同，蒙古藏傳佛教與西藏藏傳佛教的不同，天主教與基督教的不同，土耳其伊斯蘭教與波斯伊斯蘭教的不同等等。

中國經濟發展依經濟地理的分佈大致可以劃分為畜牧文化經濟圈（長城以北），小麥文化經濟圈（長城以南，黃河流域各地）以及稻米文化經濟圈（黃河流域以南，包括長江流域、珠江流域等地區）等。畜牧文化圈的國民性格比較豪

---

2 梅原猛，〈以稻米文化拯救地球〉，《中日東方思想研討會》（論文集），三聯書店，上海，中國，一九九七年，第一頁至第十五頁。
3 任繼愈，〈文化交流・前景無限〉，《中日東方思想研討會》（論文集），三聯書店，上海，中國，一九九七年，第十六頁至二十四頁。

放，人民重信、重義等；小麥文化圈的國民性格比較感性，人民重義、重情等；稻米文化圈的國民性格比較理性，人民重情、重理等。這三個文化圈在經濟發展的意義也是有不同的。畜牧文化經濟圈的人們比較有利於農林漁牧等第一產業的發展，小麥文化經濟圈比較有利於農工製造業等第二產業的發展，其當然也有利於第一產業的發展。稻米文化經濟圈較為有利於商業、服務業等第三產業的發展，其當然也有利於第一及第二產業的發展。中國經濟發展要以農立國、以工強國、以商富國，同時也要兼顧及農工商業的同時發展。[4]

經濟是一個文明發展的動力，因此中國文明的重心已經轉移到稻米文化經濟圈，特別是沿海地區；它將是中華文藝復興的策源地。在中國五千年歷史長河中，唐朝以前中國的文明重心在中原，它向南發展，也向北延伸。宋元以後的中國，文明則從南向北發展。陸上絲路始自西漢，歷經魏晉南北朝，衰退於宋元。取而代之的是海上絲路。河西走廊的張掖、武威、酒泉、敦煌等四個陸上絲路也被廣州、泉州、交州、揚州等海上絲路四個重鎮所取代。中國的黃土文明逐漸被藍色文明所取代，這是順應世界的時代潮流。

西方文藝復興以後，文明的發展也是以海洋為重心所在，這以一四九二年哥倫布發現新大陸以後為另一新紀元。

4　梅原猛，同註二。

第三節　唯物論、有神論與經濟發展

　　意識形態是一國經濟發展的障礙物。中古世紀歐洲的「黑暗時期」是宗教意識形態的產物，當時的封建經濟制度嚴重的阻礙了經濟發展生命力，因爲自由市場的精神無法發揮應有的功能，所以中古世紀的歐洲經濟發展停滯不前，復加上基督教的宗教獨裁專制統治，民不聊生；是乃造成第五世紀至第十五世紀歐洲的「黑暗時期」。此後意大利的佛羅倫斯、米蘭、威尼斯等地開始展開文藝復興後西歐、北歐等地的宗教改革、產業革命、啓蒙運動等一連串現代化運動，力圖擺脫宗教意識形態的束縛，顯現了自由市場經濟的本能，重新展示歐洲經濟發展的活力，於是才有五百年來西歐北美等成爲全球文明與現代化的典範。[5]

　　另外，十三、十四世紀以後的伊斯蘭教文化經濟圈也是如此。經過了十字軍東征和蒙古西征之後，伊斯蘭教文化地區的民族主義高漲；伊斯蘭教文化於是變了質。此後的西亞、中亞、近東等地伊斯蘭教世界，這包括土耳其、阿拉伯和波斯等不同體系的穆斯林都有強列的伊斯蘭教民族主義，其展現出來的是保守主義、官僚主義、封建主義等等民族性格。這在政治上是獨裁專制，在外交上是主觀排外，在經濟上是反市場經濟等。如此那有機會來發展經濟呢？那有機會來實施民主政治呢？這是意識形態影響經濟發展，影響民主政

---

5 魏萼，《中國文化與西方文明》，文史哲出版社，臺北，臺灣，二〇〇八年。第八十一頁至一百零一頁。

治？皆是影響現代化文明發展的另外一個具體的例子。

　　此外，在第二十世紀裡蘇聯等共產世界，其受到馬列主義意識形態的影響，禍害了世界。這已雨過天晴。一九七八年以後的中國已經崛起，在鄧小平新思維的啓迪下已改變了中國，也影響了世界。

　　戰後亞太四小龍的韓國、臺灣、新加坡、香港以及日本等地均是儒家文化經濟圈傑出表現的具體代表，一九七八年以後的中國大陸也是如此。這已充分證明儒家文化與經濟發展的「正相關」。然而這些地區的儒學是富有時空意義的儒家思想，不是那些保守主義、封建主義和官僚主義的腐儒、俗儒、病儒或醬儒等。這些都是儒家文化中的垃圾，應該給予清除。一九七八年以後的中國大陸一改過去的批林批孔的風潮，轉而成爲尊儒敬孔的主流國家。經過三十幾年來的實踐與檢驗的結果，已證明了回歸中國文化的中國經濟終於崛起了。以儒家思想爲主軸的中國文化以理性主義爲本源，以拿來主義爲政策，它可以兼容並包的態度來吸收中西方優秀的文化，用以充實國家現代化的資源。儒家的經濟思想與亞當‧史密斯《國富論》中「自由經濟」與「市場經濟」的精神是相通的。儒家經濟思想的本質是「藏富於民」和「民富國強」，此對於市場經濟有激勵的作用。西漢太史公司馬遷在其《史記》中有關經濟思想是「善因論」，此與孔孟儒家經濟思想相同；基本上儒家經濟思想對於經濟發展是有正面意義的。

　　儒家思想被認爲是適應環境，所以缺乏資本主義的精神，這個看法應該是針對著那些腐朽儒學而論的。儒家思想

甚容易被世俗化因而缺乏科學的精神，這是不利於經濟發展。因為「腐儒」中的官僚主義、保守主義、封建主義是不利於市場經濟，也不利於科學的精神，這個看法基本上可以接受的。它比不上「基督新教」在經濟發展的積極性，所以其在資本主義的本質上尚不如基督新教有創造性。另外基督新教在「宗教」上富有「愛」的精神，此在改變世界經濟的意義上比在「倫理」上富有「仁」為本質的儒家思想明確。然而儒家思想重視現實人生價值上認為「不知生、焉知死」、「非鬼神而祭之、諂也」、「敬鬼神而遠之」、「不語怪力亂神」等等看法是面對現實的，其對於經濟發展是有理論的，但要把握現實社會，正確對待人生，此比之佛教重視來生的哲學思想實際，況且佛教的「慈」悲思想，在創造世界經濟的積極性當然比不上儒家思想的「仁」，更無法與基督新教「愛」的精神相提並論。孔孟儒家思想不否定神的存在，但要理性崇敬鬼神。這與馬克斯「無神論」的看法是不同的。馬克斯認為宗教信仰有如人迷於鴉片，這個看法並未指明所謂的「邪教禍世界」的獨特，這與孔孟儒家思想強調要以理性的對待宗教顯然是不同的。[6]

第四節　功利主義儒家的浙東學派

孔子著《春秋》中述及經世之學，而經世的主旨在於濟

---

6 同註5。

民；經世的目的則在於事功與興利。孔子的經濟思想也是入世的。可是宋代的理學多少隨著隋唐的佛學、道學的融合而有心性內聖的思想。繼之有北宋周敦頤、張載、邵雍、程顥、程頤、張栻、朱熹與陸象山等人的紮根與培植，於是理學大行其道，是故有宋代理學、道學的全盛時代。宋學空談孔孟，然而強調心性與義理的意義，輕言治國平天下的道理。宋學之空談孔孟雖有當時時代的意義，但是士大夫不務生產的風氣，影響經濟發展甚為深遠。於是有了主張經世濟民功利主義儒家的到來。這正是浙東學派學者陳亮、葉適等人的貢獻。功利主義儒家有入世的思想，正是孔孟儒家思想的真傳，但在中國儒學發展史上始終居於非主流的地位，甚為遺憾。

　　宋代浙東的永康學者和永嘉學者勇敢的站出來反對宋儒理學和道學的思想，但是抵不過「在朝儒學學者」的先天優勢，因此其功能不彰。儒家思想因此被錯覺、被曲解，此禍害中國甚深、甚廣，至為不幸。當今應當積極加強尋找孔孟儒家思想的精義與真諦所在以促進中國現代化與文明，甚為重要。

　　儒、法兩家的結合有利於得天下和治天下，這是中國歷史的一個簡單結局；而儒、道兩家的結合則有利於有朝一代承平時期。儒、法結合是「入世」的思想，可是儒、道結合則容易淪入「出世」的想法，尤其是與佛家的結合。宋代理學便是如此；即是儒、佛、道三家的融合。法家思想傾向於「有所為」的狂夫，道家思想的傾向於「無所為」的狷夫，而儒家思想則傾向於致中和、中庸的仁者。中國傳統文化在一匡天下的大形式下，由儒佛道三者的結合所形成的官僚思

想，使人容易被形式主義和虛偽主義所指引，自然成爲一個主流支柱，主宰中國政治與經濟文化的力量。士大夫的形式主義容易戰勝功利的實用主義，因此「偽君子」者當道，真理容易被蒙蔽；這與中國傳統文化的腐朽有關。

　　戰國以後的秦統一中國，實施一統專制，漢武帝廢除百家，獨尊孔儒。儒家思想便成爲中國學術思想的主軸。孔儒的學說歷經執政著的維護和推廣已形成了一個根深蒂厚的儒家文化中國。從東晉至宋初，道家、佛家思想鼎盛，空談「新儒家」思想逐漸順應了當時的時代潮流，這或許是宋代積弱的一個因素。陳亮等人爲永康學者的一個代表，是另一個典型。

　　陳亮是激烈反對朱熹理學的人物，他重功利、求實用的思想，反對道學的「唯心論」，他認爲道學有些虛偽與偏見。其批評的對象包括朱熹和二程。在思想上與陳亮相似的有薛季宣、陳博良、葉適和鄭伯熊等人，他們的學術思想趨於一致，是爲永嘉學派的代表性人物。永康學者和永嘉學者等被宋代一般學人稱之爲異端，他們也被視爲儒林，這些儒林者是反道學的。陳亮等的「異端儒林」學者的出現震憾了專研天理人慾等的學者。葉適爲溫州人，他是永嘉學者的集大成。代表永康學派的陳亮與代表永嘉學派的葉適等皆爲浙東學者的典型。[7]

　　陳亮，字同甫，浙江永康人。陳亮的學術思想重事功、重實用、重實效、重經濟等的功利主義觀念，這與中國歷史上的王充、柳宗元等的思想相通、相似。他們主要的論點與

7　田浩著，姜長蘇譯，《功利主義儒家》（陳亮對朱熹的挑戰），江蘇人民出版社，南京，中國，一九九七年。

人民的生活、國民的生計息息相關。浙東學派的務實學術思想雖受宋代在野儒林的認同，然而其在野的聲勢無法與在朝的政治現實相接合。浙東學派缺乏官僚體系的支撐因而沒有著力點，其所展現的實力相當脆弱，況且後繼無人；最主要的還是浙東學派缺乏總體的理論基礎。相對的朱熹等的學術理論嚴謹而且儒學溯自孔孟的《四書》，歷經秦漢隋唐宋等朝代的整合，一脈相傳，此已成為中國文化的一股學術思想大洪流，勢不可擋。

　　北宋市場經濟發展很好，盛況超過漢唐。浙東學派學術思想之所以發達的另一個原因在於南宋的積弱不振。浙東學派學者們憂國憂民，提出救國救民的一些方案；有其時代的價值。朱熹的思想有文化主流性的價值，但其陳義太高，容易形成眼高手低的現象。其具體的現象是使人陽奉陰為，說一套、做一套等言行不一的結局。當然的朱熹新儒學亦有豐富的價值，但必需與時俱進。朱熹的思想經常與人生的慾望等現實有所距離，這是一個美中不足之處。日本的現代化過程中曾有肯定朱熹的思想；一六○○以後的江戶時期就是重視朱熹儒家思想，然而日本一八六八年的明治維新以後則丟棄朱熹思想轉向王陽明的思想。[8]

　　其實北宋五子：邵雍、程顥、程頤、張載、周敦頤等也是兼容釋道等的儒家，他們的思想與朱熹等人的思想是可以連貫的。然而浙東學派陳亮、葉適等的反理學、反道學等的學術思想也有時代的意義，特別是一國經濟在發展中的時

---

8 同註 7。

期。功利主義的儒家重視唯物論的價值觀，富有法家性質重視儒家思想的實踐性。

　　明末清初的學者有鑒於經世濟民學問的重要性，因而重視功利主義的儒學。顧亭林、黃梨洲、王船山、顏元等大儒似有承繼浙東學派思想之態勢，繼之戴震（東原）、惠棟等清儒發揚光大之，此意義甚爲深遠。鴉片戰爭以後，清末名臣林則徐、曾國藩、左宗棠、李鴻章、盛宣懷等等實幹派的人物莫非皆是功利主義儒家思想的實踐者。清末民初孫中山的民生主義也依此經濟思想而有所發展。此外鄧小平對中共的改革開放經濟政策，也是功利主義儒家思想的推動者。[9]

---

9 王式智，《中國歷代興亡評述》，黎民文化事業公司，臺北，臺灣，一九九二年，第四八二頁至四九四頁。

第三章　東北亞儒家經濟思想的本質

第一節　中國經濟思想的本質

　　從中國歷史上各朝各代的興衰可以看出：只要有富強的中國，那裡會有分裂出來的邊疆呢？換言之，中國的貧弱，邊疆必從中國分裂。那麼如何促使中國富強呢？中國經濟只要走中國人應走的道路，那就是文化的中國，中國自然可以富強。文化的中國是具有包容性的；舉凡外來文化有利於中國現代化之所需的，都可以吸收成為中國文化的一部份。這就是消化外來文化，深化中國文化的意義。因此孫中山經濟思想是中國文化的產物，它也可以救中國，可以使中國富強。鄧小平、蔣經國等人都是孫中山先生的信徒，他們倆人曾經分別領導臺灣海峽兩岸的中國，並且試圖以孫中山先生的思想來建設中國、統一中國。這個理想如今已逐漸實現。

　　經濟思想的歷史長河潺潺滾滾、時代巨流浩浩蕩蕩；從縱貫面的歷史長河與橫斷面的時代巨流找到交叉的會流處，甚為關鍵。這是文化的交流與文明的融合，而不是文化的分流與文明的衝突。

　　中國傳統經濟思想在先秦時期已在百花齊放中找到一個

富有代表性的孔孟「藏富於民」市場經濟思想。孔孟思想是集東周以前中國古代經濟思想的大成，它確立了中國經濟思想的大主流，以後的秦、漢、隋、唐、宋、元、明、清等等歷朝歷代的經濟思想不斷發揚光大之。這個市場經濟思想與西方主流經濟思想，在本質上是相似的；但其在內容上確實有所不同；主要的是政府經濟在市場經濟中所扮演的角色確實有些差異，這莫非中西方文化中人民行為的思維模式略有互異所致。

中國五千年歷史文化與文明中，封建社會經濟歷史悠久，但「藏富於民」的市場經濟本質是一貫的。中國經濟思想史上的有道家、法家、儒家、墨家等不同思想體系，其在政府經濟功能上的認知確實有所不同。惟重視市場經濟的基本精神乃是一致的。這些經濟思想與西方經濟發展史有些不同，特別是西方經濟思想經過了中古世紀歐洲「黑暗時期」的大波浪，市場經濟遭受到嚴重的挫折；雖然有了文藝復興以後自由經濟的復甦，可是資本主義的弊病叢生。馬列思想的社會主義曾經在蘇聯以及東歐囂張拔扈了幾十年，其在二十世紀裡已證明了西方馬列主義教條不適合於這個世界，它們已土崩瓦解了。[1]可是中國社會主義因為傳統中國市場經濟的生命力將永垂不朽，使得馬列主義必然自我轉變成為中國文化的一部份，這就是馬列主義中國化的具體表現。鴉片戰後，中國人一方面民族自信心的喪失，因而國人崇洋媚外；另一方面則呈現出莫名其妙的民族自大狂，義和團便是其中

---

1 經過了二十世紀幾十年的實踐與檢驗，證明了馬列主義禍中國，也禍世界。

的一例。知識份子在外抗強權、內除國賊的雙重壓力下企圖「打倒孔家店」，並且以反西方的西方思想（馬列主義）為奎臬。其實這是知識份子企圖在自我矛盾中尋找解脫的選擇，在當時環境中是個權宜性的決定，也是一個無可奈何中的錯誤選擇；尤其在「五四運動」中提出「打倒孔家店」的主張，但其真正的涵意並非「打倒孔家店」，而是「打醒孔家店」。[2]主要的是要將孔儒中的腐朽一一去除，為儒家思想找到新的生命力，這才有後來所謂的現代新儒家、當代新儒家、香港新儒家和新新儒家等生生不息，代代的薪火相傳。在這個思想發展過程中中國經濟思想也歷經波折，在政府指令性的經濟思想瞎指揮下，也使中國經濟曾經短暫失去應有的定位。如今已是雨過天晴，中國經濟已重新展現出一片藍藍的天空。

第二節　中國儒家經濟思想的本質

中國儒家經濟思想史是以私有財產和市場經濟為主要，並且輔之政府經濟。這個中國經濟發展的事實曾被「新國」的王莽和「太平天國」的洪秀全質疑，「公田制」主張也被他們所利用，增加他們革命的號召性，其實王莽的「王田」

---

2 正確把握著孔孟儒家思想兩千多年來的精華很是困難。儒家思想欲放諸四海皆準，此陳義太高。實踐的結果容易形成「偽君子」的溫床；陽奉陰為，口是心非。「腐朽」儒學是民族文化的殘渣，「五四運動」意圖要「打倒孔家店」是基於恨鐵不成鋼的「愛國心」而提出的口號；其實對於儒家思想需要重新定位；因此筆者才有「打醒孔家店」的提議。

和洪秀全的「天田」都沒有真正實施過。中國法家經濟思想始自管仲經過商鞅、桑弘羊等人雖然其法家經濟思想強調政府經濟的主張，但其仍以市場經濟與私有財產制度為主軸，在本質上是不變的。凡此法家思想觀念始自管子，管子主張五均六管的國營政策乃是補充私有經濟的不足，不是將此取而代之。商鞅是秉承管子的經濟政策路線的。

商鞅變法中之在於秦孝公重用商鞅，而商鞅主張之一乃廢井田，開阡陌。這主要是「井田制度」等行之已久，已不合時宜，必需廢除，重新規劃土地，實施新的土地政策。商鞅的「開阡陌」是秉承周公「井田制度」的基本精神，賦予新時代的農業政策，彼此是一以貫之、與時俱進的。阡陌乃是田埂間的通路，東西謂之陌，南北稱之阡。開阡陌乃是重新清查土地、規劃土地，並且賦予農民新的經濟使命。如此農民的權責合理的重新定位，可以提高農民的生產力和農田的生產量，此目的在於繁榮農村，富裕農民；農民只要在新的規定下繳納公平的賦稅，國家收入也可以充足，是乃民富國強的道理，此與周公的井田制度在本質上是相通的。這在司馬遷的『史記』中的「秦本紀・商君列傳」有所陳述，亦即衛鞅為田開阡陌封疆而賦稅平，是也。西漢董仲舒亦曾稱讚商君改帝王之制，除井田，土地人民得買賣（《漢書・食貨》）。此亦是中國農村自由、市場經濟的具體實踐。顯然此與一般人的論斷說法家是反對市場經濟的觀點是不一致的。[3]

---

3 張元，〈廢井田、開阡陌〉，歷史智庫出版社，歷史月刊，聯合報系，臺灣・臺北，第 218 期，二○○六年三月，第 114 至 118 頁。

　　西漢的御史大夫桑弘羊爲著因應漢武帝北伐匈奴，國庫
空虛，重視國營事業和平準、均輸等政策，有些類似管子的
思想，然而並沒有實施企業和土地國有化等政策。以後的隋、
唐、宋、元、明、清等歷朝歷代的經濟政策隨之。然而國營
事業以及政府稅收均有所不同。惟中國歷史上的確實實施了
許多社會福利政策以照顧窮人，但這不是社會主義。質言之，
中國這部政經思想史是政治君王專制獨裁、經濟人民自由開
放；這就是俗稱的政治收、經濟放的中國現代化模式。新加
坡當今現代化模式亦是如此。

第三節　日本儒家經濟思想的本質

　　日本的儒學思想比較傾向於垂直面的，這表現在於「忠」
爲主軸。這一方面與中國人有些不同；因爲中國人特別重視
家庭倫理，所以儒學以「孝」爲主軸。日本的長子繼承制當
然不同於中國人諸子平分財產的觀念；中國人所謂「天下爲
公」的觀念也與日本人「爲天皇」盡忠的意義是截然不同的。
[4]這種觀念當然也會影響到中日兩國經濟發展模式的差異
性。日本的儒家思想適合於技術密集和資本密集的產業，中
國的儒家思想適合於勞力密集的產業。因此中國經濟發展階
段的提昇要依賴政府經濟的大力推動，否則邁向技術密集或

4　「天下爲公」爲「禮運大同」的中心思想，它是一個富有中國特色的社會
　　主義；富有中國特色的孔孟共產主義。這個是以私有財產和市場經濟爲主
　　軸的經濟思想與馬列共產主義不同。

資本密集的產業階段是比較遲緩的。日本的儒家思想有利於其步入資本主義的道路，而中國的儒家思想雖然強調市場經濟的競爭力，但重視「不平則鳴」和「天下爲公」的概念頗有社會資本主義的性質，但它不是市場社會主義；因爲市場經濟和財產私有制的本質不變。

　　日本江戶時期儒學以宋儒朱熹思想爲主流，明治維新以後則以明儒王陽明思想爲主流。唐朝時期，中日文化經濟交流甚盛，當時中國入世的佛教也大舉傳入日本。日本的儒釋道爲一體思想融合了日本大和民族的文化，自成一個體係的日本武士道文化。儒學本來是一個傳統農業社會的產物，但他的融通性、融合性因此可以使之超越時空的限制，並且能與各經濟發展階段相結合。日本就是一例。日本把儒學活生生的用在農業、工業、商業等社會中，使儒學能與當時社會相結合，這不是反傳統儒學而是將儒學給予新的生命力，環環相扣，生生不息，也使之與時俱進成爲一個現代化的動力。中國現代化發展的模式應是以農立國、以工強國、以商富國的程序，最後要做到農、工、商三者並行發展的境界。在儒家思想方面，它可發展成爲儒家資本主義、儒家社會主義，也可發展成爲儒家農業社會、儒家工業社會和儒家商業社會等等，此與時俱進，因地制宜的方式融入各階段發展中的中國社會經濟。

　　一九四九年以後臺灣經濟發展的經驗。臺灣尤其歷經一九六六年國民黨推動中國文化復興的主力維繫下，在二十世紀末期之前已完成經濟改革和民主發展的初期模式。這很像日本明治維新以後的發展經驗。基本上日本與臺灣現代化的

過程是逐漸趨向於西化，並非完全西化。這種趨於西化的現象是因為東西方文化，尤其是儒家思想為主要的中國文化與西方基督新教文化是相通而不相同的。這個現代化趨向於西方的模式展現於民主政治與市場經濟層面上。臺灣經濟發展中國營事業的民營化和民間私有財產制度的建立是一個經濟現代化必然的趨勢，這一發展趨勢是給臺灣出發與全球經濟發展的方向接軌的。日本文明進程中經濟發展經驗亦復如此。這可完充分看出日本現代化文明是步入富有日本文化特色現代化發展模式，其間並沒有衍生什麼文明衝突的史實。

　　韓國的儒學與中國淵源特別深厚。韓國的許多主要地名和河流例如漢城、漢陽、漢江等都以「漢」字名銜，這顯然與中國漢文化有著密切的關係。韓國儒學發展史雖然與中國並行，但韓國並不等於中國。孔孟為儒學至聖、亞聖，他們皆來自山東。而山東與韓國毗鄰。韓國人對於漢儒的君臣、父子、師生、夫妻等的關係頗為重視，比之中國人有過之而無不及，這莫非是矯枉過正或無法「與時俱進」的現象吧！何況韓國對於東西方文化的態度，反映出兩極化的現象；這若處理不慎很容易發生「文化的分流」和「文化的衝突」的結局。文明是普世價值，也是一國現代化的指標。

第四節　韓國儒家經濟思想的本質

　　宋明以降儒釋道三家一體化的思想在韓國的表現得更明確。儒、釋、道三家在唐朝以後逐逐漸融合。

　　到宋朝則三家趨於一體，元明清以隨之。儒釋道三家雖然互爲融通，這基本上是以儒家思想爲主要的融合力。融合以後的儒釋道是合中有分，分中有合。這在韓國來說，合中有分，分中有合的現象不甚明顯，而呈現出來的經常是三位一體的現象。[5]

　　韓國儒家思想不像日本是偏向「忠」，而中國儒家思想則傾向「孝」；韓國儒家思想則企圖要兼顧「忠」與「孝」，這談何容易啊！忠臣出自孝子，能孝必能忠，移孝作忠等等庭訓，這在中國社會裡是家喻戶曉得事，但理論與實踐上仍有相當大的距離。如此兼顧忠與孝，談何容易。韓國經濟要同時發展勞力密集、技術密集、資本密集等產業，這是一個理想，與事實上的狀況恐也一些距離，這不如日本儒家文化的「忠」字經濟（可發展技術密集和資本密集的產業）和中國儒家文化的「孝」字經濟（可發展勞力密集的產業）來得比較實際。

　　或許韓國儒家文化遭受外來文化不斷的侵襲吧！其展現出來的儒家民族主義特別強，甚至於有些時候表現了激情的韓國民族主義；富排它性的文化，這不是中國儒家文化的本質。清朝末年中國也出現了義和團，這種激情的民族主義並非真正的儒家思想，因爲儒家思想是容他性，並不是排它性的。[6]韓國社會出現了保守派（傾向東方儒家思想）與開放派

5　杭亭頓原著（Samuel, P. Huntington），黃裕美譯，《文明衝突與世界秩序的重建》（The Clash of Civilization and the Remaking of World Order），聯經出版社，臺北，臺灣，一九九七年。
6　同註5。

（傾向全盤西化思想）的鬥爭，這是文化分流和文化衝突的來源。[7]目前韓國信奉基督新教和天主教的人口已超過其宗教人口百分之七十以上，信奉儒釋道思想的傳統民間信仰宗教人口比重並不太大，但是韓國民間思維模式卻是受到儒家思想的影響甚大。所以韓國有文化分流與文化衝突的潛在危機，其呈現在國家現代化過程中的政治不穩定、經濟不穩定、社會不穩定等亂象是可以預料得到的。一九九七年至一九九八年間出現了亞洲金融危機，韓國受創甚為嚴重便是一例。日本汽車橫霸世界消費市場，這不管是已開發國家或開發中國家都是如此，但韓國則是例外。這可從韓國人的民族主義去探討；因為它違背文化交流與文明融合的基本原理。它是文化分流與文化衝突的源泉。在這個全球化時代中是個錯誤的示範。

在香港，英國人統治了一百五十五年。中國人與英國人的相處融洽，這是兩種不同文化的交流與融合；香港經驗是一個成功的範例。香港是世界自由經濟成功的典範，已成為全球金融、資訊、商務、航空、航海、保險、投資、貿易等的重要中心據點之一。在香港，民間儒家思想始終維繫著香港民心，而英國人的統治哲學在於發展香港海島型經濟特色並且讓香港藏富於民。英國人政府設下了賺錢的規範讓香港的中國人去賺錢，同時政府也提供了香港發展的籃圖，這是有前瞻性的作法與作為。香港人甚體諒英國人統治香港的用心。香港經驗是中國人儒家思想與西方人士基督新教思想的

---

7 文明是「普世價值」，也是文化的結晶品；其實文化有衝突，文明則沒有。此看法與杭亭頓教授的文明衝突不同。

良性結合，此已締造了香港奇蹟。其中最務實的要務是英國人讓香港人有溫飽和賺錢、發財的機會。等待經濟發展到某些程度之後，人民對民主的要求自然有興趣。香港、臺灣的現代化模式的得失甚值華人社會參考。新加坡的模式也是如此。李光耀在新加坡推動儒學文化供朝野人士去依循；新加坡也是一個藏富於民、私有財產與自由市場制度，極為成功的模式。然而新加坡統治上新權威主義是否因為「後李光耀時代」而有所改變，各方看法不一。然而堅信自由、民主、人權、法治的時代潮流浩浩蕩蕩，勢不可擋。[8]

第五節　中國崩潰論、威脅論

中國崩潰論或中國威脅論的看法都不正確。一九九〇年代蘇聯以及東歐等國家相繼的崩潰，西方人士預料中國馬列共產主義也將崩潰。這有待進一步探討。中國經濟等現代化已穩住了方向，馬列主義中國化的趨勢日漸明顯。西方傳統與現代思維中的制度與政策左右搖擺模式不適合於中國國情；中國傳統與現代化思維方式是透過整合、持續和創新等三個階段；馬列主義中國化便是一例。這是消化西方思想，深化中國思想的意義。馬列主義在中國，經過自我轉化的過程後，便成中國文化的一部份，並且以嶄新的姿態重新滋潤

---

8 Haggard, Stephen and Kingman R. Robert, The Political Economy of Democratic Transition, Princeton University Press, Princeton, New Jersey, 一九九五年，PP.223-254。

了中國文化。在文化融合的過程中，馬列思想與中國文化中的孔孟哲學自然相結合。它已是五千年中國文化血液循環中的一個微小成分而已，中國仍然是中國文化的中國，中國不會崩潰的，因為中國文化容它性的本質與西方排它性在本質上是不同。昔日西方馬列主義國家蘇聯、東歐等國家崩潰必然性，此不會在中國發生，因此中國崩潰論是不存在的。

中國經濟發展方向顯然已成定局，中國現代化的步驟將加速進行；富強而文明的中國力舉目可待。西方世界擔心中國人富強之後逐漸構成世界的威脅，這個看法是不正確的。中國文化以儒家思想為主軸的對外關係主張扶弱濟傾、敦親睦鄰，這與西方強權帝國主義的看法不同。中國歷史上或許有對外侵略事實，例如漢武帝的西征匈奴和唐太宗的東征朝鮮，但此均非常常態，亦非儒家思想的具體典範。董仲舒的儒家思想雖有其時代意義，但儒家思想中民本思維絕非獨裁與專制，對外侵略亦非儒家思想的本質，何況此為攻擊乃是最好的防衛。

一四○五年至一四三三年間明初鄭和下西洋七次凡二十八年是「落葉歸根」儒家思想的具體代表，這與西方一四九二年哥倫布（Christopher Columbus）發現新大陸、一四九八年達伽馬（Vasco da Game）到達印度等一連串殖民拉丁美洲的史實是截然不同的。是故西方人士的「中國威脅論」的看法絕對是不正確的。

因此所謂的中國崩潰論與中國威脅論皆非正確的主流思想。正確的看法應是使中國擁抱國際、面向國際，並且貢獻國際。加強中國與世界的經貿文化交流，並且促使中國負起

亞太安全和世界和平的負責大任；這才是最主要的。這誠如
中共領導人胡錦濤所說的中國對內要以「和諧」取代「階級鬥
爭」，對外則要以「和平」取代「輸出革命」等的新思維。[9]

　　日本歷來從中國學了許多思想和文明，特別是唐朝的典
章制度和當時現代化的模式，因爲唐朝在世界上的鼎盛與繁
榮，這就是所謂「和魂漢才」。日本「明治維新」以後的世
界現代化文明重心在西歐，當時中國人不行了。日本此後的
走向是「和魂洋才」，不再是「和魂漢才」了。但不管是「和
魂漢才」或是「和魂洋才」，日本都秉承著「拿來主義」的
精神，選擇當時世界上最好的東西，爲日本人所用。這是日
本不偏不倚站在東西文化的十字口叉路，左右逢源。日本文
明現代化何去何從，他有選擇權，而且經常是有明智的選擇。

---

9 胡錦濤是中共第四代領導人，他執政期間對於中國現代化是有貢獻的。

第四章　楚漢儒家經濟文化與普世文明

第一節　西漢經濟發展的大戰略

　　儒家思想多少是以王道爲主軸的治國平天下道理，它拒絕了法家思想多少是以霸道爲主軸的方式。觀諸中國歷史，舉凡以儒家爲傾向的治國方案，其朝代比較富強鼎盛而且統治時間比較長；反之則國力積弱、民不聊生，況且其朝代比較短。這可從周朝、漢朝、唐朝、清朝等和秦代、隋代、元代等的對照得到一些答案。另外王道文化的經濟生命力是比較長遠的，武力霸道的經濟生命力是比較短暫的；因爲武力、霸道的方式有利於「得天下」，但不利於「治天下」；反之，文化、王道的有利於「治天下」，其影響是長遠的。這個規律不僅在東方的中國可以看出它的現象，在西方的歐洲也是如此。

　　早在西元前的希臘文明，著名的斯巴達城邦雖然以武力勝過了雅典，但終將被雅典的文化和文明所同化；另外古羅馬雖然征服了希臘，其結果以武力著稱的羅馬終於要接受希臘的文化、文明。同理中世紀的日耳曼武力的霸道政治不得屈服於西歐基督教文明。十三世紀的蒙古西征是依靠蒙古帝

國武力霸道征服了一大片的歐洲土地、殺戮了歐洲許許多多民族人民，但是蒙古人在歐洲並沒有留下蒙古文化、文明的遺跡；蒙古人很快的消失了其在歐洲的政治舞臺，其給後人的記憶僅是武力的、霸道的蒙古「黃禍」。

　　秦、楚、漢曾經過短期的戰亂與殺戮過程，復經過了「文景之治」的轉折，董仲舒整合了春秋戰國以來思想的爭鳴與齊放，終於開創了儒家全盛時代。雖然董仲舒式的儒家思想給世人有所爭議，但是其也能成一家之言。西漢的儒家思想多少含蓋了法家的觀念，它一改「文景之治」的老莊思想傾向，而有所謂「在朝儒家」的思維方式；這與太史公史馬遷的看法顯然並不一致。平準法、均輸法等是西漢儒家思想的具體表現，也是法家御史大人桑弘羊思想的主軸之一。這些觀念並不為賢良文學等儒生所認同。顯然的西漢儒家思想似乎有朝野的差異；「在朝儒家」傾向於法家思想的作為，而「在野儒家」則有老莊思想的道家思維。

　　儒家經濟思想雖然有強調政府經濟的功能，但是「藏富於民、民富國強」的本質不變。換言之，私有財產與市場經濟為本位的經濟主張是不變的。這種「計劃性的市場經濟」是東方主義（Orientalism）的基本精神；它也是當代「普世文明」的取向。中國經濟思想史與西方文藝復興以後經濟發展方向在本質上是相似而不相等，彼此相通而不相同，彼此是平行而不共同的關係。楚漢儒家經濟思想可謂中國經濟發展的核心思想，有其代表性。例如儒者桓寬所主筆的《鹽鐵論》中御史大夫與賢良、文學的財經大辯論乃是中國經濟政策取向的中心思想。一九四九年以後的臺灣經濟以及一九七

八年以來的中國大陸經濟，在制度上、政策上逐漸趨於相同；彼此均向中國文化認同，也與當代世界普世價值接軌；具體意義顯示楚漢儒家傳統思想是富有當代中國的意義。茲就《鹽鐵論》有關中國經濟發展的大戰略重新敘述如下。

第二節　鹽鐵新論

一、《鹽鐵論》是中國的經濟文化資產

中國經濟思想史是一部所謂的市場經濟發展史，其中只有所謂的社會政策，沒有社會主義。其中富有中國特色的市場經濟是建立在「藏富於民、民富國強」的哲學基礎上。但是西元二○○○年一月，筆者訪問中國上海時，觀看路上標語仍寫者有關「國富民強」等政策字樣，令人疑慮。準此，從上海返回臺北途中，經香港赴國學禪宗大師南懷瑾先生寓所拜訪時，曾就「國富民強」或「民富國強」有關中國經濟思想一事請教南懷瑾先生。他說：「國富民強、民富國強、互為因果、法無先後、智者善謀、能者果斷」。基本上，這種看法是可以接受的，可是「民富國強」的政策是常態，而「國富民強」的思維方式則非常態；特別是在民智未開、民品低劣的開發中國家經濟狀況下權宜性「國富民強」的政策才可適用，何況這還需要一個廉能的政府來領導。

有關「民富國強」或「國富民強」的爭議，可從西漢的

《塩鐵論》財政大辯論來探討。[1]

二、《塩鐵論》是中國的政治文化資產

　　《塩鐵論》是中國文化中的一個重要資產，它在中國經濟歷史上富有特色。《塩鐵論》是一部會議記錄，它記載了西漢中期政府財經政策、社會政策、軍事政策、外交政策、文化政策等儒家、法家不同看法的背景與理論依據。這部著作雖然發展在西元前八十一年，亦即漢昭帝六年，距今已超過二○九十年，但仍然甚有今日的時代意義。《塩鐵論》的國家財政方案大辯論中，在朝、在野者政策觀念分歧。代表在朝者是當時丞相車千秋、御史大夫桑弘羊以及其所屬的政府官員如丞相史和御史等人，而代表在野者是當時儒生，這包括賢良與文學等約六十人，賢良是指全國性中央推舉出來的儒者，文學是地方性推舉出來的儒生。其實，賢良與文學都是飽學之士，他們不管是全國性或地方性的儒者、儒生，都是代表與政府看法對立的知識份子，其中文學八人，賢良五十幾人。儒生們站在為民喉舌的立場，講出一般百姓的心聲，展現儒生愛國愛民的風範。

　　《塩鐵論》的核心人物是御史大夫桑弘羊，他是一位富有法家思想的政治經濟專家。桑弘羊，洛陽人，乃一商人家庭出身，自幼聰明伶俐，富有數學天賦，他十三歲入宮，有機會服侍皇帝，尤其是深獲漢武帝信任。桑弘羊，對於財經

1 桓寬（整理），《鹽鐵論》（漢代財經政策的大辯論），中華書局，臺灣・臺北，一九八二年，第十一頁至第二十頁。

政策等治國方針有獨到見解，於元鼎二年（西元前一一五年）擔任大農丞，協助中央財政長官大農令處理國家財政經濟事務；元封元年（西元前一一〇年），桑弘羊復被重用代理大農令。繼之，他擔任大司農，掌管中央經濟財政事務，權傾一時。後來，他又擔任了御史大夫，司副相職位，為漢朝當時中央三長（或曰三公）之一。昭帝繼位後，他與霍光有瑜亮情節，意見不合，有違武帝生前所托。《塩鐵論》辯論後，元封元年（西元前八〇年），桑弘羊被霍光定罪死刑。桑弘羊在漢武帝任內，主宰漢室財經大權，對漢武帝的武功，貢獻良多；他確實是所謂大漢天威的大功臣之一。在《塩鐵論》大辯論中，他徹底為漢武帝的豐功偉業辯護。賢良文學等儒生則站在民間的立場指責漢武帝施政的諸多不是。《塩鐵論》是一部「塩・鐵」會議的記錄，漢宣帝年間，儒生桓寬將漢昭帝六年「塩・鐵」財經大辯論有關的內容整理出《塩鐵論》；此為一歷史不朽名著。《塩鐵論》這部偉大的著作歷時兩千多年，仍有當前的時代意義；該書整理者桓寬亦是站在儒生的立場，似乎也有欠公允。蓋因儒、法不同政策論調皆有其時空的限制，若有所偏向則有失政策的意義，何況若有政策意識形態的拘絆，更是適當、貼切政策的一大缺失。這亦是《塩鐵論》編撰者桓寬美中不足之處。桓寬，西漢汝南人，官拜盧江大守丞。桓寬熟讀孔孟哲學，乃是一介儒生，他的思維方式與《塩鐵論》中的賢良、文學相似，因此，多少肯定賢良、文學的論點。筆者不敢苟同桓寬刻意的偏袒賢良、文學，貶抑御史大夫等官方立場的言論。準此，《塩鐵論》學者應以客觀公正的立場來研究這部富有中國財政經濟與歷

史文化的名著，用以貢獻人類。

　　《塩鐵論》一書分成十卷，平均每卷六論，凡六十論，論論精采可讀。研究《塩鐵論》可以吸取歷史的經驗與教訓，甚富有警示的價值，藉此更可以達到通古博今的意義。

三、《塩鐵論》中的戰爭與和平

　　漢武帝攻打匈奴，締造「大漢天威」這是中國歷史上的一大盛事。漢武帝劉徹，雄才大略，他於西元前一四一年即位後不久就決定不再採取文帝、景帝適時對匈奴的「和親」政策。匈奴是中國中原西北的一支遊牧民族。秦漢之交，匈奴聲勢高漲，這給漢民族造成很大的威脅。漢民族是農業文明的社會，它包括了小麥文化圈和稻米文化圈。農業文明的社會「安土重遷」並且孕育了和平的儒家文明。匈奴遊牧民族習性居無定所、逐水草而生，富侵略性。於是漢民族與匈奴的衝突，甚難避免。漢初，武帝之前的「文景之治」對於外來匈奴的侵略採取和平防禦的措施，主要的手段是「和親」和「納禮」的和平政策，這是所謂消極的作為。文景「和親」的政策除了將公主下嫁匈奴之外，也對匈奴「納禮」（致送絲綢、美酒等特產），以敬而遠之。漢初「和親」九次，帶來了近七十年的和平共存。漢初之所以採取對匈奴「和親」的政策，除了秦漢之交連年征戰，民不聊生之外，那就是文景二帝所採取的治國哲學崇尚黃老之治。這誠如孔子所說的「遠人不服，則修文德以徠之。既來之，則安之」。但是對待匈奴的作為到了漢武帝執政時，這種「和親」的政策就因

而改變了。

　　爲了因應這種治國方針戰爭（武力）與和平（德力）的重大策略改變，漢武帝必須在財經政策作了必要的調整。漢武帝在位四十八年，對匈奴征戰了四十五年（從二十四歲到六十八歲）。如此大漢帝國豈不變成民窮財竭呢？這是《塩鐵論》中賢良文學何以反對戰爭的主要理由。御史大夫等人則反之。漢武帝曾八次遠征匈奴，並沒有真正解決匈奴外患的長期問題。於是財政便成爲主要的治國大議題，其中塩鐵等獨特產業的官營或民營業乃是辯論的焦點。漢初「文景之治」多少採取自由放任的市場經濟，塩鐵等事業可以交由民辦；這是貫徹「藏富於民」的市場經濟；於是漢初經濟繁盛、民富國強。可是御史大夫桑弘羊等人則主張塩鐵等產業官辦，這是因爲漢武帝多次大規模地對匈奴用兵，軍費支出甚大，造成國家財政不堪負荷的必須有的權宜作爲。因此從國防軍事的意義來說，御史大夫桑弘羊等人主張興塩鐵，設酒榷，置均輸、行平準等的措施。反之，賢良、文學則否定塩鐵業的官辦政策，認爲政府不宜與民爭利，況且官辦企業容易造成官員貪污，敗壞社會風氣，特別是經營效率低落，影響到國家的經濟發展。這種爭辯正如近代、現代十九、二十世紀間國際上社會主義或資本主義之論戰一樣。另外，有關均輸政策、平準政策等，也是典型的政府經濟政策的工具，其爭議性當然不小。因此賢良、文學的主張傾向於更多的市場經濟。御史大夫與賢良文學的「塩‧鐵」會議財經大辯論各持己見；惟彼此對立失去折衷性、多少忽略當時客觀社會經濟的事實性，均有欠公允。

第三節　《塩鐵論》中的法治與德治

　　還有，賢良文學執著於周公、孔孟思想，凡事都往過去的歷史回顧，缺乏前瞻性。舉凡一個思想若能整合過去的優點並且把它持續下來，進而發揚光大之，這個思想才有生命力。這裡必須牢記的是絕對不做中國古代傳統思想的奴隸，也不做西方外來文化的殖民地；「古爲今用」，「洋爲中用」「與時俱進」、「因地制宜」等的意義自然深遠。賢良文學強調儒生對國家現代化的重要性，這個看法基本上是正確的，但所謂的儒生，乃是高級知識份子；他們是國家現代化的主力，但這些儒生並不一定人人的品德高尚。蓋因人性本善或人性本惡是是有區別的，我們不能保證這些儒生一定能做出對國家正面意義的貢獻來。若有不良知識份子自私的介入國家現代化的行列，必將對國家建設產生負面的意義。

　　在治國的基本哲學方面賢良文學主張「以德治國」，亦即以禮治興邦；這包括以仁義的道德規範爲主要，多少涉及人治的規範。這種治國有其特性，但絕非萬靈丹。隨著國家現代化和工業化，社會複雜的因素自然接踵而來。德治、禮治的仁義道德標準必然產生模糊。若一昧的主張以德治國，固然有其價值性，但是必將帶來社會是非不明的結局，所以法治的重要性必將取代德治。其實，德治與法治並不相衝突，法治的基礎在於德治，法治終將取代德治爲主流，並且形成「以法治爲主、以德治爲輔」的新形勢，這是時代的潮流。賢良文學認爲秦國以法治國，嚴刑峻罰，況且執法不公，導

致秦國迅速滅亡。御史大夫等人則主張治國不能僅憑禮義，認為「刑法可以止暴」、「無法勢，雖賢人不能以為治」等，這些看法令人尋味。

　　此外，賢良文學們認為生活節儉勤勞是一項美德，由此反對社會上的奢侈。這種看法原則上是正確的，但是從經濟學的定義看，則有欠周圓性；這要看看當時的社會經濟環境而定。在一個比較靜態的農業社會裡，節約勤儉確實是項美德，但在一個比較動態的工業社會裡，適度的消費有助於刺激生產和促進經濟發展，這是一九六〇年、一九七〇年代西方經濟學古典學派與凱因斯思想的論戰。適度消費當然不是奢侈浮華的生活。御史大夫主張「官尊者祿厚，本美者枝茂」，認為達官貴人應享有比較優厚的生活條件。「塩鐵論」編著桓寬一昧的偏袒賢良文學的言論是不恰當的。法家重視現實，儒家傾向理想，若二者兼而有之，乃是現實的理想主義者。漢武帝為了攻打匈奴，籌措軍費提高商人的地位，這也是理所當然的事。這些「興利之臣」的被重用，是漢武帝時期的「新階級」。於是當時曾被社會所歧視的商人更加富裕了，那些曾被政府所獎勵的農民變得更為貧窮。這樣對嗎？

第四節　「鹽・鐵」官營？民營？
—— 《鹽鐵新論・首議》

一、首議 —— 行均輸、設平準

　　《鹽鐵論》全書第一卷首篇為「本議」，其辯論的焦點

是「鹽・鐵」應當官營或民營的根本問題。漢武帝為了籌措軍費，用以攻打匈奴，增強邊防等理由因而實施了「鹽・鐵」官營、酒榷專賣、物資均輸、平準等政策。御史大夫桑弘羊等人大力支持這個主張，可是儒生們（賢良與文學）則對此甚表不滿，於是彼此展開了激烈的辯論。

御史大夫認為北方匈奴秉性凶狠殘暴，無法禮遇之，必須以武力征服他們，亦即必需採取「以武止武」的政策，才能換取中原漢民族的安居樂業。因此軍備負擔沉重，強調「鹽・鐵」官營，農、工、商業同時並進，除了要「以農立國」，還要「以工強國」，「以商富國」等為政策目標。御史大夫桑弘羊等人提議專買、專賣經濟的政治理論依據；認為行均輸、設平準的方法不但可以充實國家財政，亦可互通有無，平穩物價等政策的經濟效果，用以達到舒解政府財政和照顧民生為目的，如此利國惠民的施政績效自然明顯。

二、興農業、抑工商

儒生們認為鹽鐵官營，酒榷專賣、行均輸、設平準等政策是與民爭利，鼓勵政府官員藏污納穢，破壞社會善良風俗，由於重視工業與商業之後，容易導致農業的衰退。一方面工商業發達會瓦解百姓誠實敦厚的風尚，鼓勵人民投機倒把的社會歪風，特別是社會正義的缺失所造成的貧富不均現象。儒生們強調「以德治國」的重要性，反對以武力方式攻打匈奴，主張以仁義來感化人民。不能依靠軍隊來打戰，強調仁者無敵，可以得到和平，如此何以必需延用「鹽・鐵」官營、

酒権專賣、物資均輸等政策來與民爭利？儒生們認為讓百姓安居樂業的方法，只有抑制工商業，發展農業。他們認為國家雖然擁有肥沃的土地，卻使百姓吃不飽，主要原因是太重視工商業，其結果使農業荒蕪，使社會追求功利，卻使百姓遠離善良風俗。如此造成男盜女娼、貪婪風氣，人心不古，社會上犯罪橫生。這種捨本（農業）逐末（工商業）的錯誤政策，必然會使國家滅亡，這個責任應當由御史大夫桑弘羊等人來承擔。

三、「以工強國」、「以商富國」的經濟哲學

　　御史大夫桑弘羊指出匈奴秉性惡劣，凶狠成性，無法行之以仁義道德，必須以武力來征討和教訓之，其強調攻擊就是最好的防禦戰略；對付匈奴的態度必須採取「以暴制暴」、「以武止武」的方式來處裡。這種看法，儒生們不服。於是漢昭帝於始元六年下達「鹽‧鐵會議」之詔書。御史大夫與賢良文學於是正式唇槍舌劍、針鋒相對。

　　御史大夫認為匈奴不服和入侵，已經構成大漢朝廷心腹之患。匈奴入侵擾亂邊界、直搗中原、民不聊生。漢室邊防不足，守衛要塞的官兵缺乏後勤的支援，無力防衛匈奴的囂張跋扈。此外朝廷的國庫空虛，也無法支持邊防。為了充實國庫、健全政府財政，用以抵禦匈奴為目的，因此不得不主張「鹽‧鐵」官營等政策。鹽‧鐵業專營是壟斷性的事業，有巨額的利潤可取，不宜民營。鹽‧鐵若不官營，將影響社會正義。同理酒類若不專營，將助長民間奸商，物資若不均

輸，將造成供需失調，價格若不平準，將形成囤積居奇。如此則社會經濟的公義將喪失殆盡。御史大夫引用春秋時期管仲的《管子》著作中所談到國家雖然有肥沃的土地，可是人民的糧食不夠吃，這是生產工具不足所致；因此山林湖海雖有豐富的資源，可是百姓不富，這是工商不發達的因素所使然。例如甘肅、四川一帶所生產的丹砂、漆、鳥羽等，湖廣、江浙一帶所生產的獸皮、獸骨、象牙等，江南一帶所生產的楠木、梓木、竹器等，河北、山東一帶所生產的魚、鹽、裘等產品，這些都是民生必需品，要依賴發達的工商業來互通有無，使各種的物資可從城市到鄉村，也可從鄉村到城市，以方便百姓。所以強調漢武帝設置鹽鐵官，使民生物資能夠相互貿易，生產工具供需充足，以提高勞動生產力。另外建立均輸制度，可以使百姓生活物資充裕，也可讓百姓去發財。還有昔日各郡太守和各國王侯都把所屬地區特產送到京城，往返交通極為不便，所以各地設均輸官，提供了均輸的服務，使鄉村地方與都市京城的供需得以均衡。政府的平準官，不但設置倉庫，收藏各種的物資以調節物價，防止不良商人囤積居奇，賺取暴利。均輸法、平準法的實施不但使百姓物資充沛，也可以伸張社會正義，避免奸商囤積物資的惡劣行為，這樣的也可以減少百姓犯罪的機會。如此女工努力工作可以獻出其工藝品，農夫可以專心其耕作，並以農作物繳稅，因而發揮了人盡其才、地盡其利、物盡其用、貨暢其流的功能，經濟生產力才自然提高，百姓則可以富足。[2]

---

2 同註 1，桓寬（整理）《鹽鐵論》，第二十一頁至第三十頁。

四、「以農立國」、「藏富於民」的經濟思想

　　賢良文學等儒生對於御史大夫所強調的若不發展工商，即工匠不出來，農具則將缺乏；商人不出來，珍貴的物品便不流通；農具欠缺，五穀雜糧生產必然不足等等看法，完全不能認同。儒生們主張治國的根本道理是發展農業，抑制工商，並且以仁義道德來治國。認為戰勝敵人的最好方法是「不戰而屈人之兵」，既然不打仗就可以不依賴軍隊。只要高高在上的朝廷講究仁義，加強德政，彼此都可以放棄軍事的對峙，並且全力為發展經濟；如此不必為戰爭籌措軍費，哪裡需要鹽鐵專營？儒生們認為御史大夫放棄以道德治國的仁政，不斷起兵討伐匈奴，軍隊在邊疆受苦、挨餓，在後方的百姓終日勞頓，也無以聊生。這是錯誤的政策，何況那些均輸官、平準官有貪官枉法的風氣盛行，不務正業。基本上也曲解了「行均輸、設平準」的本意。

　　若以仁義道德的政策來治國，對外可以使匈奴降服，對內可以使百姓回歸善良風氣，勤儉持家、安居樂業，使社會回歸誠樸。如此人民的慾望不會太多，社會也不至於腐化，糧食物質的供應自然充裕；這是民不逐利，社會物資因此無以匱乏。獎勵農業生產是務本的作法，若無外患，民可安居，食糧因此年年有餘。國家土地肥沃，可是民糧不足，這是發展工商的結果。發展工商業百姓慾望增加、苟生貪婪。國家山林湖泊的資源雖多，可是百姓浪費、奢侈、貪杯。因此雖有高山大海也不能填補深溪巨壑。虞舜把黃金藏入山林，商

朝的盤庚居住茅屋，高祖禁止商人從政，這些勤政愛民的賢君都是要帶領百姓崇尚節儉的風氣，用以杜絕貪枉之歪風。

儒生們重視「藏富於民」的經濟哲學。認為古代政府向人民徵稅的基礎是建立在「民富國強」的行政道理之上，政府向人民徵稅的是要發揮百姓之所長。農民繳納他們的農作物，女工交上她們的工藝品，各有分工，也各盡義務。可是行均輸、設平準之後，政府官員一再難為百姓，徵收其不擅長的物資，百姓只好低價售出自己的擅長生產品，以便購進非自己擅長生產品，以應付官員的要求。官員用強迫的手段迫害百姓、為難百姓，這使農民受害，女工無以為生。因為均輸法、平準法等制度帶來了商人的囤積居奇，官吏的為非作歹，因此社會正義蕩然無存、民不聊生；這完全違背了均輸中的「均」，平準中的「平」，因此儒生們堅決反對這種擾民的經濟政策。

五、貪污、枉法的腐朽儒家

儒・法經濟論戰自古以來均各有所執，御史大夫等人的法家思想與儒生們（賢良文學）的經濟思想大辯論均有堅持，孰是孰非，甚難定斷。惟要端視當時主、客觀經濟環境與國內政治、社會等因素而定。

若以今日的政治經濟學、社會經濟學的立場觀之，儒生們強調以「以農主國」思想似乎太過於靜態、封閉。此種觀點在傳統古代農業經濟社會裡或許可取，在今日動態的、開放的經濟社會裡則有些保守落伍。然而彼此皆重視「藏富於

民」、「市場經濟」的本質，方向卻是相同；雖然儒、法在主張「藏富於民」的輕重程度有所不同。御史大夫所主張的鹽鐵官辦，有其特色，但並非一成不變；俟國家政治、經濟、社會等功能性的任務完成之後，鹽鐵事業應適當的轉歸民營。

就均輸、平準等經濟政策而言，在中國經濟思想更上有此特色，尤其特別是開發中國家的社會經濟裡，這些主張甚有價值。然而在執行上有其困難性，尤其中國人腐朽儒家的官僚屬性；貪贓、枉法，這或許都是腐朽儒家的產物吧！但勿庸因噎廢食，放棄這個富有中華民族文化特色的經濟思想與政策。

漢武帝攻打匈奴，這或許是漢武帝有其不得已的苦衷，惟文景「和親」匈奴以仁義治國也帶來漢室七十年的和平安定與繁榮，甚值世人重視。這裡還需提醒的是：中國經濟思想中的市場經濟思想並不是萬能，但若沒有市場經濟則是萬萬不能。相反的，政府經濟絕對不是萬能，可是沒有政府經濟也是不能。此時，研讀《鹽‧鐵論》第一卷首篇之後，認為御史大夫等與儒生們（賢良與文學）等的許多有關於國家財政經濟政策固然各有可取之處，但基本上難免均有所偏差。

第五節　以農立國？以商富國？

一、以商富國

《鹽鐵論》全書第一卷第二篇為「力耕」，此乃努力耕

種之意，這是儒生重視農業的看法，御史大夫反之。其辯論的焦點是在於重視工商或重視農業的優先次序的問題。御史大夫主張發展工商業，認為「以工強國」、「以商富國」的意義。工業上可以提高勞動生產力，商業上可以互通有無！因此工業可以滿足民生；亦即工業可以提昇生產技術，增加生產工具，這可以增加生產量，充實民生物資，商業可以提昇商品的價值和效用。均輸法更可以過剩的物資儲存起來，銷售物資到物資缺乏的地方去，也可以將豐年過剩物資儲備起來，已備荒年缺乏物資時之所需，特別是發展對外貿易，可以促進農業產品的生產，以達到富國富民的功效。發展工商業以促進國家動態的經濟不斷發展，以破除靜態的經濟停滯狀態。從長期的趨勢而言，發展工商業確實可以豐裕人民的生活。

二、以農立國

儒生們認為只有靠著農業的生產才能舒解水旱災時缺糧之所需。發展商業，可讓商人遠離農業的生產，鼓勵買空賣空的投機作為。賢良文學也認為重視商業，把奇珍異貨，千里迢迢、萬里搬運、勞師動眾、無濟於事，商人致富賺取非義之暴利，使社會正義蕩然無存。儒生們很懷念古時候的農業經濟，主張藏富於民，民富國強。農民將其所生產的農作物十分之一繳給政府，然後可以安居樂業。百姓日出而作，日落而息，耕田而食，鑿井而飲，這完全與政府沒有關係！因為政府不擾民，男耕女織，百姓不費農事，依季節不同進

入湖泊而於漁之。人民豐衣足食有餘慶，並且有儲存糧食已備荒年之所需。政府則協助興辦理水利，這誠如《詩經》所說的「百豈盈止，婦子寧止」。換言之，只需百姓的糧食充裕，婦女兒童則可安寧和樂。

還有，百姓努力於農業的基本前提是建立在於私有財產制度和自由市場經濟的基礎之上。如此儒生們也認為百姓自然會主動的去開拓荒地，努力耕作和改良農作物以提高農村的勞動生產力和增加農業的產量。

第六節　小而有效率的政府
—— 大而有活力的市場

一、物盡其用、貨暢其流

御史大夫指明春秋時期的管仲治國之道，善於通情達變，藉此建立齊國的富強和霸業。聖賢齊家、治國之道非僅有一道、墨守成規就可以達成的。古時候紀氏太重視農業，不懂得變通之道，也不懂得經商以互通有無，導致國家敗亡。如果治家養生只靠農作，那舜帝也不必去燒製陶器，伊尹（商湯大臣，曾幫助商湯滅夏）也就不必去當廚子了。所以善於治國者必須權宜輕重、擇善固執，譬如視物資價格之高低以調節供給與需求，以其所生產的工藝品交換農產品，這不但可以互通有無，而且可以依照能力分工，發揮經濟效益，同

時以錢幣作爲物資間的媒介。汝水（在河南省境內）漢水（源自陝西省，經湖北武漢入長江）一帶所生產的黃金，各產地貢獻到京城的麻類織品等物資和中原地區，匈奴地區等高價的物品彼此可以相互交換。

　　貿易是互通有無，提高經濟效用以達到「物盡其用、貨暢其流」的目的。御史大夫認爲僅京城長安向東西南北各方都是四通八達，是乃商賈、萬物匯集之處。因聰明才智不同，人的才智可以互補，所得水準也因而互異。聰明才智高的人會充分利用自己手上的資源，聰明才智更高的人會從別人的手裡取得滿足自己的生活資源，同時也能滿足別人的生活資源，這是雙雙滿足的雙贏局面。這也是工業和商業經濟的意義，何必僅僅靠著農業自給自足，何必僅靠著井田制度來維持百姓的生活資源呢？商人以財生財，利己利人的競技生活是一種公德的行爲，若全國人民均能促進工商業，商賈可賺取萬金，促進百姓生活水準的提高，國民消費自然增加，如此社會經濟可以發達，就業水準可以提高，社會上百姓可以安居樂業，民生自然樂利。商業發達需歸功於商人的智慧和百工的技術，如此社會生產力提高，社會繁榮進步，這是「以工強國」，「以商富國」的道理；當然農業也很重要，因爲農業是立國的根本，若祇要依靠農業，這未免太保守的行爲了。政府爲了保護農民，可以訂定規章以防商人不勞而獲，但不能否定商人的貢獻。何況工業技術的進步，也可以改良農業的生產力，這對農民、農業都有正面的價值。農業、工業、商業三者要齊頭並進，才真正有利於社稷、國家的長期

發展和現代化。[3]

二、捨本逐末、傷風敗俗

　　賢良文學等儒生的看法是放在農業的觀點，為保護農業而辯論的。其認為古代政治的稅收是農業生產的十分之一，足夠了，只要農業發展，政府稅收必然充裕。農民知道一年什麼季節湖泊裡有什麼魚可以捕捉而食之。百姓若不荒廢農作，三年的耕耘，可以有一年的剩餘糧食，九年的耕耘就有三年的剩餘糧食可用。這究是夏禹、商湯防水災的成效，百姓年年有餘、風調雨順、國泰民安的道理就在其中。若百姓忽視農業，讓荒地不開墾，使河川不整治，那百姓糧食自然不足，這是欲發展工商業的結果。政府若僅是重視工商業，壟斷了山海等自然資源，流通了工商業，但百姓不夠糧食，而且水旱的困擾，民必不能聊生，何況工商業的發展也會造成社會公益的缺失，帶來社會的不安。因此古代的賢君皆會重視農業，崇尚力耕，致力於農業的生產，是乃「務本」的作為。反之，重視工商業是「逐末」的作為。農業社會裡，男耕女織，豐衣足食，太平天下。這種「務本」的仁政也會使國家富強，百姓安樂。所以賢良與文學引用《詩經》有話「百豈盈止，婦子寧止」。亦即家家戶戶有餘糧，家裡的婦女，兒童自然快樂連年。

　　儒生們也認為古代許多商人做生意，表面上詭言互通有

---

3 同註 1，桓寬（整理）《鹽鐵論》，第三十頁至第四十頁。

無，其實是在玩弄虛假，這是買空賣空的行為。只有種田打漁才是最真實的謀生行為，重視工商業縱容務虛的行為，此風不可長。因為商人弄虛作假，投機取巧，商人做壞事不感到慚愧，就會有作姦犯科必然興起，如此仁厚社會風氣自然會蕩然無存。昔日夏桀喜好歌舞女色，喜歡穿金戴銀，所以君子伊尹就遠走高飛，離開夏桀到了商湯的所在地毫城去。這是歌舞女子斷送了夏桀，也是他「近小人遠君子」誤國的道理。

儒生們也強調，所謂的互通有無，其實是勞民傷財，外來的騾驢，比不上本地的牛馬，來自異地鼠類毛皮和彩氈毛織品，並比不上本土的彩緞厚帛，這是本地人，本土人習慣了使用本地生產的物資，認同這是本土的產品，必然較實用。美玉和珊瑚雖然亮麗，但生產在崑崙山上，距離京城實在太遙遠了，其運輸成本實在太多了，還有那些外地的奇裝異服，實在太昂貴了，若成為消費風尚，將破壞社會善良風尚，這是百姓誤以為遠方的東西都是好的，經過這些所謂的外來品並不實用。固然講王道的政府不把無使用價值的物資看成珍寶，要腳踏實地，實實在在的重視農業，崇尚農業，徹底實施井田制度，以發展農業。

三、不怕工商業發達，只怕沒有廉能政府

賢良文學與儒生們認為夏朝有大禹治水，只因為當時洪水滔天；商紂暴虐無道，於是有周武王孟津之役。天下動亂的時候，才有商人乘機牟利以成巨富。古代因為重視農業，

人民淳樸少貪慾，那時路不拾遺，社會風氣誠樸而善良。[4]

　　還有，萬方聚集的商業呢？即使有陶朱公的本領，也無法施展其智慧與技巧；自古以來，那有不勞而獲的事呢？因此不宜捨本（農業）逐末（工商業）。賢良文學表面看來有其道理，所以重視農業，但這是在於保守的農業社會，靜態的經濟社會裡似乎不可行的。這種傳統的觀念是建立在於「日出而做、日落而息」的自然經濟社會，才是正確的。賢良文學的儒生似有著念舊的關念是基於古代的農業社會的現象，他們對抗御史大夫們的功利主義心態，這也是一種意識形態的爭論。但是若於今日的動態的社會裡，賢良文學的觀念似未免太過於保守。御史大夫等人的觀念與賢良文學的觀點各有所恃，很難看出勝負。可是《鹽鐵論》整理者桓寬的看法可以說多少偏向儒生的意見是有道理的，因為桓寬也是儒生，因此也有儒生的偏見。可是站在持平的立場來說，御史大夫重視工商業之觀念，但並沒有說要忽略農業，多少認為重視農業之外，為了民富國強，也要重視工商業，具體的說是要農工商業等並重之意也。若要使一國經濟要繼續發展下去的，不然保守的在原地踏步。若以目前情形觀之，是動態的經濟社會，農業需靠工商業來促進，這就是「以農業培養工商業」，再「以工商業發展農業」的道理；也就是以農業為國民經濟的基礎，以工業作為主導，其結果是「以工強國」的道理。這裡必須強調的是御史大夫等人重視工商業並沒有不重視農業，這個論點被賢良文學等儒生們所誤解了。

---

4 傅高義著，馮克利譯，鄧小平改變中國，天下‧遠見出版事業。臺北‧臺灣，二〇一二 年，第六〇一至六九〇頁。

　　在一個開放動態的經濟社會裡，工業與商業的發展是非常重要的。非但如此，再這個二十一世紀裡，不只工商業的發展相當重要，而且這些工業、商業都趨向於國際化。因此非重視工商業不可，彼此是相互依存的關係。[5]

　　一國經濟不怕工業、商業的發展，只怕沒有正確的法令與規章來限制。若是有了健全的法令與規章，可以充實發展市場經濟的功能。如此一國經濟可以不斷發展，人民社會福利將日漸提升。只要有一個公平的經濟「賽球」規則，哪怕老百姓去發財呢？我們相信藏富於民，民富國強的道理，讓理性的市場經濟去發揮功能吧！這在在需要「一個小而有效率的廉能政府來推動」。政府經濟功能是便民，是幫助百姓去賺錢，而不是擾民，阻礙人民的財路。

5　同註4，第五〇〇頁至第七〇一頁。

第四篇
中國文化與經濟

第一章 中國文化使人和諧·
中國文明使人幸福

—— 中國經濟發展是文明的重心

第一節 東西方主流文化是不衝突？

　　文化與思想是人類經濟活動的大腦，古今中外皆如此。文化是文明的種子，文明是文化的花朵；文化使人和諧，文明使人幸福。文化因各民族、各地區、各時代等主客觀因素有所不同。文化有差異性，但沒有好惡之分，可是它所產生的文明表徵是有所不同的。

　　文明雖然不是人類的萬靈丹，但它是普世價值的標杆，也是全球現代化的具體內涵。其中經濟發展是人類幸福的主力，也是重心；經濟發展雖不是萬能，但若沒有經濟發展卻是萬萬不能。文化是經濟發展的另外一隻「看不見的手」；不同文化，它產生不同的經濟發展成果。因為文化是經濟發展的動力。

　　自有人類歷史以來，就有文明發展的軌跡。這可從兩河流域的米索不達米亞開始，距今約為五千五百年以前的事，這是當時世界文明的典範。繼之有埃及文明、希臘羅馬文明、

印度文明、拜占庭文明、大唐文明、波斯文明、阿拉伯文明等。西方文藝復興以來的五百年則爲西歐、北美等地的基督文明時代，而將來是否爲東方的亞太儒家文明呢？這是很有可能的。以上所述的人類文明有一個共同特性，那就是多元文化的融合，特別是東西方文化的互動與整合。

東西方文化並不衝突的，其所發展出來的文明花朵，卻是現代化普世價值的典範。文明的發展是動態的，它不是一陳不變。十年河東、十年河西，這是歷史的經驗。東方文化偏向倫理、哲學，西方文化偏向法治、科學。若能兼而有之則是文明的方向。西方是以法、理、情爲序，東方則以情、理、法爲序。彼此發展方向互異，但殊途同歸。人類奮鬥的目標是邁向現代化的文明，因爲文明使人幸服。其中經濟發展是人類文明的一個重要指標，也是重心之所在。孫中山先生思想的三民主義，它的排序應是民生、民權、民族，而不是民族、民權、民生的發展次序。這是「心物合一」論中先追求物質文明的解放，然後再追求精神文明的滿足。單純的唯心論或唯物論不足以達到人類文明的境界，尤其以唯心論爲最。「去人慾、存天理」的道理常被東方的儒家思想和西方的基督教思想所誤導。其實人慾乃在天理當中，這個看法在務實的「清儒」中可以得到答案。在西方則以產業革命時期經濟學家亞當‧史密斯的「國富論」中談的最爲貼切。

東西方文化中均有所謂的人性的縱慾論、順慾論、節慾論、制慾論、禁慾論等五個看法都有其理論基礎，這由不同的時空因素，有其倫理與法制的文明規範。

中國傳統文化以儒家思想爲主軸，但儒家思想的一些腐

朽與傳統封建主義相結合；復加上宗法制度的異化思維，致使中國傳統文化中的保守主義猖獗，缺乏社會正義，並形成「官貴民輕」的反常現象。此與中國文化孔孟思想「民貴君輕」的觀念相違背。這種現象在鴉片戰爭以後更是變本加腐，於是民不聊生。一九四九年以後的臺灣，國民黨的國民政府全力以赴的試圖恢復中華文化，並大力以孔孟思想為主力的推動中華文化復興運動，於是臺灣經濟曾經創造了奇蹟，這是中國的希望。同理，一九七八年以後的大陸，中國共產黨的人民政府也推動了回歸中華文化，並且也以「尊儒敬孔」為重心，於是中國經濟騰飛；中國已經崛起了。中國歷史上的黃河、長江屢經氾濫成災，但正常的黃河、長江等流水都是浩浩蕩蕩的向東流的。民國初年英國哲學家羅素曾說中國經過激情之後，必將回歸理性。理性的中國、中國人終將抬頭挺胸、頂天立地的在這個世界裡站起來。

　　中國經濟學說是以「藏富於民、民富國強」為主要，其基本精神要以市場經濟為中心思想，而以政府經濟為輔助工具。中國經濟學說的優勢在於經濟「致中和」、「天人合一」的思想。它是「參天化育」的和諧文化，而不是「人定勝天」的抗爭文化。人與自然結合的關係，它是王道文化的結晶品。但是西方自從文藝復興以後的五百年來已創造了新的文明典範，而東方的中國經濟思想似已被束之高閣，連中國的經濟學人都在懷疑自己。其中以鴉片戰爭以後的內憂外患，中國經濟蕭條、民生不振，致使國人民族自信心的低落。戰後的亞太經濟發展經驗又使中國人因中國的崛起而逐漸恢復對中國文化的信心和信念。中國經濟思想本乎「仁」與西方經濟

思想本乎「愛」是各有其特色的。

第二節　孔孟思想百花齊放

中國經濟思想不但要貫通五家（儒、道、法、兵、墨），也要融通五家。孔孟思想的「百花齊放」以及司馬遷思想的「百科全書」彼此是相通、相融的。他們的思想精華是即物窮理，因時制宜，因地制宜的。期能達到物盡其用，地盡其利，人盡其才，貨暢其流等的功夫與境界；使其也能做到市場經濟與計劃經濟的調和，城市經濟與鄉村經濟的調和、富人經濟與貧人經濟的調和，沿海經濟與內陸經濟的調和，國際經濟與國內經濟的調和等等。

儒、釋、道、法、墨、兵等東方思想融合而成的中華文化，它具有包融性、整合性等兼容並蓄的特性。基本上是取各家之長而匯集成為一個完整的哲學、思想體系，然而它最大劣勢是缺乏科學性。因此它在理性的大旗幟下經常崇拜權威性的解說，這就是中華文化理性中的不理性。這尤其是儒家思想，它以理性為本源，聲稱放諸四海而皆準，其實經常有放諸四海而不準的惡果。理性與非理性經常在於一念之差。這欠缺科學的、法制的客觀理性標準，應該接受批評，檢驗、澄清，然後來接受。

儒家思想重視理性，此缺乏客觀的科學標準；法家思想重視法、勢、術等的功能，此難免淪入個人主觀的偏見；道家重視有所為，有所不為的崇高境界，此容易使人的惰性所屈服；墨家本乎兼相愛、交相利，此容易與社會現實的功利

主義相結合，遠離實用理想主義的精義；兵家本乎制勝的思維，此當然經常會與理性相違背；佛家思想本乎慈悲，此缺乏經濟發展的積極性。上述各家經濟思想均有所偏頗。

　　中華文化是乃結合各家思想的精華所在並且一以貫之。其在思想、理論上是完美的，但在實踐上亦缺乏理性客觀的科學性。一般來說，中華文化有求美、求善的本能，但似乎在求真的工夫上有不足之處。這一方面的中國經濟要邁向技術密集和資本密集等境界則似有困難。此在在需要西方科學和技術的補強功夫。此外，西方的法治思想亦有可取之處。中國經濟若沒有哲學則經濟發展像跛子，反之中國經濟若沒有科學，則經濟發展像瞎子。這非結合哲學與科學不可。

　　臺灣經濟發展的經驗中接觸西方比較早，其發展的潛力仍大。臺灣經濟發展深受政治的干擾，然而臺灣海峽兩岸經濟交流是必然的趨勢。臺灣島內的「臺灣獨立」活動幾百年來始終不斷，尤以一九四七年「二二八事件」以後為最，如今則仍甚為嚴竣；這必需認真面對。

　　戰後的臺灣、香港、澳門等地的文明發展成績亮麗，已成為中華文藝復興的策源地，這尤其是臺灣的現代化模式最值得探討。一九七八年以後的中國崛起，這是二十一世紀世界的希寄。準此，鄧小平的貢獻將永垂中國歷史。中國的希望在臺灣，中國人的前途在大陸。因此在一個中國的原則下簽訂兩岸「和平協定」的方向甚為正確。胡錦濤所強調的兩岸和平發展的主軸將被深深肯定。[1]

1　魏萼，中國文化與西方文化，文史哲出版社，臺北‧臺灣，二〇〇八年，第三頁至第七頁。

第二章　清除儒家文化中的垃圾

第一節　儒家文化中的腐朽

儒家思想在中國歷史的兩千多年來，它有功，也有過。儒家思想對於國家政治的穩定，社會的穩定和經濟的穩定等有正面的意義。然而儒家思想在實踐的過程中有時難免產生了違反自由、民主、人權、法治甚至於反科學的現象，這當然不利於中國的現代化。

儒家思想培養了不少「偽君子」和「特權階級」。儒學重視人格修養和忠君愛國的思想，這個本意極為善良與正確，但是由於曲高和寡，經常流於空談和陽奉陰為的現象。儒家思想也經常成為偽善者的溫床，甚至淪為「惡棍」的遮羞布。這表面上是愛國的，事實上是自私的。

儒家思想的本意是要做到「內聖」與「外王」，其具體的意義不僅要重視「獨善其身」，也要「兼善天下」。顯然的，它的「入世」的價值觀相當重大。它更不是僅僅止於「無病呻吟」學院派的理論探討而已。儒學也經常被一些學閥、學霸壟斷其解釋權，而這些儒生也因此變成了社會上神聖不可侵犯的「新階級」。此貽害國家社會至深且遠。

　　在臺灣的哲學文化界或許常有所謂「托拉斯」或「卡泰爾」的寡占現象。這種有世襲性格的臺灣文化封建主義是學術界一大弊病，也是阻礙臺灣學術發展的一個特色，這也是傳統腐朽儒學的一個表徵。在這種文化垢病中的陰影是弟子似不如師，師似賢於弟子，因而青出於藍乃是一大忌；如此何來「吾愛吾師更愛真理」的學術生命力呢？其實這種文史哲學術封建主義已失去儒家學術價值多元化百家爭鳴的學術本質。

　　這些富有排它性的所謂儒者，其實已違背了富有「包容性」的儒家內涵。世俗儒家的「士」乃四民之首。今日之「士」應擴大範圍，這應包括科技、醫療、工商等知識份子在內。但是狹義的士乃是所謂的文史哲等的研究者；這些人曾被社會所重視。惟其中不乏養尊處優的不務生產者，但他們卻被在所謂學而優則仕的歪風之下，成為社會的寵兒。特別是在「君貴民輕」的世俗、現實環境中成為社會的新階級。

第二節　儒家思想中的「黑暗時期」

　　中國儒生們還有一個弊病是重農輕商。儒家思想源自農業社會的安土重遷，這種保守主義的漏習卻會阻礙了中國經濟發展，尤其無法與時俱進的來發展工商業。「鹽鐵論」中的儒生們動不動就說往日中國歷史上先聖、先賢的驕傲，似乎強調並留戀著過去的心理，缺乏往前看的目光。此對於經濟發展改變環境的積極性是欠缺的。

　　儒家文化圈的大本營在中國，若要想打倒孔家店？這是不對，也不可能的。但是中國儒家思想與封建主義是分不開的，這確實令人疑慮。中國的儒家思想甚具保守性，這不如日本版的儒家思想。日本儒家思想比較柔軟性，它能夠與外來的優勢文化相結合，形成國家現代化的生命力。臺灣的儒家思想也多少富有這個動力。鴉片戰後中國儒家思想的保守主義甚囂塵上，這是儒家思想的「黑暗時期」。「五四運動」中部份知識份子高喊「打倒孔家店」，並且多少主張「全盤西化」，這是一時的衝動的所喊出的口號，這也是知識份子的良心和使命。這些知識份子的主張甚值同情但我們不能認同。

　　我們的主張是要批判這個兩千多年來賣假貨的「孔家店」，但是不能否定「孔家店」。因此我們則主張「打醒孔家店」，並且強調「大膽西化」的重要性。另外我們也要提出「不做中國古代思想的奴隸，也不做外來西方文化的殖民地」。其要旨是要做到「洋為中用」，「古為今用」，「與時俱進」，「因地制宜」等的儒家思想基本要義。

　　市場經濟不是萬能，可是沒有市場經濟卻是萬萬不能；政府經濟絕對不是萬能，可是沒有政府的經濟亦是不能。惟有「藏富於民」，才能「民富國強」，因此一個小而有效率的政府和一個大而有活力的市場正是儒家經濟思想的內容。因此它不是資本主義，也不是社會主義。資本主義缺乏人道的本質不是儒家思想的產物，社會主義缺乏人性的本質亦不是儒家思想的產物。儒家經濟思想的真傳乃是孫中山先生的民生主義。它兼俱了人性主義和人道主義的雙重特性。

　　孫中山先生的經濟思想兼俱經濟發展和社會正義的雙重

目標。前者是求富，後者是求均。孫中山經濟思想的具體策略是民生主義。民生主義的思想與馬克斯思想中的人道主義、人性主義、人本主義是可以相融合的。具體的說，孫中山思想，儒家思想、馬克斯思想等是可以說是三位一體的；孫中山思想雖然不贊成馬克斯的方法，但是可接受馬克斯思想。這也要將孫中山思想重新給予定位和定向的。同理也要將馬克斯思想給予正確定位。其中最主要的是儒家思想為主軸的中華文藝復興了。

　　中華文藝復興是儒家思想的再生，不是儒家思想的復古。這正如西方十五世紀以後的文藝復興。西方文藝後是希臘、羅馬、希伯來等文化的再生，它是此後西方文明的生命力和動力。它帶來今日西歐、北美的現代化和文明。今日的東方文藝復興乃是孔孟思想的再生，這將在二十一世紀大放光芒。中國的儒家思想在此關鍵的時代中不能缺席，這不能獨讓日本專美於前。準此，臺灣、香港和泛珠海等三角地區的功能日益突顯。

　　臺灣的歷史與地理特質所衍生的新文化是一個獨特。臺灣的儒家文化是中華文化中的重鎮。歷經荷蘭人、西班牙人，明鄭及清季的中國人、日本人，尤其是戰後國民黨人和民進黨人的統治。它是中華大陸文明與西方海洋文明的大結合，當然有其特色。這個文化特點在香港與泛珠海地區也有此優勢，但彼此均有不同。其中以臺灣最令世人的重視。

　　臺灣是閩南文化的最重鎮。臺灣的閩南人已超過一千七百萬人，是中華「閩南文化圈」中人口最多的地方。閩南文化本是中華文化的一支。它在未來以「中國文化振興中華」，

「以民主政治再造中國」，「以市場經濟重建大陸」等角色日益重要。從臺灣文化出發，邁向全球接軌中的自由、民主、人權、法治、科技、環保、社福等的普世文明，在這一方面，臺灣最爲凸顯。[1]

1　魏萼，中國文藝復興與臺灣閩南文明，文史哲出版社，臺北‧臺灣，二〇〇七年，第一頁至第六頁。

第三章　中國的宗教文化與經濟發展

第一節　中國的道教文化

　　中國的宗教是什麼？其正確的答案是道教。道教源自中國古代的巫術和秦漢時代的神仙方術。道教的教祖是李老子。老子的《道德經》是道教主要經典，它有五千字，即有所謂的老子五千字文。道教經典匯集於《正統道藏》和《道藏輯要》等有關道教經典寶庫。道教在中國已有一千八百多年的歷史。在漢朝末年，因政治、社會、經濟等不安的狀況下，因百姓心靈祈求有所寄託，於是張角的太平道和張陵的五斗米道影響力大，是兩大道教教派。五斗米道後來變成道教主流。東漢順帝時期（西元一二六年～一四四年），由張陵（張道陵）創立於四川省鶴鳴山，入道者都得交五斗米，是乃五斗米教或五斗米道的由來。教道尊稱張道陵為張天師，五斗米道為天師道。道教信仰的範圍，包括天地萬物與之有關；民間的信仰對於天神、地神、鬼神的崇拜與敬畏等都與道教有關。

　　道教最高的天神為玉清元始天尊、上清靈寶天尊、太清道德天尊等三者，是乃三清天尊的由來。道教從東漢順帝的

五斗米教開始，經歷各朝各代不斷的變革，在教經、教義、教規也不斷改進和發展；東晉時的葛洪，北魏時的寇謙之、南朝宋代陸修靜等人對道教的發展皆有重大的貢獻。唐、宋兩代天師道合流而成爲天師道，乃至於元代合併成爲正一派。可是在黃河流域卻出現了全真派，勢力甚大。全真派的創始人王重陽於宋代大定七年（西元一一六七年）創立，其弟子邱處機爲元太祖成吉斯汗的重視，於是全真派盛極一時。中國道教的正一派和全真派的分流，各自發展，各有特色。

全真派道教第一叢林爲白雲觀，位於北京的白雲觀也是龍門派的祖庭。西元一二二四年，元朝初年邱長春賜居於此，是爲太極宮，西元一二二七年元太祖成吉斯汗諭旨改名爲長春宮。邱長春爲全真派道主王重陽的七大弟子之一，也是龍門派的開山祖師。長春宮於明初改名爲白雲觀。白雲觀今爲北京重要名勝之一。也是中國道教協會的所在地。[1]

中國的道教崇奉老子爲教祖，而黃帝爲中華文明的人文初祖，於是被尊崇爲道教仙家。質言之，道家乃崇信黃老之道是也。道教本是中國文化的產物，若能淨化道教則爲國家民族之幸，只因爲道教經常與迷信相結合，往往成爲邪教，則對於社會安全與國家現代化並不是正面的意義，甚爲不幸。道教本意要教徒修道成仙，這是人生的境界，也是人仙的楷模、榜樣。道教在本質上是也是勸人爲善，恪守中國傳統文化的道德修養，這對社會有邁向善良風尚的積極意義。

---

1 中國宗教也需要宗教改革。道教（包括一貫道等的民間信仰在內）科學化也許是一個方向；沒有宗教的科學是跛子，沒有科學的宗教是瞎子。這是科學家愛恩斯坦所說的。

道教要教徒修道，其最終目的要使之成仙，上天堂、遠離大獄之門，必需從善如流，善則有善報；累積善因以求取善果，以達神仙的境界，這種立德、立功、立言的人生理想，對於社會安定與國家現代化當然有正面的價值。這種思想正如西方資本主義因有道德情操的社會裡因而認定的有「一隻看不見的手」的運作，造成國家社會經濟發展的結果，也構成了催化的功能和推動的力量。何況道教引導人們信仰道教之後直奔仙境的意義有勸人為善，特別是醫藥救人方面；另外，《黃帝內經》乃是一部醫藥大全。相傳伏羲、神農、黃帝等均是嘗百草、富治病救人的慈悲濟世心懷。道教文化中不少醫神，例如保生大帝、清水祖師、註生娘娘，甚至於媽祖林默娘等也與醫藥有關。傳統的道教是樂善好施、扶弱濟傾、幫助貧困、為民除害、見義勇為、造福鄉里等等善行均令人敬佩，堪值推廣。可是道教經常與邪教、反科學等的行徑是分不開的。道教界的騙財、騙色、庸醫、迷信等等現象不斷接連而來，中國歷史上的邪教事件層出不窮。因此中國來日的宗教改革與文藝復興極為重要；這一方面要學習西方的經驗。[2]

第二節　中日韓文化的同源

　　隋唐時期，中日文化交流頻繁，確實是一個東方文化的

2　近一千年以來歐美的文明發展經驗可能在東方重演。此刻中國的宗教改革至為重要。

黃金年代。日本在這個期間不斷派遣使者、留學生、僧侶等到中國考察、學習，並且攜回大量的漢文書籍。其實，隋唐以後以至於今日，中日文經交流不斷，特別是日本的江戶時期（西元一六○三～一八六七年）。江戶時期日本從中國引進不少宋明時期的文化與文明。宋朝文化基本是儒釋道三者的大結合。其中道教文化當然是一個重要的環結。[3]

　　中國文化遭受到外來強勢文化的侵凌，起初會產生有所謂文化的衝突的現象，但最後終將文化衝突化解成為文明融和。最具體的例子就是從六朝時期佛教的入侵中國，使中國文化面臨了嚴重考驗，直到唐代末期則「以夏化夷」的結果是中國文化再復興；宋明又是中國文化高漲時期；清朝中葉以後，西方帝國主義文化的侵凌中國，直到如今中華知識份子才又重新思考另一次中華文化復興與文化再生之路。[4]

　　儒佛兩家的思想相通而不相同。儒家思想以人為主體來探討一切理學，佛家思想則是站在遠處以客觀立場來看人。儒佛兩家思想都站在人生修養的道德境界上去追究學問。惟儒佛對於人生看法的出發點不同；儒的《論語》裡入世的想法，能把握現實，例如《論語》裡的「樂」字層見疊出，避開「苦」字；佛的《般若心經》二百多字當中「苦」字出現三次，卻不見「樂」字。佛家為求來生避開現實人生，似有「出世」的想法。由此可見儒家重視現實人生，而佛則見到

---

3 道教是入世的，沒有錯；儒家思想應也是入世的。墨家思想是功利主義型的儒家，也是入世的；墨家思想適合於中國人的社會，但自從秦代以後無所發展。

4 以中華文化為本位可以促進中國經濟發展；經濟發展是一個文化邁向文明社會的動力；此時更需要有正確的宗教思維。

未來人生。孰是孰非？若兩者能結合則可兼顧現實與未來的人生，所以中國佛教能夠從「出世」走向「入世」。儒家思想是人們追求人生意義的方向盤，因爲悟其道本身就是樂趣，若能實踐之更有意義。孔子思想富有實踐性，凡學問皆要以實踐與檢驗來證明其爲真理之如何。梁漱溟則說「一切學問皆以實踐得之爲真，身心修養之學何不然。凡實踐所未至，皆比量猜度之虛見耳。」[5]宋明性理之學喜歡談論心性、性命、本心、本體等等乃是儒學歷經中世紀中國的摧殘而後的再生，乃是新儒學之稱。新儒學重視哲學的基礎，特別是修身養性的功夫。此與儒家思想盡力於人間事務似有距離，特別是情慾乃在理學之外，這到了清朝初年則有新的發展，戴震更明確的說明情慾乃在義理之中。儒家思想則在力求「作人」功夫，利己利人、己達達人的修身、齊家、治國、平天下等「內聖外王」的大道理。此佛家之於「成佛」爲理想，在境界上有些不同；佛家顯然是基於自然的境界，沒有時空的侷限，而儒家側重「成己」的務實境界，儒家可以說是「入世」的理想，而佛家則超越「入世」觀傾向「出世」觀。宋明理學則側重在於修身的層面上。凡此可以看出儒家思想在一個經濟發展上是有著力點的；而宋明理學有它時空意義，清儒則展現儒家思想的「入世觀」，此亦與佛教的境界不同。大乘佛教地區經濟之所以能有所發展比之小乘佛教地區富務實性。這也可以從東北亞中、日、韓等國相對的與東南亞越、泰、緬等國家比較經濟發展情勢得到證明。

---

5 梁漱溟，《東方學術概觀》，駱駝出版社，臺北，臺灣，一九八七年，第四十一頁至四十九頁。

第三節　中國佛教的儒家化

　　大乘佛教是佛教儒家化，它仍然是佛教。佛教是宗教，儒家則是倫理道德，彼此是不同的。儒教是從道德倫理直接教化影響人的日常行為，而佛教則是透過宗教信仰在廣大社會裡產生力量。

　　臺灣是一個移民的社會，其祖先冒著生命的危險渡海到臺灣是為了生計。所以臺灣人比較重視生命的實質性。因此臺灣的儒、佛、道等都比較入世的。就以臺灣佛光山星雲法師和慈濟宗證嚴法師所領導的臺灣佛教，皆較有特色；入世的佛教臺灣本土化的價值正是如此。「佛教臺灣化」乃是中華文化的一支。中華文化是有融合性的特質，其源遠流長，但始自黃帝。這可以說黃帝為中華文明的代表，他也是中華民族大融合的象徵。古代中國，部落林立，各有其始祖，然而在歷史發展過程中各部落，各文化交叉影響，然後融成一體，這是中華文化的一個特色。黃帝為人文初祖，他是中華文化的締造者，但他恐非一人，而是一個群體的代表，但也可能一個賢君，他文治武功過人，統一各部落而成為一位偉大的共主，然後被後人所追憶，然而他多少被神化了。黃帝距今約四千七百四十幾年（始自西元前二千七百三十五年）。中華文化、源遠流長。黃帝陵位於陝西省的中部，延安市南端，它是軒轅黃帝陵寢所在地－黃陵縣。黃帝生於軒轅之丘（今河南開封新鄭縣），是乃軒轅氏之由來。

　　黃帝姓姬，成於姬水。黃帝與炎帝是兩大氏族的代表。黃帝氏族以熊爲圖騰，炎帝氏族以羊爲圖騰。黃帝戰勝了蚩尤和炎帝等氏族成爲共主，其所謂的地理位置約從河南中部發展到陝西關中地區。人文初祖黃帝創造了衣冠文化，車文化和天文、曆法等文明。黃帝有二十五子、分封各地疆域，促成各民族的大融合；這是中華民族的一大縮影。四千七百多年來，以中國中原華夏爲中心，融合了東夷、西戎、南蠻、北狄等民族，也融合了中國北方的游牧民族，南方的農業民族，以及沿江、沿湖、沿河、沿海等的漁獵民族等，並且促進了小麥文化圈和稻米文化圈的大融合，大家都是炎黃子孫。黃帝是中國民族共同的祖先，也是中華文明的締造者。

　　佛教儒家化在中國學術思想史上的範例有許多，茲以濟公活佛爲例敘述如后（第四章）。

第四章　濟公佛教的入世觀

第一節　臺灣佛教經濟的獨特

　　臺灣文化是中華文化的一支，臺灣佛教也是屬於中華大乘佛教的範疇，然而亦有些不同。臺灣的佛光山佛教以及慈濟佛教等在世界佛教史上將有一定的地位。惟此人間佛教的「入世」尚不如佛門天臺濟顛的特色。所以我們要提倡臺灣的中國佛教，也要說說臺灣佛門學濟顛。

　　從道家哲學所衍生的道教文化是追求功利的，而佛教重視輪迴轉世則有些不利於經濟發展。佛門重視來生的哲學，此與孔門儒家思想不語怪力亂神和不知生焉知死的哲學等在經濟發展的意義亦有些不同。濟公活佛的人間入世佛教是功利性融合儒、佛、道三家思想而成，甚富學界進一步探討。

　　中國是世界上最大的佛教國家，其次爲日本、泰國、越南、緬甸、韓國、臺灣、錫蘭、西藏、蒙古、尼泊爾等地。因爲歷史與地理的不同，各地區的佛教也因此有所差異；有大乘佛教、小乘佛教、藏傳佛教等等形形色色。佛教的發源地印度，到如今其佛教只是少數人的宗教而已。尤其是第十二世紀到第十九世紀的印度，佛教幾乎消失了。

　　臺灣則是全球十大佛教地區之一，臺灣的佛教自有特色，尤其是戰後的臺灣佛教屬於入世型的佛教，其對於經濟發展有著正面的意義。戰後的臺灣佛教經濟均甚突出，在世界佛教經濟發展史上有其獨特。

　　佛教自從佛教釋迦牟尼開始，凡已兩千六百多年的歷史，佛教今日分佈在世界各地，如今的佛教信徒大約爲十億人口，爲全球三大宗教之一，其與伊斯蘭教、耶穌基督教和天主教等共同形成全球主要的宗教世界。古來佛門僧者有如恆河沙數，難得濟顛之奇才。

　　佛教傳入中國甚早，一說源自秦朝；但比較確實的應該是東漢時期佛教已大量傳入中國，歷經魏晉南北朝和隋代的發展。到了唐朝，佛教在中國非常鼎盛；再由中國流傳到日本、韓國、越南等地。西藏的佛教也是首先由唐朝傳入的，後並由尼泊爾傳入。

　　臺灣的佛教隨著中國的移民而發揚光大之。臺灣是移民的社會，對於宗教的信仰自然殷切，也比較務實。臺灣佛教比較「入世」也是順理成章的事。臺灣功利型的佛教也比較適合於經濟發展。臺灣佛教以佛光山以及慈濟等兩大佛教體系做爲代表，他們修道路、架橋樑、辦學校、蓋醫院、幫助貧病等弱勢團體的行徑，表現甚爲亮麗。他們重視經濟事業的寺院企業管理方式，正是臺灣佛教的特色。這些都可做爲中國佛教界的參酌。

第二節　佛門中濟顛的貢獻

　　李修元濟公活佛的特色在於能夠實事求是、解放思想。他以很高智慧的態度來面對當時複雜的社會，並且提出與時俱進的觀念與思想來挑戰世俗的文化環境；用以解決當時的政治、經濟與社會問題。

　　濟公佛法高深，不唱高調；針對著社會裝模做樣，自欺欺人，而且無病呻吟的許多儒生、道士、佛者等，展示一些與眾不同而且正確、入世的看法與做法，用此匡正時弊。他的入世行為方式自然不容易被當時的世俗所接受。濟公不但佛法造詣深厚，而且有傑出的武功，況且他以扶弱濟貧的心力做出貢獻，這包括行醫診治民間的疾苦。濟公雖然飲酒食肉，甚至於吃狗肉，但是他卻是「酒肉穿腸過、佛在心中坐」的務實態度來面對那種虛偽的世俗。他的一切行徑是無法被那些所謂正統的儒釋道人士所接受的。但他「入世」的作為多少能夠被眾生雅俗共賞的時代新潮流所接受。因此他也樹立了佛門濟公獨特的歷史地位，尤其是他的和諧性、務實性、和那些深入民間的新人性、新理性等觀念與作為。這與後來的「清儒」認為人慾與天理乃是合而為一的境界相接合。這當然與宋儒的去人慾存天理的看法截然有不同的。濟公這些思維方式與所謂的和諧社會等中華文化本質也相一致的；這深植國人的重視。這就是「新佛家」的真義。「新佛家」是要穩住佛祖釋迦牟尼的基本理念同時也能依時間、空間客觀

環境的需要做爲調整的，並且提出適時、適地的佛法以普渡眾生和創造文明，使人們遠離苦痛、迎接幸福的人生。

　　濟公的故事在南宋時已流傳，到了明末清初才有民間版本的 《濟公傳》問世，顯然濟公的生涯仍然不受宋明官方的歡迎。濟公的行徑當然不會被傳統世俗儒家和封建官僚主義者的認同。宋明理學有時代意義，但不容易付之實踐。其陳義太高的理想境界，甚有利於促成僞君子和官僚的社會，形成「陽奉陰爲」的社會虛僞結構和表面文章，耗損國家的資源甚鉅。濟公以似丐似氓狂顛姿態出現於市井，極有啓發性的意義。最主要的是對當時封建社會騎在人民頭上的封建官僚給予正面嘲諷，用以匡正不逮。在日本，江戶時期推崇了宋儒，在明治維新則逐漸遠離宋儒。

　　以濟公的家世而言，其先祖曾爲浙江天臺望族，家境富裕，但人丁不旺。他目睹朝廷腐敗和社會亂象；社會上缺乏正義與真理，貧富懸殊；朱門酒肉臭，路有凍死骨，應該爲社會伸張正義和真理，掃蕩政府的腐敗和去除僞君子的猖獗。此有除暴安良和扶弱濟貧的意義。他不守佛教戒律因此被視爲傳統佛門的叛徒。其實誰屬主流佛教，誰是叛徒，這很難細說清楚，然而濟公有「自我定位」的佛門，尤其是民間佛教。濟公活佛是「佛」宗「道」源，是乃佛道一家，其實是儒道佛三家融爲一體。如果說他是「在野佛教」有些勉強，但他絕對不是「在朝佛教」。在朝佛教與官僚體系，甚至與封建社會相結合。然而濟公活佛獨樹一格之風範，在民間是受歡迎的。濟公民間信仰也與乩童經常相結合，此與抽籤問卜，甚至於與賭博也有時相通一氣的，已構成社會不正

常發展，也應該正視之。[1]

第三節　新佛家的爭議

一、酒肉穿腸過

濟公飲酒、吃肉、穿破衣等行徑被佛門認爲違背戒律的，何況濟公那些瘋瘋顛顛的舉動，當然不會被當時寺院派的佛教人士所接受。濟公的「酒肉穿腸過，佛在心中坐」確實是一個值得思考的大問題。

濟公活佛扶弱濟貧不遺餘力，況且他精通佛法，普渡眾生。他隨和的個性與群眾融合、貫通成一片。確實有「君子和而不同」的感覺。有關佛門中人常有裝模做樣、無病伸吟、自欺欺人等自以爲神聖的佛門封建作風；此與云云眾生有所區別，有些更是與群眾格格不入。這種情形與「濟顛」的表現完全不同。　他們有時高高在上成爲佛門的代言人，這又如何將佛法啓迪普羅大眾呢？

「入世」的佛法重視佛法的實踐性，這可與人間的日常生活結合在一起。真小人勝過僞君子，何況濟公活佛絕非小人。只是濟公活佛傳揚佛法方式見異於一般古板傳統的模式。其實，濟公活佛的佛法是大乘佛教江南禪宗的一支，自有特色。佛門之大，豈有不能見容此濟顛的道理。濟顛入世

---

1 林青白（發行人），《濟公傳》，仁化出版社，新竹，二〇〇八年。

的生活方式飲酒、食肉等或許有不良的示範，使佛門弟子誤入歧途，例如引入色情與賭博的陷阱，這在所難免，必須謹慎。然而他的隨和入世性格，卻是和諧社會的另一個典範。

　　李修元濟公的父親李茂春夫婦為得子嗣，求神問佛。據傳李修元母親半夜夢見羅漢，不久即懷身孕。南宋紹興三年，西元一一三三年產子，是乃濟公的出生。李修元十八歲的父母雙亡。之後，李修元赴西湖靈隱寺出家為僧。當時靈隱寺住持慧遠和尚知道他的身世後，收納為弟子，法號道濟。道濟生性好動，不適靜坐念經，經常與世俗頑童為伍，況且行為瘋瘋顛顛。因此當時佛門之大，甚難容此顛僧；此爭議甚多。庇護濟顛的慧遠法師圓寂之後，濟顛離開了靈隱寺到達淨慈寺，他依然與酒肉為伍。濟公身穿破衣破鞋、持破扇、戴破帽，其行為似丐非丐，似僧非僧、似道非道。但其學問淵深，況且濟公善詩文，常被批諷為富不仁者，然而他樂意好施，因此名宦貴室慕名爭相訂交。聲稱濟公乃是古今中外僧者之奇，人家修口不修心，而濟公則修心不修口，並稱僧者有如恆河沙數，而濟公則獨此一人耳。可見當時對濟公活佛的嚮往者有多殷切。濟公似丐似氓，乃是禪宗楊岐派第六世得道高僧。濟公佛法高深，腹有詩書，除身懷武功之外，他的醫術更是精湛，令人敬佩。尤其是濟公對人和氣，平易近人，真是所謂的君子和而不同，難怪濟公的獨特善行，人人稱道。

　　濟公外俗內仁，忌惡如仇，對為富不仁者不恥為伍，他遠離世俗，獨排眾議，建立社會新觀念與樹立時代新價值觀

和新風範。濟公的思想與行徑，堪足後人世世代代的深思。[2]

二、佛在心中坐

　　濟公，原名李修元，浙江天臺人。生於西元一一三三年，卒於西元一二○九年，享年七十六歲。他是南宋禪宗高僧，法名道濟。濟公經常穿破衣、戴破帽、持破扇，並且行為瘋顛，因此被稱之為濟顛。濟公為傳說中的人物，是否真有其人，各方看法不一。依筆者看來，確實有其人在，況且還有時空的代表性意義。

　　李修元父親李茂春，年近四十，仍膝下無子。因虔誠拜佛求子，求仁得仁。濟公年幼深受佛道二教的薰陶，融成一體，且富浙東文化務實性格的精神。濟公年幼時生性活潑，對於佛教經典不喜囫圇吞棗。他經常喝酒食肉，甚至於吃狗肉，而且遊山玩水，並且浮沉於市井。濟顛的行徑在一般佛教界的眼光裡是不被認同的，因此，被視為一個不正常的人。[3]

　　其實濟顛的行徑是有意矯正當時佛門形式主義猖獗的病態。此與儒家思想一樣難免被世俗形式主義所誤導。南宋朱熹的新儒學是主流思想，但新儒學的學說陳義過高，容易造成實踐上的偏差或形成陽奉陰為的現象。這就是所謂腐儒、醬儒、俗儒的由來。佛門亦難免有類似的偏差，造成社會發展的重大代價。

　　文明使人幸福，而經濟是文明發展的動力，但不同文化

2　孫隆基，《中國文化的深層結構》，集賢社，香港，一九八三年，第二十一頁至五十三頁。
3　同註 1。

產生不同的經濟發展成果。佛教文化對於經濟發展並沒有什麼積極的因素，尤其是藏傳佛教；小乘佛教在經濟發展的動力上不如大乘儒教。

濟公活佛是入世人間佛教的一支，他的狂顛行徑雖頗受佛門的爭議，但他的實事求是、解放思想的作為也樹立新的楷模。濟公「酒肉穿腸過，佛在心中坐」和「修心不修口」的「新佛家」，值得進一步深入探討和推廣。「新佛家」是對中國傳統佛教的一個嚴厲挑戰。[4]

中國佛教是全世界最大的佛教體系。儒、佛、道三結合是中國佛教的最大特色，但其與中國封建宗法制度相輔相成的，這有其優勢，但難免有其缺點。濟公活佛的人間入世觀可以彌補此一可能的缺失。

儒家思想的「適慾論」對於經濟發展應該是有正面的意義，道家思想的「順慾論」對於經濟發展是否有正面意義甚難辯識，但由於道教的興起對於人性的發展、經濟的發展是有貢獻的。佛家思想的「禁慾論」，尤其是藏傳佛教和小乘佛教，明顯的其對於經濟發展是有負面作用的。

北傳佛教遍及中國的畜牧文化圈、小麥文化圈以及稻米文化圈等地。畜牧文化圈基本上含蓋了滿、蒙、漢文化的層面，小麥文化圈基本上含蓋了齊魯和楚漢等文化的層面，稻米文化圈基本上含蓋了楚漢和吳越等文化層面。其中各有特色，尤其在經濟發展意義上是有差異的。濟公活佛的「入世」行徑是江南吳越佛教文化的產物。

---

4 同註 2。

第五篇
中國經濟的崛起

第一章　中國經濟之命運

第一節　中國經濟崛起的世界意義——「貧窮於富足之中」的陷阱？

一、經濟發展是文明的重心

近代中國雖歷經憂患，但目前的中國人終於站起來了。今日的中國不但要使之富強，也要使之文明。文化是文明的種子，文明是文化的花朵。文化並無所謂的優劣，但其所邁向文明的境界是有所不同的。文化使人和諧，文明使之幸福。然而文明的重心在於經濟，因為一國經濟發展是邁向文明的主力。換言之，若欲實現一個文明的社會、國家則非先發展經濟不可。[1]

一國經濟發展之際，人民生活無虞之後，當可追求生活品質的提昇。生活品質的內含不但包括了生活水準的經濟物質層面，也包括了政治面、社會面、文化面等多元的具體內容。因此生活品質是一個文明社會的主要意義。具體的說，

1　魏萼《中國文化與西方文明》，文史哲出版社，臺北，臺灣，二〇〇八年。

經濟生活水準的提昇是一個文明的先決條件，十五世紀以後西方世界文藝復興的經驗便是具體的例子。中國經濟的崛起是中國人在這二十一世紀文明發展的關鍵階段。中國現代化的進程則是要開展一個富有東方儒家特色的市場經濟、民主政治、和諧社會等的大同主義新紀元。

二、東方儒家文明的世紀

中國的現代化不等於西化，但可以傾向西化；現階段西方的文明是普世價值的代表，這是一個現實的考量。現階段的西方基督教世界，這包括西歐、北歐、北美等地區經濟已開發國家是文明的典範，但這個事實似將被東方儒家文明所取代。東方儒家文明將在這個二十一世紀裡展現光彩。其中，中國的角色與功能至為重要。

中國經濟已居全球第二強大體系，這僅是國民總生產（GDP）的角度去探討的。若從一個資產總淨值或文明底蘊去衡量，這個優劣次序自然需要重新給予大大定位。[2]

百餘年來，中國遭遇到內憂外患的重創，已淪為典型的落後國家經濟，於是民不聊生。鴉片戰後中國經濟陷入於貧窮的惡性循環，這尤其是西方英國、法國等列強和日本人的侵凌，這些帝國主義弱肉強食的史實，令人痛心疾首。當下之計，中國人只有自立自強。此時的激情是解決不了中國問題的。幸好一九八〇年代以後的中國領導人鄧小平提出了改

---

2 上海社會科學院（課題組），《當代中國發展的世界意義》，上海社會科學院，上海，中國，二〇〇六年九月。

革開放的治國方案，他一言興邦的改變了中國的面貌。中國終於站起來了，她已是世界經濟第二強，已於西元二○一○年的中國經濟國民總生產（GDP）超過日本，成爲僅次於美國的世界經濟強國。

中國經濟發展的態勢各方一片看好，值得慶幸。然而其人均國民所得仍然偏低，何況所得分配不均匀，這些問題令人擔憂。非但如此，中國經濟發展的結果，城鄉差距嚴重日漸加大，城市內部「貧窮於富足之中」的現象日益加劇，東南中國與西北中國的發展失衡日見明顯，況且社會正義缺失，貪污腐敗等歪風屢見不鮮。市場經濟發展的方向雖甚爲正確，但法令規章的適當性是否與時俱進，這在在考驗著執政者的智慧與良知。

中國經濟不但要做到「藏富於民、民富國強」的目標，也要做到分配公允的理想。這只是經濟的意義而已。此外，中國邁向現代化文明的過程中也要向國際的理想境界接軌，更要向全球化的普世價值接軌。換言之，中國現代化的取向應該是要建立一個禮、義、廉、恥、和自由、民主、人權、法治、環保、科技、社福、宗教等多元化的境界。其中物質是歷史發展的重心，西方文藝復興的經驗可以借鏡。先有自由市場的經濟基礎，才能奠定物質建設的動力。人們的經濟生活滿足後，進而有追求精神文明的餘地。所謂「心物合一」論的內容中物質與精神的追求還是有先後次序的，亦即先有「物」，才有「心」；反之則可能事倍功半。

三、中國經濟發展的國際使命

　　儒家思想對於中國現代化有功，但也有過。中國儒家思想對於社會的穩定，政治的穩定和經濟的穩定等是有正面意義的，但其對於現代化的激勵性是比較欠缺的。因爲錯覺了儒家思想「安居樂業」的本質造成了「適應環境」，「承續環境」的民族秉性，其缺乏居安思危「改變環境」、「創造環境」的動力，這也是可以想像得到的。儒家思想原自中國中原，幾千年來始終自我陶醉於「中庸」、「止於至善」的虛幻世界裡，缺乏實事求是、與時俱進的活力。因此無法虛心反省和檢討自己的本能，所以固步自封、缺乏追求現代化的的生命力，最重要的還是儒家視中國爲天下，天下即是中國；其忽略了中國以外的世界。中國人太自我驕傲了，此在在足以影響中國的現代化與國際化。中國中原儒家思想的自我主義甚至於忽略了中國固有文化甚富包融性的價值觀，特別是針對著畜牧文化圈的存在性。這些都是儒家思想的腐朽性和劣根性，必需徹底檢討和調整。鴉片戰後，這些腐朽儒家思想更是變本加厲，此乃是中國經濟發展和現代化的「黑暗時期」。百餘年來中國的貧窮、落後、無知等皆與此「黑暗時期」的非理性作爲有關，這包括一九〇〇年代清末的義和團事件以及一九六〇年代的中共「四人幫」時期的「文革之亂」在內。非理性的時代終將會過去的，這正如歷史上黃河、長江的洪水之患，幾千年來水災連綿不斷；但是時過境遷以後正常的中國歷史長河終將滾滾東流。這理性的中國、

富強的中國終將到來。

中國經濟的崛起不僅中國人的福氣，也是世界經濟的一件大事。其在經濟領域中的生產、消費、科技等等層面上均有貢獻。如今中國經濟的消長在在影響到世界經濟的榮辱。中國經濟發展成功的經驗也可供所謂「第三世界國家」的參酌。尤其中國儒家思想中的「扶弱濟傾」經濟觀念當可協助這些開發中國家的資金和貿易的經濟發展問題。中國經濟本著對內和諧、對外和平等原則，此與當前西北歐、北美等基督新教資本主義國家等的價值觀是有顯著的差異。

四、中國經濟發展模式的特色

中國人口占全世界的五分之一，在二十一世紀初的二十年裡，其國民的生活將全面晉入小康社會，她繁榮與進步將帶動全世界跳動的經濟神經與脈搏。目前中國經濟以國民生產總值看約占全世界百分之八，但居全球第二大經濟「貢獻國」，僅次於美國。中國經濟的消長與全球經濟相關係數大，這使中國經濟更要負起世界經濟的責任。[3]中國經濟是全球經濟的工廠、市場，它的就業、物價、生產、消費、貿易、分配、環保、科技等等變數都多少影響了全球各種經濟變數的動向。中國經濟已經走出了世界、擁抱了世界、貢獻了世界。這個發展方向在這個二十一世紀裡勢將持續不變。

此外中國文化中的經濟思想是整合了儒家、道家、法家、

---

3 同註 2。

墨家、兵家等的思想，同時也加入了東方佛教的經濟思想，其具體的意義是結合了仁與慈的東方經濟思想，結晶成爲一個富有中國特色的經濟發展體系，這個思維方式也吸收了西方資本主義和社會主義的經濟發展經驗，凝聚成爲一個調和性的第三條路經濟發展模式，它既不是西方資本主義，也不是西方社會主義，而是在實踐與檢驗中的富有中國特色的經濟發展模式，這似乎已成爲「第三世界」國家經濟發展的新典範。這個「中國貢獻論」也將在這個二十一世紀裡逐漸凸顯。中國經濟發展理論中的總體經濟宏觀論和個體經濟微觀論，這有待中國經濟學家去充實、去發掘。其奧妙之處乃在於儒家經濟思想中政府經濟的適度功能和人道主義的基本立場等論點。中國改革開放以來的三十幾年間消滅貧窮所做出的貢獻也甚傑出。三十幾年來具體的經濟統計是從二億一千萬貧窮人口減少至三千萬左右，年平均成長率高達百分之七十。這也是一項中國經濟發展的奇蹟，堪足爲第三世界國家的參酌。因爲這個經濟發展上的經驗似也可作爲減少世界南北經濟差距日益嚴峻的失衡問題，如此也可以減少南北半球和社會、政治等矛盾。這是中國文化的力量。中國文化的本質是「海納百川、有容乃大」，是集大成。中國文化有消化西方文化，用以深化中國文化的功能，尤其是從「中國馬列化」到「馬列中國化」的發展過程。中國文化反對社會貧富不均，訴求人權的聲張等的人道主義；這是普世的價值之一。此外，富有中國特色民主、人權等所展現的和諧社會以及「和

而不同」的對外和平戰略等均引起世人的關注。[4]中國在未來的東方型文藝復興中如何展現儒家文化中的新宗教、新產業革命、新啓蒙和現代化文明中的角色與功能，也舉世關注。

五、富有中國特色的現代化

中國現代化的模式一定要借重西方外來的經驗，但不是用移植式全盤吸收，因爲這要考慮到中國文化的體質問題。中國現代化也一定要走民主的道路，然而所謂的富有中國特色的民主發展模式是什麼？這中國人不能逃避，應該事實求是去尋求這個答案。此外富有中國特色的自由、民主、人權、法治、科技、環保、社福和宗教等也有待確實的去面對。惟百年來中國民智未開、民品低劣，這與中國經濟落後有關；而中國貧窮、落後與外患內憂有關，這是貧窮落後的惡性循環。貧窮落後的國家不容易實施民主政治的現代化。[5]

臺灣實施民主政治的經驗值得借鏡。一九八八年以後臺灣曾跳躍式的全面實踐民主政治，其企圖遵循西方國家的模式，此代價實在太高了。一九八○年以來臺灣經濟進步，人民追求自由、民主、法治、人權等的呼聲甚高，但實施民主政治之後影響了經濟再發展的活力，甚爲可惜。然而這不是實踐民主政治的問題，而是民主政治的內涵。不管如何，經濟發展是實施民主政治的先決條件。先經濟後政治這是一個

4　同註 2，《中國學研究的現狀與趨勢》，上海社會科學院，上海，中國，二○○六年九月。

5　同註 1。

必經的程序，這中國大陸當然不能例外。中國經濟發展之後教育自然發達，民智可以得到啓迪。如此實踐民主政治的條件自然成熟。

中國特色的民主政治不能移植西方的模式，但要參酌西方民主政治發展的經驗。中西方文化畢竟是有差異性的，但民主政治的方向是共同的。

富有中國特色的民主政治的前景是多黨的競爭但不是一蹴而成的；其中從「多黨的參政」發展到「多黨的監督」，進而「多黨的競爭」等目標；然而一黨獨大的特色似乎也有必要。日本一九四六年的「戰後憲法」發展到一九五五年的「憲政模式」；日本一黨獨大的經驗甚富東方色彩，堪足參酌。富有中國特色的民主政治發展模式是依據中國傳統的「民本」政治思想爲主軸，其中，實踐中從「爲民做主」發展到「以民爲主」的程序。其中以中國的人代會、政協等爲基礎的量變與質變過程甚令人關注。從市場經濟發展到民主政治是必然，也是必要的途徑。當然必需認真的去面對。臺灣的政治發展成敗經驗正是一面高掛的明鏡，可爲殷鑑。中國從經濟的崛起邁向文明的社會，其中政治發展最爲關鍵，也最艱鉅。在這個二十一世紀裡，中國勢將崛起，她將擁抱世界，走出世界和貢獻世界，其現代化過程也將成爲世界文明的典範；在世界歷史上中國曾經多次是世界文明的典範，那是漢、唐和宋等等朝代。因此中國的民主政治發展模式茲事體大。民主與法治正如一車之雙輪，缺一不可。自由、民主、人權、法治、社福、宗教、科技與環保等的多元發展是中國邁文明必走的通路，但此道路步步艱辛。當中，中國的民主化最爲

關鍵。中國現代化必需發展民主，中國民主化當可以再促進中國的現代化文明。[6]

　　文化是文明的種子，而文明是文化的花朵。中國的文明與現代化道路與中國文化息息相關，尤其與儒家思想緊緊相扣。希望在這個二十一世紀的中國儒家孔孟文明成為全球普世價值的典範，這正如西歐第十五世紀以後的希臘羅馬文化的再生與西方文藝復興的啓示。準此，孔孟儒家思想的重新務實定位與定向甚為重要。

　　中國經濟已成為全球僅次於美國的經濟強國。雖然中國的人均所得要與當今的已開發國家相較仍然有相當的距離，但是中國的綜合國力勢將掌握全球的牛耳。屆時中國的北京可能成為世界的政治首都，而中國的上海可能成為世界的經濟首都。中國將恢復昔日古老中國曾經擁有的榮躍，此時中國人才能真正頂天立地有尊嚴的站起來。在這個過程中的中國人對內必然展現和諧，對外必須實現和平。因此昔日中共對內搞階級鬥爭，對外搞輸出革命的所謂蘇聯夢，終將成為歷史的陳跡。未來中國政治、經濟崛起的世界意義將是以敦邦睦鄰、扶弱濟傾的角色與功能。於是中國不當世界超強，但也善盡世界功德。至於所謂的臺灣海峽問題自然可以以中華文化來解決，其途經將是在一個中國原則下先實現和平協定，繼之貫徹「一國兩制」的過度，從長期看中國勢將統一於「一國一制」，屆時中國已回歸中國文化的中國。[7]

6　同註2。

7　二〇一二年三月十四日中國國務院總理溫家寶在任內最後一次中外記者會中強調中國實務民主政治是必然要走的道路。詳見二〇一二年三月十五日臺灣《中國時報》及《聯合報》的報導。

六、中國文化與中國現代化的關係

　　中國現代化不做中國古代思想的奴隸，也不做西方外來文化的殖民地，它是要古為今用，洋為中用；同時也要與時俱進和因地制宜等原則。中國文化的現代化要重視科學與法治等西方的優勢，也要重視中國文化中的倫理與哲學優勢。中國文化的現代化亟需西方特定的科學與法治，否則中國現代化將成為「瞎子」；反之中國文化的現代若忽略中國特色的倫理與哲學，則將成為「跛子」。

　　中國經濟崛起於二十一世紀的世界，其必需肩負起帶動世界整體經濟發展的責任，它不僅要促進全球經濟的成長、物價的穩定，也要重視全球第三世界國家經濟的貧窮與落後問題。扶弱濟傾、伸張國際社會正義，這也是中國經濟以貢獻世界的重大使命。中國經濟發展之後邁向文明的新階段中實踐富有中國特色的民主政治，刻不容緩。

第二節　中國經濟發展的新紀元

一、中國經濟：從送來主義到拿來主義

　　西元二〇一一年中國經濟發展已經晉入第十二次五年經濟規劃，這是一個新經濟的紀元。自從改革開放的一九七八

年以來，中國重視對外貿易以及外來投資，這是孫中山先生
提倡的「國際開發中國」的策略方針。過去的三十幾年以來
基本上對外貿易享有巨額的順差和累積不少外資的資本形
成；以致於使中國經濟「脫胎換骨」，渡過經濟貧窮「惡性
循環」的瓶頸。自從「十二五」開始，中國經濟展開經濟的
另一新時代。那是重視經濟結構的「送來主義」。[8]因對外貿
易與外來資金過去傾向於「來者不拒」的「送來主義」變成
「有所選擇」的「拿來主義」；重視能源節省產業、提高產
品品質；加強環境保護產業等，例如生物、醫藥、新信息技
術、新能源、新環保、新材料、雲端裝備製造等。相對中國
大陸新產業的方向，臺灣也有六項新興產業，它們是生物科
技、觀光旅遊、醫療農業和文化創意等。臺灣海峽兩岸可以
合作的項目甚多，彼此合作的前景相當樂觀。[9]

　　二戰之後，美國經濟強勢；國民總生產約佔全球的四分
一，其擁有的黃金與外匯約佔全球的八十。美國的貨幣（美
元）成為世界最重要的貨幣。一九七〇年代兩次石油危機是
美國在全球經濟火車頭的地位開始令人懷疑。於是有歐洲，
尤其是西歐與北歐經濟等的脫穎而出。歐洲共同市場經濟的
崛起以及所謂的歐元地位日益獲世人的重視。隨在二十一世
紀裡亞洲經濟的崛起，尤其是東北亞的中國以及日本的經濟
在國際上的傑出表現，令世人刮目相看。於是有所謂亞元的

---

8 魯迅的有關「拿來主義」、「送來主義」等論述於一九三四年；刊登於《中
　華日報》，魯迅以霍沖為筆名發表。
9 中國經濟之轉型從二〇一一年所執行中國經濟第十二次五年經濟規劃。這
　是一個新階段的開始。中國經濟新轉型；產業結構將有所調整。

提出。

　　芝加哥大學教授孟岱爾（Robert Mundel），他是諾貝爾經濟學獎的得主，被譽為歐元之父。他曾主張日元或人民幣等可是發展成為亞元的代表貨幣。這個看法是不正確的。美國於一八九〇年的國民總生產超過英國，成為全球第一經濟強國。美國美元的強勢是單純因為戰後美國經濟一枝獨秀，當然它是國際間都能接受的關鍵貨幣。這個情況在歐洲就不一樣了。歐洲英國英磅、德國馬克、法國法朗、意大利里拉等等均不能於代表歐洲貨幣；因此有了歐元的構想。在亞洲呢？更是複雜了；於是有亞元的提出。日本日元與中國人民幣都無法足以代表亞洲的貨幣；印度呢？其在本世紀裡國民總生產或許可以提高其在世界的地位，然而其人口太多，因此平均國民所得那就更低了，其成為代表亞洲的經濟可能性更是渺茫。

　　貧窮中國亟需脫貧致富。中國經濟的崛起，難免有些財大氣粗的感覺；須知中國扶貧工作仍未完成。社會主義不等於貧窮，所得分配不均也不是社會主義。

　　三十幾年來中國經濟的快速成長，使得中國貧窮人口從二億一千萬減少到今日只有三千萬人，已如前述。貧窮與否，這是相對的概念問題。富有的都市裡也有貧窮人口，產生其所謂的「貧窮於富足當中」；城市與鄉村貧富差距，還有區城間貧富的對比等等。這些問題都顯示中國扶貧工作是長期的。

　　上述有關貧窮問題僅從經濟國民所得的意義來解說的；若從廣義的角度來看，在精神面、文化面等的意義更是深遠。古往今來，不知有多少人的貪婪、無知的守財奴，這也是貧

窮人口；他們的貧窮更是未來中國要重視的難題。這一有關人
生幸福指標問題也要讓社會學者、文化學者去關心、正視的。

　　中國經濟發展之後所得分配不均勻的問題日益明顯。中
國大陸所得高的百分之二十人口，其占有全國百分之五十的
所得，而最低的百分之二十人口，其擁有的所得比重只有百
分之四點七；這顯示所得分配的不平均情況相當嚴重。[10]

二、中國經濟崛起後的世界責任

　　中國經濟已經崛起了；三十幾年來平均經濟成長率超過
百分之十。二〇一〇年、中國經濟國民總生產超過日本，成
為全球第二經濟大國，僅次於美國。假若中國經濟年成長率
能夠維持百分之八，而美國仍然是百分之三；如此中國經濟
國民總生產在二〇二〇以後超越美國，成為全球第一經濟大
國。日本經濟於一九六八年以來的國民總生產超越德國長期
居全球第二。因此今日中國經濟已是處於「超日趕美」的現
實，這與昔日「大躍進」時期中國經濟要「超英趕美」的經
濟發展情勢完全不同。

　　可是從年平均國民總生產來說，二〇一一年中國只有四
千美元；這在全球排行是在一百名以外的。日本的人口為中
國的十分之一，而年平均國民總生產接近四萬美元，為中國
的十倍，居全球第十名以內，彼此相距甚遠。由此可知日本
是經濟已開發的國家，而中國則還是開發中國家經濟。當今

---

10 美國「國際貨幣基金」以及「世界銀行」的估計。另外，英國國家經濟
　社會研究所（NIESR），也有類似的估計。

全世界平均國民總生產約為一萬美元左右，屬於這一範圍的有泰國、馬來西亞等地；而中國人要達到這個水平起碼還要十五年以上的時間。

中國的外匯存底二〇一一年約為三兆二千億美元，居全世界第一。三十幾年來採取市場經濟和私有財產制度為導向的中國，民營企業部門所產生的經濟價值已超過百分之五十。[11]這種經濟發展方向合乎於中國文化的經濟思想「藏富於民」然後「民富國強」的美好結局。

中國經濟發展由於其發展方向正確也因此吸手了不少的外資（包括港澳資金以及臺灣資金）錦上添花式的累積經濟發展所需的資金與人力資源。中國經濟逐漸擺脫共產主義馬列思想意識形態的束縛，並以求真務實、就事論事的思維來發展中國經濟。

又根據國際貨幣基金會（IMF）的估計，中國大陸經濟可能於二〇一六年超過美國；美國於一八九〇年的國民總生產超過英國，開始創造了所謂的美國時代。這個看法我們不甚贊同；國際貨幣基金會的估計比之中國專家估計於二〇二五年中國經濟生產總值超過美國時間還要早十年，這怎麼可能呢？美國的專家認為從購買力平價（PPP）的計算，在二〇一六年中國經濟規模將達十九兆美元，佔全世界百分之十八，而美國屆時的經濟規模將為十八兆八千億美元，佔全世界百分之十七點七。若如此，這是美國於一八九〇年超過英國以後拱手讓於中國經濟的霸權地位。可是美國平均國民總

11 同註10。

生產爲四萬七千一百二十三美元，居全球十名以內，此與中國相差甚遠。[12]

　　亞太經濟合作組織（APEC）包括了世界經濟之三巨頭；即中日美等國。美國是該組織的龍頭老大，甚俱發言權。但一九八〇年代美國經濟相對勢微，相對的日本在亞洲太平洋地區經濟政治扮演著舉足輕重的角色；這也是美國樂見日本成爲所謂第二佳作（Second Best）的選擇。沒想到自從一九七八年以後的中國經濟的崛起，尤其是當今二十一世紀初葉的全球經濟地圖，中國已非昔日的中國。因此亞太經濟合作組織的中日兩國分別領導其所謂的東亞經濟圈（East Asian Economic Circle）和中華經濟圈（Chinese Economic Cricle）。兩者相互角力。於是有所謂的東南亞十國加一、或加二、或加三、或加四、五、六等的經濟發展形勢。尤其是十加四、十加五、十加六等的印度、澳洲、紐西蘭等的傾向於經濟中國的新形勢，令人玩味。以日本爲首的「東亞經濟圈」，其欲發展成爲「二戰」時期的「東亞共榮圈」的日本光輝的時刻；此談何容易。以中國爲首的「中華經濟圈」隨著中國經濟的崛起已擴大其影響力。「中華經濟圈」是一個無形的組織，自然形成的；只要中國經濟強大，其影響力自然加大。基本上以每年召開的「博鰲經濟論壇」爲中心點、爲主軸的國際經濟與政治關係爲主要。其間因爲中國經濟的崛起，自然有所謂的中國「威脅論」、中國「和平論」、中國「貢獻論」等等雜音的突顯出來。

---

12 同註 10。

　　其實，今日的中國以非昔日馬列主義教條文化的時代，而是馬列主義的中國化的大趨勢；此乃是中國文化的融合力與生命力所使然。目前中共對內主要以「社會和諧」取代「階級鬥爭」，對外則是要以「世界和平」取代「社會輸出革命」。中國曾於二○○五年大舉的紀念鄭和下西洋六百年，顯示其有誠意的以「和平方式」而不是「輸出革命」對待國際。鄭和於明成祖永樂二年（西元一四○五年）開始下西洋七次，直至一四三三年才結束為止，他到達的許多國家贈送或交換中國的特產給對方，而且以「落葉歸根」的觀念回到中國。這是要以中國「和平論」或中國「貢獻論」來洗刷世人似是而非的中國「威脅論」。這些對外、對內政策是中國文化的本質；也是一條不歸路。尤其是一九九○年代初期蘇聯以及東歐國家的共產主義「土崩瓦解」之後中國自然回歸文化中國，這是一個正常現象。[13]

三、中國經濟發展的量變與質變

　　中國經濟發展的過程：從「世界的工廠」邁向「世界的市場」。自從一九七八年以來，中國經濟從事於大規模的建設，這是公路、鐵路、橋樑、機關、學校、水庫、機場、車站、工廠、住宅等等的建設以及為了要出口而賺取外匯各種產業的加工或代工等等建設不斷進行。這是典型的中國大陸是世界的工廠。這過去的三十幾年是中國人艱苦辛勤的一

13　「聯合報」於二○一一年四月二十七日（第一版）刊載國際貨幣基金會（IMF）數據顯示，中國經濟於二○一六年的國民總生產將超過美國。

代。為了使中國經濟脫胎換骨所做的努力與貢獻；這個階段
大致上是完成了很具體的結局。這個階段裡中國經濟國民總
生產逐漸超越意大利、加拿大、法國、英國、德國、日本等
國，這個具體的成就不是天上掉下來的，而是全民共同的努
力，特別是政府決策的成功，此一已樹立了典範。這也是中
國經濟成為「世界工廠」的模式。這個階段是中國經濟起飛
前的準備階段。繼之中國經濟要轉型成為「世界市場」了。

　　以中國十三億三千餘萬人口來說，這是一個巨大的消費
市場。中國經濟要養活世界五分之一人口，其中平均國民所
得不足四千美元。這個貧窮「惡性循環」已經逐漸的過去，
迎接的是富裕「良性循環」經濟發展階段的到來。這個階段
裡中國人消費的內涵將有所改變；因此在國際貿易與投資的
方向將有所轉型。在生產方面，產品品質將大為提高；在中
國製造的產品品質也將有所改變。在中國製造的產品將由價
廉低品質的產品取而代之的是價昂高品質的產品。如此必然
帶動對外貿易與投資的具體內容。換言之，這猶如魯迅所說
的經濟發展的「送來主義」改變成為有所選擇的自我「拿來
主義」。[14]

　　二〇一〇年一月十一日於天安門廣場，中國國家博物館
北門前塑立了一座孔子雕像，並且還舉辦了塑像落成典禮儀
式；但百日後這座塑像也於四月二十日搬遷進入國家博物
院。這個舉措充分說明中共內部思想的分歧性，思想左傾勢

---

14 麥肯錫全球研究所（McKinsey Global Institute），估計：到二〇二五年
中國國民總生產（GDP）佔世界的比重將從現在（二〇一一年）的百分
之八點五，增加到二〇二五年的百分之十三。

力者仍然有一股制衡的力量。這個左傾勢力是違背中國傳統文化思想，也與時代潮流相對抗的一股逆流。這股時代逆流很快的將被中國文化主流所沖走，也必然會被浩浩蕩蕩的世界潮流所淹滅。[15]

　　孔子思想經常被視為中國封建主義的元凶；孔子思想經過兩千多年的歷史變遷，歷朝歷代為了穩定其政權統治，因而藉著儒家思想的公信力來統治中國；這難免產生有些儒家思想的雜穢，此對於國家現代化當然會產生一些弊病。然而一昧要「打倒孔家店」也是不對的，所以我們主張「打醒孔家店」。如何精準抓穩儒家思想與精神，落實在國家現代化的建設，這才有其基本意義。

　　二○一二年四月二十二日，中共前國務院總理朱鎔基參加了北京清華大學百年校慶，並與學生對話時提出中共高等教育政策失敗，並且指出他要看看中央電視台七點到七點半「新聞聯播」中「胡說」什麼？另外重慶市委書記薄熙來要求推廣三十六首「紅歌」的教唱工作，他並且強調他是唯物論者。中國曾接受馬列主義的統治是歷史發展中的偶然，而為回歸中國文化的中國則是歷史發展中的必然。中國孔孟儒家思想終將吸收馬列主義的養份並且將馬列主義文化成為中國文化的一部份，用以共同貢獻中國的現代化。[16]

---

15 「聯合報」於二○一一年四月二十二日（第一版）刊載，「天安門孔子像搬走了」；此只塑立在天安門廣場一○○天。

16 同註 15。

第二章　中國經濟發展的使命

第一節　中國西部經濟大開發之願景

一、中國西部經濟發展的困境

中國經濟發展東西方差異甚大，這個差異今日仍然在擴大當中。中國西部面積甚廣，包括的地區有內蒙、寧夏、新疆、青海、甘肅、西藏、四川、重慶、雲南、貴州、陝西、廣西等十二個省，自治區、直轄市等地。這個地區面積約為七百萬平方公里，約占全中國面積的百分之七十，而其國民總生產僅約為東部的百分之四十而已。改革開放以後的西部地區經濟成長率高於全國的平均值。例如一九九八年至二〇〇八年，此地區的年平均經濟成長率高達百分之十一點四二，高於全國平均經濟成長率的百分之九點六四。[1]僅管如是，中國西部的經濟發展狀況仍遠低於東部地區。有關推動

1　姚慧琴、任宗哲主編，《中國西部經濟發展報告二〇〇九》，社會科學文獻出版社，中國、北京。二〇〇九年，第七頁。

中國西部經濟發展的著作許多，看法也多少趨於一致。[2]

　　中國西部經濟發展落後是基於這個地區經濟、社會、文化、政治等因素而形成的；如何突破這些經濟發展的瓶頸，大家甚為關注。貧窮不是社會主義，社會分配不均也不是社會主義。中國領導人鄧小平曾強調要使一些地區、一些人先富欲起來,其最終的目的要使整個中國富裕起來。並且要防止社會上貧富的兩極化現象。中國西部開發不能單單要依靠市場經濟來解決，此時此刻政府經濟的角色自然相當重要。

二、中國東西部經濟發展的差異

　　中國經濟貧窮地區在於老、少、邊、窮等地帶，而中國西部經濟發展基本上在中國的邊區以及窮山惡水的地區。一九七八年改革開放後的中國西部經濟發展雖然快速，但與東部發展的差距也有增加；雖然這是一個正常的現象，但是我們不能滿意。如今中國經濟可以說東南沿海地區的長江三角洲、珠江三角洲、閩南金三角等地的經濟發展猶如「第一世界」的經濟社會，而西北與西南地區可以說是「第三世界」的經濟社會。這種差距甚大的中國經濟，難免會產生一些政治或社會問題；準此，這有待政府的經濟政策了，這是中國西部經濟發展上的「拉力」。中國西部的開發不能只靠「一隻看不見的手」的市場經濟；因為還有文化與宗教的問題。

---

2 Galbraith, John Kenneth, The Nature of Mass Proverty, Chinese edition published by World Today Press, American Institute in Taiwan, Taipei, Taiwan, 1985。

中國西部經濟發展必需去面對的課題。「文化與宗教」是經濟發展的另「一隻看不見的手」。各種文化並沒有優劣問題，但它對於經濟發展是有不同的。因為文化與宗教是經濟發展的「動力」。

市場經濟是經濟發展中的「主力」，但是其在中國西部落後經濟裡很難全面展開。因為當前中國西部的經濟發展狀況尚沒有能力僅依靠「一隻看不見的手」。此時此刻政府經濟政策的「拉力」所扮演的功能則備受關注。[3]

宗教與文化是一個經濟發展的「動力」，這可從基督新教的西歐、北美經濟發展與天主教、東歐、南美洲的經濟發展狀況得到證明；同理也可從大乘佛教地區中國、日本的經濟發展與小乘佛教泰國、緬甸、越南等中南半島的經濟發展得到答案。另外儒家文化圈經濟發展的中、日、韓、台、港、新等地的經濟發展必需與「與時俱進」的儒家思想相結合等等事實來印證宗教與文化是一國經濟發展的「動力」。[4]

中國西部地區的經濟發展也要靠宗教與文化的因素誘發出經濟發展的「動力」，但事實上有困難。中國西部地區幅員廣大，民族複雜，宗教信仰各異。因此要使各種宗教與文化孕育出一種經濟發展的「動力」。此有待進一步突破。

三、市場經濟不是經濟發展的萬靈丹

市場經濟不是萬能，但是沒有市場經濟則是萬萬不能，

3　同註 2。
4　魏萼，《中國國富論》，時報文化出版公司，臺灣·臺北，二〇〇〇年，第一〇〇至一二五頁。

因為市場經濟是一國經濟發展的「主力」；可是在中國西部落後地區的經濟市場裡所扮演的角色與功能還要進一步培養，因此政府經濟的「拉力」相對的比較重要。政府經濟絕對不是萬能，但無政府經濟亦是不能。中國西部地區幅員廣大必需選擇一些條件比較優渥的地區率先從事基礎建設，使一些地區首先富裕起來，以便帶動整個中國西部經濟發展。這個理論有如鄧小平所言欲發展經濟可使一些人先富起來，這只是階段性的策略而已，終將使中國的西部經濟邁向均富的理想目標。中國經濟自從鄧小平提出改革開放的一九七八年開始，中國東部的中國經濟發展成績輝煌，此令人刮目相看；而中國西部的經濟也在政府大力推動中拿到很好的成績。開發中國西部經濟的主要目的在於平衡中國東西經濟發展的差距。中國西部存在著許多經濟發展的不利因素；這不僅是經濟因素，還有許多的非經濟因素所使然。要解決這些經濟障礙的因素，必然從經濟面、社會面、文化面、政治面等等因素著眼。這些不利經濟發展的因素，致使中國西部經濟發展很難從「惡性循環」邁向「良性循環」。因此政府經濟的功能自然沉重。

　　開發中區域經濟亟需一個優良的政府經濟，可是其所欠缺的還是政府經濟。因為人才外流的現象嚴重，此所謂優良的人才往往不能替區域發展獻力。相反的情況也是如此；在已開發的區域經濟裡，政府經濟人才就不那麼迫切重要，反而有人才內流的現象。同樣的道理也可以說明在資金與技術層面上與其經濟發展的關聯性。

　　開發中的區域經濟的確重要的是資金與技術，可是這些

落後地區的資金與技術卻是外流的。這未嘗不是一個諷刺。人口的壓力也是一樣，在落後經濟社會裡人是貧窮的，但貧窮的家庭裡往往多小孩。換言之，人口的壓力在一個開發中的區域經濟是貧窮人口的高消費傾向，促使儲蓄減少，無法形成資本，造成資本缺乏的現象。在這個貧窮地區社會裡還有的是醫療問題，這是貧病交叉的事實，還有教育問題，這是一般經濟發展上大家特別要重視的議題。[5]

四、日本明治維新的經濟發展經驗

從上述的貧窮的因果分析得知在開發中國家經濟亟需要有一個優良政府經濟的「拉力」，所以經濟計劃或計劃經濟都是相當重要。中國西部的經濟開發正是需要資金、技術、人力資源、小而有效率的政府等因素來推動經濟發展；但事實上開發中國家有許多困難。這一切的一切有待小而有效率的政府去克服這些經濟發展的瓶頸。這地區往往是政府無能為力。貧窮社會其本身原因也就是貧窮。這就是開發中地區貧窮的惡性循環。此落後經濟在在需要有個好的政府來突破這些經濟發展的瓶頸，可是在這個地區卻很難找到一個小而效率的政府經濟，但一般來說這個優質的政府經濟是很難找得到的。日本一八六八年明治維新以後，其經濟邁向現代化國家是一個成功特例，也是一個板樣；戰後的臺灣、韓國、新加坡、香港以及以色列等地區的經濟發展也是一個板樣。

---

5 同註4。

中國大陸則在一九七八年經濟發展方向正確，其經濟發展令人刮目相看，到如今其是全世界第二大經濟大國。以上這些經濟發展典範均有其歷史性意義，因為她們都經過了重要的政府領導人把握著經濟發展的「方向盤」。在中國的鄧小平以及其政府經濟的團隊「一言興邦」的改變了中國的落後經濟。他們改變當地當時經濟傳統，也以嶄新的經濟制度和經濟政策來改變其落後經濟的狀況；於是經濟起飛了。他們從這些國家或地區的經濟發展從農業奔向工商業社會經濟。一般來說，農業社會的經濟生產力低於工業社會的生產力。[6]

中國西部經濟開發的困境，本質上在於土地貧瘠多山、乾燥不毛、天然資源不足等以及沒有一個清廉而有效率的政府。另外宗教與文化不利於經濟發展也是一個考量。貧窮是人類的苦難；貧與病是個連體嬰，因為它們經常是互為因果，連結在一起的；甚至於貧窮是人類戰爭的根源。貧窮國家人民就醫、就學等機會少，造成人力資源品質差勁、政治專制、社會動亂、文化衝突、政府決策短視等現象；這些都不利於經濟發展的，另外還有一種現象是貧窮社會裡人民企圖心低落，適應於這種貧窮的環境，他們有宿命論者；缺乏進取心，代代貧窮相傳，這是一個貧窮生生不息靜態經濟社會；尤其這個閉鎖的農業社會。

五、經濟發展中社會的宿命論

在一個保守而且貧窮的農村社會裡人們、安貧樂道等心

---

6 同註4。

態的宿命論者，這些社會安定的力量，人們沒居安思危的心理準備，逆來順受的態度來適應與生俱來的生活環境；人們缺乏改變環境的進取心，這是社會進步的阻力。這種宿命論者在當今貧窮的印度、拉丁美洲以及東南亞等地都普遍存在著。[7]在中國西部的許多少數民族社會也存在著，這是經濟發展的障礙。這種狀況正如一般人所謂的缺乏資本主義的精神，因而有些地區很難脫貧致富。具體的說，他們缺乏求新求變的心態，沒有適應新環境的想法，這是印度種性社會、中古世紀歐洲人在黑暗時期以及中國古代封建社會等最有代表性、這是一個種族與文化等的問題。質言之，這種保守主義所衍生的宿命論者必需有所突破，否則經濟無法發展。還由外國殖民地的得失經驗觀之，例如英國人的殖民印度、巴基斯坦，法國殖民北非以及荷蘭人的殖民印尼等等，假如沒有這些殖民經驗，那今日的印度、巴基斯坦、北非以及印尼等是否會有今天的經濟發展狀況呢？其答案可能沒有。再著臺灣、韓國、香港、新加坡等地曾都是殖民地，這些地區的儒家思想傳統文化與西方文明相結合因而產生經濟發展的動力，進而促進經濟發展和國家現代化。這種現象在一九七八年以後中國大陸邁向改革與開放的新思維以後，中國傑出的經濟發展經驗，世人震撼不已。當今中國經濟是全球第二大經濟體系，僅次於美國。中國經濟發展的新目標當然已是趨向於追趕美國的新階段；惟中國東西部均衡發展是個問題。中國西部經濟發展這是一個大課題，它不只是經濟問題而且

---

7 同註4。

也是政治問 題、社會問題和文化問題等。

六、中國西部經濟開發的五年計畫

中國西部地理上不靠海洋、多山、沙漠、天然資源不多，況且海運交通不方便。過去的十幾年因為中國政府大力重視中國西部經濟發展，其平均經濟成長率高達約為百分之十以上，這是史無前例難得的成就。中國有五十五個少數民族，其中中國西部就擁有四十九個少數民族。中國西部國民生產毛額居全國的比率；一九七八年佔百分之二十點六三，而一九九八年則相對減少至百分之十七點六九。[8]

中國西部面積七百多萬平方公里，約佔中國大陸面積的百分之七十以上；可知中國西部經濟相對貧窮。中國東西均衡發展是一個長期的目標。中國政府於一九九九年提出中國開發大西北的長期計畫，此計畫並於二〇〇三年三月在中國第九屆全國人大會議第四次會議中通過「中華人民共和國國民經濟和社會發展第十個五年計畫綱要」。這是中國政府關注西部大開發的具體目標，希望在二十一世紀中葉基本上能實現。這個計畫分為三個階段；第一階段基本在這個階段裡主要的是基礎建設之推動生態環境的保護、產業結構的調整、培育市場經濟的基石要為第二階段、第三階段的中國西部大開發做準備。[9]因此第二階段裡則期待能夠實踐第二階段

---

8 同註 1。
9 《中華人民共和國國民經濟和社會發展第十個五年計畫綱要》，二〇〇一年三月，第九屆全國人大四次會議通過。中國‧北京，二〇〇一年一月。

所要訴求目標；旨在經濟產業化、市場化以及生態化、專業化等目標邁進；　第三階段爲全面推進現代化的時期。第一階段爲西元二〇〇〇年到二〇一〇年，第二階段爲西元二〇一〇年初至二〇三〇年，第三階段爲二〇三〇年至二〇五〇年。由此可知中國西部第一階段爲中國西部現代化打下基礎的階段，第二階段爲中國西部貫徹推動邁向現代化的階段，第三階段則爲中國西部落實現代化的階段。這個中國西部大開發的戰略時期能於五十年內完成；需要的資金龐大，這將中國中央預算，長期國債以外資，包括世界銀行的貸款以及國際貨幣基金的資助。這是從二〇〇〇年開始的中國西部大開發計畫是爲一個長期的大開發計畫歷時五十年。今天若不做，明天會後悔。既然這個計畫已經開動了十年，未來路途還很遙遠。

七、中國西部經濟開發的戰略思維

　　這個中國西部大開發戰略思維自從實施以來成績甚爲理想；其經濟成長率爲百分之十一點四，高過於改革開放初期的經濟成長率，其經濟成長率高過於全國平均經濟成長率的百分之九點六四，但是中國東西部的所得分配差距卻仍然擴大的。中國東西方經濟發展的差距是很難克服的，這是基於中國東西方自然與人文條件相對的差異所引起的。在一九七八年改革與開放之後的中國採取的經濟發展戰略是要先從一些人富裕起來，然後來帶動全民的經濟發展。最後的理想境界是要使全國人民都能夠享受到經濟「均足」、「均富」的

理想境界。這種先富後均的經濟發展戰略也適用於中國東西部經濟發展戰略。這種經濟發展的戰略與一九七八年以前，尤其是一九五八年毛澤東的「大躍進」時期的經濟發展大戰略有相當大的差距。當時所謂的經濟發展戰略目標乃要在十五年的時間要超過英國，三十年以內要趕上美國，同時提出了平衡發展戰略，亦即經濟發展要使中國沿海與內陸經濟同時並舉的發展，要從中國的農業與工業同時並舉的發展，另外也要從中國工業和重工業同時並舉的發展。這些看法可以確認的是與一九七八年鄧小平的看法與做法是有不同的。鄧小平的社會主義思想是務實的，是可行的。因此鄧小平的改革開放三十年之後真正的做到「超英趕美」的中國經濟；中國人真正頂天立地有尊嚴的站起來了；鄧小平「一言興邦」的改變了中國面貌。[10]鄧小平強調允許一些地區、一些人先富起來，是爲了最終達到共同富裕和防止經濟貧富兩極化的社會主義。顯然的鄧小平經濟思想是重視人性求發展也重視人道求公道。

八、中國西部經濟開發的國際因素

中國西部的開發政府經濟要扮演著很重要的角色，民間市場經濟也要政府經濟逐漸培養出來。由於中國西部天然資源比較少，土地貧瘠、幅員廣大比較不適人居，尤其是基本建設如鐵路、公路、機場和都市造鎮、能源開發、環保、水

---

10 王浩林、魏后凱主編，《中國西部大開發戰略》，北京出版社，中國‧北京，二○○二年。

電、醫療、學校、國民住宅等等老百姓無法辦到的政府經濟就要率先的有所作為。待民間經濟有能力或民間願意做的時候可逐步歸於民眾。政府經濟是中國西部開發的角色功能是民間經濟無法取代的，政府經濟事業應逐漸培養民間經濟事業的發展。

　　中國西部開發的國際化也很重要。二十一世紀以後是全球化的時代；以國際開發中國也是一個必要的趨勢，如何藉用國際經濟的力量來推動中國西部的開發也是一個考慮的議題。中國西部雖然沒有西部海洋，但其北部、西部、南部與中亞、南亞甚至於東南亞等十四個國家接壤，此地區的國際邊境達二點三萬公里，占中國邊境的百分之九十一，可以促使與鄰國的經濟貿易，觀光旅遊等行業的發展。[11]至於與臺灣、香港等地亦有許多經濟合作的空間關係。中國的大西北以及大西南少數民族眾多，宗教文化複雜。文化雖無所謂的優劣分際，然而各種不同的文化將產生不同經濟發展，因而突顯文明的差異。如何激勵中國西部各民族文化與經濟發展的動力，去除某些經濟發展的宿命論，這可能也是一個工作重點。

第二節　中國經濟的崛起 —— 海峽兩岸經濟關係架構

一、中國經濟的崛起

　　只要經濟發展方向正確，中國經濟一定能快速的成長；

---

11 同註 10。

這以一九七八年以後的中國經濟最具代表性。今日的中國經濟確實已經「超日趕美」了。二〇〇九年的日本經濟成長率為負的百分之六，而中國經濟成長率則為百分之八點七；於是中國國民生產毛額為四點九二兆美元超過日本的四點六二兆美元。然而人均國民所得來看，中國則還不到四千美元，在全球排行榜上仍然在一百名以外，而日本的人均國民所得約為仍在四萬美元，高居全球十名以內；彼此相距甚遠。令世界驚訝的是中國經濟快速成長中，過去三十年已經超越加拿大、意大利、法國、英國、德國、日本等，確實已經是全球第二大經濟體系國。[12]

其間中國經濟正在轉形；本質上中國經濟是從「世界工廠」發展成為「世界市場」，因此在產業結構上已明顯的有了重大的調整。明顯的中國經濟已與全球經濟接軌；經濟結構也已從附加價值低的農工產業、勞工密集階段發展到附加價值高的技術密集和資本密集的現代化產業。

中國經濟正在轉型。中國經濟發展後的所得分配不均是一項大困境。都市角落裡的貧窮人口以及廣大中國西部貧窮問題可能是一個甚難解決的大問題。貧富不均不是社會主義，都市裡的貧窮人口更是一個所謂「貧窮於富足之中」的現象將日益明顯；這些社會正義缺失的問題將影響了中國經濟穩定，社會不安和政治分歧等問題。還有例如所謂的「一

12　〈中國大陸二〇〇九年宏觀經濟數據〉，新華社：中國、北京、資料引自二〇一〇年一月二十二日中國時報（A17）（臺灣‧臺北）連雋緯的報導。

胎制」及其衍生的各種問題等將是中國政府的挑戰。[13]

二、「藏富於民」的市場經濟

　　以產業結構的發展來說，臺灣與大陸有所不同。一九四九年以後臺灣一向重視私人民間企業，尤其是政府鼓勵輕工業的發展；一九五三年率先將臺灣水泥、臺灣造紙、臺灣工礦、臺灣農林等四大公司歸於民營。當時臺灣工業基本上還是發展輕工業，尤其是傳統的勞力密集的輕工業；重工業基本上屬國營的。六十幾年來臺灣中華文化的本質企業發展傾向於家族型的中小企業，勞力密集方向走；還有政治因素，使海峽兩岸關係複雜多變；此亦多少影響到臺灣資本密集尤其是重工業的發展。技術密集的產業則有其特色和發展的空間。[14]

　　中國大陸自從一九四九年開始一向甚為重視資本密集和技術密集的產業，因此這一方面有了強而有力的基礎；一九七八年以後重視市場經濟和發展輕工業；目前資本密集、技術密集和勞力密集的產業等三者兼顧的優勢。中國經濟自從改革開放以來成績甚為亮麗，這是有原因的。

　　中國傳統文化重視家族的經濟發展，對於重工業或大眾公司的「資本證券化」和「證券大眾化」，在推展上比較困

---

13 姚慧琴、任宗哲主編，《中國西部經濟發展報告》，社會科學文獻出版品，中國、北京，二〇〇九年。

14 孫成煜譯，Galbraith, J.K.著 The Nature of Mass Proverty《群體貧窮本質之探討》，今日世界出版社，臺北、臺灣、一九八五年。

難。這在在需要政府經濟政策的推動。這是一個複雜性的文化、宗教與經濟發展的問題。雖然文化很難介定優劣分際，但文化的不同的確會產生經濟發展的不同；經濟發展是一個經濟邁向文明的主要力量。文化使人和諧、文明使人幸福；文化不同於文明，有些文化會產生意識形態，此足以牽制經濟的發展，進而影響到一個文明與現代化的進程。例如同屬於儒家文化經濟圈的中國與日本，其對於儒家文化的認定有所不同，因而產生中日兩個產業結構的不同；中國適宜中小企業的發展，日本則有利於資本密集以及技術密集的產業發展。[15]

三、海峽兩岸的經濟合作

由於經濟發展快速，中國大陸產業結構有了鉅大的調整；與產業有關的工資，地租，資源，利息，運輸等生產費用（成本）不斷的增加，還有那些政府的優惠政策逐漸取消或終止的產業優勢條件不再存在，台商經營企業面臨了許多困難。其中部份台商為了生存轉移至中國中部、西部或東南亞地區的越南、柬埔寨和印尼等工資相對低廉的地區，甚至於有些台商返回了臺灣。臺灣人在中國大陸的「台商」，起初以經營勞力密集的產業為主要，這些企業資本比較少，繼之台商在高科技產業以及服務業的比重逐漸增加。三十幾年來台商在中國大陸的產業結構也逐漸在調整中。過去台商的

---

15 魏萼，《中國國富論》，時報文化出版公司，臺北，臺灣，二○○○年。

經濟管理方法也多少貢獻了中國大陸的企業管理模式。這種台商對於中國大陸經濟發展的大形勢是歷史發展中的必然，但是短暫的。台商在中國大陸經濟發展的角色與功能將逐漸降低。台商有百分之四十有意回台投資與創業的想法。這個統計數字說明台商在大陸的困境。為了拯救在大陸的台商，臺灣的「海基會」與大陸的「海協會」的管道是暢通的；其主要的內容大抵上是協調台商的困境，譬如說積極的促成臺灣的銀行在大陸為台商融資，協助台商有關醫療保健、子女教育，培養台商的人才，協助產業升級、租稅減免、通關簡化等等問題。其實兩岸簽訂 ECFA（兩岸經濟合作協定）多少可以疏解當前台商之危機，在這個緩衝期內台商必需做出適當產業調整以適應新的經濟環境。然而台商也有其先天性的劣勢，例如台商的家族公司的產業觀念很難突破，對於新幹部聘任的態度比較保守；所謂的台幹（包括親人、族人）的依賴相當沉重，很難相信大陸當地的人才，這是一個極待突破的問題。這也就是東方儒家思想文化的特色吧！期間世界主要貨幣的美元；英磅、日元、歐元等勢微，人民幣在國際上地位逐漸提升，其在國際金融發言權自然提昇。中國外匯存底已是全球之冠。中國大陸也提出幾項優惠措施，例如推動大企業家赴台投資、擴大對台產品的採購，增加大陸人士赴台旅遊，二〇一〇年已達到六十萬人次，以及推動促成兩岸經濟合作的機制。另外，有關陸資來台的問題，臺灣當局感覺是件好事，但顧慮很多，這可以喜憂參半的感覺，然而陸資來台從長計議，這是無法抵擋的事實。因為陸資來台的方向是正確的，逐漸會被肯定。這與中國國家主席胡錦濤

所提的新政策有關。其新政策方向：對內以和諧取代階段鬥爭，對外則以和平取代輸出革命；這是中華文化的表徵。[16]

四、海峽兩岸經濟合作架構協定

至於兩岸經濟合作架構協議（ECFA），馬英九重申「壯大臺灣、結合兩岸、佈局全球」的經濟戰略思想；他特別向臺灣的企業界提出「一幫、二不、三要」的策略性原則來面對此協議（ECFA）。所謂的一幫，即是要幫助人民做生意，提高臺灣的競爭力；二不，即是不進一步開放農產品的進口，不開放大陸勞工來台；三要即是要關稅減免，投資保障及智慧財產權的保護等。中國大陸也指出 ECFA 協商要把握「快、易、少」三字原則。所謂的快，即是要把握快速的時間簽約，例如東協與中國有自由貿易的協定（二○一○年一月生效），東協與中國的貿易免關稅，未來韓國與日本的經濟合作將加強，臺灣在東協的競爭力將受到侷限。因為經濟競爭力的關係，兩岸快速簽訂 ECFA 對臺灣是有利的。所謂的易，即是要將容易做，先行實踐；在世界貿易組織（WTO）架構下的 ECFA 一般來說會逐漸實現雙邊關稅的減免。所謂的少，即是單純性高條件性比較少的項目先行簽訂。要把握「快、易、少」的原則，希望能促成兩岸經濟合作架構的成果早日實現。這個兩岸經濟合作架構協定是二○一○年六月二十九日簽字，二○一○年九月十二日正式生效的。[17]

---

16 中國傳統文化的經濟思想的本質重視實用主義，意識形態是很淡薄的。
17 此協定的簽定與實施也有助於臺灣海峽的和平與安定。

　　目前中國是美國第二大貿易夥伴；亦即第三大出口國、第一大進口國，美國對中國貿易逆差二千六百六十億美元（二〇〇八年），擁有外匯存底二兆四千億美元（二〇一〇年）。美國與中國之間的經濟關係仍然在加強中。臺灣經濟似有被空洞化與邊緣化的跡象。臺灣資金流向集中在「閩三角」（漳、泉、廈）、「長三角」（滬、蘇、浙）以及「珠三角」（澳、港、粵）等地區。以高雄港貨櫃吞吐量為例，三十幾年來高雄曾是全球第三大的貨櫃港，時至今日已淪為全球第十大而已。過去三十幾年來，大部份的台商產業到中國大陸去發展，獲利不少。台商在中國大陸獲利的優厚條件已逐漸喪失。過去勞工和土地的低廉也不復存在，何況中國大陸內部企業已形成強勁的力量足以取代台商的經濟力量，何況外商林立，這些都多少形成台商的威脅。展望未來，台商的前途不是那麼樂觀。

五、中國經濟的世界接軌

　　兩岸經濟合作架構：協定簽字之後不增加對大陸農產品之進口，也不開放勞工的進口以及大陸出口品、不傷臺灣傳統產品為先決條件等方向是正確的。臺灣產業界之所謂弱勢傳統產業的一些例如紡織業、製鞋業、家電業以及陶瓷業等傳統產業將面臨到嚴厲的挑戰。此協定簽後的臺灣經濟勢將增加臺灣的就業率，主要的是臺灣與大陸海峽兩岸經濟關係已明確定位。將來的狀況如何？主觀客觀的變數仍然許多，一言難定，然而此協定可減免關稅、保障投資和智慧財產的

維護，其方向正確，復加上農產品、勞工的不開放以及儘可能保護傳統的弱勢產業等細節，基本上是有利於臺灣經濟的，一般來說對臺灣的就業、股市等都會有一定的激勵因素的。

繼二〇〇八年北京的「奧運會」後，二〇一〇年上海舉辦了「世博會」；此次世博會以「綠色」和「低碳」為主軸，並且展示科學與技術的高度；這個富有世界指標性的產業發展方向也是中國十二次五年經濟發展規劃的重點；也是中國經濟產業發展方向的定位，中國財政、金融等政策將全力配合。日本在一九六四年在東京舉辦了「奧運會」在一九七〇年在大阪舉辦了「世博會」之後，此展現了日本的崛起，尤其是日本經濟的崛起。而中國呢？舉辦了此「兩會」之後，中國經濟與世界接軌之事實更為明顯。

六、海峽兩岸經濟合作的前景

三十幾年來台商對中國大陸經濟發展是有貢獻的。但是台商在大陸的優勢似乎已經逐漸消失，這在於勞工成本提高、土地租金偏高、外匯匯率提高、原料價格上揚、能源等天然資源價格昂貴等因素，使台商在大陸的優勢逐漸消失。台商的產業結構有待與時俱進。這亟需從台商的主客觀環境的調整以因應這個變化中的台商經濟發展環境。尤其是二〇〇九年四月二十九日中國國務院通過「關於二〇〇九年深化經濟體制改革工作的意見」。其中涉及金融改革、對外經基改革、租稅改革、科技體制改革、醫療衛生、教育、住房等問題的改革，就業及所得分配的改革、農林經濟的改革、國

營企業改革、能源和環境的調整，政府與民間經濟的協調等等方面的改革。[18]

　　台商對於產業的調整的彈性沒有那麼大。「台商」在中國大陸的優勢逐漸失去，但也有新「利多」消息，那是兩岸「三通」的完成；這對於兩岸經濟交流是一項神聖的政策。兩岸「三通」可以反映出一個兩岸未來和平的事實。這是一項大「利多」的開始，還有那個 ECFA 的簽訂，臺灣從中國政府的背書可以與世界上的團隊或地區從事於經濟貿易的行為，甚於有了 ECFA 的簽定，這個也可以說臺灣與大陸的關係已有了明確的定位。其中農產品的開放與否是一個爭論的要點。目前政府管制八百三十項農業品的進口；此用於保障臺灣農民的基本利益，否則會影響到臺灣或有幾十萬人的失業。

　　二〇〇八世界性的金融危機，中國經濟當然多少受其衝擊，但並無大礙。一般來說中國大陸以及臺灣經濟的表現均令世人刮目相看。於是有所謂的東方經濟學的呼聲。

　　中國經濟的金融、租稅等重要措施。預料中國經濟發展勢將繼續下去。臺灣與大陸的經濟關係仍待加強。臺灣出口貿易百分之四十一往向中國大陸。中國已經是影響臺灣經濟的首要地區，這與一九五〇年至一九七〇年代臺灣經貿關係首依日本，而一九七〇年代至一九九〇年主要依靠美國，而一九九〇年代以後以至於今日，臺灣的經濟首依與中國大陸的經濟關係。

　　兩岸經濟關係的加強有助於臺灣海峽安定與和平。尤其

---

18 同註 16。

是「兩岸經濟合作協定」的簽訂，此協議基本有助於臺灣海峽安定與安全，這是兩岸經濟貿易正常化的宣示。此協訂有助於臺灣產業的復甦，提高就業人口大約為二十五萬人。臺灣現階段的就業人口約為一千零一十萬人；估計促成臺灣成長率百分之一點六五。[19]

19　中華經濟研究院（臺灣・臺北）二○○九年全球貿易分析模型（Global Trade Analysis Project （GTAP）研究結果。

第六篇
臺灣經濟發展的文化取向

第一章　從臺灣看世界：東方
經濟的崛起

第一節　西方經濟文化的沒落

　　從幾百年來世界經濟發展的經驗得知，全球性的經濟危機已確認自由市場經濟的體制不是萬靈丹。政府經濟雖然絕對不是萬能，但是沒有政府經濟亦是不能。

　　一九三〇年代以及當前的世界性經濟危機得知經濟資訊不足、經濟道德不彰、經濟制度不全等因素均是市場經濟「自由病」的本源。

　　西方經濟思想已相對沒落，東方儒家經濟思想勢將再崛起。臺灣經濟發展是儒家文化經濟圈的重鎮；「臺灣經濟學」（Taiwanomics）何去何從，深值世界經濟學界的重視。

　　當前（二〇〇〇年代）世界金融海嘯是西方資本主義經濟相對沒落的分水嶺。歐美等西方世界自從十五世紀文藝復興開始領導了全球的經濟與文明。這莫非西方自由市場經濟獨領風騷，創造了資本主義普世價值的結論；這尤其是天主教與基督新教等的宗教文化引導了世界的經濟發展。幾百年

來資本主義經濟思想雖然飽受質疑，但基本精神仍屹立不搖。英國曼徹斯特經濟發展經驗後，使得馬克斯和恩格斯的一八四八年《共產黨宣言》曾大行其道，這包括各種類別的社會主義思想在內。可是這些社會主義思想都不是西方經濟思想的主流。

　　誠然資本主義發展過程中也出現許許多多缺乏社會正義的現象，尤其是屢次全球性的經濟危機，例如一九三〇年代的世界經濟大恐慌，一九七〇年代世界停滯性通貨膨漲的石油經濟危機，一九九〇年代的亞太金融危機，還有二〇〇八年的全球金融海嘯等等。資本主義自由市場經濟是建立在於經濟道德完美、經濟資訊完整、經濟機制完善、經濟法規充實等基本假設的大前提下才能運行不墜；否則將產生經濟的「自由病」，即物價上漲、所得分配不公平、失業人口增加等現象。這些經濟「自由病」經常已變成了常態。這些已使資本主義的基本精神遭受到嚴竣的挑戰。經過長時間的實踐與檢驗的結果已使資本主義經濟制度的社會公信力蕩然無存。

第二節　東方經濟文化的崛起

　　取而代之的是東方型的經濟發展模式，尤其是儒家文化經濟圈的崛起。戰後的日本、臺灣、韓國、香港、新加坡等地區經濟發展的傑出表現，令世人刮目相看，特別是一九七八年以後鄧小平改革開放的中國，其經濟發展特別突出。東亞儒家文化經濟圈已經是全球三大經濟版塊之一，此與西

歐、北美等三足鼎立。臺灣經濟是儒家文化經濟圈的重鎮，戰後推動儒家文化不遺餘力，何況沒有中斷過。中國大陸經濟多少取法於臺灣經驗，如今中國大陸已是全球第二經濟大國，僅次於美國。中國經濟已經崛起，必將再茁壯。二〇〇八年起的全球金融海嘯已經考驗了東方儒家文化經濟圈的特色；其中政府經濟與國營事業的角色與功能重新引起世人的重視。臺灣經驗，中國經驗，日本經驗，新加坡經驗，香港經驗，越南經驗等等，都是未來世界經濟發展的新趨勢。

　　西方經濟發展經驗從重商主義、重農主義、古典學派、新古典學派、凱恩斯學派、自由主義、新自由主義、自由派、新自由派以及包括共產主義在內的各式各樣的社會主義等等西方經濟思想，將逐漸被驅逐至歷史的炊燼當中。新時代的經濟思想終將到來。西方主義的經濟思想本諸「天人分離」的哲學基礎，政府經濟或民間經濟為主軸的經濟信仰各有偏好與取捨；很難得到適當的調和，例如美國、英國、德國等的兩黨政治；保守派、自由派等各有主張。另外、一九九〇年代前後蘇聯以及東歐諸國共產主義國家的土崩瓦解後立即變成崇尚自由民主的市場經濟國家。這種現象在東方的中國則有所不然。在中國、此種共產主義政治與經濟制度的改變呈逐漸由內部轉換而來、並非一朝一夕立即性的改變。還有、東亞儒家文化經濟圈的社會、政府經濟扮演著有些無法取代的功能，此亦可避免過渡依賴市場經濟導致經濟危機。

第三節　全球性經濟危機的啓示

　　一九三〇年代的世界經濟大恐慌肇因於市場經濟供需失調，貨幣政策無濟於事。解決此次經濟危機有賴於政府經濟的功能；財政政策乃是舒解當時經濟危機的良方。一九三〇年代的西方經濟先進國家社會正義缺失，貧富懸殊問題甚爲嚴重。何況當時經濟資訊不足，經濟機制不健全，經濟道德不夠完善；在這種狀況下何以能在沒有政府協助下實施自由市場經濟呢？一九三〇年代世界經濟不景氣就是這樣發生了。一九七〇年代因爲石油危機新衍生的生產衰退、物價上漲等現象也是自由市場經濟力有不逮的結果。一九九〇年代亞太金融危機也不例外，這是韓國、泰國、印尼等地過度發展自由市場經濟，缺乏政府經濟的過濾，直接遭受外來經濟、金融的衝擊；所以韓國、泰國、印尼等地的貨幣對外大幅貶值百分之五十。

　　二〇〇八年起的世界性金融海嘯當然也不例外，這是典型的經濟「自由病」。此次金融海嘯與一九三〇年代的世界經濟大衰退情況差不多。由於美國共和黨在布希總統採取了比較保守的自由主義經濟與外交國防政策，尤其對付阿富汗與伊朗的軍事政策，激怒了中東產油國家。正是因爲油價一度空前的高漲，導致生產成本大量提高。繼之，物價高漲之後，消費大量減少，形成失業人口加速增加；進而影響了房貸、車貸以及一連串的信貸危機。這種金融危機的惡性循環

有如瘟疫般的不斷擴大，由局部到全面，從國內到國際，一發有不可收拾的態勢。此時連中東產油國家也不能幸免。這種從油價高漲而引起的物價高漲（後來物價下跌）、失業率高、投資率低、對外貿易減退、外匯匯率貶值競賽等滾雪球般的不斷擴大。追究二〇〇八年全球性金融海嘯的基本原因仍是在於迷信資本主義自由市場經濟的功能，一味採取擴張性的金融與信用政策，此抵擋不了突如其來的外部經濟衝擊。

第四節　自由市場乃是臺灣經濟發展的主力

　　幾次全球性的經濟危機帶來了世界經濟災害，其中受害比較輕的國家或地區是儒家文化經濟圈的日本、越南、新加坡、臺灣、中國大陸等地區。這些國家或地區的政府經濟扮演著重要角色。儒家文化經濟圈的經濟體系正是因為政府經濟的功能起了關鍵性的作用。其中政府的經濟政策，這包括貨幣政策、財政政策和外匯政策等的權衡運作，此外國營事業的功能也甚為重要。從屢次全球性經濟危機看來，確實是重新再檢討自由市場經濟的永恆性的適當時機了。

　　屢次世界性經濟危機的診治方案均不外政府經濟的介入。一九三〇年代的經濟危機，貨幣政策無能為力，全靠政府政策的刺激政策奏效。財政政策包括的投資行為和貧民的贊助等等。經過大約十年的刺激景氣，復加第二次世界大戰全面性的經濟消耗行為，還有戰後的經濟重建，全球經濟終

於復甦。一九七〇年代的全球經濟危機，也依靠了政府貨幣政策的舒困以及政府財政政策的調節，然後使得經濟得以死炭復燃。二〇〇八年起的經濟危機仍然要依靠政府經濟的大力協助，尤其是財政政策的功能。

　　由此可知，市場經濟雖然不是萬能，但是沒有市場經濟則是萬萬不能；然而政府經濟絕對不是萬能，若沒有政府經濟亦是不能。自由市場經濟是常態，但不能全靠自由市場經濟。換言之，我們仍然肯定自由市場經濟的功能，也強調政府經濟的必要性。政府經濟不是取代自由市場經濟的功能，而是補充自由市場經濟的不足。這正是臺灣經濟發展的經驗。在過去的歲月裡臺灣經濟發展也提供了中國大陸經濟發展的重要參考，中國經濟必然會再崛起，而臺灣儒家文化經濟發展模式當然也可提全球經濟發展的一面鏡子。臺灣的經濟發展模式不做西方外來文化的殖民地，也不做中國古代思想的奴隸；亦即要洋為中用、古為今用，與時俱進，因地制宜。臺灣經濟經驗是東方儒家文化經濟圈的重鎮、它不能說是個典範，但可參酌。然而儒家經濟思想止於至善，談何可能；特別是腐儒。還有例如子罕言利、小人喻於利、不患寡患不均等曲解孔孟思想言論都產生中國經濟發展的絆腳石。值得防範。

第五節　臺灣經濟應有的經濟政策

　　每當臺灣經濟低迷的時刻，在在需要大有為政府的經濟

政策，以解決臺灣經濟發展的瓶頸，否則，顯示政府的無能。
「市場經濟不是萬能，但是沒有市場經濟卻是萬萬不能」，
這只是在正常經濟之下的定律；然而，一國經濟不景氣時，
「政府經濟不是萬能，但是沒有政府經濟卻是萬萬不能」。
此時，政府經濟要體認中國傳統經濟思想「藏富於民、民富
國強」的道理，也要記取儒家思想發展經濟的原則「以農立
國、以工強國、以商富國」的基本哲學，更要思考管子、商
鞅、桑弘羊等法家「平準法」、「均輸法」等政府經濟意義，
並盱衡當時國內外經濟的環境，以診斷經濟不景氣的癥結，
提出具體可行的方案，解決當時經濟的危機。

　　當前世界性的經濟危機與一九三〇、一九七〇年代的情
勢不同；一九三〇年代世界經濟不景氣，主要的病因是普遍
性的「有效需求不足」，尤其是西歐貨幣政策無能為力，端
賴凱因斯「新經濟」思想，擴大以投資與消費為主要的財政
政策，而恢復景氣；此政策持續到一九七〇年代，因為糧食
及能源生產的危機，造成所謂停滯性的通貨膨脹，當時的貨
幣政策及財經政策功能均不彰，以克來恩（L.Klein）為主的
經濟學者們認為只能從擴大經濟生產力的「產業關聯」著眼，
於是技術密集和資本密集的產業的發展成為解決當時經濟瓶
頸的鍼藥。二〇〇〇年代國際性的經濟危機，則在於世界貧
富不均、產業結構不健全所致。這包括國際間勞力密集、技
術密集、資本密集等產業極端性不均衡的發展，同時，國際
間比較經濟利益的產業失調。於是，世界性的經濟總供需產
生嚴重落差，此現象充分顯示在全球性的經濟成長的低落、
失業人口的暴增、所得分配的不平均以及物價高漲等現象，

臺灣經濟自然亦無法置外；面臨此世界性的經濟危機，因而貨幣政策與財政政策適度性地配合，必可紓解此經濟困境。

臺灣經濟曾經創造奇蹟，主要是政府認清國內外經濟情勢，採取貨幣政策、財政政策理性地混合；基本上，從勞力密集發展到技術密集、資本密集的產業階段。在發展過程中的一九五〇至一九七〇年代，主要依靠日本的貿易投資；一九七〇至一九九〇年代則依靠美國的貿易投資；而一九九〇年代以至於今日則以中國的經濟為重。由於二十年來臺灣政治經濟社會動盪不安，以及政府經濟政策失當，致使臺灣勞力密集產業逐漸式微、資本密集的產業無法生根而技術密集的產業卻一枝獨秀，其結果是中產階級萎縮，「新貧」與「新富」階級顯著增加，因此所得分配極為不均、失業人口居高不下、經濟成展萎靡不振而通貨膨脹日漸加劇，形成民不聊生，社會總需求嚴重不足。此情勢若不及時扭轉，必將加速造成臺灣經濟、社會與政治不安。

有鑑於二〇〇〇年代初葉臺灣經濟國內外、主客觀等因素，為拯救臺灣經濟危機為例，有以下幾個政策性的觀察：

一、貨幣政策的放寬

政府應該放鬆銀根，增加貨幣供給率，降低利率；鼓勵生產者從事資本設備與廠房的更新，積極引進外資從事生產事業，擴大就業需求，提高產品品質；強化證券市場，鼓勵融資、融券，必要時可考慮階段性的降低或減免證券交易所得稅，並放寬外資購買證券，以推動「資本證券化、證券大

眾化」的進一步發展。

二、財政政策的推動

　　積極擴大內需，徹底推動「愛台十二項建設」為主軸的有效需求，責成各級有關機構嚴密規劃，並落實所有建設；適度調降營利事業所得稅，活絡公司企業的生命力；積極展開都市的更新以及舊社區的重建。政府不必怕財政赤字增加，只怕基本建設不周全，必要時可發行建設公債，甚至於可向國際金融機構貸款。

　　貿易政策的激勵積極鼓勵出口，政府提供必要的對外貿易優惠措施，採取低匯率的外銷政策，這包括新台幣的自然貶值、獎勵進口資本密集產業的基本設備、並積極鼓勵外資的引進，以參與臺灣經濟的生產行列，促進產業升級並提高就業水準。

三、物價穩定的措施

　　政府要扮演物價督導角色，防止奸商的不法行為，以確保市場經濟的健全發展。行政院應該成立跨部會的物價督導會報，貫徹平準、均輸等經濟功能。此外，國營事業以及大眾公共事業的定價政策，應該配合國家經濟發展，暫時不必拘泥市場經濟反應成本的原則。

　　社會政策的配合政府應積極消除日漸擴大的貧窮階級，擴大實施「負的所得稅」政策，例如貧窮階級的補助、老年

年金的給付、失業的救濟、貧窮學生的照顧、醫療的補助、
住房的紓困以及就業輔導等等。

　　總之，以總體宏觀考量臺灣經濟發展的方向，從短期看，
以擴大內需為主要，旨在恢復經濟景氣，提高就業水準、振
興股市、穩定物價、縮小所得分配等目標；從長期看，以提
升經濟的發展階段，特別是提高經濟生產力，健全資本密集
和技術密集的產業，邁向經濟高度開發的境界。

第二章　臺灣經濟在亞洲經濟
合作中的角色

第一節　東亞經濟圈與中華經濟圈的分歧

　　全球化本土主義（Glocalism）價值觀是二十一世紀文化
與文明的新趨勢，它是全球主義（Globalism）與本土主義
（Localism）的結合。當中，亞洲經濟的「新區域主義」（New
Regionalism）也是不斷的隨著各地區政治經濟的新形勢下而
作必要的調整。「東亞經濟圈」（East Asia Economic
Community）、「中華經濟圈」（Chinese Economic
Community）、「東南亞經濟圈」（South East Asia Economic
Community）、「儒家文化經濟圈」（Confucian Economic
Community）等等區域經濟整合經常地在分流（divergency）
與合流（convergency）中，而東亞地區的經濟在二次世界大
戰以後不斷的崛起與壯大，引全球注目。[1]其中中國大陸的經

1　奈思比（John Naisbitt）著，林蔭應譯，《亞洲大趨勢》（Megatrends Asia）；
　天下文化出版公司，臺北，一九九六年，第三〇～五五頁。該著作原發表
　於美國 Nicholas Brealey Publishing Ltd., 1995,出版。

濟也在逐漸成長下，在這個世紀初葉，中國經濟已取代日本，成爲僅次於美國的經濟大國。[2]戰後的臺灣一直是屬於日本爲主軸的「東亞經濟圈」，但在二十一世紀裡，臺灣終將成爲以中國大陸爲主要的「中華經濟圈」中的重要成員。[3]

　　臺灣經濟曾經被譽爲「奇蹟」，也是開發中國家的典範之一。臺灣經濟發展經驗在東亞地區一向被認爲是舉足輕重的；然而近幾年來臺灣經濟表現不甚亮麗。[4]雖然如此，臺灣經濟在亞洲經濟合作與經濟整合的過程中，仍然扮演者重要的角色。

　　臺灣經濟在亞洲的角色可從其經濟發展的經濟實力、經濟發展的儒家思想和經濟發展的政策經驗等三方面來探討。臺灣經濟發展的實力是其在亞洲經濟合作經濟和經濟整合的基礎；臺灣經濟的儒家文化是其在亞洲經濟合作與經濟整合的動力，而臺灣經濟發展的經驗可供亞洲經濟合作與經濟整合的參考。[5]本著作的重點則偏向於臺灣經濟發展所展示的實力，以及其如何貢獻於亞洲的經濟發展。

　　論及亞洲經濟合作與整合的前景，這是有前題條件的。第一、這要視亞洲各國間經濟的互補性和互利性，這涉及經

2　中國大陸的國民總生產於西元二〇〇〇年居全世界第六位，二〇一〇年世界各國國民總生產依序爲美國、中國、日本、德國、英國、法國、加拿大、義大利等。

3　中華民國財政部海關統計。二〇〇〇年代臺灣對外貿易第一對手是中國大陸，第二對手是美國，日本退居第三位。

4　臺灣經濟奇蹟是指一九四九年至一九八九年。一九九〇年以後臺灣經濟成長率減慢。詳情請參閱 Wei, Wou, Capitalism: A Chinese Vision, Center for East Asia Studies, Ohio State University, Columbia, Ohio, 1992.

5　魏萼，《中國國富論》（一個富有中國特色的新國富論），時報文化出版公司，臺北，臺灣，二〇〇〇年。

濟學的供需關係，其中是以對外貿易與投資關係爲主要；第
二、這要以共同的市場經濟背景爲基礎；社會主義的計劃經
濟與資本主義的市場經濟因爲體制的不同，彼此較難接軌；
第三、要有相同的經濟合作與整合的環境，這涉及有關經濟
合作的法令與規章等有關問題，否則難以促成彼此的合作事
項。[6]此外，亞洲地區即使有了上述經濟合作與整合要件之
後，還有政治與文化的顧慮。假若國與國之間有不同的政治
利益也會影響亞洲各地區間應有的經濟合作與整合方向；例
如臺灣正面臨著是應駛入「東亞經濟圈」或「中華經濟圈」
的交叉路口上。「東亞經濟圈」是以日本爲主要，而「中華
經濟圈」是以中國爲主軸，這已如前述。[7]臺灣因爲歷史與文
化的因素的變遷，促使臺灣從昔日的「東亞經濟圈」的屬性
逐漸轉移至「中華經濟圈」。回歸歷史文化的中國，一九七
八年以後其經濟發展的表現優越，這是歷史與文化的經濟因
素自然而然的牽引臺灣經濟合作與整合方向逐漸由日本爲中
心的「東亞經濟圈」轉移到以中國大陸爲軸心的「中華經濟
圈」。

　　其實，臺灣、日本與中國大陸等均是亞太經濟合作組織
（APEC）的重要成員。「東亞經濟圈」的重要性雖日益提
高，但這以日本爲主的「東亞經濟圈」以及以中國爲主的「中
華經濟圈」相比較，「東亞經濟圈」其在經濟總體實力上的
重要性相對降低，將變成次經濟圈的地位，它將不是亞洲經

---

6 同註 5。
7 這牽涉到中日兩國的歷史與文化因素，尤其是第二次世界大戰期間的所謂
　八年中日戰爭。

濟的最重要舞台了。[8]亞洲經濟除了上述的「東亞經濟圈」、「中華經濟圈」、「東南亞經濟圈」、「亞太經合組織」之外，還有中東、中亞，與南亞等地區；就以臺灣的經濟合作與經濟整合的角色來說，這些經濟區域重要性都不高。

第二節　臺灣富有中國特色的市場經濟

綜觀二十一世紀將是全球化與本土主義的結合時代，地球村裡的普世價值（Universal Value）與區域性本土主義（Regional Localism）價值觀的超國際性日益提高，逐漸遠離文化衝突（Cultural Collusion）。[9]其中都向市場經濟認同，彼此逐漸否定計劃經濟的功能。[10]這對全球的福祉有正面的意義，因此世界經貿組織（WTO）之主張排除關稅壁壘，其趨向市場經濟的比較經濟利益原則（The principle of the Comparative Advantages），基本上是有助於全球經濟資源的有效配置。[11]

8　這是相對的比較觀點；從長期趨勢而言，此情勢將更趨明顯。
9　東方儒家思想的哲學基礎「天人合一」便是文化調和，此與西方某些學者所謂的文化或文明衝突是不相同的。
10　市場經濟是一國現代化經濟制度與經濟發展的方向；市場經濟雖不是萬能，但沒有市場經濟是萬萬不能。市場經濟的好處比計劃經濟多，這可以從世界經濟發展實證的驗得到答案。
11　民主制度也有其缺點，尤其是不健全的民主；一般來說，民主總比不民主的好處多。Glenn Jerome C and Theodore J. Gordon, State of the Future at the Millennium, American Council for the United Nations University（The Millennium Project）, Washington D.C. and New York, U.S.A., 2001, pp.16-17.

　　臺灣與中國大陸終於在二〇〇一年進入世界經貿組織，有助於臺灣參與亞洲的經濟合作與整合。[12]中國大陸繼進入國際貨幣基金會（IMF）以及世界銀行（World Bank）之後，此次再加入世界經貿組織，此不但有助於其在國內和國際邁向市場經濟，也有助於其在世界經濟的貢獻，換言之，有助於中國經濟的國際化，另一方面也可以貢獻國際經濟於一二。[13]

　　在上述亞洲經濟合作與整合的三個要件中的市場經濟，臺灣角色重要；因爲其與中國大陸經濟有著重要的互動關係。中國，這個發展中國家市場經濟，雖不完善，它逐漸在進步中。[14]這要歸功於一九七八年鄧小平的改革與開放新經濟政策。[15]鄧小平新經濟政策，對國外來說，也促進國際投資與國際貿易的意義。而臺灣對大陸的投資也佔臺灣對外投資總額的百分之六十三，此亦顯示臺灣對中國大陸經濟的依賴程度相當高。[16]

　　中國大陸爲實踐市場經濟，所需的人力資源和一些制度性的法令規章也逐一的在充實中，預料其參與世界經濟的潛力將爲擴大。[17]此爲全球第一外匯存底國家；如此，人民幣

12　臺灣與中國大陸分別於二〇〇二年十二月進入 WTO。

13　中共進入了世界銀行（World Bank）以及國際貨幣基金會（I.M.F）之後，加速了其與國際市場經濟大環境的接軌。

14　中共進入市場經濟的軌道是正常的，這與中國文化也是結合的，因爲中國經濟思想史乃是一部以市場經濟爲主要的文化史。

15　鄧小平是中國人，他也是中國文化的愛好者。詳文參閱 Allen T. Cheng, "China's hidden agenda?", Asia-Inc.,（Nov-Dec.）, Singapore, 2002, pp. 45-47.

16　依據中國海關統計；新華社二〇〇二年十二月三十一日年終報告。

17　中國步入市場經濟，其方向正確；所有的法令與規章都在修正與配合當中。中國經濟的發展潛力甚大。

已非昔日的弱勢貨幣，也有再升值的壓力。[18]

　　預料人民幣將繼續逐漸轉變成為強勢外幣，這除了中國大陸對外貿易巨大順差之外，那應歸於中國政治穩定、經濟穩定和社會穩定等條件，因為這些因素吸收了不少外資與外匯；[19]中國大陸經濟成長率始終居高不下，改革開放以後的三十幾年來平均經濟成長率超過百分之九。[20]此一高經濟成長率仍然會持續下去，則是因為中國大陸的勞力、土地、原料等生產要素皆甚低廉，有利於投資環境，其他因素是外資、外商等均不斷湧入中國大陸，這也加速了中國經濟的發展潛力。[21]

第三節　臺灣與國際經濟

　　臺灣經濟不景氣是最近幾年來的事；雖然如此，二〇〇二年臺灣對外貿易總額還是偏高，累計外匯也有高居全球第三。[22]近年來新台幣的貶值多少是社會、政治、經濟的信心

18　二〇〇〇年以後，中國的外匯存底始終是高居全球第一位。日本為第二位。因此中國人民幣有升值的壓力。

19　二〇〇二年第一季，中共外匯存底已超過三千億美元。政治、經濟與社會等的穩定是儒家思想下的產物；經濟穩定經常為成長的先決條件，這是中國的特色。

20　二〇一〇年以後，中國大陸的經濟成長率雖然達不到百分之九，但仍然可以維持在百分之六以上。

21　孫中山先生思想裡有所謂國際開發中國的想法，這是利用外國資金來促進中國經濟發展；這也使中國經濟錦上添花。

22　臺灣經濟統計，行政院經濟建設委員會二〇〇三年度報告。

因素；臺灣的外債幾乎等於零。[23]臺灣的經濟比過去十年、二十年、三十年可謂不甚理想，但總的來說，臺灣經濟發展的過程曾被譽為奇蹟。六十幾年來其平均經濟成長率仍在百分之六以上，通貨膨脹率接維持在百分之二~四之間，所得分配的吉尼係數（Gini Coefficience）仍然相當理想。[24]臺灣經濟已擺脫農業、勞力密集和進口替代的階段，而是邁向提昇工業水平的資本密集、技術密集和其第二階段出口擴張（Export Expansion）的經濟發展階段。臺灣經濟發展其基本面來說仍然強勁，其平均國民總生產仍然高居全球第十六位（仍受新台幣貶值的影響）；此統計數字已屬於開發中國家的前茅，然而與已開發國家的西歐、北美、日本等地區相比，仍有相當大的距離。[25]目前，臺灣在亞洲經濟合作與整合過程中仍扮演著相當重要的角色。

第一、市場經濟：臺灣的市場經濟發展使不是一蹴而成的，它是分階段性的意義，逐步循序漸進的。例如一方面健全經濟與金融制度的建立，另一方面推動經濟與金融道德的教育，使政府與民間相互配合。這一方面的成就雖不甚理想，但方向已經確立。此可以提供經驗給亞太地區許多國家的參酌。[26]

第二、經濟結構：臺灣經濟雖不完全屬於經濟已開發國

---

23 臺灣的外債一向以長期外債為主要，如今臺灣外債只有三千多萬美元。
24 同註 22。
25 臺灣經濟在二十一世紀初一定可以進入經濟已開發國家的行列。
26 臺灣經濟發展的經驗過程中，國營企業扮演著很重要的角色；國營企業功成身退，而民營企業逐漸順勢發展，市場經濟遂成為臺灣經濟的主流地位。

家，但確實已脫離開發中國家的經濟狀態。現階段臺灣對於
「已開發國家」（Developed Country）經濟仍以提供一些品
質較高的輕工業和技術密集的產品，而對於「開發中國家」
（Developing Country）也可以提供上述的產品，彼此是經濟
產業互補的階段，所以臺灣對外貿易成長率快速；何況曾經
還逐年有對外貿易上的順差。[27]

　　第三、經濟文化：臺灣經濟發展邁向市場經濟過程中，
曾經接受外國專家的指導，特別是一九七○年代國際貨幣基
金會和世界銀行的專家指引，他們的貢獻很大；其中臺灣的
許許多多經濟發展的典章與制度，他們就財政部、經濟部、
中央銀行、主計處等有關財經制度的建立提出了許多興革的
建議，使臺灣順利的邁進市場經濟的社會。然而臺灣畢竟是
中國文化（尤其是以儒家思想為主流）的地方，政府決策者
秉持儒家思想的思維方式做出理性的決策，而在野的民間社
會也以儒家思想的思維方式來適應其經濟生活方式。[28]儒家
社會裡的勤儉、信義、理性等道德風範均有助於經濟發展和
社會安定，這也可以促進臺灣與亞洲的經濟合作與整合。這
是臺灣儒家社會的現代化與國際化的問題。此可媲美西歐、
北美等基督新教的國家。[29]

　　二十一世紀初葉以來臺灣經濟不景氣，失業率已高達百

---

27 臺灣經濟發展靠輕工業，其品質很高。臺灣輕工業產品不管經濟已開發
　　國家或經濟開發中國家都表示歡迎，因此享有對外貿易的鉅額順差。
28 這是儒家新教與經濟發展的關係，此成就可比喻基督新教與西方資本主
　　義社會的關係。
29 同註 28。

分之七點四五，失業人口已超過七十六萬人。[30]臺灣海島經
濟因天然資源欠缺，對外依賴度仍高，如今的臺灣經濟更偏
向對中國傾斜，尤其是對中國大陸的出口貿易佔臺灣對外出
口貿易總額的百分之二十五以上。[31]

第四節　臺灣與亞太金融危機

　　一九九七年七月開始爆發的亞太金融危機，至目前為止
可以說是完全恢復到正常的水平，尤其是韓國、泰國經濟不
但已從經濟危機中得到重建，同時也再進一步的發展中，難
能可貴。一九九七年的亞太金融危機的國家中的菲律賓、印
尼也在正常的狀態下重建其經濟發展。此次金融危機所取得
的教訓是股市崩盤、各國貨幣對美元的大幅貶值、這些國家
的對外貿易大幅度縮減、經濟成長率也大幅下降、失業率因
而大為升高等經濟不正常現象。此外此次亞太經濟危機所波
及較少的地區是中國大陸、臺灣、新加坡、香港、越南等地。
何以如此，這與文化衝突和文化調和（Cultural Harmony）上
有密切的關係。[32]印尼伊斯蘭教文化、泰國佛教文化、韓國
儒家文化等國受到外來文化的衝擊較大；例如印尼的盤查西
拉（Panchacilla）文化，本為爪哇文化與伊斯蘭文化的結合

---

30 同註 22。
31 同註 22。
32 以臺灣為例，民間信仰佔全人口的百分之八十五以上。這是儒、釋、道
　　文化的結合體，此已構成臺灣的主流宗教文化。

體，泰國的小乘佛教文化本為南頓佛教的一支，但是遭受到
西方基督教、天主教文化的衝擊甚大。韓國本為東方儒、釋、
道文化的重鎮，但遭受到西方基督教、天主教文化的衝擊，
產生文化的偏差，這反映在經濟政策上是畸形的現象。譬如
說投資制度的不夠穩健，這表現在房地產上的高價位的房子
上，富人投資太多，貸款負債過重，一般窮人購買不起，如
此產生的偏差，富者欠債太多，窮人無購買力，怎不造成銀
行的呆帳過高和市場供需失調的不景氣呢？又如泰國、印
尼、韓國等國外債太多，特別是短期的外債無力清償，這種
現象是金融危機的另一個原因。[33]過度投資錯誤的現象是政
府與民間機構不健全，表現在於不良放款給大財團；惡性貸
款是大財團與金融機構的私通，造成壞帳。壞帳的比率在韓
國、泰國當地約為百分之二十，在菲律賓、馬來西亞等約為
百分之十，這是當地政府太過依賴於大財團，雖然金融自由
化太早，引起外來資金操縱股市、匯市，影響國內金融的自
主性。[34]這些金融措施失當造成金融制度不健全是亞太金融
危機的原因，都是亞洲開發中國家普遍的現象。這些國家因
為文化衝突、文化不協調、文化移位等產生金融制度，金融
政策的偏差，如此造成經濟紊亂的現象，可以說是文化因述
所造成的。[35]相反的中國大陸、臺灣、新加坡、香港、越南

33　于宗先、葉萬安、侯家駒、魏萼等四人應中華人民共和國非政府組織「中
　　國文化交流與合作協會」之邀請與中國大陸財經政府單位交換一九九七
　　～一九九八年東亞金融危機的經驗，並予一九九八年二月十九日提出「東
　　亞金融危機給予的啟示」訪問報告。
34　同註33。
35　同註33。

等地其金融制度比較健全，金融政策比較得當，所以受到國際金融的影響自然比較小。這些地區都是儒家文化圈的重鎮，其作風比較保守，外匯存放底較豐富，外債比重較輕（中國大陸外債雖達千億，但以長期外債佔 82%，短期外債只有 18%），銀行對外開放程度少，另外貨幣供給量也有了嚴格的調控，所以大財團的放貸關係不如理想的高，物價控制得相當穩定。[36]換言之，這是中國文化，特別是受儒家思想影響下的經濟行為方式，所以遭受到外來金融危機的影響自然比較不顯著。同屬儒家文化圈的韓國有些不同，多年來因為其政治文化影響下，外來基督教、天主教等西方文化已形成其文化的主流，這正常嗎？以其宗教信仰為例，基督教和天主教信徒佔了百分之七十五以上。[37]韓國在此亞太經融危機過程中受創甚深，顯然是因為文化沒有完全定位之前所形成的金融不健全、經濟政策失當所致。[38]

　　從東亞金融危機中取得一些啟示；開發中國家的市場經濟運作經驗不足，經不起外來已開發國家優勢經濟的壓力，尤其是國際金融操手。已開發國家經濟體系對外有防禦力，隔絕力和免疫力，其本身就有保護主義的抵抗力，這些條件在經濟開發中國家是比較欠缺的。[39]一旦順從國際經濟自由化的理念後，這是地區一昧的對外開放，其結果所遭受到的

36 同註 33。

37 《大韓民國》，海外公報館，翰林出版公司，漢城、韓國，一九九四年六月，第一頁。

38 魏萼，《中國國富論》（經濟中國的第三隻手），時報文化出版公司，臺北，臺灣，二〇〇〇年，第三三五～三五三頁。

39 同註 33。

外來衝擊當然甚大。這些開發中國家的經濟因為金融等制度缺乏健全化，容易產生高度官高勾結，構成金融體系運作不當的現象，這比如說金融性的貨幣供給量和財政性的賦稅制度等失當，皆有產生經濟惡性循環（Economic Vicious Cycle）中不景氣，通貨膨脹等危機。

在此全球化本土主義的二十一世紀裡，經濟自由化是一個全球共同的趨勢，但這些國家或地區，要有一些健全財經配套的措施，以避免再度發生此區域性的金融危機。

第五節　臺灣經濟與亞洲經濟合作

經濟是臺灣生存的源泉和動力，若沒有經濟發展，臺灣早已沒有生命力。一九四九年國民政府的遷往臺灣後，全力推動經濟發展，臺灣存活下來了，這可以與戰後的日本、西德相提並論；因為戰後的日本與德國一樣，全力的拼經濟。一九九〇年代前後蘇聯以及東德國家等相繼解體，何以中共一支獨秀，這是因為有一九七八年以後的鄧小平經濟改革，全力推動了中國的經濟發展，走出中國特色的社會主義－孔夫子文化的中國。[40]這是以中國特色的市場經濟為主軸的現代化模式。

市場經濟雖然不是萬靈丹，但一國之經濟發展與其經濟自由化程度有相當大的關聯性。經濟自由化因各國文化之不

---

40 鄧小平的理論基礎源自孫中山思想，鄧小平也是孫中山先生當然的信徒。

同而有所不同，但其發展的方向是一致的。在二十世紀裡的
蘇聯以及東歐共產國家實施計劃經濟失敗的經驗可以得到殷
鑑。過去臺灣以及中國大陸的市場經濟與經濟發展經驗也可
以得到一些具體的佐証。這兩個經濟發展區域皆是以中國文
化為本體，而中國文化也是以市場經濟為基礎的。只要順著
富有中國特色的市場經濟方向走，臺灣與中國大陸的經濟發
展是有希望的。中國經濟文化中政府的國營企業和國家經濟
計劃是不可或缺的，此亦即所謂「政府經濟絕對不是萬能，
但是沒有政府經濟也是不能的」。[41]中國經濟發展重視政府
經濟的某些功能是中國文化中的特色。具體的說，富有中國
特色的政府經濟是基於輔助性的功能，但他絕對不能取代民
間經濟的主要功能。因之，亞當・史密斯（Adam Smith，一
七二三至一七九〇）「國富論」（The Wealth of Nations）所
強調「一隻看不見的手」（An Invisible Hand），它也是中國
經濟發展的主要動力。

　　二〇〇二年，臺灣與中國大陸都同時進入了「世界貿易
組織」。這兩個經濟體都朝向經濟國際化的途徑走，彼此也
發揮了大衛・李嘉圖（David Ricardo, 1772-1823）比較經濟
利益的互利原則。她們也已貢獻了國際自由經濟。

　　中國大陸對外貿易表現甚佳。「入世」後的第一年外貿
總額為六千二百零七億九千萬美元，比「入世」前成長了百
分之二十一點八。根據中國海關統計，該年的出口額為三千

---

41 中國經濟思想主張適度的政府，而不是最少的政府或最大的政府。亞當・
　史密斯的思想是政府經濟的中立性，而中國文化的政府經濟則需扮演著
　積極的角色。

二百五十五億七千萬美元，進口額爲二千九百五十二億二千萬美元，順差爲三百零三億五千萬美元貿易；數字擴大，這已如前述。[42]「入世」後，出口以輕工業成品爲主取代初級產品；輕工業產品如紡織業、服飾業、塑膠業、鞋業、玩具業等勞力密集的產品出口成長率增高；在進口方面，農礦等初級產業不斷成長以及取代機電產品的進口。日本、美國、歐盟、臺灣爲中國的四大貿易夥伴。

　　東北亞是當前世界第三大經濟區域，在這個二十一世紀裡，東北亞經濟圈、北美經濟圈、歐盟經濟圈等將發展開強勁的競爭與合作關係。東北亞經濟的中國、韓國、日本、臺灣、香港、新加坡等地的經濟力量將影響世界，其中華人地區的經濟力量自當將更是舉足輕重。「華人經濟圈」的中國大陸、臺灣、香港，新加坡以及全球（尤其是東南亞）的華人經濟將自然結合，因而形成令一個重要但不拘形式的「中華經濟體」。[43]

　　臺灣與中國大陸的經濟關係成長快速，就以二○○二年（「入世」後第一年）彼此的關係爲例，兩岸的對外貿易總額高達四百一十億美元，比二○○一年成長了百分之三十六點九，其中臺灣對中國大陸的進口爲七十九點四七億美元，臺灣對中國大陸的出口爲三百三十點五九億美元，臺灣對中國大陸出超額高達二百五十一點一二億美元，就臺灣對中國大陸的貿易總額四百一十億美元而言，二○○二年已超過美

---

42 中國海關統計，二○○三。
43 中華經濟圈有異於中國經濟圈。

國，成為臺灣對外貿易的第一大夥伴。[44]其中出口佔臺灣對外出口百分之二十五點三以上。臺灣成為中國大陸第四大貿易夥伴和第二大進口市場。然而臺灣二〇〇二年對外貿易總額為二千四百三十七億三千萬美元，出超一百八十點五億美元。[45]

　　臺灣對外貿易的重點似乎已從美國、西歐逐漸轉移到亞洲，二〇〇一年對亞洲地區的比重為百分之五十，二〇〇二年則增至百分之六十。[46]其中的重要因素是對中國大陸貿易比重的增加，對東協各國貿易同期則增加百分之三點七；這一方面華僑經濟力量的貢獻最多。[47]這個經濟統計也多少顯示「中華經濟圈」的逐漸形成。若與二〇〇一年的經濟統計相比較，臺灣對香港成長百分之十四點五，對中國大陸成長百分之一百零九點八，對韓國則增加百分之十八點一，對美國、歐洲、日本的貿易額則分別減少百分之三點二、百分之六點三、百分之六等。[48]這個新經濟區域主義、新發展趨勢，短期內難有改變。

第六節　臺灣經濟與中華經濟圈

　　「中華經濟圈」的自然形成已引世人注目。在這個二十

44　中國海關統計，二〇〇三。
45　同註44。
46　中華民國財政部，海關進出口貿易概況，臺北・臺灣，二〇〇三年一月七日發佈。
47　同註46。
48　同註46。

一世紀裡，其發展潛力將超越日本所主導的「東亞經濟圈」。
臺灣經濟的重點應自然而然、順理成章的輾轉進入「中華經
濟圈」，而且成為該經濟圈的重要成員，但當前臺灣的政治
則欲使之遠離「中華經濟圈」，進而持續成為「東亞經濟圈」
的主力範圍；若從取向長期觀看這種作法將很難得逞。[49]

　　「中華經濟圈」的經濟生命力甚為旺盛，就以此地區出
口總額來說，過去總出口與全球出口相比，已從百分之六點
九增加至九點六，超過日本。時至二〇〇七年，將再增至百
分之十三點七。那時「中華經濟圈」的進出口貿易總額超過
日本的兩倍，也約為美國購買力的百分之六十以上。[50]臺灣
經濟雖以脫離「中華經濟圈」，那些所謂的南向政策（指臺
灣與東南亞的經濟與貿易關係）或朝向中南美洲、非洲的經
貿導向政策將是事倍功半，不合經濟學原理。以今日臺灣經
濟來說，若要發展臺灣成為亞太營運中心（Asian Pacific
Ecnomic Operation Center），則是讓國際市場經濟力量去自
然以達成。[51]

　　雖然「全方位」的臺灣對外貿易政策是必然而且是必要
的政策。具體的說讓國際市場經濟去運作比之以國家主義的
經濟導向有意義的多了。

　　在這個二十一世紀裡，國際霸權主義、國際集體主義、
國際國家主義的時代勢將成為過去，取而代之的是區域經濟

---

49 目前臺灣政治因素是短期的，其經濟因素才是長期的發展指標。
50 美國《商業周刊》（二〇〇二年十二月二日）以七頁的篇幅報導未來世
　界經濟超強－中華經濟圈。
51 亞太營運中心這個概念是一九八八年行政院經濟建設委員會官員葉萬安
　先生等人提出。

統合。但是隨著市場經濟全球化的發展趨勢，這個崛起的區域經濟統合將與全球自由化的市場經濟相結合，這是全球化本土主義（Glocalism）價值觀的新潮流。基於這個認識，臺灣經濟與亞太經濟合作（APEC）的關係將愈形密切，其本來對外經濟關係將依過去發展的經濟關係，加強與美國、日本、中國大陸（包括香港）的關係，但其重點也將有所轉移至中國大陸。過去的臺灣經濟依賴美國的出口和日本的進口，而美國與日本分居臺灣第一、第二貿易夥伴，這個形式明顯地將被中國大陸所取代。二〇〇二年，中國大陸已經是臺灣第一貿易夥伴，尤其是中國大陸對美國大量的出超。這個發展趨勢仍然持續一段時間。中國大陸對臺灣大量的進口，並大量對美國出口賺取巨額的外匯，這個經濟貿易的形勢正如臺灣對日本的進口，對美國的出口一樣，主要的原因是臺灣與日本的產業結構是互補的關係，臺灣與中國大陸也是如此。臺灣對日本產品的長期依賴以眾所皆知，而中國大陸對臺灣產品的需求勢將隨著彼此產業結構的調整而有所改善；換言之，中國大陸經濟轉型快速將使臺灣經濟在「比較利益原則」中失去對中國大陸的優勢，而臺灣以外貿來帶動其經濟發展的模式將面對著嚴峻的考驗。具體的說，臺灣經濟結構若無具體改善，臺灣總體以外貿為導向的經濟發展模式將發生變化。這或許是臺灣經濟奇蹟的時代已將過去，臺灣經濟將失去往日的驕傲。面對著增強中的中國經濟，臺灣政治與經濟的優勢相對的降低；在此經濟發展的新形勢下，臺灣經濟對中國經濟的依賴這是政治經濟形勢的必然；臺灣的經濟奇蹟表現本是歷史的偶然現象。相對的，臺灣納入「中

華經濟圈」的形勢日益明朗，這已如前述。然而，日本所主導的東亞經濟圈已盛行於二十世紀五十年，在二十一世紀裡仍將屹立於這個世界。臺灣與日本經濟關係仍將維持著相當密切的關係，但部分經濟因素將被「中華經濟圈」所取代。臺灣與美國經濟關係也將繼續加強，這是歷史性的因素，但多少也會對中國經濟有所影響。臺灣與中國大陸的經濟關係的日益加強，這不只是經濟學上「比較經濟利益的原則」所使然，它還有許多人文與社會的因素，這已超越本論述討論的範圍。

臺灣與日本的經濟關係一向是互補的。幾十年來臺灣從日本進口資本設備和工業原料，並且在臺灣「再加工」的優越條件，將製造成品向美國、歐洲出口，這個形勢暫時難有改變，日本仍然持續是臺灣最大的進口國家和三大對外貿易夥伴之一。可是我們可以明確的臺灣與美國的經貿關係勢將繼續良好。美國曾是臺灣對外貿易最大的出超國，如今已被中國大陸所取代；但是從美國與臺灣對外貿易結構看來，彼此仍將繼續成爲經濟互補的現象，短期內似難有改變。

改革開放以後中國大陸的經濟成長爲百分之九以上，由於財政的赤字以及失業率的雙重考量，中國大陸必須維持高的成長率，才能減輕這些經濟的困境，因此假若在二〇〇〇年初中國大陸要維持百分之七的經濟成長率的基準點；二〇二〇年以後則可維持再百分之四至百分之五之間。若此，目標可達成；二〇三〇年，中國經濟將居全球第一位，超越美

國。這只是一個預測。[52]

　　二〇二〇年的中國大陸經濟，其國民生產毛額估計約爲二〇〇〇年的四倍（二〇〇〇年國民生產毛額爲一兆美元），而預估西元二〇五〇年中國國民生產毛額將又爲二〇二〇年的四倍。中國人口總數在二〇五〇年將控制於十六億以內。由於人口總數仍然偏高，中國人民的平均國民總生產仍然相對的偏低，換言之，二〇〇〇年約爲八百五十美元，二〇二〇年約爲七千美元左右。[53]此一水準仍然無法與現在的已開發國家的北美、西歐相比較。

　　臺灣經濟與東南亞的關係有賴華僑的中間橋樑作用，華僑經濟力量在東南亞是舉足經重的。臺灣早期（一九六〇年、一九七〇年代）的經濟發展多少是要依靠華僑的資金，隨著東亞地區經濟發展相對的遲緩，臺灣經濟發展於是已有超前的事實，東南亞資金及貿易重要性則相對明顯降低。二〇〇〇年代，東亞經濟發展以將快速，這個地區的經濟將逐漸重要。東南亞地區人口眾多，天然資源豐富，況且均屬於開發中的國家經濟，也是中國、日本、西歐、北美等重要國家經濟介入的重要對象，況且還有許多政治利益。臺灣與東南亞的經濟一向穩定而且良好，此一形勢也仍將持續成長與發展下去。

52　中國國家信息中心首席經濟師梁優彩等人於二〇〇三年元月發表「未來五十年中國經濟增長軌跡」報告。
53　同註 52。

第七節　臺灣的經濟發展經驗

　　臺灣經濟發展的理論與政策亦可供亞太經濟的參考。在這個經濟發展的問題上，有三個力量相互影響，值得探討。

　　一、亞當・史密斯所謂「一隻看不見的手」（An Invisible Hand）：市場經濟與私有制度，以利潤為導向，此為經濟發展的「主力」（Main Power）。

　　二、政府機能，所謂「一隻看得見的手」：因亞當・史密斯（Adam Smith）著作假設的大前提：「道德情操」（Moral Sentiment）的運作若有問題，此必須由政府扮演一個角色。亞當・史密斯也重視老百姓做不到的事情，例如：國防、司法、警察，由政府來執行，把國家經濟發展引導到一個正常的途徑，稱為「拉力」（Pulling Power）。

　　三、文化與宗教的力量：一般經濟學界忽略的問題，乃是構成經濟發展的「動力」（Driving Power），可謂「第二隻看不見的手」。

　　以上所謂的主力、拉力、動力三者（三力）相互影響，且三者配合很好，不衝突，可以造成國家或地區的經濟發展。[54]

　　從工業革命後的基督教所影響的國家，經濟發展的很好，包括美、德、英、丹麥、瑞典、挪威、荷蘭等國，尤其

---

54 魏萼，〈經濟中國「三隻手」的思考〉，《中國的崛起與二十一世紀的國際格局》學術研討會，北京大學建校一百週年學術研討會，北京，中國，一九九八年五月五日。

是美國，發展得特別好，「三力」配合的很好，可以產生良好的經濟發展。[55]戰後，亞太地區臺灣、香港等四小龍、日本，可看出市場經濟以「私有財」（Private Goods）為主，施行儒家文化市場經濟、資本主義，政府扮演很多角色，文化力量，尤其是儒家思想所產生的力量可促成此地區經濟發展；正如前述基督新教地區的經濟發展，含蓋市場經濟、政府經濟、文化經濟；儒家經濟亦同，所謂「三力」合作和諧之下所產生的經濟發展成果。

中國近代史上，曾為洋人的統治的許多地區，例如：大連、旅順、天津、上海、廈門、廣州，其經濟發展的特別好，因「文化」因素造成了東西文化的交流，外國人統治的地區，經濟發展的規範得較好，能發揮市場經濟，基本上也是上述「三力」合作的因素。以上海租借為例，法、德、英租借經濟發展的特別好，亦可用此「三力」的因素來解釋。

世界較落後的地區，例如：非洲地區、中南美洲、東南亞國家經濟發展的較差，也可以引申「文化與宗教」的問題。政府拉力可能做得不恰當，文化動力與政府拉力的影響下，所給予的市場條件不好，這些地區的經濟發展自然不好。[56]

戰後的蘇聯、東歐國家、北韓、越南、古巴，所謂的社會主義國家，經濟發展不好，因市場經濟沒有充分發揮，政府拉力過當，文化所產生的動力無法運作。此情形在一九七八年以前的中國大陸經濟也可得到印證，因「三力」無法調和。

---

55 Weber, Max, *The Protestant Ethic and the Spirit of Capitalism*, New York: Free Press, 1958.
56 Fanfani, Amintore, *Catholicism, Protestant and Capitalism*, London: Sheed & Ward, 1935, p.159.

　　上述所談的三個力量：主力、拉力、動力，若可調和，自然產生一個經濟發展的力量，是促成地區經濟現代化非常重要的因素；否則不然。

　　一、再從文化的層面觀之，基督新教地區的經濟發展非常好，從十六世紀開始的宗教改革，產生了一個基督新教的文化，此力量使社會價值多元化，人的價值就提高了，很重要的以宗教、文化爲主導使市場經濟發揮；人有宗教信仰，行爲以道德情操爲標準，所表現的市場經濟力量，以市場規律，不會逾越，此就是文化力量去影響市場；另外政府引導的「拉力」就可輔助市場與文化，拉力則站在配角，旨在找出市場經濟裡的適度政府，創造一個基督新教或儒家新教的理想社會。

　　佛教的社會裡，大致分成，（一）南盾派：傾向於出世，重視修身養性，獨善其身。（二）北劍派：傾向於入世，兼善天下。西藏的藏傳佛教和小乘佛教，對於市場的經濟發揮不能淋漓盡致，此地區的佛教菩薩有接受奉獻的觀念，認爲是被尊重的表現，而奉獻者是功德的表現，此很難產生經濟發展的動力。北漸派的大乘佛教受中國文化的影響，認爲人要立功、立德、立言，兼善天下，影響到韓國、日本、臺灣，重視服務社會，增加生產與經濟發展有正面的幫助。如此的積極性在佛教的世界裡，小乘佛教相對較少；另以藏傳佛教爲例，主要的思想「天人合一」，人生活在佛的境界之中，陶醉在精神生活而非物質生活，亦不利於經濟發展。再說明宗教與文化的意義。天主教文化影響地區有南歐、中南美洲，因基本信念、信仰偶像、神像，不容易產生價值多元化，市

場經濟因此比較不發達。[57]伊斯蘭教有許多誡律，又經常政教合一，其影響的範圍較封閉、保守，市場經濟功能發揮不大，主力、拉力、動力都不夠。以道教爲主的經濟區域，重視「天人合一」的哲學，希望大家做到立功、立德、立言，在求神的保佑，亦是經濟發展很重要的動力，本身在主力方面不錯，動力也是正面的，主張政府與百姓融合，但應避免邪教的影響，對經濟發展才會有正面的意義。以上是從大體上的範圍比較而得的結論。

二、若將宗教關係分成東方與西方，東方的哲學是「天人合一」，西方的哲學是「天人分開」，在這可引申到一個很重要的主題：東方的主流思想即文化調和，西方則不然，東西方需要溝通。

西方哲學基礎重視「吾愛吾師，更愛真理」，就是大是大非的概念，從「懷疑論」到「實證論」的科學主義是求真，引申出法治社會，非人治社會。此二分法的思想，有異於東方哲學主張「天人合一」的思想，重視人治，因此法治不發達；主張文化調和的東方，認爲若從東方文化出發，可調和西方，反之不成立。

東方在戰後的表現，整個進步及現代化的發展幅度來看，乃是科學結合哲學，宗教方面也是能哲學化，這是未來發展的趨勢，希望二十一世紀能看到東西整合，和平相處，共存共容。

整合的定義，以亞太地區爲例，從文化的整合，看科學、

57　Novak, Michael, *The Catholic Ethic and the Spirit of Capitalism*, New York: The Free Press, 1993.

哲學、宗教。戰後臺灣以中國文化的儒家思想為主，強調三個穩定 1.政治穩定 2.經濟穩定 3.社會穩定為前提，老百姓追求利潤最大，發揮市場經濟功能，政府也扮演很重要的角色，例如土地改革，可看出臺灣「三力」配合非常好，實施六個四年經濟計劃、十大建設、十二項綜合建設，一九八〇年代強調經濟自由化問題，減少政府干預，因老百姓知識水準提高，市場經濟可充分的發展、降低關稅、從事國際活動，從政府拉力培養主力，三力的配合，扮演適度的政府，造成經濟發展，但近年來的臺灣也產生 1.社會暴力化，2.環境污染化，3.政治金錢化，4.文化色情化，5.經濟空洞化：此「五化」的副作用。臺灣經濟成長雖然沒有十全十美，但方向是明確的，依然在理性的發展中。

　　一九七八年後，中國大陸採取經濟改革方向，培養市場經濟精神，即經濟發展的主力，此外中國大陸的重視中國文化和宗教開放，經濟發展的動力開始促成，如今正在檢討政府是否管得太多。觀看近二十年的路線，及配合上述的理論：「主力、拉力、動力」（三力）的方向。可看出中國大陸經濟發展是有希望的。

　　儒家文化經濟圈諸國，在「主力、拉力、動力」大意一樣，但小細節不同，例如日本儒家思想重視"忠"、"武士道精神"，適合技術密集、資本密集產業，所以日本的國營事業比重較低。臺灣重視"孝"、"勤儉持家"的重要，適合中小企業、家族企業；政府的國營事業很重要，扮演的角色與日本的不同。南韓介於兩者之間，經濟因此經常產生偏差，所以經濟發展不如日本、臺灣。中國大陸近二十年來發

展勞力密集企業，因過去重視政府企業，所以在技術、資本
密集的企業有基礎，現在經濟發展很好。新加坡是海島型國
家，政府主導非常厲害，吸收東西文化，確保市場經濟的功
能。香港因其為殖民地，重視守法觀念，發展第三產業，貿
易發達，「三力」兼而有之。

中國大陸在一九七八年後，改革開放，近年來中共當局
如江澤民談話：「實事求是，解放思想」，乃是從主力、拉
力、動力整體的重新組合，會產生正面的經濟發展。

從歷史角度看，當文化整合出一條大路時，造就所謂的
中國強大禮儀之邦，例如周初、漢初、唐初、清初等時代。
一九九七年後，中國大陸整合出系統理念，此臺灣與大陸政
策趨同；「三力」趨同後，可引導世界。若脫離此軌道，經
濟發展不好。此外，中國社會裡，希望有一個道教文藝復興，
使道教能從價值判斷，引導中國人的行為。所以道教的改革
有助於「三力」的結合及中國現代化，健康的邁向二十一世
紀，也有助於世界和平、安定與人類的福祉。

第八節　臺灣經濟與亞太營運中心

臺灣要成為亞太地區經濟的營運中心是有此能力的。[58]
臺灣在貿易、投資、航空、航海、銀行、保險、科技等等方
面的國際化有傑出的表現，此使臺灣在經濟比較利益的原則

---

58 行政院經濟建設委員會，《亞太營運中心之路》，時報文化事業公司，
　　臺北，臺灣，一九九八年。

下，成為世界各國經濟的舞台之一，特別是臺灣的高雄港最
具潛力；高雄港十幾年來皆是全世界前三名的貨櫃集散地，
臺灣目前是全球第十三大貿易體，臺灣天然資源有限，但人
力資源甚為充沛；由於其地理位置優越，位於歐亞美三大洲
重要經濟板塊的交通要道上面，有利於經濟的國際化。若是
臺灣經濟發展方向正確，復加之政治與社會的穩定，促使臺
灣擁抱國際經濟、走出國際經濟、貢獻國際經濟的機會就大
大增加。

　　臺灣經濟與大陸經濟逐漸的相結合，這是亞洲形勢的大
必然。臺灣對大陸經濟的相對優勢已逐漸降低，然而就人均
國民所得來說，在未來的五十年臺灣仍然大幅度的領先中國
大陸。中國大陸在產業結構上的平衡發展，這與中共建國初
期重視重工業有關係，但與傳統中國文化中視產業多元化也
是有關係的。臺灣儒家文化思想和海島經濟的因素由民間發
展資本密集的產業經濟的可能性較低。臺灣與大陸經濟構成
互補的關係勢將長期持續，而臺灣對中國大陸的投資與貿易
關係也將逐年加強。臺灣不但有形的幫助了中國大陸的經濟
發展，也無形的幫助了中國大陸經貿政策的理性化。中國大
陸經濟制度邁向市場經濟是一條不歸路，此受多種因素造成
的，這包括中國文化中的市場經濟和私有財產制度大洪流的
力量和西方成功的市場經濟經驗所改造的。

　　臺灣經濟自由化可使臺灣市場經濟與世界經濟接軌。臺
灣經濟發展模式已被世界經濟學者所認同。臺灣經濟在亞洲
經濟合作與整合中的角色甚為重要。臺灣將與「中華經濟圈」
依賴度將相對的逐漸增加，這並不表示臺灣「東亞經濟圈」

的關係大幅減少。幾年內臺灣一定可列入經濟已開發地區的行列，而中國大陸經濟仍然是中度開發中國家經濟。日本與中國大陸經濟互補性仍甚強勁，臺灣與她們將長期構成依存的關係。

　　進入「世界經貿組織」以後，對臺灣經濟發展是有利的。起初，臺灣的農副產品難免遭受到衝擊，從長期看，臺灣經濟競爭能力仍將更強勁；中國大陸亦復如此。臺灣與中國大陸經濟的國際化勢不可擋，這對亞洲經濟合作與經濟整合當然都有正面意義。另外，臺灣經濟發展經驗的「三力」理論與政策也可提供亞太國家的參考。

第九節　文化使人和諧、文明使人幸福 —— 從臺灣看湖南的文化

　　臺灣文化界主辦「情繫湖湘－兩岸文化聯誼行」，筆者很興奮的參加了。自從台海兩岸開放探親以來，我走遍了中國大陸，這包括西藏、新疆、蒙古、青海、寧夏以及東北各地等等地方，但是此次湖湘文化之旅則是我生平的第一次；訪問了湖南之後，筆者對湖湘的觀感改變了。湖湘文化與文明，比筆者想像的好得多了。確實百聞不如一見，真是不虛此行。

一、有關湘台論壇的建構

　　湖南為一典型的楚文化故地，歷史悠久、文化底蘊深厚。

湖南物產豐富，這可從湖南的農、林、漁、牧、工、礦等資源看出。湖南是中國的穀倉、魚米之鄉；這些特色是湖湘文化的優越性，更感覺到湖南經濟發展潛力極為雄厚。然而也認為湖湘文化與經濟應「走出世界」、「擁抱世界」、「貢獻世界」。準此，首先要建議湖南人要多與香港、臺灣等地的文明接軌，彼此交換文化與市場經濟的經驗。兩岸若不交流，臺灣沒出路；若不改革，中國沒有希望。建議彼此經常舉辦雙邊文化與經濟論壇，彼此分享文化與經濟發展的經驗；若有必要可在長沙和臺北成立「湘台」或「台湘」文經發展協會，藉此平台以促進湘台間文化以及經濟雙邊合作，其意義自甚重大。湘台文化與經濟是互補的，彼此合作的潛力巨大。此更可顯示此次湖湘文化聯誼行的具體意義。

二、上蒼獨厚湖湘人

在臺灣也有不少湖南人。他們曾在黨、政、軍、學等界分別扮演著重要角色；但是在工商界則缺乏傑出湖南人才。

湖南為一農業大省，百姓衣食無虞。正是如此，百姓缺乏工商業的市場經濟概念。湖南人讀書者行，為官者行，當兵者亦行，但從商者不行。湖南人的性格比較保守，這或許也是農業社會的典型。湖南人因為物資並不缺乏，人民的進取心比較不足。同理可知湖南人自信心也特別強烈，保守主義盛行；所以有人批評湖南人太驕傲了。正是由於上蒼獨厚湖南人的緣故，於是湖南人有意無意地顯示出「惟楚有才，以斯為盛」。「敢為天下先」、「洞庭天下水」、「岳陽天

下樓」、「先天下之憂而憂，後天下之樂而樂」，湖南人似有「以天下爲己任」之氣概，同時也難免引伸出「湖南即是天下」，「天下即是湖南」之雄心壯志。

如此也難免衍生出湖南人崇尚保守主義的民系性格；進而使有所謂的腐朽的儒家思想或世俗的儒家思想在湖南的濃厚情感。

三、不做中國古代思想的奴隸

凡此在在足以影響湖南人的經濟現代化和普世文明的進程。這也使得湖南人容易淪入「中國古代思想的奴隸」而不自知。須知中國人需頂天立地的在這個世界裡站起來，其必須要砍除三座思想大山，那是自由主義，功利主義和保守主義。

湖南不怕西方自由主義的侵淫，但是傳統儒家思想的農業社會，容易孕育出保守主義和功利主義，這是湖湘文化要引以爲戒的文明障礙物。因此我要大聲的呼喚：湖南的現代化不但「不做外來西方文化的殖民地」，也「不做中國古代思想的奴隸」，因此我也要指出，湖南人的前途要「洋爲中用」、「古爲今用」、「與時俱進」的與普世價值同步前進。

四、以中華文藝復興，再創湖湘文化

此次我有幸參訪了湖湘文化，便中側知湖南經濟，也深知湖南人才濟濟。聞名古今之人士大有人在。湖南人「惟楚有才，以斯爲盛」名不虛傳。湖南人曾生龍活虎著與其他地

區的文化共同創造了中華文明，這是湖南人的驕傲。近代湖南人魏源、曾國藩、左宗棠、毛澤東等等改變了中國的命運；但是湖南人好鬥，多少抵銷了湖南人的才華和智慧所做出的貢獻。這可從在臺灣的湖南人的功過得到一些答案。

　　「文化使人和諧，政治使人分離」。臺灣與湖湘的文化與經濟合作有助於中華民族的振興。在此廿一世紀裡，繼十五世紀西歐文藝復興之後，東方中華文化的文藝復興勢將展開，此湖湘文化，臺灣的閩南文化絕不缺席。

第七篇
鄧小平與中國

第一章　鄧小平時代的到來

第一節　英雄造時勢・時勢造英雄

　　中國這個悠久歷史和文明的古國曾經在世界文明史上佔有重要地位，但是十年河中、十年河西；清末鴉片戰爭後，中國受盡了苦難。義和團式的愛國運動，使中國淪入於悲慘的地步，尤其是激情的民族主義使中國的悲慘變本加厲。義和團的亂象乃是中國腐朽儒家的產物，它也是中國文化封建主義、保守主義發展過程中的一個反常現象。這也是一個中國激情民族主義意識形態的表徵。另外的一種極端即是崇洋媚外的歪風，認為外國的月亮比中國圓。由於民族自卑感的作祟，充分表現在崇洋媚外的心態的是「自由主義」或「西方主義」的陷井。此風不可長。此外還有一種人是追求現實與功利的短視投機主義。它失去了正義與真理的追求；這種人是道德與正義擺兩旁，自私的把利益擺中間；這種功利主義或現實主義的追逐，使的中國邁向現代化步步維艱。

　　民國初年，國人思想紊亂，五四運動；軍閥割據、國共鬥爭、日本人的侵凌等等使中國陷入極嚴重悲慘的境地。

　　「英雄造時勢、時勢造英雄」；鄧小平就是這樣的一個

人物。「中華人民共和國」自從一九四九年成立以至於一九七八年之間因為有許許多多主觀與客觀因素不得不走蘇聯的政治經濟發展模式；尤其是一九五三年起實施「土改」後的幾個五年經濟發展計畫。其中所謂的「光輝十年」僅止於一九五八年。

　　一九五八年「大躍進」後的中國。因為中央高度實施政府的計畫經濟以及中蘇共之分裂，使中國內憂外患接踵而來。隨著「文革」小組「四人幫」的亂政，中國經濟發展因而困難重重。鄧小平的復出，中國經濟又回歸中國文化的本色，這與世界經濟發展的主軸相接軌。三十幾年來，中國終於站起來了；中國經濟發展因而展現奇蹟，臺灣海峽兩岸和平在望。這些都是鄧小平實施改革與開放政策的貢獻。

　　鄧小平先生提出的香港回歸中國後實施「一國兩制」，而且五十年不變；其實五十年之後也不必變，因為中國已成為典型和諧的社會資本主義國家。此與香港相似。

　　鄧小平是個改變中國命運和歷史的偉人。一九五七年他與當時蘇聯頭子赫魯夫對話時，赫魯夫曾指出鄧小平身高並不高，但他可以殲滅蔣介石百萬大軍的人物。他是個苦幹實幹的人物。起初外國人並不太認識他，然而他與毛澤東、朱德、劉伯承、陳毅、林彪等人一起長征。鄧小平出自一個小康之家庭；他家裡無生活的顧慮，能有機會安心的參加「勤工儉學」到巴黎，也有機會去莫斯科的中山大學深造；他有機會去看看世界，然而他出身的世代是以禮樂傳家，對於中國文化的根基比較深厚。鄧小平在四川的祖先鄧時敏曾經於清初乾隆皇帝時高中了舉人；當時皇帝曾給他一個牌坊，於

是他的住宅地取名為牌坊村。鄧小平他們的家族祖先是明末
清初從閩西客家文化地區西遷到達四川，鄧小平的先祖曾追
隨鄭成功「抗清復明」；鄧小平的祖先也是客家人。鄧小平
的家庭與楊森將軍是世交的關係，尤其楊森將軍與鄧小平的
父親鄧文明關係甚好。鄧小平於一九一六年離開家鄉廣安縣
牌坊村以後就從未回去家鄉；這包括鄧小平母親譚氏於一九
二七年往生和其父親於一九四〇年遇害身亡在內。

　　鄧小平有天生的聰明與智慧，他的一生與今日中國的前
途息息相關。他於一九二五年加入共產黨追隨周恩來。一九
二六年赴莫斯科；年底回到中國，展開他的「三起三落」的
革命生涯。

　　鄧小平他自己說他是實事求是派，他反對那些不務實的
觀念與思想；例如毛澤東時代的兩個凡是：凡是毛澤東講過
的話都是對的；凡是毛澤東做過的決定都是對的。這個「兩
個凡事」是不科學的，也不理性的；因為它有意識形態的拘
絆；因此可知鄧小平不只力求「實事求事」也力求「解放思
想」。鄧小平也強調中國需要經濟改革，同時也需要政治改
革。這無非就是要用科學的角度、發展的觀點來看中國經濟
和政治。鄧小平理論是基於中國人的智慧和良知，因此它需
要一些創新性。這也包括人文思想觀念的創新、科學技術的
創新和理論制度的創新等等「與時俱進」的新思維在內，並
且落實於中國現代化層面上。其目的、方向皆朝向一個富有
中國特色的社會主義的道路，並且促其早日實現中國現代
化。其實中國文化「致中和」的用意並不是要堅持社會主義
或資本主義；它確實是一個要適合於中國當時的社會經濟「與

時俱進」的「拿來主義」。

第二節　鄧小平的三起三落

　　鄧小平，他給中國經濟帶來了希望，他提出中國應邁向「富有中國特色的社會主義」，這個看法雖然有不同意見的人很多，但是此爲中國經濟發展開了一扇門窗；不再受著馬列主義教條的拘絆，也不受傳統腐朽文化的束縛。他要以實事求是的實現性的態度來解決有關中國問題，尤其是經濟發展的問題。他也曾經提出不管黑貓白貓，只要能抓老鼠的貓都是好貓；這種實事求是的精神正是要把握著不做中國古代思想的奴隸，也不做西方外來文化的殖民地。換言之，中國現代化文明的道路是不能故步自封，也不全盤西化；它是要抓著古爲今用，洋爲中用，與時俱進和本土化因地制宜等的基本政策精神。誠如魯迅所言之「拿來主義」，但不能接受「送來主義」。這就是很理性的實事求是的態度來處理國家建設的方向與政策作爲。孫中山先生所提倡的「三民主義」正是這個意義。中國百年來的偉人孫中山先生的思想正是要把握中國文化的要義在於海納百川、有容乃大；去蕪存菁，因地制宜。因此，這裡要提議的是不管中醫或西醫，只要能治病的醫生，乃是好醫；這是所謂的「醫論」。中國現代化的前途就是要診治各種有礙於中國前途發展的痼疾。因爲中國邁向現代化文明的道路就是要大刀闊斧的除舊佈新。其不只是要達到經濟的高度發展，也要使得中國文明的崛起；更

要使每一個中國人都成爲一個堂堂正正的文明人。

　　鄧小平「一言興邦」的改變了中國新的面貌；今日的中國人已非東亞病夫，中國已經有尊嚴的站起來了。鄧小平的「治國」方針已回歸中國文化的軌跡。馬列思想、馬列主義等是中國邁向現代化的亂流，此終將成爲中國歷史的記憶。今日的中國人已經在這個世界揚眉吐氣，舉足輕重的生存著，鄧小平的智慧貢獻最大。鄧小平已於一九九七年二月十九日生命走進歷史，然而他的精神思想、智慧將永垂不朽。鄧小平是位理性、入世的「治天下」能手，他那實用主義的思維正是中國文化的本質。

　　鄧小平的治國政治生涯歷經三起三落的波折，他期待的治國時機終於到來。

　　鄧小平的先祖來自閩西的福建長汀；明末清初四川張獻忠之亂後，四川幾成無人之地；當時閩西地少人稠，於是大量的閩西的客家人遷移至四川。鄧小平的祖父鄧時敏曾任清政府大理正卿，掌管清政府司法，父親鄧文明，允文允武，擔任縣級公安局長，此職務不算顯赫。鄧文明之子就是鄧小平，出生於一九〇四年八月二十二日，出生地乃是廣安縣牌坊村。

　　鄧小平十六歲時赴法國勤工儉學，在法國期間認識了周恩來，也是鄧小平所展開人生革命工作的第一步。鄧小平與周恩來的政治理念相同，彼此相聚互重。一九二二年周恩來在法國成立中國共青團。於是鄧小平也參加了中國共青團，這也是鄧小平顯露聰明才智的開始。

　　鄧小平在十六歲時離開家鄉四川廣安縣以後，他再也沒

有回去過。一九二〇年八月二十七日啓航赴法國，船先到法國的馬賽再到巴黎。鄧小平在巴黎進入巴爺中學。「勤工儉學」對於一般中國人來說只是一個希望和幻想。他們到達巴黎與現實生活有了很大的距離，很難長期的生存下去。主要原因是經濟生活問題和課學的問題，因此鄧小平在法國只停留五個年頭。鄧小平於一九二六年一月乘火車到蘇聯，年底鄧小平回到中國，鄧小平年僅二十二歲。一九二七年四月蔣介石向共產黨動武，鄧小平守當其衝。因爲當時鄧小平已是毛澤東身邊很重要的大將。從此以後鄧小平，參加抗日、反國民黨的時代中均扮演著很重要的角色。尤其是一九四九年的徐蚌會戰打敗了蔣介石的大軍，此具有關鍵性的主義。鄧小平追隨著毛澤東，早期一直取得毛澤東的信任。展開抵抗國民黨蔣介石政權。解放之後鄧小平配合毛澤東的土地改革政策、對國民黨的清算鬥爭，他早期對毛澤東的支持還包括經濟政策在內，一直到「大躍進」時期。

　　一九六一年是個轉捩點。鄧小平看到農村的敗壞，飢荒遍野、民不聊生。因此鄧小平有所警惕，認爲共產主義中集權式的政策是否正確，有待進一步探討。於是有了不管黑貓、白貓，只要能抓老鼠的貓乃是好貓的想法。這是他重視實用性政策、反對意識形態的拘絆，亦即他被認爲共產主義中有資本主義思想的開始。這個修正主義的觀點是務實的，勢將爲人民所歡迎，其勢力必將擴大，但老謀深算的毛澤東於是發動「文化大革命」，他排除異己的清算行爲，在政策上必需繼續走高度「左傾」的共產主義，不給修正主義者有絲毫的空間。鄧小平終於一九六七年被紅衛兵所拘押送上審判

台，並於一九六九年十月被軟禁到江西南昌。直至一九七三年鄧小平以副總理頭銜復職。一九七五年鄧小平觀察當時的政治形勢，尤其是周恩來的逝世以後，反文化大革命的政治氣候已逐漸形成，尤其是反江青的勢力已逐漸明朗。一九七六年九月九日毛澤東逝世，江青等人頓時失去了靠背，終於被捕，「四人幫」的鬧劇於焉落幕。此後鄧小平思想就全面被肯定。

　　鄧小平的改革與開放的思維方式重新得到被重視；鄧小平是治國之能臣。他治理當時的中國採取政治性、經濟性的高度戰略方針；這就是鄧小平時代的開始。鄧小平改變了中國。今日中國已是「超日趕美」的經濟發展新階段；全球第二大經濟實體於二〇一〇年就在中國實現。若沒有鄧小平的高瞻遠矚，那裡會有今日的中國。鄧小平以他七十四歲的高齡重新領導中國，此時鄧小平口口聲聲都說馬列主義、社會主義甚至於毛澤東主義，其實都是階段性、權宜性的看法，中國終將進入政治改革。鄧小平曾說過政策開放，政治體制也不例外。一九七六年一月鄧小平接任周恩來的位子；他擔任了國務院總理的職位。同時也上了美國《時代雜誌》的封面。他擔任總理職位是有權力的總理，因為他決定了國家發展的方向。一九七八年鄧小平被選上美國《時代雜誌》風雲人物，這是一個殊榮；一九三八年蔣介石夫婦也有此殊榮；由於他執著於中國的改革與開放政策，一九八五年鄧小平再次出現《時代雜誌》封面人物。因為一九七八年鄧小平的中國改革開放政策已有了成效，並確實中國的改革開放政策立下了不歸路的楷模。一九八九年六月三日晚上下令開槍鎮壓

天安門廣場的學生與群眾，這是他人生中一大挫折。這是當時中國大形勢的必然，並不是發展中歷史的偶然。自從一九七八年年底「中共十一屆三中全會」確定改革與開放新治國方向以後，中國已經轉過來了，他們經過實踐與檢驗的結果證明了市場商品經濟的重要性，也因此印證中國自一九四九年以來實踐蘇聯史達林模式經濟政策的荒腔走板。六四天安門事件的發生是當時政治、經濟、社會、文化等等問題的綜合病痼。最主要的是中國傳統文化與西方現代文化的衝突，尤其是馬克斯思想的衝擊。中國自從鴉片戰爭以後民不聊生，主要是因為中國傳統文化的變質，這是垂直面的中國腐朽文化和橫斷面的西方文化侵略等的交叉病變而成的。鄧小平的智慧完全能體會當時中國的處境；他掌握了中國歷史發展的軌跡和世界時代潮流的命脈，推動中國思想發展的路向，特別是將馬克斯主義與中國文化的結合問題給予重新定位。這個問題遭遇到的困難甚多，尤其是那時十億以上貧窮人口的大國，而且是民智未開的中國人。鄧小平對這些難題解決了；他「一言興邦」，舉重若輕的對症下藥的寫下處方；那是不管中藥或西藥，只要能治中國的病，都是好藥。此已從西方馬克斯主義的框框中解放出來，擺脫馬克斯主義的意識形態；甚至於以中國文化的本質來消化、融合馬克斯思想。這乃是實用主義，包括資本主義和社會主義，擺脫意識形態的限制；這正如魯迅所說的「拿來主義」。它是現實主義。基本上是要提高經濟生產效率。這是資本主義與社會主義的結合，而不是資本主義與社會主義的衝突；美其名為富有中國特色的社會主義。在農村方向看見要廢止「人民公社」，

鼓勵農民生產副業，農村於是繁榮起來了。以農業為國民經濟的基礎，以工業做為主導，此即「以農立國」、「以工強國」的意義。

在農村方面於一九八三年廢止「人民公社」，實施土地公有民用制的「耕者有其田」。土地以承租的方式分批授予農民耕種，鼓勵農民生產副業，於是農村經濟一片繁榮；農業經濟成長率年約百分之八；中國經濟以農為本位，農業副產品雞、鴨、豬、牛、羊等的大豐收。農民經濟改善了，國民儲蓄率也高了。於是達到以「農業培養工業」的政策發展方向；此間接地促成了農村市場經濟的發展。中國市場經濟政策逐漸被民眾所接受。此外國營企業也逐漸民營化。市場經濟的發展以及國營企營業的民營化這是一件重大的問題；也就是資本主義與共產主義等意識形態的鬥爭。當初阻力甚大。鄧小平更提出富有中國特色的社會主義做為基本的戰略方向；此結合了中國傳統文化，這自然而然的得到人民的支持。這是因為鄧小平實事求是的理念是經得起考驗的。鄧小平的中國經濟改革與開放的策略阻力重重，特別是黨內的保守派的雄厚勢力。鄧小平的支持者逐漸增加也是必然的，因為鄧小平改革與開放乃是順著傳統中國文化和世界主流思想而行的。改革開放的阻力來自意識形態為最主要，其他乃是人才、資金的缺乏，還有貪污腐化等等難題。

已如前述，鄧小平於一九○四年八月二十二日出生於四川省廣安縣，於一九二○年十六歲勤工儉學赴法國巴黎；一九二六年赴蘇聯莫斯科東方大學及中山大學求學；一九三三年二十九歲時被鬥下台，這是他第一次下台。一九三四年三

十歲第一次復出，擔任黨秘書長並參加長征；一九四八年，四十四歲時指揮淮海戰役。一九四九年，四十五歲時大西南擔任書記，解放大西南。一九六六年，六十二歲第二次被打下去，失去一切職務；一九七二年，六十九歲第二次復出，恢復所有職務，包括國務院總理職務，一九七六年，七十二歲，第三次復出，不久成為第二代中國共產黨實際領導人，直至一九八九年正式退休為止。他於一九九七年二月十九日逝世，享壽九十三歲。其間他三次下台和三次上台，於一九三三年第一次下台是因為支持毛澤東。

第一次復出於一九三五年一月因為王家祥；時任軍事委員會主席，被任命為軍委會秘書長。

第二次下台於一九六九年是因為右傾思想，被紅衛兵逼退。

第二次復出於一九七二年是因為右傾思想，擔任副總理，整頓中國經濟，得到毛澤東的支持。

第三次下台一九七六年是因為周恩來逝世引發四月五日天安門事件，認為背後的人物是鄧小平。

第三次復出於一九七七年：再度肯定鄧小平思想，恢復離職前所有的黨政軍職物。此次是由葉劍英的大力推薦而復出的。

一九二〇年至一九二六年，鄧小平赴法國「勤工儉學」。他加入了中國共產黨。認為其間他認識了周恩來，成為鄧小平從政的開端。一九二六年，鄧小平赴蘇聯莫斯中山大學學習；一九五六年，鄧小平赴莫斯科談判中蘇之間有關權益問題，其中曾與赫魯夫舌戰有關共產主義何去何從等的重要議

題。

　　一九七六年五月訪法國，展開中華人民共和國首任領導人訪問法國，一九七八年鄧小平訪日，這也是新中國領導人第一次訪問日本等等。一九七九年一月也是新中國第一位國家領導人訪問美國。

第三節　鄧小平的治天下

　　一九七四年四月，鄧小平訪問美國，此次是代表中國政府出席聯合國第六次特別會議；此次訪美主要是向世界各國介紹毛澤東的「三個世界」理論，這是一個新的見解。同年十一月，鄧小平在北京會見美國國家安全顧問季辛吉教授，就中美關係展開對話。然而一九七九年一月，鄧小平訪問美國，這是中華人民共和國成立以來，也是中國領導人首次赴美，展開中美關係正常化的關係。

　　一九八二年九月決定了香港的歸還給中國；鄧小平曾見了英國首相柴契爾（Margrette Thatcher）夫人提出主權不可以討論的問題，很明確人認定香港於一九九七年六月三十日歸還給中國。一九八九年五月在北京會見蘇聯總書記哥巴契夫，展開共產黨中蘇兩黨重啓合作交流事宜。

　　胡錦濤執政期間曾提出科學發展觀，用於強化改革開放的政策。這是繼續江澤民時代「十五大」的「三個有利於」的看法；其經濟發展的戰略方向是一致的，進一步肯定鄧小平的「改革與開放」新思維。鄧小平撥亂反正、一言興邦的

作為令人敬佩；正式開啓「小平維新」的新紀元。江澤民、胡錦濤是第二代、第三代中國領導人的循序漸進、發揚光大改革開放政策；此意義至為深遠。至於臺灣海峽兩岸的關係來說，胡錦濤仍將以和平發展為主軸，順勢擴大並深化兩岸經濟關係，試圖達成臺灣海峽兩岸的經貿關係的正常化與制度化，並且配合中國經濟在十二個五年計畫中的角色與功能，同時也為第五代中國領導人立下厚實的基礎。自從一九七八年中共十一屆三中全會以來，經濟發展出現了奇蹟；經濟發展是一國邁向文明、現代化的動力。談到文明，此絕對不能脫離政治發展。經濟發展在先，政治發展隨之。鄧小平也曾經說過，改革開放在經濟之後，政治改革在所難免。現代化的中國，廣義的說就是文明的中國。文化使人和諧，文明使人幸福。中國現代化的終極目標就是要使中國文明的崛起。這方面只好期待著將來；這是一條必走的道路。臺灣曾是反共的基化，也是中國人統治的地方；其政治發展經驗，有得有失，自然值得重要的參考。政治發展也不能抄襲西方，但臺灣與大陸的政治民主文化，確實是一條必然要走的道路，這也要與世界上先進國家接軌。談到政治民主化，臺灣的民主化方向正確，不要以為臺灣民主政治發展過程中的亂局而因噎廢食；本末倒置；因為中國民主化不同於西方，但這是一條不歸路。因此如何尋找一個富有中國特色的民主政治發展模式，相當重要。

　　鄧小平是個務實的中國政治執行家，他不是一個充滿著幻想的革命家。這一點，他與毛澤東不同；但他有思維、有看法，尤其是對中國問題有發展方向的執著，這是智慧、知

識和毅力的結合。他既不否定資本主義，也不堅持社會主義的意識形態；他提出中國應該步入一個「富有中國特色的社會主義」。其實他所推動的是孔孟思想的大同主義。孔孟思想的「禮運大同」就是富有中國特色的社會主義，此並不是馬克斯、列寧主義。然而孔孟思想是海納百川、有容乃大的本質，它也可以吸收馬克斯‧列寧的思想。此即是消化馬克斯‧列寧等外來思想，同時也是深化當代孔孟儒家思想。此乃是「馬列主義中國化」的道路。這個問題，鄧小平認識最為深刻；他第三次執政以後提出改革開放的戰略方向之後，中國終於改變了。中國人真正有尊嚴的站起來了。鄧小平的貢獻是「治天下」有功，相對的毛澤東的理想主義，對於「打天下」也是有功的。但是毛澤東的作為有許多是違背人性，否定孔孟思想的作法將遺臭萬年。然而鄧小平的「治天下」與毛澤東的「打天下」是有階段性的整合，完成其再造大唐盛世的史實；貢獻中國，增進中國人的福祉。若能再加入孫中山的「救天下」和蔣介石的「保天下」等則可構成中國近、現代史上的四大偉人。

第四節　社會資本主義、資本社會主義

　　社會主義也可以搞市場經濟。市場經濟不是資本主義的專利品；社會主義雖有經濟計畫，但社會主義也可搞市場經濟。西方世界經濟有社會主義和資本主義二分法的意義；換言之實施資本主義的社會，就要排斥社會主義，反之實施社

會主義的社會就要排斥資本主義。這種現象與西方國家「天人分離」的哲學有關；這種現象也與他們重視「法制」的觀念有關。東方社會相信「天人合一」的哲學基礎，因此有關資本主義或社會主義的實踐意義上，可以兼而有之。臺灣也是中國人的社會，其經濟發展的過程中先是傾向社會主義，然後則是傾向資本主義。這是與時俱進得作為，這也可以從一九四九年以後的臺灣經濟基本上以國營事業或政府經濟為主要；也許以一九六四年為分界點，一九六四年開始臺灣已走上「藏富於民」，「民富國強」資本主義的經濟發展基本結構。這一年臺灣經濟開始起飛了。

中國經濟思想是以儒家、法家、道家等文化的綜合體；它以「致中和」為理想的文化調和。它是以「唯物論」為出發點，然後要以「心物合一論」為目標。此乃是功利主義性的儒家思想，此思想在觀念上乃是墨家入世思想為主要；以私有財產制度為核心，以藏富於民和市場經濟的功利為取向。在做法上是兼愛、非攻、薄葬、勤儉。墨家強調「非儒」的觀念，其實是務實、功利性入世的儒家思想。

「摸著石頭過河」，這也是鄧小平的經典名言。中國有五千多年的歷史文化與文明，每當文化振作時期也是該朝代文明燦爛的時期，其間國家必然強盛；反之，亦然。滿清末造，民生凋弊，文化腐朽；尤其是鴉片戰爭之後，國際強權入侵中國，瓜分國土，因而民不聊生。當時的儒家思想已全面腐朽，所以有「打倒孔家店」的呼聲。「五四運動」之後，西方思想的輸入中國，這包括西方主流的市場經濟、民主政治思想以及非主流的馬克斯·列寧主義獨裁、專制的政治、

經濟思維在內。經過實踐與檢驗的結果，這已經充分證明了馬列思想為主的共產主義不適合於中國。直到一九七八年中國共產黨第十一屆三中全會提出了改革開放的新政策以後，整個國家的戰略方針已完全改變過來，但是中共昔日所堅信的共產主義，社會主義等政策仍積重難返。這要有一個過程；也就是從過去的幻想共產主義，進而發展到摸索共產主義、懷疑共產主義，甚至於否定共產主義和反對共產主義等階段。亦即是中國馬列主義化逐漸發展到馬列主義中國化的道路。這個「中國化」的過程極為艱巨。這要從中國文化的本質以及儒家思想的特色去探討和實踐。由於中國主觀與客觀的因素，尤其是在鴉片戰後的中國內憂和外患，民不聊生等的不幸；使現代中國人的民品低劣、民智未開，欲開啓新思維有關的新政策必然有相當的難度；於是需要小心從事，猶如摸著石頭過河般的一步又一步小心的前進。

　　江山自有才人出，中國這部輝煌的歷史就是有了許許多多英雄、豪傑的貢獻。由於他們的努力，寫下中國文明史冊；鄧小平先生就是其中的一個；鄧小平的智慧改變了中國的命運；鄧小平是近百年來中國鉅變中的偉人。今日的中國人之所以能夠頂天立地的在這個世界上有尊嚴的站起來，首先要歸功於一九七八年以後鄧小平的改革與開放政策，他一言興邦的改變了中國的面貌。中國人富裕起來了。今日中國國民總生產毛額（GNP）已是全球第二位，國家綜合影響力也是全球第二位，僅次於美國。無可否認的是今日的中國已從東亞病夫轉變成為東方的巨龍。為何有著如此重大的改變；鄧小平的功勞將永恆留於青史。

第五節　一個富有中國特色的民主政治

　　文化大革命一開始，鄧小平就被批判爲右派；一九六六年在一次有關黨的中央工作會議，是由毛澤東親自主持。該會議公開指責劉少奇和鄧小平。當時劉少奇爲國家主席、鄧小平是黨總書記。指責許多人支持劉少奇、鄧小平都成了反革命份子或叛徒。其實當時被指責爲反革命的人士還有周恩來、葉劍英、李先念和谷牧等等人；當初出面指責他們的人士是「紅衛兵」，而背後的指引人當然是毛澤東和江青等人。劉少奇與鄧小平被指爲同路人，被鬥爭的情況下罷了官，徹了職。鄧小平的家人雖然與他一起住在中南海，但形同被軟禁。其中鄧小平的長子鄧樸方當時在北京大學物理系讀書確實是住在北京大學，也被紅衛兵批鬥，一時墜樓，不幸成爲殘疾人士。

　　毛澤東對於劉少奇與鄧小平二人的態度還是不一樣的，他要鬥倒劉少奇，但並沒有想鬥垮鄧小平之意。而鄧小平心裡也有答案，認爲毛澤東不會把他打倒。毛澤東縱容紅衛兵在文化大革命中扮演著角色最主要的目的是要鬥倒那些政治上的反對勢力，並且以政策的右派爲藉口；來達成政治掌權爲目的。其實右派的中國共產黨其治國方案比較準確，然而經常成爲被以爲是「修正主義」爲罪名，而加以批鬥。政治是殘酷的，它經常是不講正義、不講是非、不講道理的結局面。歷史學家要很公正的記載與評論，其立足點在那裡相當重要。

　　十六歲的鄧小平赴法國「勤工儉學」，一九二四年周恩來返回中國；鄧小平在巴黎接任旅歐中國共產主義青年團負責人；於是，他成為旅歐中國共產黨的領導人。當時的文宣刊物「赤光」是這個組織的精神堡壘。一九二六年一月鄧小平去蘇聯加入莫斯科中山大學。這個革命聖地聚集六百多個中國學生。鄧小平在蘇聯僅僅十幾個月，一九二六年年底鄧小平回國，在第七軍擔任政委。不久，適逢蔣介石的清黨工作，鄧小平則捲入國共鬥爭當中。鄧小平這個領導人性格逐漸脫穎而出，於是他在共產黨裡有機會認識毛澤東。當時鄧小平這被任命為共產黨江西省書記。

　　與臺灣一九四七年發生的「二二八事件」經驗有些相似的一九八九年「天安門六四事件」。這個事件必然會產生的。由於一九七八年以來中國經過了經濟快速發展的階段，百姓尋求民生問題以外社會福利與民主政治等的訴求聲浪高漲。由北京大學、北京師範大學等知識份子所帶動的天安門廣場示威事件的發生也是驚天動地。這是藉著共產黨中總書記胡耀邦於一九八九年四月十五日逝世，為了響應他的貢獻，特別對於其在政治民主化以及經濟自由化等主張的認同。北京大學等學生們一方面追悼胡耀邦先生，另一方面則提出進一步中國民主與現代化的要求。

　　北京大學等學生的訴求很單純，是一個愛國行為的天安門示威行動。但這個愛國行為後來變了質；主要的是一些複雜份子的介入，比如說失意的政客、社會不良份子等，特別是外國勢力的干預等，使這個本來的學生愛國事件變成了反政府、反共的動亂。這個事件聲勢浩大。這個事件轉變成為

社會與政治動亂；主要原因乃是一九七八年實施改革開放以後的中國，經濟發展產生社會不正義；貪污、腐敗和特權、專制。因為天安門廣場示威的民眾已非是北京大學等那麼單純的「愛國運動」；事實上已經是龍蛇雜處，與原來學生的「愛國運動」的動機已相去甚遠。何況這個事件已經影響到全國，當然也已經是全球的關注，甚至於有心人士陸陸續續地直接和間接的介入，於是所謂的「事件」已從「學運」轉變成為「動亂」，似有一發不可收拾的趨勢。於是於一九八九年六月三日夜晚終於開了槍，動了武。六月四日以後天安門廣場又回歸安靜。這個用武力鎮壓天安門廣場群眾的事件震驚了全世界。

　　當時中共軍委會主席是鄧小平，而常務副主席是楊尚昆。誰有權力決定是否向天安門的群眾開槍呢？開槍之後在中國歷史上各種層面上的得失為何？甚值得去觀察。然而首先鄧小平的改革開放政策以後的中國經濟持續性發展首要被肯定。其次是中國民主化的前途遲早意將到來。第三，馬列主義思想在中國必然要重新定位。第四，社會正義的呼喚終將被重視。第五，中國文化為主要孔孟共產主義（大同社會主義）此將是成為中國往何處去的指南針。

　　「六四天安門事件」之後已經歷了二十幾年，在這個期間中的中國經濟發展有著史無前例的變化，這尤其是在經濟發展上的奇蹟表現；令世人刮目相看。可是貧富懸殊的現象日益加劇，這包括中國區域間的貧富差距、城市裡的貧富差距、農村與都市間的貧富差距等等。

　　「六四天安門事件」之後加速改革開放的步伐，尤其對

於中國文化的認同；這一方面可以加速中國經濟發展和臺灣海峽兩岸關係和諧。肯定改革開放方向的正確性；加速與國際接軌。鄧小平曾說經濟的改革開放是一回事，政治改革也要進行。因此尋找出一條富有中國特色的政治發展模式；此乃是現代化文明中國的一個重要環結。

　　「六四天安門事件」是一個歷史悲劇，然而卻是中國邁向現代化文明的一個催化劑。

第二章　孫中山經濟思想與鄧小平理論

第一節　藏富於民、民富國強

　　孫中山先生經濟思想的重心在於其民生主義和實業計劃中；其主要有大同主義、「均富」社會、平均地權、耕者有其田、國營事業、發展國家資本、節制私人資本，興建鐵路、公路、港口和國際開發中國等思想與方案。[1]這些思想理論與政策在臺灣的蔣經國都落實實踐了；在中國大陸的鄧小平也逐步一一的實現。

　　鄧小平說：他是實事求是派，不管白貓黑貓、能捉住老鼠就是好貓，摸著石頭過河，社會主義也可搞市場經濟，貧窮不是社會主義，讓一部份人先富起來、最終實現共同富裕，堅持改革開放是決定中國命運的一招，改革、應包括政治體制的改革在內等等經典名言。[2]

1　孫中山，（民生主義），《國父全集》，中國國民黨中央委員會黨史會，臺灣·臺北，一九八二年，第二九二頁至三六七頁。
2　鄧小平，《鄧小平文選》（第二卷）、（第三卷），人民出版社，中國·北京，一九九四年，第二六頁至一二九頁。

　　鄧小平的一生治國生涯雖然經過「三起三落」的波折，但他們腦海裡相當清楚；也相當堅持。這些都是他「治天下」之能手的價值。他是孫中山思想的理論者和實踐者。這些都是中華民族的資產。這些鄧小平理論發展的「與時俱進」，終將使中國實現一個富有中國特色的社會主義。

　　孫中山先生是臺灣海峽兩岸中國人共同尊敬的偉人。孫中山的經濟思想是整合古今中西方經濟思想、文化的結晶品；實踐孫中山「藏富於民」思想可以使中國人民富裕、國家富強，臺灣海峽兩岸關係融合。這可從一九七八年鄧小平實踐改革與開放政策的新思維以後，中國已有震撼性的改變得知。孫中山經濟思想與政策可以救中國；鄧小平思維就是孫中山經濟思想的理論與實踐。其重要的意義是要求得經濟發展（人性）和經濟公允（人道）的兼顧；這是孫中山先生的「均富」思想。鄧小平也強調貧窮不是社會主義，貧富不均也不是社會主義。[3]

　　孫中山先生經濟思想兼顧市場經濟和政府經濟（包括國營事業）；當然是以市場經濟為主軸，這是「藏富於民、民富國強」的中國經濟發展基礎。市場經濟雖不是萬能，但是沒有市場經濟是萬萬不能；這不是政府經濟所能取代的。市場經濟與財產私有制不但是中國經濟儒家思想的基本精神，也是法家經濟思想的重要理念。法家經濟思想雖然重視政府經濟的功能，這包括公營事業在內；這只是補充私有經濟之

---

3 龐正錦，〈開放政策和造就人才〉，《探索集－中國中西部經濟發展研討會論文匯編》，（中國社會科學院、中國扶貧基金會、亞洲與世界社合編），中國友誼出版公司，中國・北京，一九九四年，第二二七頁至二五一頁。

不足而已，並不是要將私有經濟取而代之。這個中國經濟發展的命題也是孫中山先生經濟思想的重心。鄧小平所提出的不管黑貓白貓只要能抓老鼠的貓即是好貓，是個甚爲務實的想法。[4]孫中山先生的經濟思想與鄧小平的經濟理論是相輔相成的；這也與中國傳統經濟思想相一致；另外，此也與西方資本主義市場經濟在經濟發展軌道上是相通；但不相同。

今日中國經濟發展成績亮麗、臺灣海峽兩岸關係如此和諧，這都要感激鄧小平先生在改革與開放所做出的貢獻。

第二節　孫中山先生思想的來源

一、通古今改變，究天人之際，成一家之言。

孫中山先生的經濟思想是其智慧的結晶；是乃其通古今中外經濟思想之變而形成的。

孫中山的經濟思想來自二方面；第一、中國文化中有關經濟學理論與政策，例如《管子》、《商鞅變法》、《鹽鐵論》以及《史記》中《貨殖列傳》、《王安石變法》、《一條鞭法》等等思想的精華。[5]第二、西方文化中有關經濟學的理論與政策、例如亞當‧史密（Adam Smith, 一七二三～一

---

4 葉小文，〈論民族地區縮小差距加快發展問題〉，同前註，第一五四頁至一六六頁。

5 法家經濟思想始自管仲（西元前七三〇至西元前六四五年）相齊桓公使之成爲春秋時代的第一個霸主。管仲爲政治家，也是中國法家文化的始祖。

七九〇），馬克斯（Karl, Marx, 一八一八～一八八三），凱恩斯（John M. Keynes, 一八八三～一九四六）以及畢茲麥（Otto Von Bismarck, 一八三九～一八九七），亨利・喬治（Henry George, 一八三九～一八九九），威廉氏（Maurice Williams, 一八八一～一九七三）等等思想的精華。[6]孫中山先生有關綜合中西方經濟思想理論與政策的觀點，表現在其民生主義、實業計劃等富中國特色的經濟學裡面。

　　鄧小平先生的經濟理論與孫中山先生經濟思想方向相同；他們彼此都是為中國經濟發展的「拿來主義」者，也就是能把握住「古為今用」、「洋為中用」、「與時俱進」、「因地制宜」等的理性經濟發展思維。換言之，這在垂直面是以中國經濟思想文化為主軸，而在橫斷面則以西方經濟理論與政策為依據。其中不做「中國古代經濟思想的奴隸」，亦不做「西方外來經濟文化的殖民地」。[7]

二、走中國人應走的路

　　孫中山與鄧小平等二人的經濟策略觀念皆足以代表中國人的正確想法；因此他們二位偉人的經濟理論與政策為中國經濟之所需。這可從海峽兩岸臺灣與中國大陸的經濟發展實證中取得證明。臺灣的一九四九年到一九八九年經濟發展創

---

6 亞當・史密斯，《國富論》，一七七六年出版；中文版由謝宗林、李華夏會譯，先覺出版社，中國・臺北，二〇〇〇年八月。
7 魏萼，〈中華文明的崛起〉，《中華文化與和平發展研討會》，二〇一一年十月二十八日至十一月三日，南京大學主辦，中國・南京。

造了奇蹟。這與孫中山思想有關係，這個奇蹟的執行者正好是一九二〇年代鄧小平莫斯科中山大學時同班同學蔣經國。[8]而中國大陸孫中山經濟思想的實踐者乃是鄧小平。中國大陸自從一九七八年以來以至二〇一〇年，這三十多年來亦創造了中國經濟發展的奇蹟。這使中國經濟於二〇一〇年七月超越德國，晉入全球第二經濟大國，僅次於美國。

　　鄧小平與蔣經國都是孫中山先生的信徒，他們深知並且堅信中國人應走中國人應有的現代化途徑，那就是孫中山先生的經濟戰略方向。

第三節　不做西方外來文化的殖民地

一、西方基督新教文明

　　西方文藝復興以後的基督新教倫理所產生的文明歐洲，其已成為全球現代化普世價值的代表。主要是因為西歐、北美等基督新教地區經濟發達，尤其是產業革命以後所造成的經濟發展衝擊更是令人羨慕。西方世界所以在其民主政治、市場經濟、和諧社會、人權法制、環境保護、宗教自由等層面所表現的傑出成就也已成為世界文明的典範。文化使人和諧、文明使人幸福。這在過去的五六百年的西方資本主義世

8　彭哲愚、嚴震著，《蔣經國在莫斯科》，中原出版社，中國‧香港，一九八六年，第三五九頁。

界白人盎格魯‧薩克森主義（Anglo-Saxonism）優越感傲視
東方儒家文化經濟圈的一切與一切展現出來[9]；而鴉片戰後儒
家文化經濟圈尤其是中國所表現的經濟發展與現代化的程度
卻遠不如想像的美好，特別是「腐朽」儒家的思想被認為是
中國現代化的障礙，其無法產生資本主義的成因在於一些文
化的經濟行為，例如那些助長資本主義行為的勤勞、節儉、
守法、誠信、科學、理性等行為的缺乏等等。儒家思想經過
兩千多年來產生的異化與腐朽。因為這些腐儒無法「與時俱
進」和「因地制宜」，因此儒家思想的本質被曲解和世俗化
了；這充分表現在政治、經濟、社會等等層面。所以中國人
被認為是一個缺乏誠信和社會責任的民族，也是一個沒有法
制的社會、是一個不懂得優雅禮貌的人民等等。這些被西方
人士所斷定的文化劣根性使中國缺乏往前看的動力，只是適
應環境的心態不會有改變價值環境的生命力。這些看法在孫
中山經濟思想裡揭露無遺。

二、認真學習西方文明的經驗。

西方在十五世紀以後，因為文藝復興的衝擊，歐洲人民
追求自由與民主的呼喚甚囂塵上。歐洲現代的步調逐步加
大，於是有了許多驚天動地的文明作為，例如一五一七年的
宗教改革，基督新教在基督教世界裡脫穎而出，改變了歐洲
的宗教信仰方式，人民宗教自由從僵硬基督教思想中解脫出

---

9 王勤田，《現代西方文化思想鑒詳》，當代中國出版社，中國‧北京。一
　九九三年，第三五八頁至三八二頁。

來，因而活化了歐洲人的思想，於是有了一連串的歐洲創造普世價值的現代化運動，他們是英國產業革命、美國的獨立宣言、法國的啓蒙運動和大革命等等。時至今日，西歐、北美的現代化普世價值仍然領導世界。孫中山先生的思想正是要學習西方文明的經驗，亦即「洋爲中用」的意義。鄧小平亦復如此，其主張一方面要批判的接受中國古代文化，另一方面則要選擇性的吸收西方文明的經驗。孫中山與鄧小平絕不會做西方外來文化的殖民地，當然也不做中國古代思想的奴隸。中國文化應取其精華、棄其糟粕。[10]

　　鄧小平在一九七八年以後所主張的改革開放經濟政策，已得到了實踐與檢驗的正面結果；證明其乃一隻「好貓」，鄧小平也曾說過中國經濟的改革開放之後，政治也要改革開放。換言之，中國實施民主政治是遲早的事，它要走出一個富有中國特色的民主政治，它亦慢慢的在中國環境中逐漸培養起來，絕對不是從西方移值而來的。眾所週知中國經濟發展已是全球第二，期望在二十年內可以趕上美國，成爲全球第一經濟大國；然而中國平均國民所得仍然距離經濟先進國家尚有一段距離。國人的民智、民品等仍與上述經濟先進國家也有一些距離，是故中國實施民主政治不但要走出中國特色，同時也不能操之過急，但中國特色的民主政治是什麼呢？這是孫中山先生的民主思想、民權主義的內容；這包括民權初步，權能區分和中央與地方之權限等等主張。

---

10 同註 5。

第四節　不做中國古代思想的奴隸

一、消化西方思想

　　孫中山思想是中國文化的產物，尤其它與正統儒家文化息息相關。孫中山思想的實踐不但會使中國富強，而且也會促使中國人對內的和諧和對外的和平。中國現代史上傑出領導人鄧小平也是孫中山先生的同道；他於一九七八年領導中國的改革開放新思維，逐漸步入中國文化的主流，尤其是實踐孫中山的經濟思想以後，已使中國富強。鄧小平先生及時改變了一九四九年以來「中國馬列主義化」的經濟政策作為，積極實踐「馬列主義中國化」的經濟思想，這已使中國人頂天立地而且有尊嚴的站起來了。[11]

　　中國文化的本質富有消化外來思想，用於深化中國本身思想的特質；所謂的西方外來思想，這包括西方主流與非主流的思想。就以經濟思想為例，孫中山思想要吸收一七七六年西方資本主義經濟學之父亞當‧史密斯，新經濟學約翰‧凱恩斯以及西方社會主義思想的馬克斯社會經濟學等等思想在內。

　　孫中山思想就是要主動吸收西方外來優秀的思想，但不

---

11 魏萼，《中國國富論》，（一個富有中國特色的國富論），時報文化出版公司，臺灣‧臺北，二〇〇〇年。

做西方外來文化的殖民地；孫中山思想也當然要靈活把握住「與時俱進」的中國文化，它不做中國古代思想的奴隸。換言之，孫中山先生思想的現代化甚爲重要：它要「洋爲中用、古爲今用、與時俱進和因地制宜」等等的「拿來主義」。同時它也要「整合之、持續之、創新之」；這就是要「一以貫之」的融合中西方文化與思想，並且也所創新。這誠如孫中山在其三民主義的思想淵源裡所強調的要把握中國文化的精髓所在，學習西方的長處，還有他自己融會貫通以後提出有利於中國現代化的獨特思想與作爲；此有賴於其對中國國情的獨特見解。

二、砍除三座思想大山

中國文化秉承儒家思想爲主軸「一以貫之」、「與時俱進」、「因地制宜」等的學術精神，它富有整合、持續、創新等的生命力；這本是「文化中國」的意義，然而中國歷史悠久、幅員廣大、民族眾多等等複雜因素，此已逐漸綜合成爲中國文化。「中國文化」是傳統，而「文化中國」是道統；傳統文化有異於文化傳統。前者爲世俗，後者爲綱領；此一說明傳統文化因歷史、地理的變異而有所不同的詮釋，這難免產生前述的偏差；尤其是功利主義、保守主義和封建主義等三座思想大山的影響進而使得中國文化有世俗性和腐朽性；這個問題就大了。譬如說，中國清朝經過了康熙、雍正和乾隆等三代的中華盛世以後，腐朽儒家思想盛行、宦官弄權亂政、官員跪拜取崇、婦女纏足惡習、科考壓抑人才等等

劣等文化。[12]還有自然形成的中國不重視科學、數字、法治
等現代化觀念。

第五節　計畫性自由經濟的取向

一、鄧小平的一言興邦

　　孫中山先生曾言不論什麼主義，只要它適合於中國當時
國情需要的都是好「主義」。[13]換言之，治國的方向是要拋
棄意識形態的拘絆，只要能夠改善中國經濟的任何政策、制
度都可接受。這亦表示不管它什麼醫藥，只要在能治病的醫
藥等都是「好藥」。這種思想可以引申出不管中醫或西醫，
只要能夠治病者都是「好醫」。鄧小平也說過不管黑貓、白
貓只要能抓「老鼠」的貓都是「好貓」。這種務實的看法恰
當；例如「五四運動」主導人胡適之先生也說過凡事要大膽
假設，小心求證。經過了三十幾年的實踐與檢驗，也證明了
孫中山思想適合於中國，這可以說鄧小平自從一九七八年以
後實施改革開放的新思維之後，「一言興邦」使中國人已經
有尊嚴的站起來了。因為鄧小平很能夠的導引中國人應走的
中國文化道路；這是鄧小平帶領中國現代化的路向，它正是

---

12 黃秉泰，〈經濟社會的進步與儒家思想的發展〉，《儒學與市場經濟》
　　（張岱年主編），人民教育出版社，中國、南京，一九九八年，第二十
　　一頁至二十三頁。
13 同註12。

孫中山思想的理論與實踐。

二、蔣經國也是孫中山思想的信徒

　　其實不只鄧小平是孫中山的信徒，在臺灣的領導人蔣經國也是如此。蔣經國在臺灣的執政創造了臺灣經濟奇蹟、採取了計劃性的自由經濟；他一方面培養民間經濟的生命力，積極的鼓勵並協助臺灣人去創業，另一方面逐步將國營事業歸於民營，徹底實踐「藏富於民」、「民富國強」的中國經濟思想。在臺灣經濟奇蹟的經濟發展經驗（一九四九年至一九八九年）裡臺灣經濟發展從市場性社會主義走向社會性市場主義的經濟發展模式。臺灣這個經濟發展模式是依經濟發展實況採取計畫經濟與市場經濟協調的混合模式。這個經濟發展理論與實踐正好與鄧小平先生所說的社會主義裡也有市場經濟，資本主義裡也有計畫經濟。市場經濟與計畫經濟交叉彈性運作的協作狀況、在一九四九年的臺灣以及在一九七八年的中國大陸在經濟發展的方向上是一致的。臺灣與大陸彼此先後皆創造了經濟發展的奇蹟，其主要的原因皆依中國文化中經濟發展的思想與政策所使然。這也就是孫中山先生經濟思想的協作所造成的經濟發展結局。這就是「鄧小平維新」造就了中國邁向現代化的進程。換言之，臺灣與中國大陸經濟發展將共同走向一個富有中國特色的計畫性自由（市場）經濟發展模式。

三、以農立國、以工強國、以商富國

鄧小平的經濟理論強調「以農立國」、「以工強國」、「以商富國」；這是有經濟發展的程序的，尤其是二十世紀以後科學與技術高度發達，日新月異的時代。一般來說，農業的發展相當重要，但農業的勞動報酬率比工業低；在此商業、服務業鼎盛的時代裡，商業及其他的服務業的經濟附加價值比較高。然而「民以食為天」，農業如果不能有所發展，其他經濟的工商業層面發展就失去其意義。

臺灣經濟發展的經驗先是農業培養工業；繼之，以工業再發展農業；這是其第一至第四經濟發展四年計畫（一九五三年～一九六九年）的經濟發展階段是以農業培養工業，而第五至第六四年經濟發展計畫（一九七〇年～一九七八年）則是以工業再發展農業。農業經濟在國民總生產中的比重日益降低，也就從昔日的百分之八十以上降到今日的百分之五左右。[14]中國大陸的經濟發展策略，是以農業為國民經濟的基礎，而以工業做為主導，這是自從一九五三年以來的重要的經濟政策。彼此都說「耕者有其田」，但兩者之間的基本差異則是土地私有制和土地公有的不同而已。一開始臺灣經濟以私有制的市場經濟為主要，而中國大陸反之。直至一九七八年鄧小平的改革開放經濟政策以後，私有制以及市場經濟逐漸抬頭，海峽兩岸的中國人的經濟政策方向又趨於相

---

14 臺灣經濟統計年鑑（歷年），行政院經濟建設委員會，臺灣‧臺北。

同。於是中國經濟的崛起，已成為全球之第二大經濟體系。這足見中華文化的力量。中華文化不但會使中國經濟崛起，也可使臺灣海峽兩岸的國民黨與共產黨「和解」與「合作」。此外也可促成以「世界和平」取代「輸出革命」的對外政策。此對於中國國內的以「社會和諧」取代「階級鬥爭」。這種回歸中華文化以後的中國將可再創中華文明於世界。文化是文明的種子、文明是文化的結晶。當今的中國步入馬列主義中國化以後，中國的崛起的前瞻性一片光明。其實這種馬列主義中國化的經濟戰略取向就是孫中山思想，這也是中國文化的產物。[15]中國文化不但要消化西方思想，更要深化中國思想。馬克斯的理論有許許多多的人性論、人道論、和人權論都可以與中國文化相結合，成為中國文化的共同構成份子。這是中國文化兼融並蓄，一體多元，取其精華，棄其糟粕的本質。這個中華文化的本質就是孫中山思想，而鄧小平的理論正也是這個思想體系的產物。彼此是相呼應。基本上要強調的是不做中國古代思想的奴隸，也不做西方外來文化的殖民地。

第六節　耕者有其田的意義

一、耕者有其田

孫中山主張「耕者有其田」，鄧小平也稱讚「耕者有其

---

15 中國文化為「母」，孫文思想為「子」，發揚孫文思想有如「子反哺其母」。孫中山經濟思想是中國文化的產物，是故它也有融合西方文化的能力，這包括「馬列思想中國化」的意義在內。

田」。耕者有其田是中國經濟思想的重要一環，它始自周公的「井田制」。商鞅法家思想相秦孝公，其宣稱「廢井田，開千陌」；其實他是主張重新規劃、清丈土地之後，再實施「耕者有其田」；問題是「公田」的比例若干罷了。中國一向「以農立國」，土地即是財富。其所謂有土斯有財，其中自有奧妙。關鍵的問題在於土地公有或者是土地私有之論戰而已。孫中山的主張是土地國有民用，可以自由買賣。所謂普天下之土，皆為王土，是也。在中國歷史上兩次比較傾向於推動土地國有的中央集權的主張即是，新王莽和清末太平天國的洪秀全；前者稱之為「王田」，後者稱之為「天田」。此兩者均皆有號召並沒有實際的實施。「耕者有其田」的定義頗多，經過了中國歷史實踐與檢驗已經足以證明，一般來說土地表面上雖屬公有，但是確實為私有；改革開放以後的中國農村中止『人民公社』的作法，私人擁有自己的土地也成常態，除非政府對該土地有特殊的用途，例如開公路、興橋樑、辦學校、蓋醫院等等特殊用途，否則政府不擾民的土地政策一向被尊重的。鄧小平在一九七八年的改革開放以後政府干預農村的幅度自然相當低微。於是農村的生產力大為提高；這與臺灣在一九五三年實施了「三七五減租」，「公地放領」以及實施「耕者有其田」的性質，方向完全相同。[16]尤其是中共於一九八三年廢止「人民公社」以後的中國農村。

---

16 臺灣經濟發展經驗當中以「耕者有其田」最為重要，它充分實現了「以農立省」的目標。臺灣小農經濟「耕者求食」的作為與一九五八年的中國大陸「人民公社」的「耕者有其田」在作法上完全不同。

二、國營事業的功能

　　國營事業的角色與功能也是中國經濟發展中的一個特色。中國文化的主軸在於儒家思想；但是中國的儒家思想重視家庭經濟的意義，民間經濟經常無法發展資本密集以及技術密集的產業，因此政府經濟中的國營事業所扮演的角色與功能自然加強。相對的意義中國橫斷面的儒家經濟思想有利於輕工業勞力密集的產業發展。可是那些航空、航海、銀行、鋼鐵、石油、教育，鐵路，公路等等高技術、重資本的事業政府要視當時的經濟發展狀況而定之，基本上應鼓動民營，這個經濟發展上的問題早在春秋時期的管仲已經有所定位，商鞅步管仲之後推動法家經濟發展模式，已成典範。後來西漢的桑弘羊也以「平準」、「均輸」的實施反映出法家經濟思想的政府經濟的功能，然而私人經濟仍然是整個社會國家經濟的主力；質言之，市場經濟以及私有財產制的本質依然不變。這個中國法家經濟思想是中國經濟思想史的主流。此與西方十九世紀卑茲麥的國家社為主義思想甚為相似。其實卑茲麥所謂國家社會主義與今日所謂國家資本主義本質相同。這只是名辭的差異而已。孫中山先生民生主義的精神也是如此。一九七八年以後的鄧小平中國經濟也是走上這個經濟發展的道路。其中要特別強調的是國營事業的存在是補充民營經濟之不足而已，並不是要取民營事業而代之的意思。民營事業是市場經濟的具體內容也是經濟發展的主力；所以說民營事業的市場經濟雖不是萬能，但假若沒有民營的市場

經濟則是萬萬不能；政府經濟絕對不是萬能，但假若沒有政府經濟亦是不能。

三、近代中國巨變中的偉人

　　近代中國巨變的三大偉人是孫中山、毛澤東和鄧小平等三人，其中孫中山先生是「救天下」有功、毛澤東先生是「打天下」有功、而鄧小平先生則是「治天下」有功。[17]孫中山的經濟思想富有中國文化的特色，他是個有理想的實用主義者，鄧小平是孫中山經濟思想的理論與實踐者；自從一九七八年以來鄧小平提出經濟的改革開放以後，中國經濟突飛猛進，屢創奇蹟。這一切的一切已令世人刮目相看，中國人終於有尊嚴而且頂天立地的站起來。當今的中國經濟已是全球第二大國；僅次於美國。如果中國經濟成長率在十年內維持在百分之八以上，而美國則其經濟成長率持續的在百分之三左右，則中國經濟將於二○二○年超越美國，成為全世界第一經濟大國。何以致此？這多多少少要感激孫中山的經濟思想以及鄧小平在其經濟理論上的實踐。

　　孫中山經濟思想基本上在於其民生主義為主要，輔之於其所主張的實業計畫為藍圖。這個經濟思想的組合包括要把握中國傳統經濟思想的精神，也要迎合西方外來經濟文化的要義，更要判斷中國當今經濟問題之癥結。以上三者「致中

---

17 中國共產黨第十五屆全國代表大會於一九九七年九月十二日召開；總書記江澤民在大會報告的主要內容之一。當時的講題是，《高舉鄧小平的偉大旗幟、要建設一個富有中國特色的社會主義，邁向二十一世紀》。

和」的結合並且以整合之、持續之、創新之以達到「古爲今用」、「洋爲中用」、「以時俱進」、「因地利宜」等的政策原則，要擺脫保守主義、功利主義和自由主義等的三種思想包袱。

曾如前述鄧小平曾說堅持改革開放是決定中國命運的一招，他也說不管黑貓白貓，能抓老鼠就是好貓，摸著石頭過河；社會主義也可以搞市場經濟。貧窮不是社會主義：讓一部份窮人先富起來，最終實現共同富強；他也認爲改革，應包括政治體制的改革等等偉大的理論與實踐。令人敬佩。

第七節　國際開發中國經濟

一、外資與外貸的功能

孫中山有鑑於中國的貧窮與落後，欲發展經濟於困境，因此他主張利用外資與外貸來發展經濟，也就是國際開發中國的意義。[18]這一方面，鄧小平實踐得最爲成功。改革開放以來的中國先是利用外資以培養內資，如此外資與內資彼此互相呼應，使得中國經濟從「惡性循環」的過去轉變成爲「良性循環」的現在。如今的中國經濟前途一片看好，這與過去三十幾年來吸引外資、培養內資等經濟發展戰略甚爲成功有

---

18 同註 17。鄧小平於一九八八年九月三日會美國華裔學人時透露蔣介石做了不少壞事，但他也承認蔣介石的貢獻，在於「保天下」；是乃北伐與抗日，還有於一九四三年中國廢除不平等條約等的貢獻。

緊密相關。這個現象與過去臺灣經濟曾創造奇蹟時的作爲相似。臺灣經濟發展起初是因爲美國投資和美國援助，日本資金和海外華僑的僑資等的貢獻最大。「自助然後人助」是臺灣經濟發展吸引外資的模式。基本上中國大陸亦復如此。這無非是孫中山經濟思想在臺灣以及中國大陸徹底實踐的成功經驗。臺灣的蔣經國也是孫中山先生的信徒。何況蔣經國與鄧小平都是一九二〇年代末在蘇聯莫斯科中山大學的同班同學，他們兩位恰巧在關鍵的時刻擔任兩岸政府領導人的重要角色。

　　中國經濟發展曾依賴著外資與外貸，一旦中國經濟發展成功之後，那要負起扶弱濟傾的國際任務。這是中國文化的特質，也是孫中山經濟思想的一個重要環結。

二、孔孟社會主義的實現

　　鄧小平曾說社會主義不等於貧窮，貧富不均亦不是社會主義。鄧小平也說要使某些人先富起來，這是有經濟發展戰略思維。孫中山的看法亦是如此；他的「均富」思想就是要使中國人富裕起來，並且以「均富」做爲目標。

　　中國經常有所謂的貧富差距問題是：城鄉間的差距、都市裡的差距、區域間的差距等。「均富」是中國經濟發展中的目標。中國「禮運大同」的思想就是要做到人人有飯吃、衣穿、屋住、車行，同時也重視人民的「育樂」問題。其間要使幼有所長、壯有所用、老有所終，鰥寡孤獨廢疾者皆有所養……。要用租稅的方法和國營事業的營利所得取之於

民、用之於民；用於達到「均富」的理想目標。[19]這是孔孟思想的大同主義，也是一個富有中國特色的社會主義的理想境界；它兼顧人性主義和人道主義，尤其是馬克斯的人道主義。

---

19 中國人不患寡而患不均；此強調「求均」的重要性，貧富不均的現象在資本主義的社會裡最為普遍。於是孫中山經濟思想主張節制私人資本、發展國家資本。節制私人資本的方式很多，其中在於鼓勵發展大眾公司，透過股票的發行來達成。這就是「資本證券化」、「證券大眾化」的道理；前者求富，後者求均。

第三章　孫中山思想與現代中國經濟發展模式

第一節　孫中山經濟思想的本質

　　孫中山思想與魯迅的「拿來主義」觀點是相通的。魯迅反對那些「送來主義」的西方文化侵略，因爲此將使中國經濟雪上加霜。一八六八年日本明治維新帶來了日本的富強，此舉世有目共睹。其實孫中山思想與魯迅「拿來主義」觀點相似，此與日本的明治維新在文化思想方向上也是一致的。明治維新使日本富強，孫中山思想也可使中國富強康樂。關鍵的因素是如何去認識和貫徹孫中山思想。

　　在臺灣，蔣中正與蔣經國兩位總統治臺灣期間，也曾經重視孫中山思想與臺灣經濟發展的模式，基本上所謂臺灣經濟奇蹟期間（一九四九年至一九八九年）是實踐孫中山思想中的民生主義了。中國大陸在一九七八年以後的改革開放等經濟政策，也多少回歸孫中山經濟思想。鄧小平理論也是多少依據孫中山經濟思想的。鄧小平也是孫中山先生的信徒，他「一言興邦」改變了中國經濟的面貌。從臺灣與中國大陸

經濟發展的經驗證明了孫中山思想與中國經濟發展的關係。

　　民生主義可以救中國經濟，這是一般國人似乎可以認同的一個看法，但是孫中山思想中的民生主義是什麼？學者們的看法相當分歧。過去的臺灣對於民生主義經濟思想的解釋曾經有過左派和右派的大辯論？[1]若從長期趨勢分析，孫中山思想中的右派學者或信徒佔了優勢，這是必然的現象。這是因爲市場經濟正確發展的方向；這也必需從孫中山經濟思想的本質去找到答案。孫中山思想是中西方思想的結合體，它「去蕪存菁」後凝聚成爲一股有生命力的思想觀念，此可以促成中國現代化。

第二節　中西方經濟思想並無衝突

　　其實中西方的經濟思想在本質上是相似、相通的。中國經濟思想五千年來，是以私有財產和市場經濟等爲主軸的，這與西方的歐美經濟思想並沒有根本上的衝突。中國經濟思想史上有所謂的儒家、法家、道家、墨家、兵家等思想。其中法家的經濟思想多少主張政府經濟功能，但是私有財產制度和市場經濟機能的本質是根深蒂固的。值得重視的西漢、東漢之間的新國王莽經濟政策主張的「王田」和太平天國洪秀全所主張的「天田」等國有制土地政策都沒有真正實踐過。「人民公社」的國有化農村是中國歷史上的獨特，但它是失

---

1 左派的人士主張國營事業的重要性，反對民營化的趨勢。他們是任卓宣、陶希聖、鄭學稼、林一新等所謂共產主義托派的學者。

敗的例證。有關先秦經濟思想法家的代表性人物管仲和商鞅等並沒有主張全面國有化經濟。中國經濟思想從伏羲作八卦，神農日中爲市等開端，以至於歷朝歷代的財經政策與制度皆以「民本」爲主要；「民本」的具體意義，在經濟制度上的內涵是藏富於民、民富國強。

　　一般來說，西方經濟思想史亦是一部私有財產和市場經濟爲主軸的經濟文化史。古希臘、希伯來經濟思想以民爲本位的思維方式與東方的中國相同，但彼此也產生了各種形式的官僚主義和封建主義。西元前五百年希臘文明已經鼎盛；蘇格拉底，阿里士多德和柏拉圖等三大哲學家把希臘文明的光輝創造了典範。繼之、希臘羅馬文化在歐洲光芒四射了近一千年。中世紀的歐洲是以日耳曼人秉承基督教的力量，實施「政教合一」的宗教專制政權，直至西南歐洲的文藝復興爲止，也凡約一千年。這正是中古世紀歐洲的「黑暗時期」。羅馬從西元三三〇年至西元一四五三年的東羅馬，一千多年來聲稱繼承了希臘羅馬文化的精華。延續了羅馬帝國的香火。這個時期經濟思想文化的主力也是私有財產制度和市場經濟爲軸心。從十三世紀開始歐洲逐漸燃起文藝復興運動，以直到十五、十六世紀全面展開歐洲的新文化運動，繼之有了宗教改革；馬丁‧路德（Martin Luthern）於一五一七年提出了宗教自由化的新方案，於是有了歐洲基督新教和天主教的分岐。由於宗教改革帶動了歐洲自由、民主、人權、法治和科學、產業的新思潮。這終於產生了產業革命和新啓蒙運動，進而創造了西歐、北美的現代化文明。資本主義、社會資本主義、福利資本主義等等新思維方式逐步產生，邁向世

界資本主義的現代文明。

第三節　史密斯・馬克斯・
凱恩斯的經濟思想

其間，亞當・史密斯的《國富論》（西元一七七六年出版），卡爾・馬克斯的《資本論》（分別於西方一八六七年、一八八五年、一八九四年出版），約翰・凱恩斯的《一般理論》（西元一九三六年出版）等等著作改變了世界經濟。[2]孫中山思想的魯迅「拿來主義」不但吸收了亞當・史密斯《國富論》的思想，也吸收了卡爾・馬克斯《資本論》的思想；孫中山思想當然也含蓋了後來的約翰・凱恩斯《一般理論》的思想在內。亞當・史密斯《國富論》的思想以私有財產制度和自由市場機能為核心，這是毋庸置疑的；約翰・凱恩斯《一般理論》的思想中曾主張政府經濟以輔助市場自由經濟的不足，但並非取代市場自由經濟的本質。值得關注的是：西方社會經濟大思想家卡爾・馬克斯一八四八年的《共產黨宣言》（與恩格斯合著）並不代表他思想的整體，這只是卡爾・馬克斯思想的一部份而已。一七五九年亞當・史密斯《道德情操論》是他一七七六年《國富論》的先決條件，同理一八四五年費德律・恩格斯的《英國工人階級狀況報告》等是一八四八年《共產黨宣言》的先決條件。如果沒有上述的先

---

2 史密斯、馬克斯、凱恩斯等三人是近代西方經濟學富有代表性的三個大師。

決條件，亞當·史密斯《國富論》等著作的意義是不存在的。因此亞當·史密斯和卡爾·馬克斯的思想、理論與政策等並不是萬靈丹。馬克斯思想是主張社會正義的看法，這是可以接受的，而馬克斯本人應是一位人道主義、人本主義、人性主義、人權主義者，這也可以深深肯定的。若說他的思想主張沒收私有財產和企業國有，這個看法非他的常理。如果在正常合理的社會經濟結構下，馬克斯應該也不反對私有財產和市場機能的。總之，西方經濟思想史的本質是自由市場經濟為主流，而中國經濟思想史也不例外，但經常被誤解，

第四節　中國經濟思想：藏富於民、民富國強

　　伏羲作八卦、神農以日本為市；這是中國經濟思想史的起源。[3]中國經濟幾千年來經濟發展的程序是以農立國、以工強國、以商富國。在農業社會裡農民日出而作，日落而息，鑿井而飲，帝力何以我哉？況且農民日中為市，各盡所能，各取所值。傳統的農村經濟安居樂業，和諧自在。人文初祖黃帝勤政愛民，堯舜禹等的禪讓政治典範，堪稱美談。在經濟上則為藏富於民、民富國強。這個經濟發展的思想，在實踐上則是以私有財產制度的建立和自由市場機能的貫徹。

　　大禹治水有功，禹是夏朝的開始。《尚書·禹貢》描述

3　胡寄窗、《中國經濟思想史簡編》，中國社會科學出版社，北京，一九八二年，第三十二頁。

了禹的功勳與德政。[4]商朝黃河水患頻仍，農村靠天吃飯；農民相信鬼神，多神論的宗教信仰模式於是成型。西周文王武王文治武功德化中原。周公攝政平王，制禮作樂，行井田。「井田制度」是中國經濟思想的典型；這基本上是以私有財產制度爲主要，輔之於公有企業。「井田制度」充分表示中國經濟是以私經濟爲主軸，但適度的政府公經濟也是必要的。具體的意義是要建立一個大而有活力的市場和一個小而有效率的政府。「公經濟」是補充「私經濟」的不足，而不是欲將私經濟取而代之。公經濟太多，整個社會經濟將失去活力，假若沒有公經濟，整個私經濟可能產生壟斷的現象。這正是儒家孔孟經濟思想的主要觀點。

　　管子爲中國法家經濟的開始，它雖然多少主張政府經濟的功能，尤其主張那些有壟斷性的特殊資源，例如鹽鐵等國營，用以充實國庫收入、防止壟斷、伸張公平與正義等多重目的，但是不損害私有財產和市場經濟的本質。法家經濟除了管子之外，富有代表性的秦孝公時代商鞅變法、漢武帝時代桑弘羊鹽鐵政策以及北宋王安石改革等等，雖然他們多少強掉了政府經濟的功能，但絕對沒有傷害中國經濟思想的精神。[5]其他有關的經濟思想例如楊朱、墨翟等道家、墨家等基本經濟思想都離不開藏富於民、民富國強的基本哲學。中國經濟史上曾經有所謂王田、天田等農村土地國有制，但只有過政治號召，實際上並沒有執行。

　　總之，中國這部經濟思想史並沒有所謂的社會主義，它

4　《禹貢》是戰國時代的作品。
5　胡寄窗，同註3，第一四二至一六二頁。

只有社會福利政策；它的理想境界是孔孟思想中的大同共產主義。中國人終將以孔孟共產主義取代馬列共產主義。

第五節 以孫中山經濟思想來建設中國

有國民黨才有中國，有共產黨才有新中國。國民黨和共產黨猶如同胞兄弟，因為他們都是中國人的產物，而且都是孫中山思想的信徒；他們終將以孫中山思想來建設中國。經過實踐與檢驗的結果證明孫中山思想可以救中國。過了蔣經國的臺灣經濟發展經驗（一九四九年至一九八九年）以及一九七八年以後的鄧小平的大陸經濟發展經驗；彼此皆逐漸趨同於孫中山經濟思想中的民生主義道路。彼此不同的是百年來歷史背景的差距；國民黨多少趨向於西方主流思想（亞當‧史密斯與約翰‧凱恩斯等），共產黨多少趨向於西方反主流思想（卡爾‧馬克斯與列寧等）。經過了實證的過程，也體驗了中國應該是中國人應走的道路。彼此均回歸於孫中山思想的經濟發展模式。過去國民黨是反共的，因為一九七八年以前中共的「中國馬列化」，亦即國民黨認為中共非中國。如今中共既然已回歸中國，國民黨的反共理念自然消失；進而認同共產黨的回歸中國文化以及宏偉的孫中山思想的國家建設方案。國民黨人對於共產黨能把國家治好似乎也應該給予認同、支持。成功不必在我，只要中國遠離苦難，中國人遠離悲傷，也讓中國人真正頂天立地的站起來，這才是中國知識份子的良知與使命。

基於海峽分裂了中國已經六十幾年。兩岸不交流，臺灣沒有出路，大陸不改革，中國沒希望。如今中國大陸正在不斷的改革，兩岸交流的趨勢將愈明朗。可見的未來中國是有希望的，中國人是有前途的，而也相信臺灣本來的出路一片大好。兩岸若不交流，國民黨將逐漸民進黨化；兩岸若有交流，共產黨將逐漸國民黨化。[6]大勢所趨，國民黨與共產黨將從所謂的「一國兩制」走向「一國一制」。僅管如何，國民黨所走的是孫中山思想右派的道路；反之，共產黨到傾向於左派的途徑。其中爭論的焦點應是自由、民主、法治、人權等的程度而已，但彼此的方向是很明確，共同邁向全球化普世價值。

第六節　重新肯定馬克斯思想的意義

馬克斯（馬）、恩格斯（恩）、列寧（列）、史達林（史）等四座巨幅的畫像於一九八九年四月二十六日從天安門廣場取走，此後天安門廣場獨樹了孫中山和毛澤東等二位偉人的畫像，這就做對了。[7]這一方面是中華民族主義的因素，另一方面是誠如孔子所說的非鬼神而祭之，諂也；這尤其是列寧與史達林的畫像，他們兩人已成為歷史的殘渣，西方人都不要了，何況有古老文明的中國；怎可永遠供奉他們於天安門

---

6 魏萼，《中國的迷惘與出路》（北京「釣魚台」的故事），美國史丹佛大學胡佛研究所當代中國檔案中心，二○○六年九月十三日。
7 同註6。

人民廣場而不墜呢？然而馬克斯、恩格斯等人的人道主義和人性主義是中國所需要的，尤其以馬克斯思想的中國化最為重要。中國人不做西方外來文化的殖民地，而是要做西方外來文化的主人。我們要消化馬克斯思想，用以深化中國現代的思想。到底那些馬克斯思想為我們中國人之所需，這就要尋找馬克斯思想的本質，如何將「真馬克斯思想」與孫中山思想、儒家思想等相結合，甚為重要。首先必需先肯定馬克斯思想的主義並且將馬克斯思想重新定位。馬克斯與恩格斯的一八四八年《共產黨宣言》只是一個特例，不能代表馬克斯思想的整體。假設人民道德情操存在，還有人性本善的事實呈現，如此社會經濟是祥和的，那來階級鬥爭呢？更談不上私人企業國有化和沒收私有財產的共產主義。因此上述的假設一旦不存在，馬克斯也會主張私有財產制度和市場經濟機能的。我們深深的肯定馬克斯的人道主義思想。

　　馬克斯、列寧主義已不能代表真正的馬克斯思想，尤其是教條式的馬列主義。一九七八年以前的「中國馬列化」思想是不合乎中國國情與文化的。一九七八年中國改革開放以後的「馬列中國化」是一個歷史發展的必然給軌跡；把馬克斯思想成為中國文化的一部份。那麼與馬克斯思想有關的『四個堅持』呢？那就不一樣了。

　　所謂的四個基本堅持是：堅持馬列主義的道路，堅持無產階級專政，堅持毛澤東思想，堅持共產黨的領導等。中華人民共和國一九八二年憲法裡有了「四個堅持」。這個對嗎？有待進一步商榷。這個「四個堅持」似乎可以考慮從憲法裡移走，並且以類似的國家安全法規取而代之；「四個堅持」

當然可以放在中國共產黨黨綱裡面。這個看法不一定正確，有待識著討論之。[8]

第七節　蔣介石先生的歷史定位？

蔣介石也是百年來中國巨變中的偉人，他是「保天下」有功的歷史人物。一九九七年九月十二日，中共召開了第十五次全國代表大會。中共總書記江澤民報告了「高舉鄧小平理論偉大旗幟、把建設有中國特色的社會主義事業推向二十一世紀」專題。文中指出近百年中國巨變中的偉人有三位；那就是孫中山、毛澤東、鄧小平等。文中他特別強調馬列主義、毛澤東思想、鄧小平理論的一脈相承。同時江澤民也提出了三個代表的新思維。江澤民先生這篇講話方向甚為正確，內容相當豐富，確實是一篇腳踏實地的建國方案，令人敬佩。[9]江澤民擔任國家最高領人的十二年，在經濟發展的貢獻是中國歷史僅見的，其功厥偉，將永垂青史。[10]但是江澤民先生所提到的近百年來中國巨變中的三大偉人孫中山、毛澤東、鄧小平等人，這大家也都同意。因為孫中山「救天下」有功，毛澤東「打天下」有功、鄧小平「治天下」有功，這

8　同註 6。

9　《江澤民文選》第二卷。中共中央文獻編輯委員會，北京，二〇〇六年八月。

10　馬若孟、賴澤涵、魏萼等原著，譯者羅珞珈女士《悲劇的開端：臺灣的二二八事件》，美國史丹佛大學出版社，史丹佛、加州，一九九一年。中文版由時報出版，一九九二年出版。

332 中國國富論 —— 中國經濟：從文化衝突到文明融合

三位偉人，也是中華民族振衰起蔽的大功臣，中國人民將永遠懷念他們。但是江澤民民先生所舉的三大偉人似乎僅止於中國共產黨的角度來看中國近代、現代史。他似乎忘了三次國共合作的歷史，這當然包括二○○五年四月中國國民黨主席連戰先生等人訪問中國大陸會見中國共產黨總書記胡錦濤先生的歷史意義。若從國共合作的歷史來看，蔣介石的「北伐」、「抗日」以及民國三十二（一九四三年）的「廢除不平等條約」等等史蹟來看，蔣介石「保天下」有功是毋庸置疑的。換言之，近百年來中國巨變中的四個偉人是：孫中山先生的「救天下」有功，蔣介石先生的「保天下」有功，毛澤東先生的「打天下」有功，鄧小平的「治天下」有功等皆將永垂中華民族的史冊。至於第五個偉人是誰，這要看看誰的「平天下」有功了，這包括中國的富強康樂以及「一國一制」中國的和平統一。這胡錦濤總書記或許有此機會？這要看看歷史學家們正確的評斷。

　　國共有了一段歷史的恩怨，彼此也曲解了許多歷史事實。今後應該讓歷史歸於歷史，讓真理歸於真理，讓學術歸於學術；我們需要一本真正有代表性的國共關係史。舉例來說，臺灣於一九四七年二月二十八日發生了所謂的二二八事件；當時國民黨蔣介石總裁以及後來共產黨領導人毛澤東、劉少奇、周恩來等人都說「二二八事件」是共產黨號召人民起義成功的，這不是史實。其實共產黨的謝雪紅在臺中參加了事件有關的活動是後來的事，此與事件的起因無關。[11]

---

11 孫中山，民生主義（第一講），《國父全書》第一冊，中國國民黨史會編訂，臺北，一九七三年六月，第一八七頁。

第八節　孫中山主義、儒家思想與馬克斯觀念

　　自從實施改革開放政策以後，一九七八年以來的中國經濟平均年成長率已超過百分之九點二五。中國經濟已改變了原有貧窮落後的面貌，如今已邁向富強；中國人真正站起來了。主要原因是中國經濟回歸了中國文化與思想，特別是實踐了孫中山思想。當然孫中山思想的「拿來主義」也接受了馬克斯人道主義思想。換言之，孫中山主義、儒家思想與馬克斯觀念等三者可以貫穿起來，用以建設現代化的中國。可是當今的中國都市裡「貧窮於富足之中」，城鄉貧富差距擴大；還有中國東南沿海與西北大陸在區域的差距也日益明顯。更嚴重的是社會正義的缺失使貪污、腐化等等現象令人擔憂。

　　儒家思想是重視社會正義和貧富差距等現象的。但是儒學在中國歷史上經常被誤用了，因而產生了不少官僚主義，封建主義和功利主義等的腐朽，對於社會經濟的現代化未得其利，先蒙其害，這是儒家思想的弊病。一九一九年「五四運動」吳虞等人提出「打倒孔家店」的訴求，這個矯枉過正的看法比較極端，我們不能認同。但是儒家思想必需去除腐朽、世俗、醬缸等垢病，用以恢復儒學的原貌。準此，我們鄭重提出「打醒孔家店」的呼聲，反對「打倒孔家店」的錯誤思考。另外我們也主張以「入世」功利型儒家思想著眼，

除了重視修身、齊家等「內聖」的意義，並且兼顧「外王」的治國、平天下的價值觀。同時我們也提出新「新儒家」的思維方式，期能找到儒家思想的真諦，這才是「真儒家」的本質。

　　馬克斯思想是人道主義為本位的。這可從馬克斯的行為方式和一生的著作看出。但馬克斯思想被政客所扭曲了，尤其是「教條式」的馬列主義，它已禍了世界；於是有了一九九〇年代蘇聯以及東歐等共產主義國家的土崩瓦解。孫中山先生曾言：師馬克斯之意可也，不可師馬克斯之法。[12]馬克斯之意乃是馬克斯的人道主義觀，馬克斯之法乃沒收私有財產和國有化私人企業等措施。馬克斯的共產主義方法與中國經濟思想文化是相違背的，當然不適合於中國。孫中山也曾說不管什麼主義，只要適合於我們的都是好主義。這個看法與魯迅相同。[13]，要認識馬克斯思想必需看馬克斯的一生，而不是馬克斯言論的片片段段，以一概全的曲解馬克斯思想的本質。具體而言，如何尋找真正馬克斯的思想使之能夠與中國文化（尤其是儒家思想）相結合。

　　孫中山思想可以救中國，但是孫學的版本很多，對於孫中山思想的解釋百家爭鳴，這就是臺灣過去的經驗。今日的臺灣孫中山思想已被淡化了。相反的，中國大陸的中國共產黨正在推崇孫中山先生，這個方向正確。問題是如何尋找真

---

12 同註 11。
13 魯迅，「拿來主義」，《中華日報・動向》，一九三四年，六月七日。文載於《魯迅全集》（第四卷），人民文學出版社－北京，一九九五年，第十六至三一頁。

正孫中山思想的精髓所在。孫中山思想是拿來主義，不是送來主義。[14]拿來主義是要去除儒家思想的腐朽，也要去除馬克斯思想的腐朽；要結合真正儒家思想，真正馬克斯思想和真正西方主流思想等等，而化為中國現代化的力量。若是，中國共產黨與中國國民黨有了一致的共識，這是中國的希望，也是中國人前途之所寄。

---

14 同註 13。

第四章　孫中山先生的西方文化觀

第一節　師夷長智以制夷

自從一九一一年民國成立，直至一九四九年國民政府退居臺灣為止，這段期間中國人始終在悲情的日子中度過；中國內憂外患持續不斷，民不聊生。

鴉片戰爭後中國衰弱不振；究其原因，不外乎縱貫面（內在）的文化衝突以及橫斷面（外在）的文化衝突交相煎迫而成。縱貫面的文化衝突來自中國文化的腐朽，這是東方「醬缸儒學」的表徵；橫斷面的文化衝突來自西方文化的污穢，這是西洋「送來主義」的襲擊。上述兩者文化互影響下，中國現代化道路無法定位與定向。

「五四運動」在中國，這是新文化運動，雖有其正面的意義，因為特別強調西方文化「德先生」與「賽先生」的時代性，因而使中國文化思想一時趨於真空。

隨之西方文化的污穢奔湧而來；這使中國邁向現代化過程中，在前途方向上有所迷失。所以其在政治、經濟、社會等制度與政策均無法適合於當時中國人的需要。「五四運動」有功、也難辭其咎。

一九二〇年代中國知識份子思想的澎湃、發展到一九三〇年代左傾勢力的抬頭等，此皆是歷史的必然。中國經過狂風暴雨激情之後，雨過天晴理性社會終會到來。這也可從一九四九年以後的臺灣以及一九七八年以來的中國大陸經濟發展可以得到例證。孫中山先生的治國思想是綜合中西方政治、經濟、社會等文化價值觀於一體，進而融會成為一個新的「新儒學」價值系統，並且付之實施。它是功利型「入世」的儒家思想；此與魯迅的觀念相似。鄧小平在一九七八年以後所實施的中國改革與開放的政治經濟社會等政策皆為孫中山先生思想的實踐。[1]談到「新新儒家」（功利主義入世的思維）的內涵，鄧小平、蔣經國等傑出人物的政績均是具體的代表。[2]

第二節　達爾文主義與中國的富強

一、民有、民治、民享的基本定位

人權的基本定位是廣義的。在種族上，它要打破民族的不平等，主張國內、外民族一律平等，反對國際強權政治和殖民地政策，要廢除不平等條約，力求國家、民族的平等與自由。在政治上，它要打破政治的不平等，主張國人政治的

1 魏萼，「新新儒家釋疑」，《新儒、新新儒》（魏萼、李奇茂、張炳煌等主編），文史哲出版社，臺灣，臺北，二〇〇三年，第二十一頁至六十三頁。
2 同註1。

民主、自由與平等，反對政治上官僚、軍閥等特權階級，力求人民的政治、宗教與言論的平等與自由。在經濟上，它要打破社會的不平等，主張藏富於民、民富國強，反對官商勾結、黑金狼狽爲奸，力求人民追求財富的經濟自由與平等。換言之，人權的種種目標是要做到民有、民治、民享的理想[3]。這個思想是源自西方歐美經濟已開發國家現代化的經驗與步驟，先從民族主義的興起，以維護國家獨立，使國家主權的地位確立，然後推動人民民權的伸張以推翻專制威權，繼之發展經濟以改善人民的經濟生活和促進人民生活的品質。換言之，民族主義的興起是一國文化倫理的發揚，民權主義的興起是一國政治民主的發生，民生主義的興起是一國經濟科學的發展。這是要根據一國的國情爲本位的思維方式以迎接世界潮流的現代化、制度化、與國際化。

中國自鴉片戰爭以後，民族自信心頹喪，國人對於西方強權的現代化思潮囫圇吞棗，因而產生了嚴重的文化衝突。這是來自西方的橫斷面式的文化衝突，其結果是國家發展的定位，失去了方向。於是國家現代化的制度雜亂無章，如此中國何以不亂；民不聊生也當然是預料中的事了。[4]

中國自從夏禹開始，幾千年來歷經專制政體的毒害甚深。歷朝歷代雖有勤政愛民的賢明聖君，例如商湯，文武、周公、文景、貞觀、開元等等之治，但傳統中國畢竟是一個

---

3 孫中山，《三民主義爲造成新世界之工具》，民國十（一九二一）年十二月七日。孫中山先生的演講。

4 魏萼，《中國國富論》（一個富有中國特色的國富論），時報文化出版企業股份有限公司，臺北，臺灣，二〇〇〇年，第七十一頁至八十三頁。

人治的社會，難免有爲人治社會的流弊而禍國殃民，特別是宦官和外戚的無理干政爲最。中國現代化應重視中國國情倫理文化的重要性，但因爲某些保守民族主義或激情民族主義的錯覺，使國家的發展失去了應有的方向，甚爲遺憾。所以孫中山先生力求去蕪存菁中國文化，並且主張吸收西方文化思潮的精華，以爲中國現代化之所需，這特別是西方的民權、人權等觀念的輸入中國。孫中山先生力求尋找美國南北戰爭時期的大總統（第十六任）亞伯拉罕・林肯（Abraham Lincoln，1809-1865）所主張的民有、民治、民享的真諦，並且希望使之能夠與中國傳統理論文化相通的現代化思潮相結合，以促使中國的現代化富強之道。

二、西方科學性的文化價值觀

孫中山先生研讀西方許多現代化的著作，而且親自多次訪問歐美等現代化國家，吸取「民富國強」之經驗。認爲西方科學的精神和科學的方法乃是中國富強之亟需。其中對於達爾文主義（Darwinism）的體驗最爲深刻。所以孫中山先生思想認爲要以中國文化爲本位而建立一個富有西方科學的政治、經濟、社會的制度至爲重要。孫中山先的西方思想淵源來自多端，主要的例子爲：威爾遜（Woodrew Wilson，一八五六～一九二四）有關民族自決的主張，盧梭（Jean Jacques Rousseau，一七一二～一七一八），有關天賦人權的主張，孟德斯鳩（Baron de Montesquieu，一六八九～一七五五）有關三權分立的主張，彌爾（John Stuart Mill，一八〇六～一八

七三）有關自由論的主張，沙德（Harriette Lucy Shattuck，
一八五〇～一九三七）有關議事規則的主張，威爾寇斯（Delo
F. Wilcox, 一八七三～一九二八）有關全民政治的主張，喜
斯羅（Lord Hugh Richard Heathcote Cecil, 一八六九～一九五
六）有關於四權分立的主張，俾斯麥（Otto von Bismarck, 一
八一五～一八九六）有關於國家社會主義的主張，亨利‧喬
治（Henry George, 一八三九～一八九七）有關於土地單一稅
的主張等等。當然的，還有美國南北戰爭時的林肯的有關於
民有、民治、民享的主張，法國大革命有關自由、平等、博
愛以及俄國哲學家威廉氏（Maurice William, 一八八一～一
九七三）有關社會史觀的主流等等都影響了孫中山先生的思
想。[5]

　　美國威爾遜教授於一九一二～一九二〇年間曾擔任兩任
美國總統，他是政治學者型的政治家。他主張民族自決的原
則，提倡各民族平等互相尊重，以維護世界和平。孫中山先
生吸取這個思想；主張對於世界各民族的扶弱濟貧，這可提
供西方資本主義者殖民政策自我檢討的一項重要理論。法國
哲學家盧梭的《民約論》，主張天賦人權，反對君主專制，
並且強調民主政治的重要性，這是孫中山先生民權主義思想
的主要來源。此外，孫中山先生的「革命民權論」，認為民
權是要靠爭取來的，這是隨著社會環境的變化而不斷有追求
自由民權的需要，此民權的來源雖不同於盧梭《民約論》的
天賦民權。但孫中山先生主張民主的思想，在意義上與盧梭

5　同註3。孫中山，《三民主義之具體辦法》，民國十（一九二一）年三月
　　六日。

的看法是相同的。至於有關民權方面的主張，在民權的制度
上孟德斯鳩所主張的三權分立說，孫中山先生認爲甚有價
值，但基於中國國情的不同，因此孫中山先生多加上考試與
監察制度的重要性；因此其主張五權憲法，以取代三權分
立。還有孫中山先生的《民權初步》的看法，主要的思想是
來自沙德夫人，她著有《婦女議事法手冊》（一八九一年出
版），孫中山先生認爲國人要實施民主，一定要懂得民主的
程序，他的《民權初步》議事規則，則是取材自沙德夫人的
看法。[6]

三、真平等・假平等

　　經濟與政治是相關連的。經濟自由化與政治民主化，猶
如車子的兩個輪子，是相輔相成的。孫中山先生的經濟自由
思想基本上是來自西方古典學派亞當・史密（Adam Smith），
詹姆斯・彌爾（James Mill），亞佛爾・馬歇爾（Alfred Marshall）
等人的主張，這些西方主流政治經濟思想家皆爲自由經濟與
民主政治的思想家。其中以約翰・彌爾的《自由論》，對孫
中山先生的影響最大。可是孫中山先生有鑒於中國人經濟水
準與西方經濟之已開發國家的英國、美國、法國等仍然相距
甚遠，國民教育水準亦較爲落後，若一昧採取西方自由市場
經濟的發展模式，恐會延續西方工業革命以來經濟發展的弊
病，所以他認同德國政治家俾斯麥的看法，主張一些有壟斷

---

6 同註 5。

性的企業等應由國家來經營，這與中國傳統經濟思想中的管子、桑弘羊、王安石等人的看法相似。俾斯麥的國家社會主義不但沒有傷害自由市場經濟的本質，同時也可防止一些西方古典學派經濟思想所造成的經濟弊害，這就是要阻止所謂的經濟轉變中的「自由病」。孫中山先生的民生主義所主張的國營事業和社會福利等有關的主張，基本上與德國「鐵血宰相」俾斯麥的國家社會主義，在本質上是相同的。中國傳統傳統思想中「平準法」和「均輸法」等政府經濟政策的主張，均有特色。此可防止西方工業革命以來許多社會經濟發展的不正義，不平均之弊。此為孫中山先生所說的希望中國工業革命與社會革命等同時進行，畢其功於一役，是有道理的。中國以農業經濟為主要的經濟體系，土地是農業經濟發展的主要來源。孫中山先生主張的平均地權思想是一個重要方案。孫中山先生反對不平均主義，他所主張的是「立足點」的平等主義，而非「平頭點」的平等主義。因此他主張累進稅，這是垂直面的平等主義，此乃「真平等」，並非為「假平等」。綜觀中國歷史上的平均地權主義如王莽的「王田」或洪秀全的「天田」均不適合於中國的國情，是行不通的，這包括毛澤東於一九五八年所實施的「人民公社」在內，是違背中國的國情。「假平等」不但失去平等的真義，也是反人權的。此足以影響經濟發展的激勵心，誤導經濟資源的充分調配，也違背了經濟發展的規律，當然也是違背市場經濟的基本精神。這種假平等的具體例子是馬克思、列寧主義的「教條」。孫中山先生認同馬克思人道主義的思想，但他不贊成一八四八年馬克思‧恩格斯的「共產黨宣言」中的一些

想法：沒收私有財產和企業，並且實施經濟國有化的主張；因為這是「平頭式」的假平等，違背了中國文化的精神，所以孫中山先生稱讚馬克思是一個社會病理學家，但他也批判了馬克思主義謬誤。孫中山先生對於威廉的《社會史觀》（1919年出版）著作中關於人類求生存才是社會進化的定律和歷史的重心，比較認同。威廉氏是美籍俄國人，曾醉心於社會革命，並且認為馬克思的唯物論主張，有些瑕疵。這個看法也深被孫中山先生所讚揚。[7]

第三節　唯物論・唯心論

一、「天人合一」的東方思想

　　孫中山先生基本哲學的來源是「天人合一」的東方思想，是以人為本位的；而不是以西方哲學思維的神權概念。因此孫中山先生主張「心物合一」論的歷史觀，亦與西方哲學或偏向「唯心論」或「唯物論」有著明顯的不同。中國傳統哲學「一分為二」或「二合為一」的調和主義與西方世界的想法有所不同。東方的中庸主義則是民族革命、政治革命與社會革命同時進行，畢其功於一役；其反對用暴力階級鬥爭的方式，而要以和平、協調、融合的方式來解決有關的民族、民權、民生的問題。這也是孫中山先生所堅持的主張。

---

7 孫中山，《民權主義》（第三講），民國十三（一九二四）年。

　　就以民族主義來說，西方民族主義會變成帝國主義。自從十五世紀開始，西方新航路發現以後，一直展開其所謂得殖民地政策，其中包括經濟的帝國主義，政治的帝國主義，甚至於文化的帝國主義。西方盎格魯・撒克遜（Anglo-Saxon）白人優越感有排他性和歧視其他民族的心態。第二次世界大戰義大利墨索里尼法西斯主義和德意志希特勒納粹主義等便是最典型的例子。孫中山先生則認為中國境內各民族一律平等，並且要扶弱濟傾，對外亦是如此。這是以德服人的「王道思想」而非以力服人的「霸道思想」。這也是人權的具體表現。而孫中山先生也主張要發達世界主義必定要鞏固民族主義。這主要的是要阻止霸權帝國主義的入侵，是防衛性的，並不是攻擊性的。這一方面當前經濟全球化聲浪不絕於耳，這是一個大趨勢，但本身不保護自己經濟，終將被世界上經濟強權所摧毀。例如 WTO（世界經貿組織）的加入，經濟弱小國家要擔心未得其利，先蒙其害。因為經濟落後的開發中國家，其經濟競爭能力弱，容易被宰割。所以全球化的經濟自由主義表面上是公平的，其實是違反公平的。這種情形正如人之天賦有聖、賢、才、智、平、庸、愚、劣等之分，這是天生的不平等。既然如此，所謂的真平等是立足點的平等，而不是平頭式的平等。這正如累進式的租稅措施一樣，不同所得者要有不同的租稅，而既然相同所得者，必須課一相同的租稅。前者為垂直面的平等，後者為橫貫面的平等。如此才是合乎於人權的真正標準。

二、內聖外王

　　中國傳統的孔孟思想亦甚重視人權。孔子所說的「大道之行也，天下爲公」便是民權的大同世界。孟子的「民爲貴，社稷次之，君爲輕」等的思想均是以民權爲本意。荀子對於人性的看法雖異於孟子，主張以教化的方法使之改善則是一致的。這是儒家思想的本質。綜觀中國歷史違背儒家民權爲原則的朝代總是不會很長久的，如秦朝、隋朝、元朝等。反之，亦復如此。

　　易經爲中國學術的總泉源。舉凡天文、曆法、氣象、醫學、爲政、修身、齊家等宇宙、天道、萬物之生存與延續的變動與發展的規律皆出自易經的哲學現象。它是天道與人道貫通起來的一個思想體系，也是「天人合一」思想的理論依據。儒家思想正是以「天人合一」爲哲學內涵，它的「內聖外王」行爲方式，乃是中國文化儒家思想的主要精神。

　　儒家重視人的修身、齊家、治國、平天下的道理。其中「致中和」的意義重大，它不只是有「中庸」的意義，也是天道觀、人道觀的內涵。它使之能掌握宇宙萬物「行」的道理，也使之生生不息，而能因主觀、客觀因素不斷調整，以達到創新的意義。其基本精神不能偏離易經的哲學基礎，「易經」的易，就是變異的意思，它有求新、求變的本質。因此其在經濟思想上的意義就是要不斷爲百姓幸福、國家強盛，也就是希望能達成「民富國強」的道理，特別重視「藏富於民」的重要性，要鼓勵人民去從事於生產與創業，是「養雞

取蛋」的長期行為，而不是「殺雞取卵」的短期行為。孔子
曾說「財聚則民散，財散則民聚」。[8]又說「百姓足，君孰與
不足，百姓不足，君孰與足」。[9]、孔子的話是重視民本思想，
要讓百姓賺錢，所以主張減免百姓稅賦，以培養稅基，否則
無法鼓勵生產，政府的稅源也會消失。這是「養雞取蛋」的
道理。另外，孔子也說「是故君子先慎乎德，有德斯有人，
有人斯有土，有土斯有財，有才斯有用。德者，本也；財者，
末也。外本內末，爭民施奪」。[10]由此可見孔子特別重視人
的德性，所謂「德不孤；必有鄰」，在在說明道德的重要性。
若自身有道德，則能與他人共處，也能與他人協力從事於生
產。這是和氣生財的道理，否則本末倒置，只重視財不重視
德，則人與財都將失去，得不償失。此外孔子也強調勤與儉
的傳統中國人的美德。這是儒家思想的特色。二次世界大戰
以後，儒家文化圈地區的中國大陸、臺灣、香港、日本、韓
國以及海外的華僑、日僑、韓僑等等經濟發展有如此傑出表
現，這充分顯示在勤與儉的美德上。這些特色可以讓這些儒
家文化圈地區高儲蓄率看出。孔子曾說「生財有大道，生之
者眾，食之者寡；為之者疾，用之者舒，則財恆足矣」[11]。
所以晚清自強運動的濫觴者林則徐強調勤可致富、富可濟
貧、儉可養廉，廉可生威，誠哉斯言也。[12]

8　〈大學〉，朱熹撰《四書集註》，臺灣書店，臺北，民國五十五（一九
　　六六）年十月再版，頁一一。
9　〈論語〉（顏淵），同上註，頁一一二。
10　同註 8，頁一〇。
11　同註 8，頁一二。
12　林則徐訓勉其後代子孫知名言。源自林地先生講話。相關資料可參考註
　　四《中國國富論》，第六二一頁至六二二頁。

　　儒家思想「藏富於民」的民本思想也可從孟子得知，孟子曾說「有恆產者有恆心，無恆產者無恆心，苟無恆心，放僻邪侈，無不爲已…」[13]。孟子這個思想，也可從其「夫仁政，必自經界始，經界不正，井地不均，穀祿不平，事故暴君污吏，必慢其經界。經界既正，公田制祿，可坐而定也」[14]。此在說明土地乃是生產農作物的主要依據，這是傳統農業社會裡的經濟來源，所以土地公平分配，防止土地兼併與壟斷是相當重要的德政。舉凡周朝周公的井田制度等歷代先聖先賢的經濟思想皆重視土地所有制度的重要性和分配的公平性；孫中山先生「平均地權」的本意也是在於此。由此孔子也曾說「不患寡而患不均，不患貧而患不安，蓋均無貧，和無寡，安無傾。」[15]，這些觀點是相一致的。

　　有關中國傳統儒家文化中國有關經濟思想的經典許多，譬如說中庸裡的「時使薄斂，所以勸百姓也」[16]，「來百工，則財用足」[17]，孟子的「春省耕而補不足，秋省斂而助不給。」[18]，等等經濟思想皆爲中華民族的之重要經濟文化資產。主要意義在於說明勤儉的美德，以及政府功能的重要性。這些經濟思想的基本精神是私有財產制度和市場經濟的本質，其中政府的功能是爲了幫助達到「藏富於民」的目的。歸根究底，中國儒家經濟思想精義是重視「德治」與「養民」。

---

13 《孟子》（勝文公上），同註 8，頁二〇九。
14 同註 8，頁二一一。
15 《論語》（季氏），同註 8，頁一三七。
16 《中庸》，同註 8，頁二九。
17 同註 16。
18 《孟子》，（梁惠王下），頁一七四。孟子引晏子語。

　　自從鴉片戰爭以後，中國經濟受到西方經濟思想嚴重的打擊，後加上民族自信心的喪失，崇洋媚外的歪風甚爲囂張，於是中國經濟發展方向缺乏明確定位，甚爲可惜。

第四節　民主的第三波

一、浩浩蕩蕩的時代民主大洪流

　　在過去二十的世紀裡，全球各地的經濟自由化與政治民主化曾是一種強烈的趨勢。這在亞洲、拉丁美洲、非洲等開發中國家經濟地區也無法例外，但也曾遭到某些程度的衝擊。但是如何使這些地區民主化，同時也使這些地區民主化的災害減到最低，這是一樣甚爲重要的事。

　　杭廷頓教授的《民主第三波》論著裡提到第十九世紀初至第二十世紀初，亦即從西元一八二四年到西元一九二六年是世界民主發展的第一波，因爲全球有三十幾個民主國家，後來因爲法西斯主義的興起，又使得這些民主國家減少到十幾個[19]。第二次世界大戰以後，這些民主浪潮又興起，於是這些民主國家又增加到三十幾個，此乃全球民主化的第二波[20]。而二十世紀的最後二十年，是全球民主化朝氣蓬勃的年

19　Huntington, Samuel p. "Democracy's Third Way？", Journal of Democracy, volume 2, Spring, 1991, pp.20-37。

20　同註19。另可參閱劉軍寧編，李柏光等譯，《民主與民主化》，商務印書館，北京，一九九九年，第三五七頁至三八七頁。

代，因為蘇聯、東歐、以及亞、拉、非洲等許許多多的國家都在這個浪潮中澎湃，以至今日。這是全球民主化的第三波[21]。這個浩浩蕩蕩的民主熱潮，雖說是一個大趨勢，但多少也會一些負面的意義，即就是外來民主消化不良症。主要的現象是造成這些國家政治不安定，社會不安定和經濟不安定等。雖然如此，這個大時代民主浪潮仍然會持續發展下去，勢不可擋。我們必須強調的是全球多元化下，也產生了許許多多不同的價值觀。這在中國儒家文化中也有因各朝各代不同的文化背景而產生不同的所謂理學。當前世界價值多元化也產生了對於民族主義的論戰與爭辯。因此富有中國特色的儒家思想民主觀與美國基督教民主觀是不同的，拉丁美洲天主教文化價值下的民主主義也與中東－斯蘭教文化價值下的民主主義亦有所不同。世界其他地區，因為文化價值觀下所產生民主主義互異，應該給予應有的尊重。可是世界民主化的大趨勢大洪流浩浩蕩蕩，當然不能逆轉。

　　民主與自由，人權等三者是相關聯的。民主、自由等的定義因為世界各地文化價值觀不同而有所不同。這充分顯示在言論自由、宗教主義、出版自由、結社自由、參政自由、選舉自由、消費自由、投資自由、生產自由、旅行自由、就業自由、雇工自由等等方面。換言之，一切自由，民主的發展均以不發生自由病，民主病為原則下透過公平的市場經濟供給與需求的原理而產生均衡。而西方文化帝國主義皆設想移植西方民主、自由、人權等主觀的觀念到世界其他各地的

21　同註 20。

做法是不智的，中國絕對不做西方外來文化的殖民地。

二、東亞儒家文化圈的民主發展模式

　　民主化是要漸進的，不能一蹴而成。在一些經濟開發中國家，其經濟落後，教育不發達。在這種條件下要推動民主化是很困難的。因為某些民智不開，民品低劣的經濟社會裡，民主化反而容易變成暴民政治，甚至於民主化容易成為政客奪權的藉口，這種民主化的結果是反民主的。所以說我們重視健康的民主，而不是一昧的為民主而民主。在一些經濟發展中的國家，追求經濟發展的優先性應超過其民主化的政治發展。經濟發展是政治發展的先決條件，因為經濟發展之後，國人教育水準自然會提高，道德水準也會有所改善。此必然有利於政治發展。此外，一國經濟發展之後，人民對於民主發展的需求自然增加。因之，一國若要民主化，最重要的是要先發展經濟。又若一國政治發展太快超越該國的經濟發展，其必然會產生政治、社會、經濟等的不安定。因此若要一昧的發展政治民主化，還不如重視一個賢能以及一個廉能的政府。亦即先促其發展經濟，進而有效的帶動政治民主化的發展。這或許是一個比較穩健的現代化捷徑。

　　一般來說，經濟落後的國家，不但其民主化的程度過低，而且政治不清明，內政不安，而且國際戰爭多。反之，經濟比較先進的國家，其民主化的程度比較高，其政治相對的清明，況且國際紛爭少。這個對照可以從北美、西歐、日本等經濟已開發國家以及亞、拉、非等經濟開發中國家等現實狀

況等到明確的證明。這或許有一個例外，那就是經濟落後的印度民主化經驗。[22]東南亞洲地區的菲律賓，印尼、馬來西亞、泰國、緬甸等國家民主化過程中，也有許多的波折的過程，其民主化程度也未臻理想。東北亞洲地區的日本，以及臺灣、新加坡、韓國、香港等之民主化過程有待改善之處甚多。這個現象在拉丁美洲的許多國家也不能例外。非洲國家要實施民主、自由、人權等的條件均甚不足夠，主要的原因還是其經濟與教育的水準不甚理想。但其堅持實踐民主、自由、人權、法治等主要的目的基於民族主義的立場，在於反抗西歐英、法等列強的殖民主義。他主要以自由、民主、人權等的藉口來反對外來的侵略。其實許多西方列強口口聲聲講究自由、民主、人權、法治等，其實均在其自我民族主義的角度來講自由、民主、人權、法治的。在他們追求民主、自由、人權、法治的過程中，實際上已傷害了許多開發中國家或地區的民主、自由與人權、法治。其理由是他們沒有充分的條件來實施自由、民主、人權、法治等。亞、拉、非等地區民主發展的經驗，已付出了許多實施民主化、自由化的代價。

　　伊斯蘭教的許多國家，因為伊斯蘭教教義實踐的關係，其要實施政治民主化，經濟自由化等是比較困難的。這些國家亟需一個賢能的政府，但他們往往是欠缺這一個條件。許多伊斯蘭教國家與亞、拉、非地區的開發中國家一樣，不但政治缺乏民主，而社會缺乏正義，這在未來的世紀裡仍然很

---

22 劉軍寧編，李柏光等譯，《民主與民主化》，商務印書館，北京，一九九九年，第三八三頁。

難解決這一個尷尬的難題。

　　富有儒家文化特色的東北亞與東南亞地區，在二十世紀後半葉裡已展示了經濟發展的亮麗成果，其未來政治發展也令人關注。這些地區經濟發展之後，政治發展是必然，也是必要的。可是東方文化的傳統畢竟與西方有些差異。因此富有東方特色的民主化政治發展模式終將產生。到底東方特色的民主模式是什麼？各方看法不一。第二次世界大戰以後的一九四六年日本憲法，這或許也是一個可以探討的對象，它也是儒家文化的產物；儒家思想並非為執政者的統治工具。西漢董仲舒的儒家思想、南宋朱熹的儒家思想等均被誤用成為一種意識型態，這個看法我們不能苟同。這是因為儒家思想被曲解了。然而原始儒家思想的基本精神不但不能被曲解，特別那些修身、齊家、治國、平天下等「內聖外王」的思想，甚值當前亞、拉、非等開發中國家的參考。依據杭廷頓教授的概念，世界民主發展已經有了三個波瀾，亦即第一波、第二波、第三波等；然而第四波呢？在這個二十一世紀裡，隨著經濟自由全球化之後，政治民主全球化的大趨勢，舉世關注。

第八篇
北京釣魚臺國賓館的故事

—— 中國邁向自由民主之路

第一章　巨變中的中國經濟

第一節　中國經濟的迷惘與出路

　　鄧小平先生是近百年來中國巨變中的偉人；一言興邦，他改變了中國的面貌。一九七八年以後，中國經濟日新月異，中國人真正站起來了，最大的功臣就是鄧小平先生。楊尙昆先生是響應鄧小平中國改革開放的國家領導人，而江澤民先生是執行鄧小平理論的實踐家；他們帶來了中國經濟翻天覆地的巨變，他們三位均功在中華民族。而胡錦濤先生執政以來的種種作爲，令人欽佩。

　　一九八八年很榮幸有機會兩次與鄧小平先生餐敘並請教、探討中國的迷惘與出路。談論主題有關孫中山的思想、蔣介石的功過、蔣經國的貢獻、中共的「四個堅持」、中共武力的犯臺、中華經濟圈的形成、中國沿海經濟的特區、中國和平統一的前途、中國國號與國旗的改變、國共合作的問題等等。

一、大陸若不改革，中國沒有希望

　　我們要爲臺灣找出路，爲中國找希望，爲中國人找前途，

為華人找福址。一定要使中國人真正的頂天立地，而且有尊嚴的站起來。

我們認為兩岸若不交流，臺灣沒有出路；大陸若不改革，中國沒有希望。我們也認為若沒有統一的中國，必有分裂的臺灣；政府若沒有明確的大陸政策，臺灣必有分歧的台獨思想。我們也確知中國的希望在臺灣，而中國人的前途在大陸。我們努力的取向是要立足臺灣，胸懷大陸，放眼世界；我們奮鬥的目標在於以中國文化振興中華，以民主政治再造中國，以市場經濟重建大陸；其最終的目的是要以自由、民主、均富、人權、法治等的統一中國。因此我們要伸張正義與真理，也要為社會不平而怒吼。

二、文化衝突與悲情的中國（1911～1949）

自從民國成立，直至一九四九年國民政府退居臺灣為止，這段期間中國人始終在悲情的日子中渡過；內憂外患持續不斷，民不聊生。

鴉片戰後中國衰弱不振；究其原因，不外乎縱貫面（內在）的文化衝突以及橫斷面（外在）的文化衝突交相煎迫而成。縱貫面的文化衝突來自中國文化的腐朽，這是東方「醬缸儒學」的表徵；橫斷面的文化衝突來自西方文化的污穢，這是西洋「送來主義」的襲擊。上述二者交互影響下，使中國現代化途徑無法定位與定向。

「五四運動」在中國，這是新文化運動，雖有其正面的意義，因為特別強調「德先生」與「賽先生」的時代性，因

而使中國倫理文化思想趨於真空。隨之西方文化的污穢不斷奔湧而來，這表現出中國前途在方向上的迷失。所以政治、經濟、社會等制度與政策均無法適合於當時中國人的需要。「五四運動」有功，也難辭其咎。

　　一九二〇年代中國知識份子思想的澎湃，發展到一九三〇年代左傾勢力的抬頭等過程，此皆是歷史的必然。中國經過狂風暴雨激情之後，雨過天晴理性社會終會到來。這也可從一九四九年以後的臺灣，及一九七八年以來的中國大陸經濟發展可以得到例證 —— 這就是文化的調和：倫理、民主、科學的中國現代化社會。若此，二十一世紀的中國必將富強。

第二節　中共已回歸中國 ——「中華民主共和國」的國號？

一、簽訂兩岸和平協定

　　兩岸關係的新模式應從彼此的政治談判著眼，並以改變國號這一新思維去探討；兩岸若能先簽訂一個和平協定，同時修訂一個富有中國特色新憲法，如此才是真正為臺灣找出路、為中國找希望、為中國人找前途等一勞永逸的辦法。

　　中國需要回歸中國文化的中國，要把真正中國國民黨的孫中山經濟思想與真正中國共產黨的鄧小平經濟理論結合起來，共同建設一個現代化的經濟中國。中國國民黨與中國共產黨都是中國文化的產物，他們都是主張一個「大一統」或

「大統一」的共和中國。分裂時期的中國歷史，各列強均在其所謂的逐鹿中原形勢下爭霸，並不是狹隘民族主義者所說的經營大臺灣，建立新中原。任何分裂中國的主張都將被中國歷史文化所唾棄。

二、中共已經回歸中國文化的中國

國民黨人常說有中國國民黨才有中國（中華民國），共產黨人則說有中國共產黨才有新中國（中華人民共和國）。如今的中華民國已經變了質，因爲曾在臺灣執政的民進黨黨綱仍然主張臺灣獨立，同時今日的中華人民共和國也已經變了質，因爲中共執政的主張已經回歸了中國文化的經濟思想與文化；富有中國特色市場經濟的社會主義似應該邁向中國儒家禮運大同世界的理想，不應再以馬、恩、列、史主義的思想文化爲圭臬。「臺灣獨立」的思想必將被驅進中國歷史文化的灰燼當中，而反中國主流文化的「教條式」馬、思、列、史主義思想也終將被中國文化所融合。

三、「中華民主共和國」的新國號？

既然在臺灣的中華民國已經失去了中華民國的真正意義，而在中國大陸的中華人民共和國，也已經失去了中華人民共和國的真正本質。爲了子子孫孫的長遠福祉，似可將上述兩個國號變成爲歷史名詞，而以一個中國爲原則的「中華民主共和國」爲共同國號取而代之。「中華民主共和國」的

英文國號可改寫爲 Democratic Republican China，而不是 Republic of China。如此可以避免混淆不清，或魚目混珠之嫌。「中華民主共和國」可實施階段性的「一國兩區」或「一國兩制」，此可邁向中國真正的統一。中國的前途是適合於中國國情的「共和國」，它不是那些所謂的「邦聯」或「聯邦」，更不是那些有分離主義意識的「國協」或「七塊論」。「中華民主共和國」可簡稱爲中國，這正如蒙古共和國（Republic of Mongolia）可簡稱爲蒙古，波蘭共和國（Republic of Poland）可簡稱波蘭，新加坡共和國（Republic of Singapore）可簡稱爲新加坡，美利堅合眾國（United States of America）可簡稱爲美國，不列顛聯合王國（United Kingdom of Great Britain and Northern Ireland）可簡稱爲英國等一樣。何況從前蘇聯所扶植的許多共產主義附庸國家如蒙古人民共和國（People's Republic of Mongolia）、柬埔寨人民共和國（People's Republic of Kampuchea）、匈牙利人民共和國（Hungarian People's Republic）、波蘭人民共和國（Poland People's Republic）、羅馬尼亞人民共和國（Romanian People's Republic）、阿爾巴尼亞社會主義人民共和國（The People's Socialist Republic of Albania）等國家都因蘇聯、東歐等西方共產主義國家的相繼土崩瓦解後改變了國號。特別是已將「人民」二字刪除。其實「中華民主共和國」的「共和」二字已含蓋了「人民」的意義在內；換言之，全國人民不分種族、宗教、黨派、性別等等，只要認同中國就可以監督這個國家，而且把這個國家稱之爲共和國。所以「中華民主共和國」的意義就在其中。

四、「中華民主共和國的新憲法」

　　臺灣海峽兩岸的政權互不相讓，而且軍事預算相當繁重；彼此影響其經濟發展和人民的福祉，相當不智。如今若能面對現實，各讓一步而彼此合作，則是中華民族的一大福音。為了確定能夠保障臺灣海峽兩岸的安全與人民的福祉和彼此文化經濟的交流，共同簽定一個和平協定是有必要的。

　　另外，在一個中國原則下的「中華民主共和國」，臺灣海峽兩岸的臺灣與中國大陸則可展開一序列的政治性談判，以共同修訂一個符合中國（臺灣與大陸）國情的「中華民主共和國」新憲法。

第三節　鄧小平是治天下的能臣嗎？
—— 他是孫中山先生的信徒

一、中國邁向「藏富於民、民富國強」的市場經濟

　　我相信每一個中國人，都會以中國人為榮、為傲；當然，也不願意被人剝削作為一個中國人應有的權利。做為一個中國人，更願意看到中國的富強；從歷史上各朝各代的經驗也可以看出：假若中國人的經濟走中國文化（儒釋道等文化的綜合體）應有的道路，中國一定富強，並且邁向中華文明。唐太宗曾言「以史為鏡，可以知興替」。

　　一九四九年以後，臺灣在蔣介石、蔣經國等人領導下，復振中國文化，經濟發展一直突飛猛進，所謂的臺灣經濟奇蹟即是「兩蔣」臺灣經濟發展的經驗；可是自從一九八八年蔣經國時代結束後，李登輝的執政以至於今日（二〇一三年二月）的臺灣經濟，長期以來的經濟不景氣，失業的人口始終居高不下，人民的福祉一再被降低，這難怪臺灣同胞經常會懷念過去光榮「臺灣經驗」的好日子。

　　中國大陸自從一九七八年，鄧小平實施改革開放的經濟政策以來，也逐漸恢復中國傳統的經濟文化並且接受西方經濟現代化的經驗，因此其經濟發展，表現得相當亮麗，這早已令世人刮目相看。

　　鄧小平、楊尚昆、江澤民等中共領導人都是中國人，他們都是中國文化的捍衛者，在他們傑出的領導下，中國經濟發展方向正確，中國人自然已經遠離貧窮，一掃曾被嘲為「東亞病夫」的恥名。他們對中國經濟發展的貢獻自當永垂青史，這尤其是鄧小平的貢獻。中國現代化史上毛澤東的思想、鄧小平的理論與江澤民的實踐等三者可以連串起來，而孫中山的「救天下」、蔣介石的「保天下」、毛澤東的「保天下」以及鄧小平的「治天下」等四者確實多少可以相提並論。而江澤民、胡錦濤呢？有待歷史學家的認定與肯定。

　　從臺灣的現代化經驗看來，只要國家經濟發展，國人生活素質提高以後，自由、民主、人權、法治等現代化步驟，自然與時俱進。誠然臺灣民主化過程中也有許多腐敗的反面教材，堪值警惕。然而以「市場經濟」重建大陸、以「民主政治」再造中國、以「中國文化」振興中華等是乃炎黃子孫

之所希冀。蔣經國與鄧小平兩人都是國父孫中山先生的信徒，孫中山思想與魯迅的「拿來主義」是相似而且相通的。

　　在蔣經國擔任中國國民黨主席時期，筆者有幸曾任職中央文化工作會副主任等職務多年，另外也有機會多次與中共領導人鄧小平、楊尚昆、江澤民等會晤並會談有關於中國經濟問題；於是我有「中國國富論」等著作之問世，富有中國特色的社會主義是以「藏富於民」、「民富國強」的市場經濟為主要。況且我們不做中國古代傳統思想的奴隸」，也不做「西方外來文化的殖民地」，當然我們「不做中國儒家思想大漢沙文主義（Confucian Sullivanism）的狂夫，也不做西方盎格魯・薩克遜主義（Anglo-Saxonism）的幫兇。

第四節　中國國民黨臺灣化的趨勢明顯

一、臺獨的呼聲日益昇高

　　筆者自 1973 年 8 月開始在臺灣大學任教，一九七六年二月至五月奉召赴陽明山革命實踐研究院「國家建設研究班」第一期受訓。這是蔣經國擔任「中國國民黨」主席後所培訓的第一批的高級幹部學員。[1]一九八〇年筆者奉命擔任中國「中國國民黨」文化工作會副主任，協助負責執政黨有關的

1　第一期學員當中有施啓揚，翁岳山，關中，徐立德，蕭天讚，孫震，趙守博，黃昆輝，梁國樹，郭為藩，逯耀東，張劍寒等二十八人。這些學員在蔣經國時代、李登輝時代都身居要職。

文化與思想事宜。當時，「中國國民黨」在臺灣曾是一黨獨大強而有力的專政；黨主席是蔣經國（黨秘書長是蔣彥士），他同時也是「中華民國」的總統，因此「中國國民黨」中央大權在握。那時雖然也有中國青年黨和中國民社黨等在野黨，但他們起不了什麼作用；特別是這兩個在野黨的經費主要是來自「中國國民黨」的國民政府。

　　「中國國民黨」的文化工作會就是大陸時期「中國國民黨」中央宣傳部，它主管的範圍很廣，舉凡與文化、教育、思想等有關的政治、經濟、社會等等問題都是它的工作對象。當時我工作對象之一是協調所謂的黨外雜誌。[2]因為當時報禁時期只允許一些民間私辦的所謂民辦刊物，所以反「中國國民黨」執政的人士紛紛籌辦表達異議的黨外雜誌。當時黨外雜誌的發行琳瑯滿目：有《臺灣政論》、《美麗島》、《暖流》、《蓬萊島》、《八十年代》、《關懷》、《新潮流》、《生根》、《前進》、《雷聲》、《夏潮》、《中華雜誌》和《疾風》等等，一時頗具百家爭鳴之態勢。這些黨外雜誌的許多負責人雖然有統有獨，都是後來主宰臺灣政治前途的風雲人物：他們有康寧祥、黃信介、許信良、張俊雄、林義雄、周清玉、施明德、張俊宏、姚嘉文、許榮淑、陳水扁、謝長廷、林正杰、呂秀蓮、黃煌雄、雷渝霽、陳菊、尤清、林濁水、黃天福和張金策等等。因為蔣經國時代是堅決反台獨的，台獨組織乃是叛亂團體，是不允許存在的。當時，臺

2　這些所謂的黨外雜誌對於臺灣民主化是有貢獻的，但也傳播了許許多多的八卦新聞，影響了臺灣內部的和諧與安定。當時所謂黨外雜誌也有許多主張臺灣獨立的，但不敢張揚。

灣島內的黨外勢力有些只是隱形台獨，但其潛在力量很大；這些島內黨外勢力和海外「台獨」勢力是相互串連的。說起台獨，實與臺灣的歷史息息相關，一九四七年的「二二八事件」便是一例，此處毋庸贅述。[3]一九八八年一月十三日蔣經國逝世後，台獨問題自然化暗為明。

　　蔣經國對臺灣未來政局的發展走向，深具慧眼；他在生前洞燭機先地主張臺灣本土化，同時開放對大陸發展的政策，這包括探親、旅遊和文化經貿等交流；他的本意是一方面順應臺灣社會之本土化，另一方面則要緊扣臺灣政治之中國化。這個理想，在執行上因為李登輝十二年執政之「去中國化」而有偏差，導致此後臺灣政局紊亂、政黨林立，甚至「中國國民黨」岌岌可危，這些都不是經國先生生前所願見到的。

二、中國的希望在臺灣，中國人的前途在大陸

　　一九八四年至一九八五年我應柏克萊加州大學東亞研究所施伯樂（Robert A. Scalapino）教授之邀請擔任研究員（Research Associate），之後也有機會多次應史丹佛大學胡佛研究所馬若孟（Ramon H. Myers）之邀請擔任訪問資深研究員（Visiting Senior Research Fellow）。[4]期間承蒙柏克萊

3　Wei, Wou, R.H. Myers and T.H. Lai, <u>A tragic Beginning : The Taiwan uprising of February 28,1947</u>, Stanford University Press, Stanford, California, 1991.
4　我曾向「中國國民黨」黨中央請假，並說明到加州柏克萊大學曾接受 Robert A. Scalapino 教授的邀請，他同時也邀請了臺灣的張京育先生，張先生時

加州大學施伯樂、葛麗斯（Joyce Kallgren）教授之鼓勵前往
中國大陸訪問，特別是和北京大學及中國社會科學院的教授
們建立學術上的關係。[5]其中我也曾與史丹佛大學胡佛研究所
的吳元黎和馬若孟教授等交換意見，或許認爲時機未到，當
時他們對此看法持著不太同意的見解。[6]但是我回顧蔣介石、
蔣經國有關中國前途的言論，陶希聖、陳立夫和何應欽等「中
國國民黨」大老有關中共的意見；同時再三思索我協助「中
國國民黨」第十二次全國代表大會第三議題「貫徹以三民主
義統一中國」案之撰寫和「三民主義統一中國大同盟」成立
過程中嚴家淦、黃季陸和任卓宣等黨國先進的講話，於是我
有毅然決然赴大陸訪問的信心—破冰北京之行的計畫。[7]

　　一九八八年八月十八日我飛抵舊金山，立即與史丹佛大
學胡佛研究所與馬若孟教授見面，討論有關《臺灣悲劇的開
始 —— 二二八事件》一書的撰寫事宜。[8]

任政治大學國際關係研究中心主任。另外，Robert A. Scalapino 教授也邀
請中國大陸的學者，例如北大的趙寶煦，上海學者章嘉琳等多人。當時我
獲准帶薪前去柏克萊加州大學，展開與中國大陸學者接觸的新紀元。

5　Professor Robert A. Scalapino 當時擔任柏克萊加州大學東亞研究所所
長。Scalapino 教授曾對我說，一九五八年他曾主張兩個中國，但目前時
機已經過去。因此，要在一個中國原則下推動兩岸關係，並促成中國大陸
不斷的改革與開放。

6　史丹佛大學胡佛研究所是美國共和黨思想的大本營。當時美國雷根總統執
政，該研究所保守派自由主義（Liberalism）的風氣甚勝，當然是堅持反
共的。

7　「中國國民黨」對中國大陸政策的重大改變。「三民主義統一中國」的概
念是這些黨國大老們提出的概念。不久之後，也籌組「三民主義統一中國
大同盟」。

8　A tragic Beginning : The Taiwan uprising of February 28,1947 一書已順利於
1991 年在史丹佛大學出版社（Stanford University Press）出版，這是一部
純學術性的著作。

　　八月二十日我赴懷俄明大學（The University of Wyoming）訪問，並接受翟文伯教授的安排，對該校中國留學生（臺灣與中國大陸）三十幾人發表演講。在懷俄明大學期間，我與翟文伯教授暢談有關中國的前途以及中國知識份子應有之使命等有關問題，深感知識份子對中國的現代化有無力感和無奈感；當時我們也與維吉尼亞大學的冷紹烇教授通了電話，話題總是不離苦難的祖國 —— 「中華民國」的國家前途。[9]

　　我在懷俄明大學訪問期間還接受學校頒授張伯倫講座教授（Roy Chamberlain Distinguished Lecturer）的榮譽，由商學院院長派克博士（Dr. William Park）代表學校授予。八月二十三日離開懷俄明大學至舊金山參加柏克萊加州大學東亞研究所主辦的「華人經濟關係」學術研討會（Conference on Chinese Economic Relations）（八月二十五日至二十八日），這是此次美國之行主要的目的之一。該中心的負責人就是國際聞名的中國問題專家施伯樂（Robert A. Scalapino）教授。這項會議是臺灣海峽兩岸學術界接觸史上少有的先聲，其主要功能是扮演著橋樑的角色。此項會議台方協辦單位是「亞洲與世界社」，陸方協辦單位是「中國社會科學院」。台方參與此次會議的人士為陳明、劉泰英、于宗先、高希均和筆者等人，並由「亞洲與世界社」主任陳明擔任團長；陸方的人士為張仲禮、梁于藩、陳憶村、吳明瑜、趙人偉、章嘉琳

9　翟文伯教授曾任教美國南達科達大學副校長，他與美國國會關係甚好，當時許多有影響力的美國聯邦參眾議員如 Allan Simpson 和 Richard Gephardt 等人與他的友情均佳。冷紹烇教授一直是維及尼亞大學的資深教授。他們倆人均是旅美愛國華人學者。

等人，並由「上海社會科學院」院長張仲禮擔任團長。學術
會裡會外，臺灣、大陸與美國等三方面學人交談甚為融洽。
該項會議是由陸方的章嘉琳教授與本人促成的，據悉陸方的
背後是汪道涵先生，台方則是汪敬煦先生。[10]這個學術會議
也可以說是有關臺灣海峽兩岸突破性之會議，為了中國的自
由、民主和平統一。[11]

　　八月二十九日搭乘飛機取道東京、上海再前往北京。到
了北京，已是八月三十日晚上七時五十分。中共「中央對台
辦」副主任王今翔、副局長戴蕭峰來機場接機後，並送我到
達釣魚台國賓館第十一號樓，時已夜晚十時四十分，中共「中
央對台辦」主任楊斯德已在國賓館親切地等候。北京釣魚台
國賓館的第十一號樓，據悉曾是中共文化大革命期間江青居
住的地方。[12]這是我有生之年第一次到北京訪問。北京對我
來說，一切都是新鮮、有趣。幾天之內我遊覽了長城、頤和
園、圓明園、北海、北京大學等等有關名勝古蹟。在北京訪
問時，曾想與哲學家北大教授馮友蘭見面，但因他視力不佳

---

10 「亞洲與世界社」的背後支持者是外交部、教育部、新聞局和國家安全
　　局等政府單位；其中主要支持者之一是國家安全局局長汪敬煦先生。這些
　　支持單位以專案學術研究的方式支持「亞洲與世界社」，本案便是一例。
11 只要國家發展方向正確，中國現代化是有前途的。1978 年以後鄧小平的
　　改革開放政策已帶來了中國現代化的曙光。兩岸學者相聚恨晚，彼此談
　　論的共同點許多。此次會議的模式大家認為相當好，大陸學者吳明瑜和
　　陳憶村則建議隔年在召開一次，但是 1989 年發生了「天安門六四事件」，
　　此次會議的連續性因而中斷。1989 年 7 月陳憶村先生在香港曾經打電話
　　給我，建議暫停此會議。
12 謝謝楊斯德先生的安排。我到北京訪問主要的是接受翟文伯教授等人邀
　　請。過去也有統戰部長閻明復先生等人有意邀請，但均未認為是適當的
　　時機。

未便會客而作罷。

　　北京破冰之旅是自一九四九年九月十三日我離開福建廈門之後第一次踏上中國國土，頗有千山獨行的氣慨。初步的印象是中國人貧窮，但比想像的還好一些，並發現中國經濟發展大有前途，其潛力大有可為。[13]

---

13 只要誰能把國家治好，老百姓的福祉提高，這個政府就有人支持。1978年以後中共已逐漸回中國文化，我認為中共正在朝著三民主義國家發展的方向走。鄧小平可說是位大功臣。

第二章　鄧小平先生談中國的前途

第一節　若中國國民黨志不在中國，則將自趨滅亡

　　我生爲「中國國民黨」人，死爲「中國國民黨」魂；一心一意要爲「中國國民黨」找出路。但是，長久以來，我發現在臺灣的許多「中國國民黨」領導階層們患了「思想貧血症」和「革命冷感症」。「中國國民黨」有它的光榮歷史，可是一九八八年一月二十七日李登輝擔任「中國國民黨」主席以後，就有變成「臺灣中國國民黨」的強烈趨勢[1]。以當時李登輝先生的種種言行，顯示他有深厚日本人情結和似有被美國中央情報局（CIA）左右的成分。[2]李登輝先生富有日本特色的武士道精神，也有濃厚的美國背景，更是有使命感的

---

1 臺灣本土化是必然的趨勢，但「中國國民黨」除了要本土化之外，還要中國化，若「中國國民黨」沒有中國心的意識形態，則將水土不合，被「民進黨」所取代。何況李登輝先生擔任「中國國民黨」主席後，似是監守自盜，因爲李登輝有「民進黨」的情結，他有形無形的正在毀滅國民黨。二〇〇〇年三月十八日第十屆「中華民國」民選總統，「民進黨」籍陳水扁先生的當選，便是一例。

2 林蔭庭，《追隨半世紀 —— 李煥與經國先生》，天下文化出版社，臺北，臺灣，一九九八年一月十日，第二四六至二五〇頁。

臺灣人；他很有政治魅力的站在「中國國民黨」權力核心上，此足以改變「中華民國」和「中國國民黨」的本質。[3]李登輝是否能承繼蔣經國先生遺志，完成中國統一大業，一般人深感懷疑。筆者深深認為，有「中國國民黨」才有中國，有中國才有「中國國民黨」。若「中國國民黨」志不在中國，則將自趨滅亡；若沒有統一的中國，必有分裂的臺灣。因之，「中國國民黨」必須放眼中國，否則其前途堪憂。我以做為中國人為榮，不甘心被人剝削做為中國人的權利，因此，我要站出來為歷史盡一份薄棉之力。

　　為了促使並配合達到為中國找希望，為中國人找到前途，為「中國國民黨」找出路的目的，一九八八年八月底，我由美國輾轉飛抵北京。九月三日上午十時三十分，應邀至中共人民大會堂。是時，中共資深領導鄧小平、中共國家主席楊尚昆先生已在一一八廳的大堂相迎。[4]我先將正中書局出版的蔣經國主席對「中國國民黨」黨員講話的啟示集《在風雨中溯逆流而上》乙冊分別送給鄧小平先生和楊尚昆先生接

3　李登輝提出「中國國民黨」乃是外來政權，要求「中國國民黨」臺灣化，並且主張臺灣的文化要「脫古」，意謂要去中國化。至這些都是要臺灣經中國走出去的「臺灣獨立」論調，甚為偏見。二〇〇二年九月他甚至於主張釣魚台列嶼是本人的，並非屬中國人等言論。也可參見李登輝著，《經營大臺灣》，遠流出版社，臺北，臺灣，一九九五年。

4　一九八八年八月十七日赴美加州柏克萊大學，參加加州柏克萊大學東亞研究所主辦的兩岸經濟關係研討會，該項研討會由「亞洲與世界社」協辦，由本人促成。臺灣學人除本人外，還有陳明、于宗先、高希均、劉泰英等人，而中國大陸則由中國社會科學院協辦，參加者有張仲禮、吳明瑜、陳憶村、梁于藩、章嘉琳等人。該會議由知名中國問題專家施伯榮（Robert, A. Scalapino）教授主持。美方參加者有魏克曼（Frederic Wakeman）教授，高棣民（Thomas Gold）教授等人。

著合照後，鄧小平先生便帶引我們進入人民大會堂的會客室，並關上大門[5]。會客室中，除了鄧小平先生與我之外，另有楊尚昆先生、楊思德先生、及中共「中央對台辦公室」副主任王今翔等共五人，由王今翔先生擔任會談的一些機要事宜。[6]

寒暄之後，鄧先生話鋒一轉，突然說：「蔣經國先生生前就請人帶口信給我，提出六點有關中國前途的看法。」我答說並不知情。他再說臺灣的李登輝先生沒有中國統一的觀念和看法，並很遺憾地表示：蔣經國先生看錯了李先生、也看錯了郝柏村先生（這是一個誤解）。（當時，郝先生擔任國防部長，李郝兩人似有互相利用，並且勾結美國人；郝先生則想增加對美國人購買武器。當時誤以為郝柏村先生也是美國人有心支持的對象。這個看法是不正確的。）[7]他又說，李煥先生也看錯了李登輝先生，他不該支持李登輝先生擔任「中國國民黨」的主席。（當時「中國國民黨」秘書長李煥先生也被誤會了，以為他沒有全力反對李登輝出任黨主席）[8]。他說，現在（一九八八年九月）臺灣有台獨意識的人很多、

---

5 此次我到中國大陸訪問主要是冷紹烇教授、翟文伯教授等的推薦，楊斯德先生的邀請與安排。特此致謝。

6 商討國家發展的正確方向。這是一個重要的談話，有關談話內容也已經陸續轉達給有關人參考。基本主論是中共的改革開放是一條不易的道路，中國統一的必然性，但要用和平的方法。

7 二〇〇〇年三月十八日陳水扁先生的新政府本來有意請中央研究院院長李遠哲教授擔任行政院院長，但後來卻是由唐飛擔任，據說是美國人的意思。

8 當時支持李登輝擔任黨主席的是宋楚瑜副秘書長，他反對俞國華擔任黨主席。一九八八年一月二十七日「中國國民黨」中央常委定案推出李登輝擔任黨主席的決定。

情勢很不好。鄧小平先生希望筆者回臺北遇見李煥先生時，可以告訴李煥先生要與陳立夫先生、蔣緯國將軍等黨國元老們相結合，同時，也要郝柏村先生不要太支持李登輝先生；又說，李煥先生若有錯誤也應該坦誠認錯，以爭取黨國元老的支持和黨內向心力，甚至連陳誠先生的舊勢力也要爭取，他也說陳誠先生仍有不少舊屬在大陸。言下之意，鄧小平先生對李煥先生相當愛護和尊重，認爲李煥先生是位有遠見的政治家，從鄧小平先生的談話裡似可看出他極爲關心中國統一的前途，進而更有指導政治發展迷津的意味。

第二節　中國國民黨的大陸政策

　　至於大陸政策，我說去年（民國七十六年，西元一九七八年九月四日）李煥先生在高雄澄清湖有一篇極具歷史意義的講話，其重點爲：我們談反攻大陸，是要導致大陸革命，推翻中共政權；我們絕對不是要取代中共政權，而是要促進大陸政治民主、新聞自由、經濟開放，使中國解除馬列教條共產主義桎梏，成爲民主自由的現代化國家[9]。筆者並請鄧小平先生要適時放棄「四個堅持」，少談「武力犯台」和「一國兩制」，尤其應該在沿海地區選擇一些具有經濟價值的地區，實施對外經濟合作區，開放給港台企業家或外國的商人，共同經營，以吸引外資。譬如筆者在一九八四年曾多次談及

---

9 同註 2，第二五〇頁。

有關小臺灣、小臺北、小九龍、小香港、小東京、小漢城等
沿海地區宣布非軍事區和非政治區。[10]鄧小平先生答以依目
前大陸情勢，宣布放棄「四個堅持」困難重重，絕不可能；
至於「武力犯台」之說詞純爲對付「台獨」和「外人」干預。
筆者分析說明若放棄「四個堅持」或「武力犯台」，兩岸即
可以通商、通航、通郵等等（依據行政院院長孫運璿先生在
一九八二年六月十一日會見中美大陸問題研討會學者的談
話），但鄧小平先生說明不可放棄「四個堅持」的原因，除
對中國發展前途有助益之外，也考慮到中華民族的大團結，
否則西藏、新疆將會先亂。鄧小平補充說明不放棄「四個堅
持」，但或許可以考慮在憲法裡不提「四個堅持」，僅將「四
個堅持」置於黨綱之內；至於不可能宣布放棄「武力犯台」
有別的原因，如防止台獨或外國勢力進入臺灣等因素，但一
再強調要以和平統一中國，不致於真要用武力犯台。不過，
鄧小平先生強調並預測台海兩岸之間的貿易將會大量增加。[11]

　　至於黨國元老陳立夫先生等，於本（一九八八）年七月
十四日在「中國國民黨」中央評議會所提的以五十億或一百
億美元、經中國輸出入銀行低利貸款給中國大陸一案[12]，鄧

10　這是一件重大的政策意義，在當時的政治環境裡，因爲容易被認爲是通
　　匪的行爲。
11　鄧小平的預言得到了證實。例如二〇〇一年兩岸貿易總值爲兩百七十幾
　　億美元，臺灣進口爲五十幾億美元，臺灣出口爲兩百二十幾億美元，臺
　　灣對中國大陸的順差爲一百七十幾億美元。中國大陸已成臺灣對外貿易
　　三大夥伴之一。二〇〇二年中國大陸已屬臺灣第一貿易夥伴。
12　陳立夫先生主張中國統一，但他是堅決反共的「中國國民黨」長老，他
　　主張以中國文化統一中國，並且建議「中國共產黨」改名爲「中國社會
　　黨」。

小平先生說這件提案意義重大，金錢數額則不重要，同時，他說日本首相足下登正在北京訪問，也願意提供六十億美金的低利貸款給中共[13]。筆者告以陳立夫先生似對鄧小平先生期望甚高；陳立夫先生曾對筆者說鄧小平先生不是毛澤東，更說他曾於民國六十二年（一九七三年）以古尹明（姑隱其名）的筆名在香港《中華月刊》發表〈假如我是毛澤東的話〉乙文，內容今日仍然適用，鄧先生不妨看看，而陳立夫先生很願意就中國統一問題與鄧先生面談[14]。鄧小平先生則說陳立夫先生最近曾說大陸有「四個堅持」、臺灣有「三不政策」，他不能來大陸（據筆者所知，陳立夫受輿論壓力，不得不如此說，但並未否認他想與鄧小平先生見面之事，僅由秘書朱祖藝先生出面否認而已）。筆者提及陳立夫先生主張以中國文化統一中國，鄧小平先生說他基本上同意，但他說中國文化有百千種；筆者解釋陳立夫先生為孔孟學會會長，其所謂中國文化乃是以孔孟思想為主軸的中國文化，而儒家思想受「政治世俗化」和「社會世俗化」後被誤解了，中國人對孔孟儒家思想的本質應給予肯定，它是促進經濟發展的主力，而世俗化的儒家思想則是經濟發展的絆腳石。[15]

---

13 我在訪問北京的同時，日本首相足下登也正在北京訪問，他也住在釣魚台國賓管的第十八樓（貴賓樓）。

14 陳正光專訪陳立夫先生，題目為〈我願意和鄧小平談中國文化統一中國〉。《聯合報導》，（第七期）一九八八年（八月十五日～八月二十一日），臺北，臺灣。第九頁至第十三頁。也請參考陳立夫先生於一九九六年六月十四日接受北京中央電視記者的訪問。

15 陳立夫〈我的天真想法，若一旦實現，中國有福了〉，《聯合報導》（第一期），一九八八年（八月十五日～八月二十一日），臺北，臺灣，第十三頁至十九頁。

第三節　中國國民黨的前途在大陸

　　此外，筆者向鄧小平先生提出在中國大陸發展「中國國民黨」，鄧小平先生似乎並沒有正面反對。筆者並建議大陸召開「中國國民黨」黨史會議，使中國大陸的「民革」能從中共獨立出來，從長遠看可以成為中共忠誠的「反對黨」，同時，防止臺灣的「中國國民黨」變成「臺灣國民黨」，鄧小平先生點頭狀似表示贊同。筆者更建議鄧小平先生應重視孫中山先生思想，鄧小平先生也未反對，他並說蔣經國先生所提有關中國問題六點意見中，也有一點提及「中國國民黨」在中國大陸發展事宜。鄧小平先生更說蔣經國先生也是主張中國統一的，在他生前曾積極爭取中國的統一大業，但為美國人所阻止，美國曾經派前中央情報局副局長克萊恩博士（Dr. Ray Cline）送給蔣先生「哀的美敦書」（Ultimatum）。言下洋溢對蔣經國先生的認識和無限的敬重之意，鄧小平先生還說蔣先生手下亨哈二將李煥先生與王昇先生均主張中國統一，李、王二位先生之間並沒有基本衝突，應該合作（註十六）。談話至十一時三十五分暫停，大家移師至餐廳。其間，楊尚昆先生告訴筆者「四個堅持」和「武力犯台」不會使用在沿海特區，但不宜宣布。[16]

　　在一小時的談話期間，鄧小平先生精神始終很愉快，不

---

16 外傳李煥先生與王昇先生的意見不合，但他們均是蔣經國先生的得力助手。

斷地抽煙[17]。大約十一時四十分開始用餐，並且談到的也有下面幾項重要問題。

鄧小平先生首先提到他將於一九八八年十月一日「國慶」時，擬懸掛孫中山先生遺像，一改往昔將馬、恩、列、史、毛等人照片掛在天安門廣場[18]。此時，人民大會堂室內很熱（人民大會堂內不開放冷氣的原因是怕鄧小平先生受寒），鄧小平先生要筆者脫下外套、取下領帶，他與楊尚昆先生也脫下外套，鄧先生並說，我今天穿的衣服就是中山裝。楊思德先生則說北京城裏中山公園有一座孫中山先生塑像，鄧小平先生並題上「民主革命的先行者」字樣，可見鄧先生對孫中山先生的推崇和尊重。筆者說孫中山先生推翻滿清「救國有功」，蔣中正先生抗日勝利「保國有功」，而蔣經國先生建設臺灣「建國有功」，未來領導者的任務乃如何「治國」了。[19]鄧小平先生則說蔣介石過去做了不少壞事，但未明確指出何事，不知何所指。接著，談到八月中旬美國紐約大學熊玠教授在臺北所談有關中共的中國統一條件說，涉及有關之國號、國旗、國歌、修憲、聯合政府及武力犯台等五項問題，鄧小平先生說熊玠教授所說的話「走了樣」，楊尚昆先生說他於今（一九八八）年七月底在北京見到熊教授；之前，

---

17 此次有幸與鄧小平先生會面、談話、午餐甚爲難得；一共約二小時又十分鐘。

18 這是一個重大的政策性暗示，一九八八年十月一日並沒有實現，然而一九八九年四月二十六日終於辦到了，這是爲了紀念「五一勞動節」。

19 蔣經國建設臺灣「建國有功」。所謂建國是指建設國家有功，不是指臺灣獨立建國；大家都肯定蔣經國對中國統一的貢獻。蔣經國先生對中國大陸有感情，他的臺灣經濟建設經驗將永垂歷史。

一九八七年（民國七十六年）鄧小平先生曾在北戴河曾接待過熊玠教授[20]。

第四節　中國經濟：實事求是，解放思想

　　其次，筆者說目前解決中國問題應該依胡適先生所言：「多解決問題，少說主義」，也提到鄧小平先生從前所說的「不管黑貓白貓，能抓老鼠的貓便是好貓」，鄧先生立即很得意地反應說，這是為解決當時有關「自留地」的問題，也是解決「吃飯」的問題，他說當時中國實在太貧窮了。筆者說臺灣過去實施「耕者有其田」後，使土地單位面積的生產量增加，而且也使每一位農民的生產力增加，這是臺灣農村經濟繁榮的基礎。鄧小平先生同意此看法，並說初期的中共政權在中國國大陸的土地改革也有實施孫中山先生思想中「耕者有其田」的想法與作法[21]。接著，筆者強調台海兩岸的政府要找出共同點，才能彼此認同，並再度提出有關「四個堅持」的問題，鄧小平先生則再三說明若放棄「四個堅持」則大陸將會亂，其中，西藏將先起動亂，但他補充說「四個堅持」可以考慮不放在修憲後的「新憲法」中。筆者希望中共政權不要對在臺灣有罪嫌的人如躲債、逃犯、罪犯或無業

20　一九八七年八月十一日熊玠教授於臺北三普飯店告訴本文作者，並出示有關照片。

21　「中國國民黨」與「中國共產黨」的土地改革基本精神相似，但方法不同。

者視如「佳品」（這些都是當時從臺灣逃到大陸避難），也不要爲逃到大陸的臺灣失意政客安排高薪、位重的好工作。因爲此有違兩岸之間的彼此認知和共識[22]。

話說到這裡，筆者提起現在是客家人的天下，李光耀是客家人、李登輝是客家人、鄧小平先生也是客家人，鄧先生說他不知自己是否客家人，不過，四川人多數來自湖廣，楊尙昆先生解釋說明湖廣乃兩湖兩廣也。隨後，鄧小平先生說明四川人移民的歷史，狀至愉快[23]。筆者說孫中山先生也是客家人，楊尙昆先生問道，李光耀先生是福建的客家人嗎？筆者答道是閩西永定縣的客家人。此時，筆者想到楊森將軍是四川廣安人，乃告訴鄧小平先生說臺灣曾有傳聞謂鄧先生與楊將軍有親戚關係，理由有三：一爲兩人同爲廣安人；二爲楊家才有能力支助其親人赴法留學；三爲鄧小平先生側看與楊森將軍極相似。鄧小平先生答道：「軍長廣安人，廣安廣安人」，筆者不明話中含意，楊尙昆先生補充說：「廣安廣安人」之意乃是廣安人廣爲安插或安頓廣安人也。筆者順勢提及楊森將軍之第十七子楊漢平先生最近擔任「民革」副秘書長一職[24]。

最後，鄧小平先生要筆者返台後向陳立夫先生問候，但他也說我們已有其他管道與陳先生連繫了；筆者乃提到兩年

22　如黃順興，張春男，馬壁等人均有妥善的政治安排。
23　毛毛著，《我的父親—鄧小平》，地球出版社，臺北，臺灣，一九九三年，第二四至三七頁。
24　有關鄧小平先生與楊森之間的關係，只是一個猜測而已，並沒有具體的證明。楊森先生之第十二女兒楊萬運博士(曾任臺灣師範大學教授)曾對本文作者談及此事。

前是否陳立夫之長子陳澤安帶著其父親陳立夫先生給他信交
予鄧小平先生看，而陳立夫先生給其子之信函的本意就是寫
給鄧小平先生看的。楊尙昆先生答以確有此一事，鄧小平先
生很佩服陳立夫先生提案有關經援大陸的本意，但他附帶的
說那些是「四維八德」（以四維取代四個堅持），鄧小平並
沒有明顯置評。接著鄧小平先生又說陳立夫先生大陸經援之
提案，趙紫陽（中共總書記）當時已有反應，筆者說此事陳
立夫先生很清楚[25]。臨行，筆者對鄧小平先生說：「請您多
指教」，鄧先生客氣地說：「彼此互相學習」，又說：「談
學問你好，搞政治我行」的客套話。當筆者道別時，鄧先生
要筆者不必穿上外套，說外面天氣很熱；由此可以看出鄧小
平的平易近人和親和力。

　　時爲一九八八（民國七十七）年九月三日中午十二時四
十分，筆者完成了第一次頗具歷史性的國共兩黨第三度合作
的試探[26]。

---

25 陳立夫先生曾對本文作者說過此事，據悉當時的李登輝總統相當不高
　興；國家安全局長宋沁濂也甚關心此事。宋沁濂也曾對本文作者說，李
　登輝先生是臺灣歷史上政權和平轉移的人。因爲臺灣歷史上的政權轉移
　都是依靠武力。宋沁濂的話似已暗示了李登輝先生是主張「台獨」的臺
　灣新領袖。另外，陳立夫先生有三子一女，他們是陳澤安、陳澤寧、陳
　澤寵、陳澤容（女）等。
26 汪士淳著，《千山獨行》(蔣緯國的人生之旅)，天下文化出版社，臺北，
　臺灣，一九九六年，第二二四至二四二頁。蔣緯國將軍曾告知本文作者
　說鄧小平先生與蔣經國先生曾是莫斯科中山大學的同班同學，他們倆人
　有許多共同的國家認同問題。亦請參閱彭哲愚，嚴農著，《蔣經國在莫
　斯科》，中原出版社，香港，一九八七年。同註十五，第二五一至二五
　二頁。

第三章　中國邁向現代化之路

第一節　「釣魚台」的故事

　　「釣魚台」爲昔日帝王的行宮，金代（西元一一一五年至一二三四年）章宗皇帝曾在此處釣魚，故有「皇帝的釣魚台」之美譽。元代（西元一二七一年至一三六八年），宰相廉希憲在此處修建別墅「萬柳堂」，頓時成爲著名的國家遊覽勝地。明代（西元一三六八年至一六四四年），此處曾爲太監和皇親國戚的別墅。西元一七七四年，清代乾隆皇帝曾在此地修建行宮；清代（西元一三六八年至一六四四年）末代皇帝溥儀將此座別墅賜給他的老師。[1]釣魚台這座林園別墅長期以來，隨著歷代王朝的興替，始終是貴客遊憩的重鎮。一九五九年，「中華人民共和國」重新整修釣魚台，此處成爲接待世界各地的國家元首、政府首腦和社會名流的重鎮。古釣魚台是皇帝的行宮，現代的釣魚台國賓館仍然保留了清代乾隆行宮的外貌，其景色富有山、水、湖、光之美景，具齋、軒、亭、台等之特色；甚富有中華民族風格的林園風光。

---

1 中華人民共和國印製，《釣魚台國賓館》，北京，中國，一九九五年。

　　自從一九七八年鄧小平著手中共改革開放政策之後，這個國賓館更形熱鬧，各國貴賓冠蓋雲集。美國尼克遜（Richard Nixon）、雷根（Ronald Reagan）、布希（George Busch）、柯林頓（Bill Clinton）等歷任總統，英國伊莉沙白女王（Queen Elizabeth），以及首相柴契爾夫人（Margaret Hilda Thatcher）、奚斯（Edward Heath）、布萊爾（Tony Charles Lynton Blair），蘇聯的總書記戈巴契夫（Mikhail Gorbachev），日本首相竹下登（Noboru Takeshita），新加坡總理李光耀（K. Y. Lee）等等世界重量級的領袖均是釣魚台國賓館的貴賓。釣魚台國賓館除了接待世界各國貴賓，也接待來自臺灣、香港、澳門等地的貴賓，他們在此地暢談促進中國的和平統一，促進中國邁向自由、民主、均富的現代化道路；它儼然成為中國現代化的論壇。很榮幸，我也有機會在此處住了許多次。[2]

　　一九八八年十一月二十五日我應邀到夏威夷大學參加「社會正義與民主」研討會（Conference on Social Justice and Democracy）。該項會議是由夏威夷大學教授成中英教授主辦的。[3]參加此國際會議的除了一些美國籍的政治經濟學教授外，還有紐約市立大學唐德剛教授、維吉尼亞大學冷紹烇教授、懷俄明大學翟文伯教授、紐約大學熊玠教授、以及來自中國大陸的嚴家其教授（中國社會科學院政治研究所所長）、鄭杭生教授（中國人民大學副校長）、龐樸教授（中國社會

2　翟文伯教授建議我寫一本專著，定名為《釣魚台的故事 ── 中國邁向現代化的道路》。我以為中國經濟發展到某一水平之後一定要發展民主政治，但中國的民主政治理念與西方國家不同。這個想法將在二十一世紀實現。
3　這項會議由熊玠教授促成，香港企業家黃不撓先生出資協助而舉辦的。

科學院歷史研究所研究員）、馮天渝教授（武漢大學歷史系教授）等人。會議於十一月二十七日順利完成。

　　十一月二十八日，冷紹烇教授、翟文伯教授與我等人經東京到北京；冷紹烇、翟文伯與我住進釣魚台第七號樓。十一月二十九日至十二月一日，這三天。主要的是我們三人（冷、翟、魏）與中共「中央對台辦」辦公室主任楊斯德、副主任王今翔等人溝通、交換有關中國往何處去的意見，並且遊覽北京市容以及北京釣魚台國賓館風光；這三天我們有充足的時間休息與思考國家前途的問題。十二月二日清晨早餐後，我們三人在釣魚台漫步，突然中共「中央對台辦」第八局副局長戴蕭峰先生通知與中央最高領導人鄧小平會面的訊息，中共「中央對台辦」辦王今翔副主任於 11 時來釣魚台國賓館接我們三人。

　　十二月二日上午十一時三十分，我們準時進入人民大會堂，當時鄧小平先生、楊尚昆主席、以及楊斯德主任等人已在等著我們。經過一些禮儀性的握手寒喧、合照之後，進入福建廳，又是一連串的攝影記者的鎂光燈，然後閉門交談。我主要的觀點是「中國國民黨」應該在大陸發展，若能成為一個忠誠的反對黨則對中國現代化的前途肯定會產生一些正面的作用。[4]否則「中國國民黨」在臺灣本土化的趨勢會變成「臺灣國民黨」，此對中國和平統一是有負面意義的。臺灣本土化的發展快速，若與中國文化相背離，則有助長「台獨」

---

4 目前中國大陸有九個參政黨，但沒有反對黨。請參閱中國人民政治協商會議全國委員會主編的「中國人民政治協商會議」專刊，北京，中國，一九九〇年。

的氣勢。「中國國民黨」內部因此也有統獨之不同的看法；
「中國國民黨」是反臺灣獨立的，但是內部有些人士似有持
「保臺偏安」的跡象。這些想法雖然不能說有明確的台獨傾
向，但卻有些所謂「獨台」的現實。[5]所謂獨台就是不宣佈臺
灣獨立，而以「中華民國」的名號為掩蔽，實行其保臺偏安
的事實。中共國家主席楊尚昆則說近幾天以來鄧小平之心情
甚不愉快，因為他看到臺灣海內外的「台獨」氣氛高漲，今
天大家來訪，並且談一談，鄧小平的心情確實好多了。另外
鄧小平也說對當時著名的民運領袖方勵之善於串通外國人
士，認為這種行為是不對的。另外，他談到在臺灣的許多老
朋友，例如陳立夫、何應欽、張群、鄧文儀、嚴靈峰先生等
人，他們是反共的，但更反台獨。另外，他對於在臺灣的一
些耆老—也就是國民大會的老代表、立法院的老立委、監察
院的老監委等等被臺灣本土化台獨人士的羞辱，甚表同情。
這些民意代表們新舊對立的狀況日益明顯，他也憂心忡忡。
鄧小平很清楚臺灣海內的本土勢力和海外的台獨勢力正在串
聯，產生一股分裂中國的主力。[6]持此態度的學者們正在推出
許多本土化的學術理論，作為台獨的依據。他強調臺灣內部
有許多沒有眼光的政客，是為了本身的短期政治利益，害慘
了臺灣同胞的長期利益。這些有政治野心的政客，許多都隱
藏在「中國國民黨」內，是很危險的事。[7]我則再強調讓「中

---

5 「獨台」是指不改國體的臺灣獨立，「台獨」是指變更國體的臺灣獨立。
　這個觀念是由美國紐約大學熊玠教授首先提出的。
6 這個現象在蔣介石、蔣經國執政期間是隱形結合的，但在李登輝執政期間
　已化暗為明；因為李登輝也是台獨份子，無庸置疑。
7 台獨分子口口聲聲愛臺灣，其實他們是毒害臺灣。政客毒害臺灣，政治家
　熱愛臺灣。

國國民黨」在大陸發展的重要性，並且促成國共對話、合作，則甚有意義。否則臺灣本土化的趨勢會與臺灣獨立的臺灣分裂主義的洪流相互結合，這個問題就麻煩了。因為我堅信「中國國民黨」的前途在中國大陸，無中國則無「中國國民黨」，若在臺灣的「中國國民黨」無法往中國大陸發展成與「中國共產黨」建立一些溝通的管道，「中國國民黨」在臺灣將被窒息而萎縮，甚至於死亡。[8]若「中國國民黨」被封鎖在臺灣，則將變成「臺灣國民黨」，也可能變成推動臺灣獨立的主要力量。此外我繼續說明並強調，希望「中國國民黨」在中國大陸能有機會發展，變成一個忠誠的反對黨的重要性，如此可以協助推動中國的改革與開放。[9]我始終堅信大陸不改革，中國沒希望，兩岸不交流，臺灣沒有出路。

　　鄧小平很贊同「亞洲世界社」創辦人杭立武先生所提之中國自由、民主和平統一的道路。我則提及有一次杭立武先生宴請陳之邁大使的時候，席間他感嘆著，並且指著在座的連戰和關中說：「一個中國永遠和平」（連戰先生的別號叫永平，關中的別號叫一中）。當時連戰與關中等人均是「亞洲與世界社」的顧問委員。杭立武先生推動中國自由民主和平統一的理想也曾被誤會、質疑。其實這種主張是有高明的遠見，他是真正愛臺灣、也愛中國的人，是偉大的教育家、外交家。[10]

---

8 魏萼，〈「中國國民黨」的前途在大陸〉《中國和平統一的道路？》（翟文伯、魏萼、向錫典等人編），前景出版社，臺北，臺灣，一九九○年，第四四至四九頁。
9 魏萼，〈奉勸「民革」回歸「中國國民黨」〉，同上註，第三六至四四頁。
10 杭立武，〈推動自由民主和平統一運動〉，《杭立武先生訪問紀錄》（王

第二節　反臺獨也反教條式馬列主義

　　在杭立武先生的指導下，我有機會於一九八八年十月二十三日參加在美國史丹佛大學胡佛研究所召開「自由民主和平統一中國」的學術研討會。[11]當時翟文伯教授提出另一類似的會議於一九八九年八月底，在美國懷俄明大學舉辦大型的「自由民主和平統一中國」學術會議。如果順利並計畫在美國各大都市舉辦，進而也希望在世界各地召開此項會議；其目的很清楚，一方面是促進自由民主的中國，另一方面則防止臺灣獨立。這個會議的目的說清楚一點是反台獨，反教條式的馬列主義，主張中國人走中國人應該走的道路，如此中國一定可以富強。[12]這一原則是符合孫中山思想的，也當然與鄧小平理論相一致的。翟文伯教授等人的看法與作法，鄧小平很贊同，唯有如此中國人才能真正的站起來。但鄧小平接著說，自從一八四〇年鴉片戰爭以後，所謂的東亞病夫基本上已經結束了，中國人站起來了，中國經濟的發展是大有前途的[13]，他很得意的說他與英國首相柴契爾夫人談香港問題時，他堅持領土主權是很明確的，不容談判的。鄧小平

萍、官曼莉），中央研究院近代史研究所（口述歷史叢書），中央研究院，臺北，臺灣，一九九〇年，第七三至七六頁。

11 同註 10，由冷紹烇、翟文伯、魏萼、熊玠等人秉承杭立武的理念而推動的。

12 同註 10；「亞洲與世界社」，第七五至七六頁。

13 中共對台工作辦公室主任楊斯德重述這個歷史故事，副主任王今翔也做了補充說明。

據理而談鏗鏘有力，說明此一領土主權是沒有任何妥協餘地。[14]據說女強人英首相柴契爾夫人不但折服了而且談完話之後還跌了一跤。[15]當鄧小平談到美國總統布希（George W. Bush）時，他的精神特別好，一直誇稱美國布希總統是相當有智慧的人，也是中國人的朋友。他一再強調中國要加強與美國關係的重要性，並認同中美合作的必要性與必然性；當時，楊尚昆主席作補充說明並強調，中美合作、中美正常化的重要性。中美合作有助亞太地區和世界的和平、安定與繁榮。鄧小平認同美國與中國有合作的條件，但因歷史的關係，中美關係要慢慢來，其前途是樂觀的。可是有許多美國人似乎不懂中國人，他們對於中國文化，誤解太多，太短視了，特別是誤解中國文化的本質，所以才有所謂的「中共威脅論」，另一極端則有「中國崩潰論」之說法。他又強調「中華經濟圈」的形成是一件很自然的事，但東南亞的許多國家甚為害怕。[16]這個顧慮完全誤解了中國，他們也不瞭解「中國共產黨」，鄧小平認為這需要時間來解決這個問題。他也指出許多美國人誤解中國，因此有主張臺灣應該分離中國而獨立，所以鄧小平主張不放棄武力對付臺灣，但這種並不是針對著臺灣人，因為臺灣人也是中國人，而是針對著外國勢力在臺灣和分裂主義者。

　　二〇〇一年十一月九日香港《文匯報》報導：美國前總

---

14 同註 13。
15 同註 13。
16 我認為鄧小平不強調「中華經濟圈」的成立，但要使「中華經濟圈」自然形成。

統布希先生在香港透露，美國曾經遊說臺灣領袖仿效香港模式採取「一國兩制」，以便解決大陸與臺灣之間的統一問題。老布希說他的兒子小布希（George W. Bush Jr.）對於中國一直抱著友好的態度，並不如外傳所說的直到九月十一日紐約世貿雙星大樓遭受到恐怖份子襲擊之後才開始，老布希認為某些媒體錯誤的報導，令人感覺到小布希對中國的態度相當強硬，這是一個誤會；言下認為老布希與小布希對於中國政策是一致的，[17]這個看法得到了白宮華裔顧問祖炳民教授的證實（祖炳民教授是布希總統父子的親信）。老布希曾於一九七四年至一九七五年出任美國駐北京聯絡辦事處主任，他曾多次到北京訪問，是鄧小平的老朋友。布希熱愛中國，這是基於他對中國的瞭解與認識，他確認中美關係的加強有助於亞太地區的安全與世界的和平。一九八九年六月四日發生「天安門事件」之後，老布希曾打電話給鄧小平，但此一行動曾遭受到美國國內強烈的批評。[18]

第三節 「一國兩制」在臺灣行不通嗎？

　　老布希曾於卸任總統以後訪問臺灣，並與李登輝見面。[19]老布希認同中共所提的「一國兩制」，但李登輝則不同意此種看法。李登輝所持的理由是臺灣並非殖民地，此與香港不

17　《文匯報》，香港，二〇〇一年十一月九日報導。
18　《中國時報》，臺北，臺灣，二〇〇一年十一月十日，第十一版。
19　同註 17、註 18。

同，還有李登輝向老布希辯解說臺灣並未向中共繳過稅。另外，李登輝認為香港在「一國兩制」下並不民主，何況香港的經濟前途堪憂，人權並沒有得到保障；他強調臺灣不能接受「一國兩制」。[20]李登輝表達他與老布希不同的看法，彼此只是交換意見而已。[21]二〇〇三年九月六日李登輝親自領導了臺灣「正名運動」，他主張去除中華民國國號，而以「臺灣」取而代之。

　　從鄧小平的談話中確知老布希與鄧小平之間的友好。鄧小平說他不願意也不要難為老布希。並認為老布希一定會貫徹鄧小平的政策，但是美國國內環境並非如此。為了避免老布希在美國國內遭受到抨擊，鄧小平不急著要求老布希表態為中共的中國政策背書，但他對老布希是有信心的。但是老布希的好朋友李潔明（James Lelly），曾任美國駐中國大使，他對中共的不友善也是可以確定的。鄧小平一再重複強調中共不放棄武力犯台，主要是怕臺灣的獨立、內亂或臺灣成為美國、蘇聯的附庸等情況下的作為，因為這些作為是中國人之所不能容忍的。

　　時至十二時三十分，我們離開了福建廳移往餐廳。這次的會談，我們再度肯定鄧小平的理性與智慧的本質，他很隨和、親和力甚強，談話時甚是愉快。餐會中鄧小平喝了八杯茅台酒，他還說平常一餐最多只喝五杯，他說他的夫人卓琳女士管制他喝酒管得很嚴，他也說此時此刻有臺灣客人心情

---

20 同註 17、註 18。
21 傅建中，〈老布希贊成「一國兩制」？疑點重重〉，《中國時報》，臺北，臺灣，二〇〇一年十一月十日，第十一版。

特別好，只有在這場合他才多喝了一些。時至下午二時，餐
會結束後，回釣魚台國賓館休息。下午由楊斯德主任等人陪
同遊天安門。晚上楊斯德先生等人在人民大會堂新疆廳宴請
新疆地方風味羊肉大餐。席間大家暢談中國大陸經濟發展的
前途，大家均認為中國大陸經濟發展應為是有前途的。此時
我心裡也有感觸：中共在民主政治和經濟發展制度與政策錯
誤了三十幾年，鄧小平的撥亂反正將經濟制度與政策在基本
方向上調整過來了，這是一個明智的決定。也因為鄧小平的
改革與開放，使得分裂的兩岸老死不相往來的國共兩黨人士
個別的有限接觸，彼此互動的結果，更令中共的經濟發展方
向更形正確。鄧小平是一言興邦「治天下」的大功臣。

　　十一月四日，我經東京到洛杉磯，轉赴舊金山。完成了
另一次歷史性的中國大陸之行。

第四節　一個富有儒家特色的中國社會主義 ── 它是孔孟主義，不是馬列主義

一、邁向文化的中國 ── 不做西方外來思想的殖民地

　　中國永遠是中國，歷史上的中國，不知歷經多少次的狂
風與暴雨，但風止雨停之後，這個古老文化的中國仍然屹立
不搖於這個世界－她總是揚眉吐氣地陶醉於這個美麗的中華

大地。

　　鴉片戰爭後，這個本是驕傲的文化中國已變成了弱不經風的東亞病夫，民族自信心喪盡無遺。此後古老的中國文化已不再被人所歌頌，反而似乎已變成了中國現代化的包袱；在反傳統、反封建的聲浪當中，儒家思想曾經被否定，復加之當時超級強烈非理性民族主義的黑暗時期，反對帝國主義的侵略，於是浪潮洶湧；在所謂反封建，反帝國主義的双重夾擊下，反西方主流思想的西方思想－馬列主義自然而然被推舉出來成爲中國革命的盾牌，它一時成爲時髦的產物，它是當時知識份子擁抱的寵兒。毛澤東革命成功，中華人民共和國的成立，全依靠著這面一時被誤以爲是頂天立地的大紅旗。但是馬列主義畢竟是外來非主流思想，它本已不能長久被西方人士所寵愛，其怎能被五千年古老文明的中國長期奉爲神聖呢？　這個在二十世紀末已被西方人士所唾棄的文化殘渣何以仍能被這個富有歷史文化的中華文明所長期鍾愛呢？這個答案當然是令人懷疑的。因爲它已摧殘了中國現代化的生機，使中國貧窮落後，也使中國人無知與無奈。幸好一九七八年鄧小平即時主張改革開放，提出了恢復中華文化與文明，同時也接受西方的文化及其現代化的經驗。二十幾年來，中國經濟突飛猛進，她已經呈現出嶄新而亮麗的面貌，以迎接這個日新月異的世界新思潮。

　　一九三〇年代的中國，內憂外患、民不聊生。有良心的知識份子無不挺身而起，試圖爲國獻身。當時社會正義缺乏，許多知識份子紛紛響應著馬列主義的浪潮，於是風起雲湧的馬列主義信徒挺身於革命的行列，推翻了國民黨政權。一九

四九年十月一日中華人民共和國終於誕生了，毛澤東曾大聲
疾呼中國人終於站起來了，有識之士也期待中國人從此能夠
有尊嚴、頂天立地的站起來，同時能夠站得穩、站得久遠；
但這些多不可能。因此這不能不敬佩鄧小平先生於一九七八
年以後的卓越領導以及其對中國現代化的貢獻。因為鄧小平
先生的撥亂反正，高瞻遠矚的把中國現代化發展的方向給予
重新正確的定位。

二、新「新儒家」 ── 不做中國古代思想的奴隸

　　鄧小平先生是國父孫中山先生的信徒。孫中山的思想以
中國文化為主軸，並且吸收西方文明及其現代化的經驗，綜
合之成為救中國和促使中國富強的政策方案。此在臺灣的領
導人蔣介石、蔣經國父子曾經力圖把孫中山先生的三民主
義、建國方略、建國大綱等付之實施，這也曾經促使臺灣經
濟發展成為戰後全球開發中國家的典範。臺灣經濟發展也吸
收了西方市場經濟文化的精華，於是「藏富於民」的中國經
濟思想也在臺灣實踐了。很自然，這個新「新儒家」思想的
臺灣經濟發展經驗也多少提供給中國大陸的參考。中國新「新
儒家」思想不做中國古代思想的奴隸，也不做外來西方文化
的殖民地，期能獨立自主的不斷消化西方思想，深化中國思
想，並且為中國現代化做出具體的貢獻。中國現代化的具體
內涵是：以民主政治再造中國，以市場經濟重建大陸，以中
國文化振興中華。

　　中國人因經濟發展之後，緊隨著的是要政治改革。臺灣

現代化的經驗雖然不完美，但其發展方向正確。中國大陸也必然會循此中國文化的規律運行，以從事於國家現代化的建設。鄧小平於一九八八年決定了在天安門廣場上不再懸掛馬、恩、列、史等的畫像，而僅以孫中山和毛澤東取代之，這是明智的做法。可是中國憲法裡仍然列入「四個堅持」，這些馬列主義、毛澤東思想、共產黨的領導和無產階級專政的共產主義「教條」應從中國的修憲過程中做必要的調整。然而，這些「四個堅持」如果放在中國共產黨的黨章裡這或許短期內也是無庸置疑的，但從長期看中國共產主義的社會應是孔子「禮運、大同」的世界，而不是馬列教條的共產主義。

中國的政治改革不能移植自西方，它是從「為民做主」逐漸培養至「以民為主」，這是富有中國特色的民主政治，此與富有中國特色的市場經濟方向相同，理論相似。而中國共產主義將逐步自我調整朝向儒家思想「禮運、大同」途徑上去。這是富有中國特色的社會主義的理想境界。

在臺灣，我有幸曾經追隨蔣經國所領導的中華民國政府和中國國民黨多年，也有機會側知鄧小平、楊尚昆、江澤民等中國共產黨領導人對中國前途的看法。蔣經國、鄧小平、楊尚昆、江澤民等等人士雖然基於不同黨派，但他們都是中國知識份子，他們對於國家建設的思維方式皆大致相同。因此，他們所領導的中國現代化發展的方向是殊途同歸的。因為他們都是中國人，也是國父孫中山先生思想的追隨者，他們都要以孫中山思想來建設中國，統一中國。

三、只有「藏富於民」，才能「民富國強」 —— 以儒家思想「德治」中國

　　中國文化與西方文化的立足點雖然不同，但其理學的基礎是一致的。因此中國現代化的方向不是西化，但趨於西化；這是因為中國文化與西方文化有著相通、但不相同的關係，他們之間有著相似而不相等的特質。中國歷史長河潺潺滾滾，西方時代巨流浩浩蕩蕩，彼此重疊之處甚多。一九一九年「五四運動」以後的反中國封建主義，反西方帝國主義的思潮應該只是短暫的時代火花；中國經過一段激情衝擊之後一切終將回歸平和、理性，尤其是知識份子的智慧與良知終將凝聚成為中國國家現代化的具體結晶；使「苦難的中國」、「悲慘的中國人」等成為歷史的名詞。若中共回歸中國文化，則中國必定富強，此不是一個幻想，這將是一個未來的事實。

　　中國歷史上的許多殷鑑：法家霸道的思想或許可以「打天下」於一時，但儒家王道的思想確實可以「治天下」於永遠。江澤民曾以「以德治國」為施政重點，令人佩服。孔子也曾說「若遠方不服，則修文德以來之，既來之，則安之」。此不只可贏得國內的政治穩定、經濟繁榮、國泰民安、風調雨順。也可爭取國際關係以保障世界和平，之後中國統一的臺灣問題當然可以「文化的中國」迎刃而解。反之，若始終一昧的陶醉於馬克思、列寧主義，那何來中國的平彰百姓、協和萬邦呢？這至少的中國現代化要貫徹馬列主義中國化的道理。

　　只有「藏富於民」，然後才有「民富國強」。鄧小平的思想是政府要使一些中國人先富起來，然後做到全民的均富，這個看法也是正確的。西方經濟學之父亞當‧史密斯（Adam Smith, 1823-1870）的巨作「國富論」（The Wealth of Nations）的思想中「一隻看不見的手」（An Invisible Hand）要使企業能夠賺錢，但政府扮演著「中立」的角色，然而中國經濟思想則強調政府要幫助人民去賺錢，政府經濟要有積極性的功能，它絕對不是萬能，但沒有政府經濟亦是不能；民間市場經濟雖不是萬能，但沒有民間市場經濟則萬萬不能；一個小而有效力的政府經濟和一個大而有活力的市場經濟是必要的。

四、以中國文化振興中華 —— 中華民主共和國的時代已經到來？

　　孫中山的思想、鄧小平的理論和江澤民的實踐等一脈相承。自從一九八九年六月四日「天安門事件」發生後，江澤民執政的十三年是「中華人民共和國」成立以來經濟發展最成功的時期；這不是天上掉下來的，江澤民功不可沒。孫中山的「救天下」、蔣中正的「保天下」、毛澤東的「打天下」、鄧小平的「治天下」等可一連串起來，而江澤民的歷史地位是否可以達中國太平的「平天下」呢？甚值進一步討論。一國經濟發展除了市場經濟一隻「看不見的手」，這是中國經濟發展的「推力」（pushing force），還要有政府經濟這隻「看得見的手」（a visible hand），它是中國發展的「拉力」

（pulling force）。另外文化與宗教是經濟發展的另一隻「看不見的手」，它是中國經濟發展的「動力」（driving force）。中國文化可以振興中華，這個問題，相當重要。馬列主義是西方文化的非主流，實驗與檢驗的結果，它已被淘汰了；這個古老文化的中華文明中國，當然也不要馬列主義。二十世紀的一九九〇年左右蘇聯以及東歐七國的共產國家紛紛瓦解，這使世界產生了新的秩序，結束了東西方的冷戰與對峙。中國大陸若能放棄馬列主義等「四個堅持」，則有助中國擁抱世界，走出世界和貢獻世界。事實上中共若不放棄「四個堅持」，這個「四個堅持」必然被中國文化所融解，換言之，馬列主義在中國將不是被瓦解，而是被融解。如此臺灣與中國大陸並不需要以「一國兩制」來統一，而是「一國一制」的結局，關鍵在於中共是否回歸中國文化。從一九七八年以來的鄧小平改革開放政策而言，這個前景是甚為樂觀的，因為中共多少已經回歸了中國文化。

此外，「中華人民共和國」的國號裡，這個富有蘇聯蘇維埃特色的國號早也應該做出某些調整。二十世紀一九九〇年左右，蘇聯以及東歐國家紛紛解體，例如「蒙古人民共和國」、「波蘭人民共和國」等的國號已將「人民」兩字去除，何以「中華人民共和國」中的「人民」兩字繼續存在呢？這在古老文明的中國是講不通的。鄧小平先生、楊尚昆先生、江澤民先生等也多次提到「中華人民共和國」的國號修改問題可以透過兩岸談判來協商。這「四個堅持」和「國號」兩大問題不但是中國統一的障礙，也是中國人民邁向富強亟需要解決的二十一世紀的重大問題。

五、什麼是中國共產主義的新時勢 ── 孔孟的大同社會主義

　　人類的發展若是從原始主義的社會，發展到封建主義的社會，再經過資本主義的社會、社會主義的社會甚至於到共產主義的社會；西方型非馬列共產主義社會人的一生從搖籃一直到墳墓等一貫化作業的被安排就緒；這是機械式的人生，已經失去人倫、人性的本質。東方型孔夫子的共產主義是「禮運大同」的世界：「老吾老以及人之老，幼吾幼以及人之幼，矜寡孤獨廢疾著皆有所養」等等人倫、人性的關係，輔之於國家、政府的社會安全制度才是人類理想的境界。因此，中國人在追求中國富強的過程中如何推展儒家思想的現代化與國際化甚為重要。

第九篇　為臺灣找出路

── 爲中國找希望

第一章　國民黨的新大陸政策

—— 析論「劉少康辦公室」的時代意義

第一節　政工人員掌權的時代

　　國人對於「劉少康辦公室」常存著好奇的看法，認為它具有神秘性；其實它並不怎麼特別；但是它是當時臺灣面對著國內外政治經濟形勢變化後的一個政治反應，尤其是面對中國大陸政策的大改變。這個改變不但影響了臺灣「國家」的前途，也加速了改革與開放後中國經濟的發展，更改變了國際政治經濟的秩序。

　　「劉少康辦公室」的實際主持人是當時的中國國民黨中常委政治強人王昇上將。然而王昇將軍背後的決策者是當時中華民國在臺灣的「國家」領導人蔣經國總統，他也是當時中國國民黨的黨主席；「劉少康辦公室」正是隸屬於中國國民黨，因此在表面上黨秘書長蔣彥士先生是當時劉少康辦公室的負責人。

　　王昇將軍是蔣經國先生的親信，也是「劉少康辦公室」的主任。王昇將軍公忠體國，他是一介書生；他更是能夠明

確掌握蔣經國治理國家政策方向的人。王昇先生是蔣經國政工體系的接班人；其勢力範圍當然含蓋了所有情治系統。在臺灣實施戒嚴時期是以黨領政的，何況基於國家安全的需要，情治系統的發言權經常是一言九鼎的。因此「劉少康辦公室」的時代，正是政工體系的幹部分別深入全國黨政軍各階層、各單位，這當然也介入各行各業的民間私人部門重要的企業。此時此刻政工體系的人員權勢甚大，但基本上他們也能安份在堅守以「國家爲己任」的信念上達成了「國家之干城」的歷史任務與使命。

劉少康辦公室是臺灣政治歷史上的一個陳跡，也是蔣經國時代的一個奇特現象，此階段性的任務業已完成；展望臺灣未來，歷史似難重演。本論文的撰述正是要還原「劉少康辦公室」的一些歷史意義。

第二節　展開「反中共、不反中國」的大戰略

「劉少康辦公室」之所以設立，其主觀因素是：政治強人蔣經國執政戒嚴時期，國民黨專政中政工系統人士心志與智慧的結晶體；然而最重要的是臺灣國內外政治、經濟等客觀因素的改變所形成的。

「劉少康辦公室」的設立源自一九八〇年春天啓動的「王復國辦公室」。「王復國辦公室」運作約一年時光，因爲政治性權力的顧慮，易名爲「劉少康辦公室」。其實「王復國

辦公室」成立之前就有了所謂的「固國小組」。「固國小組」
是因應日益增強的中共統戰行為而成立的反統戰文宣組織，
主要的執行單位是中國國民黨文化工作會。「劉少康辦公室」
的命名大意是藉用中國歷史上夏朝「少康中興」復國以及東
漢光武帝劉秀「中興漢室」的歷史故事而來的。[1]

　　有關「劉少康辦公室」的成立的時機甚為恰當。主要的
是適逢美國於一九七八年十二月十六日宣佈與「中共」建交，
承認了「中華人民共和國」的正統性；可是中華民國在臺灣
的蔣經國總統已經感覺到中國共產黨領導人鄧小平先生正在
力圖改變、調整「中共」的本質。另一方面中國國民黨在臺
灣的中華民國統治已是三十年有成。蔣經國有信心因勢利導
促使中共政治經濟發展在方向上回歸中國文化、遠離馬列共
產主義的教條；當時提出「奉勸中共放棄共產主義」，並且
請求中共「經濟學臺灣」、「政治學臺北」等的政治號召。
主要中共經過三十幾年實踐與經驗的結果已經證明馬列共產
主義禍了中國。中國國民黨在蔣經國總統領導下認為反共不
是反中國，而是反中共的馬列主義，並強調中共非中國；暗
示只要中共回歸中國文化的道路即可接受。明顯的可以看出
國民黨的中國大陸政策，已經從過去「反共」轉變為「改共」
的新政策，也已從過去「圍堵」中共轉變為「疏導」中共的
新政策。這個改變方向是正確的，也就有「王道」的文化傾

1　「王復國辦公室」、「劉少康辦公室」等均非正式的組織，隸屬於中國國
　民黨中央委員會，例如聘書僅寫中國國民黨中央委員會聘書；內文為茲聘
　某某同志為本會基地對敵鬥爭研究委員會研究委員等字樣，沒有寫出發聘
　的單位及負責人。這與一般聘書不同。第一批成員發聘日期為民國六十九
　（一九八〇）年五月。

向，遠離「霸道」的武力作爲；如此給人們的感覺似有「成功不必在我」的胸襟和氣度。令人敬佩。有關這個對中共大戰略的調整者，當然是臺灣的最高領導人蔣經國先生的睿智，而「劉少康辦公室」正是研究及執行這個國家大方針、大戰略的重要單位。具體的說，國民黨掌握了中國發展的新路向，因應國際動態的新形勢，進而採取新的中國大陸政策。

第三節　「經濟學臺灣、政治學臺北」的策略

第一、國際新形勢：美國與中共於一九七八年十二月十六日的建交，這是一件大事。這一方面美國不得不承認中國存在的現實，另一方面則試圖以「和平演變」的方式以改變中共的本質，尤其是改變教條式的馬列共產主義。時值國際冷戰時期，自由世界與共產世界鬥爭正熾。當時居資本主義集團龍頭老大的美國也沒有信心會改變這個國際均勢。可是在意圖改變中國的立場上，美國與中國的關係正常化，這是一條艱辛、漫長而且正確的道路。臺灣站在自由、民主世界的陣營，面對中共的壓力甚大，如何在此國際新形勢中因勢利導而自我重新定位，甚爲重要。「劉少康辦公室」秉承中國國民黨反台獨、反中共的基本原則與立場，必須隨著國際新形勢而改變在臺灣復興基地對中國大陸的政策;那就是「戒嚴令」的鬆動，允許「黨外」人士的組黨，同時考慮開放對中國大陸政策的「三通」。

　　第二、大陸新變局：經過了三十年（一九四九～一九七九）的實踐與考驗，已充分證明「中國馬列主義化」的道路是行不通的。從中國五千年歷史發展的經驗得知中國文化的包容性和穩定性，中共必將步入「馬列主義中國化」的道路。傳統的，教條的共產主義一定要變質。預料將來，中國特色的孔孟大同主義（共產主義）必將取代西方特色的馬列共產主義。中共對中國文化的基本立場終將從「批林批孔」轉變到「尊儒敬孔」的態度。於是中共資深領導鄧小平適時提出改革與開放的新思維，這可從一九七八年十二月中共第十一屆全國代表大會三中全會的提案看出中共新時代的開始。

　　中共的改革與開放邁向市場經濟政策是一條不歸路；這個中國文化的大洪流、浩浩蕩蕩勢不可擋。還有，中共「文化大革命」思想逆流的教訓；其所帶來的災害是世人有目共睹的。尤其是違反人性的統制經濟造成人力物力等資源的浪費，影響人民的生計甚為巨大。因此民心思變，進而質疑共產主義的可行性。

　　第三、臺灣新經驗：臺灣經濟發展（一九四九～一九八九）曾被譽為奇蹟。其經濟成長快速、物價相對穩定、所得分配均勻等等戰後實施市場經濟和私有財產制度等成功的經驗令世人刮目相看。臺灣經濟發展的經驗與日本、韓國、香港、新加坡等地相似，均屬儒家文化經濟圈的特色；為何相同文化的中國大陸、北朝鮮等的經濟相對落後，這很明顯是與共產主義統籌性經濟制度有關。世界其他地區例如東西歐、東西德經濟發展的差距也自然可以得到答案。從主客觀經濟發展的實證經驗可以引申出一個信念即是：中共的馬列

主義本質一定會變化，它將會遠離激情、邁向理性。另外，臺灣自由經濟發展之後，人們要求民主政治的聲浪自然提昇；於是地方自治的品質逐漸與全球經濟已開發國家的政治發展相接軌。這是臺灣邁向現代化經驗的驕傲。於是有了「中國的希望在臺灣、中國人的前途在大陸」的信心和「立足臺灣、胸懷大陸」的信念，並且有了「經濟學臺灣、政治學臺北」的政治號召。

第四節　「改變中共、化解台獨」的作為

　　「劉少康辦公室」主持人王昇將軍是深知蔣經國治國理念的人，也是此理念的執行者。他們是中國文化的悍衛者，認為從前中共所奉行馬列共產主義是違背中國文化的傳統，其終將被中國文化所唾棄或融化。王昇將軍堅信「三民主義」可以統一中國，可以救世界，另外他也反對「台獨」的分裂主義。在臺灣戒嚴時期，他一方面「反共」，另一方面「反台獨」；王昇將軍的政治主張旗幟鮮明。因此對中共的態度是堅決信守「三不政策」（不談判、不妥協、不接觸）的原則。基於上述國際新形勢，大陸新變局以及臺灣新經驗等因素，「劉少康辦公室」對中共的新「反統戰」的戰略則逐漸主張彈性的從「三不」邁向「三要」（要談判、要妥協、要接觸）。在追求以中國文化自由民主均富統一中國的大原則下從「圍堵中共」、「打擊台獨」的舊戰略思維改變為「疏導中共」、「化解台獨」的新作為。

　　在此形勢下認為臺灣海峽兩岸若不交流，則國民黨將民進黨化（當時所謂的「黨外」），兩岸若交流，則共產黨將國民黨化。如此可以導引中國共產黨的「變質」，臺灣民進黨的「變形」。這方面蔣經國的中國國民黨是有信心的。於是「劉少康辦公室」逐展開對中國共產黨的新政策。此時中國國民黨所屬文化工作會，海外工作會等均有新的措施。例如在海內外設立三民主義統一中國大同盟等機構與措施；還有當時中共全國人代會副委員長習仲勛（當今中國國家主席習近平的令尊）曾透過美國企業家來台訪問的機會傳遞信息給他的舊識陳建中先生；陳建中（曾任國民大會憲政委員會副主委）與習仲勛都是陝西省富平縣人，彼此關係密切。筆者為此曾拜訪陳建中先生傳達了習仲勛的意願，但陳建中回絕了習仲勛的訴求。陳建中還說他曾任中國國民黨大陸工作會主任（當時為中央二組主任）以及國民黨組織工作會主任（當時為中央一組主任），一九五三年曾引導韓戰戰俘一萬二仟人成為反共義士，並於一九五三年一月二十三日來到臺灣，投入反共的行列，這即是「一二三自由日」的由來。由此可見陳建中的反共立場，旗幟甚為明顯。筆者親自將陳建中回絕習仲勛訴求的信息報告給「劉少康辦公室」主任王昇先生。王昇將軍毫無猶豫地回答說：這是一件好事，並且派遣「劉少康辦公室」委員朱文琳（陝西人）少將辦理這個具體的案例。朱文琳少將也是陝西人，他將此事辦理得很圓滿，而且也促成了後來陳建中應習仲勛之邀請訪問北京，也會見了當時國家主席楊尚昆。

　　還有當時行政院長孫運璿於一九八二年六月十一日下午

三時在三軍官兵俱樂部接見中美大陸研討會外國學者時向施伯樂（R.A. Scalapino）、華克（Richard Walker）、史瓦茲（B.Schwartz）等教授說明只要中共往經濟自由化、政治民主化、社會多元化等方向邁進，我們可以逐漸與中國大陸進行「三通」等的言論，這是一個很重要的新政策宣示。[2]

　　另外中共人代會副委員長廖承志於一九八二年七月二十四日曾致函蔣經國「共竟祖國統一大業」；蔣經國本擬親自回覆，後來決定由蔣夫人宋美齡女士用公開信的方式回覆了廖承志的函件，此次蔣夫人宋美齡回覆廖承志的公開函也是一項新的政策；在鄧小平執政之前，這個新政策是絕對不可能的事。在這個期間蔣經國也交代中央文化工作會通告：稱乎「中國共產黨」為「中共」，不必說是「共匪」。這是蔣經國對鄧小平的改革與開放政策的期許和肯定。這些都是蔣經國要與中共正式接觸所做的準備。此時另外的一個趨勢是臺灣本土的政治力量來勢洶洶；尤其是一些本土化的政治勢力正在形成臺灣獨立的新思潮。最具體的例子是當時所謂「黨外」的雜誌聲勢浩大，查不勝查，禁不勝禁。[3]

第五節　臺灣本土政治勢力的崛起

　　臺灣本土政治勢力的崛起這是一個自然發展的趨勢。溯

2　孫運璿先生時任行政院長，他也是少數明確認識蔣經國大陸政策的人；這一方面與王昇將軍一樣。
3　這些都是無法抵擋的臺灣本土政治勢力；查禁黨外雜誌絕對不是辦法。

自一九四九年國民黨遷台以來，所謂的外省人掌有政治力量，當時的本省人只好全力從事於經濟發展。隨著臺灣經濟發展之後，人民追求民主的需求必然增加。更因爲在臺灣的外省人經不起歲月的考驗，必然新陳代謝；於是民意不斷的擴張，民主政治的時代自然到來。金錢政治與民主政治的結合是對臺灣本土化的政治勢力有利的。臺灣人當家做主的時代是遲早要來的。當中中國國民黨也需本土化，確實有改變成爲「臺灣國民黨」的可能。如此將造成臺灣內部政治不安以及中共武力犯台的機會。這在治國大方向上是有盲點的。值此歷史轉捩點上正好鄧小平所領導的中共也在力求突破，特別是經過「文化大革命」十年的浩劫，在體質上中共不能不改變；恰巧鄧小平的新思維方式也在蔣經國預料中。這是國共關係和平的新契機，這個中國之命運也是歷史發展中的必然。

第六節　奉勸中共放棄共產主義

　　「劉少康辦公室」是當時國家政策的建議者和執行者，但它不是政策的決定者；這尤其是國家的大戰略，例如上述國民黨的中國大陸政策等。「劉少康辦公室」給外界的感覺是神秘的，其實它並沒有那麼特殊性。當時的國家領導人蔣經國先生才是真正的決策者。然而「劉少康辦公室」確實是最能體察國家政策方向的幕僚單位。

　　「劉少康辦公室」要立足臺灣，胸懷大陸，放眼世界，

所以該辦公室分成三個研究委員會，即基地研究委員會、大陸研究委員會、海外研究委員會等。各委員會的委員由黨政相關單位組成；例如基地的研究委員有周應龍、宋楚瑜、王昭明、許新枝、李模、關中、施啓揚、王章清、陸潤康、廖祖述、魏萼等人，由當時國民黨副秘書長吳俊才擔任召集人。大陸研究委員有焦金堂、項酒光、裘孔淵、張鎭邦、姚孟軒、洪幼樵、蕭政之、朱文琳等人，由國民黨副秘書長徐晴嵐擔任召集人。海外研究委員有蕭萬長、章孝嚴、汪奉曾、王紀五、張京育、高銘輝、戴瑞明等人，由外交部政務次長錢復擔任召集人。各研究委員會的名單是任務編組而成的，隨著黨政相關機構職位變動而變動。例如筆者曾經擔任基地研究委員會的委員，是因爲當時擔任經濟部經濟顧問兼顧問辦公室召集人的關係，後來調職至國民黨中央文化工作會擔任副主任時就不擔任研究委員。「劉少康辦公室」主任王昇是政治強人，得到蔣經國的信任。因爲王昇主任個人身份的關係，增加了「劉少康辦公室」的神秘性，其實則不然。「劉少康辦公室」設書記一職，處理日常業務，由李廉先生擔任。「劉少康辦公室」只是一個幕僚性的研究機構，但它不只坐而言的清談或空談的機構，而是透過國民黨執政黨員參與「劉少康辦公室」有關治國方案的制定，並且透過行政部門有效力的付之執行。因此有關「劉少康辦公室」的研究方案終於形成政策，並且促其實現。主要的政策環繞著對敵反統戰措施方面，具體的說是堅持反共與反台獨的基本立場不變，可是客觀的政治經濟環境已有改變。爲了達到既定的政治目標，國民黨的大戰略必然有所改變。那就是「徹底奉勸中共放棄

共產主義」，同時也要「貫徹以三民主義統一中國」。於是
中國國民黨第十三次全國代表大會於一九八三年四月初旬召
開了這個歷史上的新局，爲一九八七年七月十五日政府宣佈
解除戒嚴立下了理論的基礎。[4]

---

[4] 一九八七年十一月二日開放國人赴大陸探親的政策。「劉少康辦公室」於
一九八四年三月底結束，此機構前後大約維持了四年。

第二章 國共交流的一些歷史意義

第一節 中國國民黨與中國共產黨交流的必然性

臺灣海峽兩岸的中國人若不交流則國民黨將民進黨化，兩岸的中國人若交流則共產黨將國民黨化。這是歷史發展的定律。兩岸的交流是為臺灣找出路，為大陸找發展，為中國找希望，為中國人找前途。

一九八一年八月在美國芝加哥召開紀念辛亥革命七十年有關的學術會議是兩岸學術界、政治界第一次的公開交流；臺灣方面是由中國國民黨中央黨史主任委員秦孝儀帶頭，中國大陸方面則由中國共產黨中央黨史室主任胡繩領銜。[1]之後，又籌劃在美國奧克拉荷馬市大學開會，國民黨仍然由秦孝儀帶頭，但這項會議流產了。[2]這兩次會議之所以緣起，以當時兩岸環境來說，若沒有蔣經國的支持，這是不可能進行的。秦孝儀先生還計劃到奧克拉荷馬市大學開會之後，到紐

---

1 一九四九年的十月國共兩黨分開以後首次正式接觸、交流；其意義甚為重大。
2 國民黨內部似乎有不同看法。另外是中共統戰系統太急切了；欲速則不達。

約去拜會蔣夫人宋美齡女士。這項會議之所以流產的原因是
中共當局對台統戰的技巧不純熟。當時主其事者在北京是中
國社會科學院副院長李慎之和趙復三兩人。他們兩位仍然頗
有知識份子的良知與使命感。可是當時香港新華社有關的幾位
年輕的才俊的介入後，此事因而有了重大的改變。[3]甚為可惜。

　　幾十年來，兩岸的密使傳聞不斷，其中之一是曹聚仁。
曹聚仁曾任抗戰時期的戰地記者，在贛南時期認識了蔣經
國。依據曹聚仁的女兒曹雷所述，從曹聚仁生前留下信函、
筆記以及《周恩來年譜》（中共出版），勾勒出一九五六年
至一九七二年間，曹聚仁專走於兩岸及港澳等地區傳話，並
且試探國共和談的可能性。這是否事實，不得而知。[4]曹聚仁
在一九五〇年、一九六〇年代曾擔任新加坡商報記者，據報
人陸鏗的敘述，曹聚仁曾得到蔣經國的信任，他也是中共拉
攏的對象，因此擔任密使是有可能的；可是《蔣經國評傳》
的作者漆高儒則說，對此事他不知情。[5]

　　除曹聚仁可能為密使的傳聞外，旅居美國舊金山的黃埔
軍校第一期的校友宋希濂的胞兄宋宜山也許也是另外的一
個。據悉宋宜山於一九五六年受蔣經國之命，前往北京試探
兩岸和解的可能性。這一切有待歷史學家進一步查證。[6]

　　一九四九年十月一日中華人民共和國正式成立，臺灣海

3　此項會議於是由臺灣中山大學來承辦，變成一個學術的國際會議。這是一
　　九九五年的事了。
4　曹雷，〈父親原來是密使〉，聯合報，臺灣，臺北，一九九八年三月八日、
　　三月九日、三月十日。
5　同註 4，第九版。
6　同註 4，中國時報，臺灣·臺北，二〇〇〇年七月二十日至二十一日。

峽兩岸的國共不同政權於焉分裂。此後不斷傳出蔣介石與毛澤東等均派遣密使探討國共接觸有關事宜。譬如說，外傳一九六三年十二月八日至十日中共總理周恩來在南海東沙島密會蔣介石、陳誠與蔣經國（或其中二人）。[7]這個消息是當時中共對台辦主任羅青長，於一九九五年發表一篇論文紀念中共海軍上將吳瑞林的文章「他曾爲周恩來護航－回憶吳瑞林同志二三事」中，說明周恩來和張治中於一九六三年十二月在廣東邊境秘密會見國民黨人士。[8]他們會談的是中國統一有關問題。這可能性不大；因爲蔣介石、陳誠、蔣經國等三人那時是不可能親自去見周恩來的；但他們可能派遣高層密使前去與周恩來總理會面。同樣的傳聞是一九五六年四月，蔣介石派宋宜山（立法委員，國軍將領宋希濂之胞兄）應周恩來之邀請赴北京，與當時的統戰部長李維漢見面。事隔一月之後，宋宜山寫了報告，由曾任國民黨中宣部副部長的許孝炎轉呈蔣介石，討論話題離開不了中國統一的模式等問題。以上這些傳聞有關中國國民黨人和中國共產黨人秘密接觸的故事，其真實性如何有待進一步查證。然而我認爲這些傳聞不太可能發生，因爲這些有關的傳聞都是蔣介石執政時期，他的反共立場非常的堅定，亦即所謂的「三不政策」非常穩定；況且中國共產黨在大陸有關馬列主義的政策還相當頑固，在理論上兩岸接觸的可能性甚低。可是在一九八八年起的故事就不一樣了；這是蔣經國執政的晚期，甚至於蔣經國去世以後的有關事實；尤其是李登輝執政的初期的兩岸聞人

---

7 當時中共共產主義經濟政策仍然相當教條化，兩岸差異甚大。
8 江澤民執政期間爲中國經濟發展打下深厚的基礎。

南懷瑾先生的一些故事。[9]

第二節　誰是李登輝的密使？

　　一九八八年四月二十一日，中共中央台辦主任楊斯德在香港「南懷瑾寓所」見到南懷瑾先生。[10]楊斯德先生是中共國家主席楊尚昆的代表，楊斯德曾任中共中央軍委會聯絡部部長，當時楊尚昆先生也兼任中共中央對台工作小組副組長，而楊斯德則是中共中央對台辦公室主任。南懷瑾見楊斯德，中間介紹人是當時「民革」中央常務副主席賈亦斌。源自一九八八年二月賈亦斌在香港拜會南懷瑾先生。蔣經國於一九八八年一月十三日逝世，一月三十一日為蔣經國出殯告別日。是日南懷謹先生自美國華盛頓遷移至香港，南氏曾在美國隱居了三年。南懷瑾與賈亦斌為舊識，但四十幾年未曾謀面。他們二人終於會面了；這是一九八八年二月五日，也是展開所謂密使的序幕。在一個月之內，他們會晤了七次。也促成了一九九○年十二月三十一日李登輝的代表蘇志誠與楊斯德（代表楊尚昆主席）在香港密會。一九九二年六月十六日，蘇志誠也與汪道涵在香港會面等，這些見面一共有九次，但是在很短的時間內完成。他們談些什麼？外界不得而知，但是促成了台海兩岸的辜汪會談，這是事實。尤其海基

9　中國時報二○○○年七月二十一日、二十二日報導。另已從南懷瑾先生
　　親自證實。
10　同註9。

會與海協會的成立等等實際的成績。至於他們談話的範圍應
包括臺灣的總統直選、國共談判、簽訂和平協定、兩岸三通
等等有關事實；參與的人士不外蘇志誠、鄭淑敏以及尹衍樑
等人。大陸方面代表會談的除了楊斯德、汪道涵、王今翔（當
時為中共中央對台辦公室副主任）外，還有許鳴真（曾任國
防科工委副主任）、戴蕭峰（時任中台辦副局長代局長）等
人。因為中共人事變遷，國台辦、中台辦的合併，楊斯德等
人的去職。當中由於江澤民的執政，擔任了國家主席，中共
總書記以及中共對台工作小組組長等職。因此江澤民的親信
曾慶紅也介入並主導這個所謂的密使事件，進而扮演著許多
重要的角色。其一中國務院負責對台事務的最高主管王兆國
主任，他是關鍵性的人物。不過當初這個密使項目，除非是
鄧小平和楊尚昆等國家領導人的同意否則是無法進行的。[11]

　　李登輝是此項兩岸密使臺灣方面的幕後主腦。李登輝的
心態是想藉著與中共的來往以試探中共對台政策的底線，同
時也要親自主導兩岸關係，並且攔截「兩蔣」國民黨時代主
張「統一中國」人士與中共來往；另外的一個理由是要與中
共當局討價還價、試探性的謀求一些政治利益以照顧李系人
馬，和擴大其政治影響力。

　　南懷瑾，一九一八年出生於浙江省樂清縣，少時已熟讀
諸子百家等名著。二十五歲悟道並講學於四川、雲南等地大
學。大陸變局後，他到臺灣之後曾於中國文化大學、輔仁大
學等大學擔任教職，甚受學子好評。南懷瑾先生在臺北也為

---

11 同註 5，中國時報，臺灣‧臺北，二○○○年七月二十日至二十一日。

「禪學研習班」授課；因為他精通儒釋道入世的哲學思想，於是在臺北的聽眾冠蓋雲集，「南學」遂成為一時之風尚。一九八〇年代初他遠離臺北的「是非圈」；避開了臺北的政爭，到了美國華盛頓。幾年後，他又從美國到達香港。旅居香港期間仍關心中國的前途。他曾提議興建金溫鐵路、修建寺廟並且在北大、復旦大、廈大等地成立光華基金會從事於中華文化復興工作。當然他也關心兩岸關係的發展，遂有所謂密史事件之發生。

　　自從一九四九年國民黨撤退到臺灣以後，有關國共密使的傳聞不斷，真真假假始終無法找到具體的證據。可是由南懷瑾先生擔任橋樑主導的密使事件確實千真萬確。故事的發生源由是一九八八年四月二十一日當時中共中央對台辦公室主任楊斯德前往香港會見南懷瑾，表示北京當局希望與李登輝接觸。楊斯德的職位在中共相當重要，他不但代表了國家主席楊尚昆，也代表了中共最高領導人鄧小平先生的意思表達了北京的意願。一九九〇年李登輝的代表蘇志成（總統府秘書室主任）首次秘密到香港會見南懷瑾先生，這表示李登輝也有意與中共當局接觸。於是一九九〇年十二月三十一日兩岸領導人的代表楊斯德與蘇志成見面，展開了歷史性的另類接觸。此後兩岸彼此透過秘使的來往因而有互動，這包括「海基會」與「海協會」的成立等等。此種情勢不斷發展至一九九四年蘇志成繼續與江澤民先生的代表曾慶紅（中共中央辦公室主任）分別在珠海與澳門見面會商討兩岸是否簽訂「和平協定」等有關問題；直至李登輝卸任為止（如附表）。

12　。

李登輝總統執政初期兩岸密使接觸談判摘要

時　　間	兩岸密使接觸情形摘要	兩岸政情背景
一九八八年四月廿一日	大陸民革副主席賈亦斌帶領大陸國家主席楊尚昆的代表楊斯德（中共中央對台辦公室主任）前往香港會見南懷瑾，表示北京希望與李登輝接觸。	• 一九八八年一月十三日蔣經國總統逝世，李登輝繼任總統，並代理國民黨主席。
一九九〇年九月八日	蘇志成首次秘密赴港，會見南懷瑾並奉李登輝之命，邀請南懷瑾回臺灣訪問，同年九月八日，南回臺灣會見李登輝。	• 一九九〇年九月十二日兩岸紅十字會在金門秘密會談，並簽定「金門協議」。
一九九〇年十二月卅一日	在南懷瑾香港寓所，李登輝、楊尚昆的密使蘇志誠與楊斯德首次會面。蘇透露李登輝準備宣布終止動員戡亂時期，楊則表示中共中央肯定李登輝，並對李寄予很大希望。蘇並介紹臺灣國統會、陸委會、海基會組織架構，以及「國統綱領」的構想。	• 一九九〇年十月七日，總統府國統會研商制訂「國統綱領」。 • 一九九一年一月卅日陸委會成立。 • 一九九一年三月海基會展開運作。
一九九一年二月十七日	蘇志誠帶領鄭淑敏、尹衍樑前往香港，與楊斯德、賈亦斌在南懷瑾寓所再次會面。蘇關切大陸對李登輝即將宣告終止動戡時期的反應。蘇並宣讀一份「六人決策小組」的會議紀錄，讓楊斯德了解臺北的大陸政策決策背景。雙方並研商兩岸如何談判簽訂和平協議，停止敵對狀態。	• 一九九一年五月一日，李登輝宣告終止動員戡亂時期，不再視中共當局為叛亂團體。
一九九一年三月廿九日	蘇志誠與鄭淑敏再度赴香港，會見楊斯德。（同行還有楊的秘書戴蕭峰和國台辦副主任王今翔。楊質疑臺灣仍視大陸為敵人，並指郝柏村在立法院仍強調，動戡結束反共政策不變，蘇則說，郝不是六人決策小組核心，並未參與決策。南懷瑾提議簽署文件，但雙方並未達成共識）。	• 一九九一年三月十四日行政院通過「國統綱領」。
一九九一年六月十六日	蘇志誠與楊斯德再次會面，但雙方仍停留在事務性層次的問題，並沒有政策性的進展。	• 中台辦負責人發表「六七談話」，希開展黨對

12　同註5，第一版，第二版，第三版，第四版。

			黨談判。 • 一九九一年十二月十六日海協會成立，汪道涵擔任會長。
一九九二年 六月十五日	蘇志誠、鄭淑敏在香港與汪道涵、楊斯德、許鳴真會面，敲定兩岸兩會舉行首次「辜汪會談」的日子。八月間，許鳴真應邀秘密訪台，並會見李登輝總統，但雙方並未達成任何具體結論。		• 一九九二年八月一日，國統會通過「關於一個中國」的涵義。 • 一九九二年八月上旬，汪道涵具名邀請辜振甫會面，辜隨即建議十月間在新加坡舉行會談。

製表／王銘義

（中國時報二〇〇〇年七月二十日，王銘義製表）

第三節　重新解釋馬克斯主義
—— 兩岸交流新的定位

　　江澤民的「七一講話」精神是解放思想、實事求是的代表。它代表當時中國經濟發展的道路，它也是當時中國要消滅貧窮，邁向小康、富裕的作為，它更是找到使中國共產主義放棄過去某些本土（教條）主義和經驗主義的藥方。江澤民提出允許私營企業入黨的「七一講話」已引起了許多自以為堅持馬克思主義正統人士的反攻，這些人士傳播所謂「萬言書」的流言，批評江澤民「七一講話」中改變共產黨革命性質的作法是違背正統馬克思主義的本質。[13]然而什麼是正

---

13 同註 5。

統的馬克思主義理論不是靜止不變的，否則就會改變成為沒有生命力的教條主義。最主要的要把馬克思思想與中國文化結合，尤其是儒家思想的包容性，使馬克思思想的精華成為中國文化的新生成份，這是活用魯迅「拿來主義」思想馬列主義中國化的精義。中國這部儒學思想史乃是一部新儒家理學的發展史，看來，中國理學的基礎在於中庸的哲學不偏不倚不左不右秉持中間調和的路線。中國共產黨自從一九四九年以來的思想路線經常左右搖擺發生錯誤，直至一九七八年鄧小平於中共第十一屆黨大會三中全會提出改革開放的主張以後，中共走上實事求是，解放思想的新經濟政策，三十幾年來已把中國變了大樣，中國經濟已展現了實力，中國人也已經有尊嚴而且頂天立地的站了起來，一掃「東亞病夫」的恥名。其主要的關鍵因素是活用馬克思思想，換言之，把馬克思思想與中國傳統文化結合起來，而且產生了生命力，活用於中國國家現代化的建設。這正如西歐文藝復興以後希臘、羅馬文化再生，並且活用於西歐的現代化，進而領導了世界的政治與經濟。江澤民先生的「七一講話」甚有時代的意義。

中共的建國六十幾年來，歷經主要的領導人毛澤東、鄧小平、江澤民、胡錦濤等三代、四代的領導。毛澤東的打天下，鄧小平的治天下，江澤民、胡錦濤等，承先啟後的作為各有其不同時代、不同環境裡的貢獻。中國現代的思想似已定位、文化似已定向。中國邁向現代化的前瞻道路似甚明確。中國人光明的前途，似也舉目而待之。

中共從馬列主義、毛澤東思想、鄧小平理論，至今目的

江澤民、胡錦濤等的政策雖然有些錯誤的經驗，但也可以一連串的貫穿起來。這是中國現代化的方針。二○○一年夏季中共北戴河會議已決定將總書記江澤民「三個代表」和「七一講話」的意旨列入中共新的黨章及中共「十六大」的政治報告中，以確立「江政策」在中共黨章的地位，並且以做為中共第四梯次國家領導人中胡錦濤等共同推動國家建設的重要依據。

　　當前的中共最主要的經濟政策方針是如何發展社會主義生產力，如何增強社會主義國家綜合國力，如何完善社會主義人民生活。針對這些問題，在政策思想上要放棄社會左派的思想；使人能盡其才、地能盡其利、物能盡其用、貨能暢其流，這都要靠市場經濟的規律來完成，最具體的例子是公有制體系在整個國民經濟中的比重勢將逐漸下降。顯然的，這個新政策的取向是朝向小而有效率的政府，大而有活力的市場途徑走。這個方向已經是回歸到中國傳統文化的市場經濟思想軌跡。中國這部經濟思想卻是一個是市場經濟發展史，但政府經濟的功能始終是被肯定的。因為它要扮演著社會正義和經濟警察的角色，但它富有協調、輔佐市場經濟的功能，但它並不取代市場經濟的角色。

第三章　中國的迷惘與出路

── 鄧小平先生的智慧

第一節　大陸不改革、中國沒希望

我們要為臺灣找出路，為中國找希望，為中國人找前途，為華人找福址；一定要使中國人真正的頂天立地，有尊嚴的站起來。

我們認為兩岸若不交流、臺灣沒有出路，大陸若不改革、中國沒有希望；我們也認為若沒有統一的中國，必有分裂的臺灣，政府若沒有明確的大陸政策，必有分歧的台獨思想；我們也確知中國的希望在臺灣，而中國人的前途在大陸。我們努力的取向是要立足臺灣，胸懷大陸，放眼世界；我們奮鬥的目標在於以中國文化振興中華，以民主政治再造中國，以市場經濟重建大陸；其最終的目的是要以自由、民主、均富統一中國。因此我們要伸張正義與真理，要為不平而怒吼。中國的前途不做古代思想的奴隸，也不做西方文化的殖民

地。[1]

第二節　貫徹以自由、民主、
均富統一中國

　　我到中國大陸的訪問是受美國柏克萊加州大學施伯樂
（Robert A. Scalapino）教授等人的影響。施伯樂教授鼓勵筆
者要與北京大學和中國社會科學院的教授們多交流。我曾於
一九八三年應柏克萊加州大學東亞研究所施伯樂所長的邀請
擔任研究員，因此也有機會與中國大陸許多學者研討有關的
中國問題，尤其是鄧小平的改革開放政策。一九八七年七月
十五日，中國國民黨的中華民國政府宣佈了新的中國政策之
後，我就確定了訪問中國大陸的動機。當時，我很敬佩蔣經
國先生的「貫徹以三民主義統一中國」主張，也很敬佩在大
陸鄧小平先生的「和平統一、一國兩制」等因勢利導的中國
新政策。他們「一言興邦」的睿智改變了中國的前途。循此
思維，我於一九八〇年代曾建議在福建閩南金三角形成「小
臺北」和「小臺灣」，在廣東珠江三角洲形成「小九龍」和
「小香港」，在山東、遼寧等地形成「小漢城」、「小韓國」，
「小東京」、「小日本」等等特區。同時也建議先在中國大
陸沿海地區實施「富有中國特色的資本主義」，此有利於中
國大陸內陸地區實施「富有中國特色的社會主義」，此為是

1　魏萼，《中華文藝復興與臺灣閩南文明》，文史哲出版社，臺北，臺灣，
　　二〇〇七年，第二〇九頁。

「一陸兩制」的由來，也是「一國兩制」的擴大與延長。循此模式，以閩南金三角（漳、泉、廈）爲例，似可以綜合其「閩南經濟圈」、「閩南文化圈」和「閩南政治圈」等以形成「閩南文明團」。特別是以廈門特區爲試點，實施富有中國特色民主政治模式，其意義甚爲深遠。筆者有幸於一九八八年兩度與鄧小平先生見面，並餐敘中國的迷惘與出路。有關談話的要點已應美國史丹佛大學胡佛研究所馬若孟（Ramon H.Myers）教授的邀請已於二〇〇六年九月送達該中心「當代中國檔案」（The Modern China Archives and Special Collections）存檔。茲僅將部份「中國的迷惘與出路」相關資料節錄於后，供有識者參考。[2]

第三節　有關中國前途的一些看法
── 孫中山是百年來中國巨變中的偉人

一、對於持續改革開放政策的信心

社會主義不等於貧窮、貧富不均也不等於社會主義。改革與開放政策使「藏富於民」的傳統市場經濟思想能落實於中國經濟。中國經濟應是「以農立國」、「以工強國」和「以

---

2 魏萼，《中國的迷惘與出路》，史丹佛大學胡佛研究所當代中國檔案，史丹佛・加州（美國），二〇〇六年九月。

商富國」等循序漸進，而且是農工商三者並重的。中國經濟
應是從中國的國情出發與國際的理想接軌。如此中國文化的
「大陸黃土文明」可以與西方文化的「海洋藍色文明」相融
合而衍生一股經濟發展的新生命力。所以鄧小平主張發展中
國沿海經濟特區，並且對港、澳、臺等地區提倡「一國兩制」
的新經濟政策。

二、對於中國文化歷史傳承的肯定

以儒家思想為主流的中國文化歷史長河潺潺滾滾，幾千
年來正如黃河，長江一樣川流不息向東流。中國永遠是中國；
中國文化永遠是中國文化。中國不做中國古代思想的奴隸，
也不做西方文化的殖民地；這已如前述。國民黨元老陳立夫
所提「以中國文化統一中國」的看法，基本上鄧小平也是同
意的。可是中國文化是要「與時俱進」的；這正如太史公司
馬遷所言要「通今之變，究天人之際，成一家之言」的中國
政治經濟文化。在實踐上則認同「不管黑貓白貓，只要能抓
老鼠的貓乃是好貓」的實證主義。[3]

三、對於國民黨蔣介石委員長歷史的定位

有關百年來中國巨變中的偉人，江澤民先生於一九九七
年九月十二日中共第「十五大」時曾指出孫中山（救天下）、

3　亦即「古為今用」、「洋為中用」、「與時俱進」。「因地制宜」等儒
　　家思想「拿來主義」的精神。

毛澤東（打天下）和鄧小平（治天下）等人的貢獻；他同時
也指出馬列主義、孫中山思想和鄧小平理論等的連貫性和實
用性。其實蔣介石在此百年來中國巨變中也是偉人，因為蔣
介石在「保天下」是有功勞的；他完成了北伐和抗日，也完
成了廢除不平等條約的時代使命；因此他在「保天下」的貢
獻將永遠列入史冊的。然而蔣介石的一生也難免有過錯，因
此鄧小平曾說蔣介石做了不少壞事。

四、對於孫中山先生思想的尊重

近百年來中國劇變中的第一偉人孫中山是愛中國、救中
國的民族主義者；他推翻滿清、建立民國，並且提出民族、
民權、民生等三民主義的治國藍圖；令人敬佩。孫中山思想
是中國文化的產物，但它能「與時俱進」的吸收了西方先進
國家的思想與經驗。孫中山先生高瞻遠矚的目光是中國需要
的；因此鄧小平稱讚他為中國民主革命的先行者。鄧小平與
蔣經國都是孫中山先生的信徒。其實一九四九年以後蔣介
石、蔣經國等的臺灣經濟經驗以及一九七八年改革開放以來
鄧小平的中國經濟奇蹟等皆為孫中山思想的實踐。彼此是趨
於相同的。

五、對於「華人經濟圈」形成的看法。

臺灣與中國大陸的經濟關係日益加強是必然的。中國經
濟與世界華人經濟合作也是形勢的大必然，這尤其是與東南

亞的華人經濟關係將重新定位。「華人經濟圈」的重要性將
在這個世界裡扮演著顯著的角色。因此所屬「華人經濟圈」
成員地區的中國大陸、臺灣、香港、澳門、東南亞以及全球
的華人等均將受惠。鄧小平則說「華人經濟圈」勢將自然形
成，不宜由政府來提動。這是基於中國文化敦親睦鄰的王道
精神。

六、對於西歐、北美經濟現代化的敬佩

鴉片戰爭後中國遭受到外患內憂等多重的傷害，民不聊
生；這尤其以日本的侵華戰爭最為慘烈。迄今中國經濟的人
均國民所得仍然遠遠的落後於西歐、北美等經濟已開發國
家。中國經濟的落後是歷史造成的；西歐、北美經濟的進步
是世界大形勢造成的。鄧小平認為中國經濟的現代化要學習
西方的經驗，特別要實踐孫中山思想中的「國際開發中國」理
念。西方國家的資金、技術等的引進中國乃是一個關鍵因素。

七、對於中共「武力犯臺」政策的先決條件

中共不放棄對臺灣動武以維護國家領土的完整，但此並
不是針對著在臺灣的同胞。鄧小平明確的說中共對臺灣動武
是針對臺灣的獨立行動，其企圖把臺灣從祖國分裂、分離出
去，或者外國的勢力助長臺灣的分裂、分離主義行動，或者
當臺灣內部發生動亂時等為先決條件；如此中共才會對臺灣
動武。鄧小平強調中國人不打中國人。鄧小平對於反「臺獨」

的立場非常的堅定，但他也認爲中國和平統一的時間會拖得比較長。他對於臺灣仍有獨立的趨勢，憂心忡忡。[4]

八、對於「四個堅持」主張的彈性傾向

目前所謂堅持馬列社會主義的道路，堅持無產階級的專政，堅持毛澤東思想和堅持共產黨的領導等主張，此不但是中共執政的哲學基礎，它也列入「中華人民共和國」的國家憲法。一九七八年鄧小平推行改革開放的政策後，認爲中共的「四個堅持」可以適時的從「憲法」中撤走，而僅保留在「黨章」裡頭；鄧小平也指出可以先將天安門廣場的馬克斯、恩格斯、列寧、史達林等四個畫像撤走，只懸掛孫中山和毛澤東的畫像。這已於一九八九年四月二十六日落實了。[5]

九、對於國號、國旗、國歌的調整有其可能

「中華人民共和國」的國號、國旗、國歌等是有其特殊歷史意義的，但是隨著「冷戰時期」的結束，許多當時所謂的蘇維埃社會主義國家，例如蒙古人民共和國、波蘭人民共和國等等國家都已改變了國號、國旗等舉措，中國當然也可能不會例外。「改革開放」以後的中華人民共和國已經是世

---

4 中國歷史經多次的分裂、分離的過程，但只要有一個富強而且德治的中國，那裡會有分裂、分離的邊疆呢？
5 一九八八年十月一日中華人民共和國的國慶日仍然懸掛馬克斯、恩格斯、列寧、史達林等四個畫像於天安門廣場，這是最後的一次。

界富強國家，中國人也已經真正的站起來了。這個持有五千年文化的文明古國，此時是展現中國人理性民族主義的時候了。這難怪鄧小平說出「中華人民共和國」國號等的調整也可以進一步談。

十、對於中國國民黨前途的關心

有中國國民黨才有中國（中華民國），有中國共產黨才有新中國（中華人民共和國）。在本質上國共兩黨都是主張一個中國，反對分裂、分離中國的主張。但是自從蔣經國主席於一九八八年逝世以後，中國國民黨臺灣本土化的趨勢甚為明顯，其中確實出現有些分裂主義的主張，這是很危險的事。[6]鄧小平曾指出李煥、王昇乃是蔣經國的亨哈二將，應該團結起來為國民黨的前途而奮力，其間也要團結陳誠先生的部屬為中國的未來而獻力。當時鄧小平的談話是肺腑之言，但如今已事過境遷了。

第四節　從中國威脅論到中國貢獻論

兩岸不交流、臺灣沒出路，大陸不改革，中國沒希望。目前兩岸有交流，大陸在改革，基本上整個中國邁向現代化

---

6 主張改國號的臺灣獨立是所謂的「臺獨」，不主張改國號的臺灣獨立運動是乃「獨臺」。「臺獨」。與「獨臺」的主張都是分裂主義的行為。這個概念是美國紐約大學然玠教授首次提出。

文明的戰略方向甚爲正確。中國國民黨主席連戰於二〇〇五年四月以後連續多次訪問中國大陸，並舉行「國共論壇」，此主張甚爲重要。兩岸若不交流，國民黨將民進黨化；兩岸若交流，共產黨則將國民黨化。另外中國的和平崛起過程中，中國國家主席胡錦濤、總理溫家寶等人不斷的出訪有助於向世人推廣「中國貢獻論」以取代「中國威脅論」的看法。二十一世紀的中國，自當擁抱世界，走出世界，貢獻世界。

　　中國晉入現代文明的道路不但要從國情的現實出發，與國際的理想接軌，也要從中國本土文化出發，與全球普世文明相接軌。重視自由、民主、人權、法治、科技、環保、社福以及宗教等的現代化社會乃是普世文明的走向，這在二十一世紀的中國當然不能例外。其中臺灣是中華文藝復興的策源地，她是中國邁向文明的燈塔。[7]

---

7 這裡是我們的祖國，我們要使她文明。然而文化是文明的種子，文明則是文化的花朵。

第 十 篇

中國現代化與西方文明

第一章　近代中國知識份子的思想取向

第一節　義和團的愛國主義？

　　貧窮是一國邁向現代化的毒瘤、障礙物，更是其遠離文明的亂源；經濟發展是社會趨向幸福的基礎。據此理論，鴉片戰爭以後的中國在落後與貧窮的惡性循環當中渡過；民不聊生、民品低劣都是當時的寫照。此時國人所反映出來的是貧富、無知和非理性的愛國主義。這以十九世紀末期的「義和團」最具代表性，此為中國文化的「黑暗時期」。當時國人的排外、抗外民族主義特別強烈，外來的科學與技術是不容易被引進的，這尤其是外來的思想與制度更是當時國人朝野抵制的對象。當下國人所強調的理性其實是違背常理的；遑論國家自立自強的理想境界。此際孔孟的儒家思想容易被扭曲、被誤用。這些被腐朽的儒家思想怎能促使經濟發展？

　　中英鴉片戰爭，中國被迫門戶洞開，國人民族自信心喪失殆盡，卻反應出來的是民族好大狂。自然而然出現了許許多多大漢儒家沙文主義的狂夫，往往誤導了國家發展的方

向，甚是不幸。於是晚清以來的洋務運動、自強運動、百日維新、辛亥革命、五四運動、軍閥割戮、日本侵略、國共內戰、文化大革命、鄧小平維新的改革與開放、國共的第三次合作等等事件都是必然的因果關係。預料在這個二十一世紀裡中國將走向理性務實的道路。因此中國一定可以富強。

第二節　中國儒家思想的腐朽

中國現代化的道路必定是要走「洋為中用」、「古為今用」、「與時俱進」、「因地制宜」等的模式。但是儒家思想與中國傳統封建主義、官僚主義的結合之後，其已變成了一個世俗化的意識形態，此在在的束縛了中國的現代化。主要的是其無法達成洋為中用、古為今用，更無法與時俱進，所以儒家們經常曲解了儒學思想的基本精神，變成了經濟發展的阻力；甚為不幸。特別是儒家思想乃經常成為中國歷代統治者的工具，這應包括國民黨的政權在內。這尤其是對於宋明理學的認知中而強調「忠君」（特別是異化成為愚忠）思想觀念，這進而會影響社會民主與民權的發展，另外宋明理學的認知中也多少傾向於去人慾存天理的思維方式，這多少會影響到經濟發展，這也當然不利於民生經濟的意義。宋明理學當然有其時代意義，特別是中國經過了唐末的淫亂社會。可是宋明理學至今在無法「與時俱進」的情況下被曲解了，被世俗化了，其經常產生反理學的現象，這就是清儒曾批判其乃是「以理殺人」的惡果。日本人在十六、十七世紀

的江戶儒學時代是崇尚朱熹宋儒的，但在十九世紀的明治維新時期則不然。[1]日本人「與時俱進」的態度來處理儒家思想，此值得中國人的借鏡。日本人經過一八五三年簡單的柏利黑船事件立即有了門戶開放政策，一八六八年的明治維新便是最具體的例子，而中國經過兩次的鴉片戰爭後，一八九八年的百日維新還是失敗了。這個經驗與儒家思想有關，中國與日本在儒學觀念的不同。中國傳統儒學思想傾向於保守主義，不容易接受外來優秀的文化，特別是缺乏很理性的態度去吸收西方的科技與典章制度。這是民族感情與理智之間的衝突。中國傳統文化中缺乏客觀的理性主義與務實的功利主義，這亦儒家思想的發展有關係，因為腐朽儒家思想已經形成了封建主義意識形態的拘絆，這是中國現代化所需唯物論、功利主義等的反動思想，貽害中國的現代化與文明至鉅。

第三節　中日韓的儒家文化

韓國的文化也深受儒家思想的影響甚大，其與中國的儒家文化的發展等相關。然而改變韓國現代化進程的是韓國曾經遭受到日本人的統治（一九一〇年至一九四五年）以及戰後美國軍隊的駐防。這多少改變了韓國儒家文化的體質，這有利於韓國邁向西方現代化，但也有不少的負面影響，例如民主運動和市場經濟的激進主義的流毒，這無非也是韓國現

---

1 日本人的明治維新便是儒學與時俱進的好榜樣。

代化過程中所必經的代價；具體的例子有如一九九七年的亞太金融危機以及二○○八年的世界性金融海嘯等，對韓國現代化的後遺症甚爲明顯。中日韓都是儒家文化經濟圈的主要國家，但其儒家文化的背景與發展方向也有所不同。中國的儒家文化比較有自信而且排外；日本的儒家文化比較理性而且客觀；韓國儒家文化比較保守而且脆弱。因此中日韓等三國所呈現的現代化成績單均不相同。戰後所謂的亞太四小龍的臺灣、韓國、香港、新加坡等在經濟發展成績也是不同，但這些地區的共同特色是儒家文化與西方文化的融合而產生經濟發展的生命力與現代化。

　　西歐文化自從西方第十五世紀文藝復興以後，基督新教文化圈經濟發展表現亮麗，其文明的發展隨之。經濟發展是文明發展的動力，西方基督新教文化圈重視物資文明的合理性，這是尊重市場經濟的機能和人性的自然，同時也肯定人性道德情操的本質。這個大膽假設提供了資本主義發展的基礎。然而這個大膽的假設並非通案，於是有了十九世紀西歐社會正義的缺失，終於有了社會主義思想的出現，特別是一八四八年的《共產黨宣言》。至於一九九○年代初蘇聯以及東歐共產主義國家的解體之後，重新肯定資本主義市場經濟的功能；可是一九九七年起的亞太金融危機以及二○○八年起的世界金融海嘯，又證明了資本主義市場經濟不是萬靈丹。此際又讓世人再度追憶到亞洲儒家經濟思想的核心價值。[2]

---

2 資本主義已成爲社會缺乏正義與真理的代名辭。

第四節　政府經濟的角色

　　儒家經濟思想也是尊重市場經濟的功能的，但政府經濟的功能有時也是必要的；這特別是一國經濟無法達到經濟發展目標的時候，政府經濟則要扮演著經濟發展的角色與功能。一國經濟發展過程中的市場經濟不是萬能，但若此市場經濟發生了「市場病」時，政府經濟必需介入。所謂的「市場病」這正如一九三〇年代的世界經濟大恐慌和二〇〇八年起的世界金融海嘯，甚至於之前的一九七〇年代兩次世界石油危機所引起的經濟大衰退等等。政府經濟絕對不是萬能，但沒有政府經濟亦是不能。政府經濟不是取代市場經濟的功能，但政府經濟可以補充市場的不足，這尤其一國經濟發生弊端時候，其市場經濟功能不彰的時候，政府經濟的功能是不可或缺的。換言之，政府經濟扮演著振衰起蔽，使經濟脫離危機並且促進再發展的意義是不可能被取代的。是故政府經濟的雙重功能是治病及強身的任務。這正是一九三六年凱恩斯新經濟學的貢獻。與西方經濟學革命者約翰‧凱恩斯同時代的中國孫中山先生更明確主張國營事業的一些功能，這也是孫中山先生民生主義的特色，甚值二十一世紀全球經濟學者重視。民生主義是儒家思想的產物，也是中國經濟學說的精華。在此二十一世紀裡，經濟學者要從儒家思想裡去找智慧。

第五節　康有爲大同主義的「三世」論

　　康有爲的理學也是以儒家思想爲主要依據，尤其對於朱熹宋儒的肯定，但是康有爲的儒家思想是與時俱進的，特別對於王陽明儒家思想的心學。康有爲心中的儒家思想不但重視修身與齊家的「內聖」工夫，同時也重視「外王」經世致用之取向。康有爲試圖尋找儒學的真義。康有爲的「三世」理論是孔子《春秋‧公羊》三世說的新版本，彼此是一致的看法。康有爲認爲人類歷史的發展從「據亂世」經過「昇平世」到「太平世」的看法；是乃人類奮鬥的理想先求「小康」，再求「大同」。康有爲的大同思想不是封鎖性的觀點，而是「洋爲中用」的提倡者，尤其是以一八六八年日本明治維新的經驗爲榜樣。他與梁啓超於一八九八年的戊戌變法乃是最具體的例子。康有爲深信西方富強之學可供中國參考。康有爲的大同烏托邦共產主義思想基於孔儒「仁學」思想而不是馬列主義階級鬥爭的思想。「仁」是宇宙萬物生生不息的生命力；反之則是麻木不仁。康有爲的仁學思想體系以中國的儒家思想爲核心，吸收了基督教思想中的「博愛」和佛教思想中的「慈悲」綜合成一個三合一的結晶品，它富有經世致用的生命力和活力。這個以中國爲本位的富強之道有日本明治維新的影子和精神，很合乎於中國人的需要，也得到當時知識界廣泛的支持，梁啓超就是其中的一個。其實魯迅的思想也是如此；尤其是魯迅提出的「拿來主義」論正是如此。

孫中山先生的思想也與此相通。其實康有爲、梁啓超、魯迅、孫中山等知識份子的菁英都是中國人的代表，這當然與後來的鄧小平、蔣經國等人的思想觀念也是相輔相成的。鄧小平的「貓論」；「不管黑貓、白貓，只要能抓老鼠的貓都是好貓」。同理；「不管中醫或西醫，只要能醫病的醫，乃是好醫」。這都是要以實事求事，解放思想的態度，以擺脫意識形態的拘絆。對於朱熹新儒家們的陳義過高，容易產生力不從心的現象，反而對於國家民族呈現的是愚忠愚孝，或假忠假孝，很難達成真忠真孝或實忠實孝的境界。

第六節　梁啓超的務實思想

梁啓超的思想是晚清中國知識份子的典範，他的思想方向與康有爲相似，也是清末自鴉片戰爭以後中國文化自我檢討再出發的代表性人物。鴉片戰爭是個起點，中國閉關自守性的經濟思想面臨到嚴重的挑戰。雖然保守主義的思想根源蒂厚，然而是經不起考驗的。清末的保守主義以義和團最具代表性。梁啓超秉承康有爲的新思維，繼續落實於實事求是的經世濟民新時潮中；主張引進「西藝」和「西技」的結合，是乃自強運動的基本精神。這是十九世紀末以及二十世紀初中國現代化的新方向，也奠定了中國再崛起的理論基礎。基本上這是洋爲中用、古爲今用、與時俱進等的富強道路。後來臺灣的蔣經國和中國大陸的鄧小平的兩岸經濟發展成功的經驗均依此模式。換言之，這都是康有爲、梁啓超思想的啓

蒙和孫中山主義的實踐。

　　無以置疑，梁啓超的學術思想與孫中山的學術思想是相通的，但是在政治行爲上則有所不同。本質上孫中山先生是革命派，而梁啓超則是改良派；雖然孫中山先生在上李鴻章書之前有改良派主張的傾向，但是梁啓超在孫中山先生革命成功之後也認同孫中山先生的主張。基本上康有爲、梁啓超是保皇派君主立憲的主張。梁啓超是海外三合會的首領；三合會的基本主張是反對慈禧太后，支持光緒皇帝，並且實施立憲，選舉光緒皇帝擔任總統。梁啓超的保皇派主張，其實乃是改革派的務實思維，此與日本一八六八年明治維新相似。

第七節　日本文明的崛起

　　然而日本明治維新成功了，中國一八九八年的「戊戌變法」則是失敗的。其主要原因是中國文化的保守性，尤其是清末儒家思想的腐朽性。如果認爲一八九八年底梁啓超的維新思想的務實性，其實這是不務實的改革派。梁啓超遂開始傾向於與孫中山合作。最具體的例子是梁啓超接受孫中山的介紹信赴夏威夷參加活動；因孫中山在夏威夷的興中會已有相當的人脈基礎。顯然梁啓超的保皇改革派君主立意在當時的中國是非務實的。反之，孫中山的革命派主張才是真正務實的。於是孫中山的革命成功了。孫中山的思想與康有爲、梁啓超等人都是受到日本明治維新的影響，尤其受到一八九四年中日甲午戰爭中國慘敗的刺激。日本很理性的接受西方

文化的影響因而邁向現代化。這些事實孫中山等人都看到了。因此他們認爲中國現代化的道路要洋爲中用和古爲今用。這些思想福建候官人嚴復曾經提倡過，但他失望了，也屈服了。

　　日本思想家福澤諭吉等人提出的富國強兵的方案已使日本現代化了。對於中國思想日本人也從十六世紀江戶時期尊崇宋儒朱熹的思想轉而崇尚務實的明儒王陽明的思想。這個時期日本人翻譯大量的西書例如一七七六年亞當・史密斯的《國富論》和一八六七年卡爾・馬克斯的《資本論》等著作。[3]日本也能吸收外來文化與整和本土的文化，這包括奈良時期的佛教、鎌倉時期的道教與江戶時期以後的儒教等去腐存菁後並且與日本本土神道教文化連結起來成爲日本文化武士道精神。這些都值得中國人去學習。

3　馬克斯的《資本論》有三卷，分別發表於一八六七年，一八八五年以及一八九四年。

第二章　北京大學：學術
重鎮、國家干城

第一節　北京大學對中國
現代化的功與過

　　北京大學是個學術之重鎮，亦是國家之干城；它學術地
位崇高，培養了許許多多國家建設之幹才，推動了國家現代
化與增進社會的福祉；因此北京大學是有功的。但是五四運
動以後它的文化精神傾向全盤的西化而不是適度的西化；經
常造成國人思想的混亂、社會價值的失序、崇洋媚外、國家
政策的偏差等等結局，甚為不幸。何以如此，這與中國文化
的腐朽儒家文化與思想有關。[1]北京大學對於中國現代化文明
的進程；有功，也有過。儒家思想的異化與腐朽形成了中國
官僚主義、封建主義與宗法主義，這些都是阻礙中國邁向現
代化文明的絆腳石。北京大學的新文化精神若未能對此文化
腐朽有撥亂反正的功能，反而隨波逐流與此文化暗影相合
流，形成一股中國文化邁向文明的反動勢力。例如知識份子

1　若中國富強，北大隨著水漲船高，目前為止，中國尚無諾貝爾學術獎的得
　　主。

士太夫觀念的傲慢與偏見，藉著愛國主義的招牌與號召，其所造成社會動亂的巨大代價是無法形容的。

　　蔡元培在北京大學的時光。蔡元培於民國前六年（西元一九〇七年）曾任職於北京京師大學堂，講授國文及西洋史；當時的京師大學堂尚未正式成立；北京京師大學堂於一八九八年正式成立的。民國元年（西元一九一二年），京師大學堂改名為北京大學，並任命嚴復為北京大學首任校長。民國五年，蔡元培擔任北京大學校長。北大初創時期弊端甚多，辦校困難。蔡元培繼任北京大學校長之後，決心改革、整頓北京大學，其中以改變「北大人」的觀念為主。例如當時士大夫觀念甚重，讀書人混文憑，想做官。其實北京大學應該重視學術之研究，亦即辦好北京大學成為國家學術之重鎮，這才是真正的辦學方向，同時重視對不同學術意見的包容性。學術觀點雖然有所不同，但要給予尊重。因此要強調學術自由、學術獨立，兼容並包、多元一體等的辦學精神。所以蔡元培素來不贊成董仲舒罷黜百家、獨尊孔子的主張。惟因當時社會上保守勢力甚大，思想觀念上彼此似有相當對立的現象。這與有清一代「尊孔」的教育宗旨有關。清末「腐儒」橫行，貽害國家的現代化發展甚巨。蔡元培等人遂被成為眾矢之地，可見當時守舊勢力的一斑。

第二節　蔡元培與北京大學的學術定位

　　一九一九年的「五四運動」，歷時四十餘日。學生運動是否正確，評價不一。學生本以求學為重，不宜參與政治活

動。這些學生或許可以個人對政治的興趣而參與，但不宜以學校爲主體從事有關政治活動。蔡元培對於學生運動是持著反對的立場。五四運動前，北大學生曾因不滿外交問題有結隊遊行之舉。蔡元培曾勸阻北京大學學生的成行，但未有成效，因而請辭北大校長之職位，經慰留而續任。然而「五四運動」的發生因學生不滿「巴黎和約」等政府外交事務，蔡元培校長不阻止他們的結隊遊行。學生遂有焚燒曹汝霖住宅以及毆打章宗祥等事宜。學生被逮捕數十名，以北大學生居多數。政府免去蔡元培北大校長一職，蔡元培乃於五月九日離職，遠離北京。學生運動愈演愈烈，政府對學生監禁於北大，引起全國學生的罷課和工商界的罷工罷市等並且得到全國性的同情與公憤，反政府的聲勢浩大。於是政府乃同意學生們的訴求釋放被逮捕學生，不理會「巴黎和約」。罷免曹汝霖和章宗祥等人。「五四運動」的目的於是完全做到了。

　　「五四運動」之後，胡次珊繼任北京大學校長，但不被學生接受；各方要求蔡元培復職。蔡元培在復職前曾發表一文告北大學生及全國學生聯合會，認爲學生要救國其規則在於學術之研究。

第三節　北京大學與「五四運動」

　　「五四運動」與北京大學息息相關，在中國現代化史上有重要的意義；它有功、也難免有過。北京大學對於中國國家文化的存亡與絕續應負有一些責任。五四運動的意義甚大，它是一個愛國運動、文學運動和新文化運動。「五四運

動」的導火線是反對簽訂巴黎凡爾賽對德和約，北大等校學生主張維護國家主權完整有異於清末義和團而發動的學生新愛國運動。「五四運動」反對那些咬文嚼字的古文，崇尚通俗的白話文，它確實是一個新文學運動。「五四運動」提倡科學與民主、反對故步自封守舊的中國文化腐朽，它是一個新文化運動。「五四運動」至少綜合了上述青年知識份子的新愛國運動、新文學運動、新文化運動等三個新時代意義。「五四運動」有其新時代的意義，它富有除舊佈新的歷史使命；它是有爭議性的 —— 有功亦有過。它有前瞻性的意義，一味的歸功或責難北京大學都是不公平的。

一九一九年五月四日的天安門聚會是來自北京大學‧北京高等師範等校學生參加，反對「巴黎和約」簽字的學生則遍及全國各地。「五四運動」愛國運動的宗旨是內除國絨，外抗強權。愛國的意義是要使國家更美麗、更可愛，而不是消耗國家或消費國家。因為新愛國主義是要有方向，它是理性民族主義的啓發，而不是激情民族主義的渲洩。於是隨著「五四運動」掀起爲愛國主義運動而來的是去除傳統保守主義、官僚主義、封建主義等思想的包袱，其中以推展白話文的「新文學運動」和強調科學與民主爲主軸的「新文化運動」等最爲重要。

第四節　民主與科學是北京大學的精神堡壘

「五四運動」的時代主張文學改革，進而發展至學術自

由和思想解放的看法，其方向正確，有劃時代性的意義；然而爭議甚多。這個爭議是國家邁向現代化過程中必經的考驗。孫中山先生的思想確實是富有整合性的意義與價值；這個思想體系似乎比較中庸性和融合性。此比之西方世界，尤其是美國立國以來的新思維含蓋著有濃厚的個人主義、法治主義以及實證主義稍有不同但是可以相通的。而「五四運動」的新文化精神則以美國的文化爲主榜樣；此與孫中山思想在中國的實用性是有些差距的。中國文化以儒家思想爲本位，它具有包融性的，舉凡外來的思想與文化在中國必經一個吸收與同化的過程，亦即消化外來文化與思想，進而深化的中國文化思想。「五四運動」新文化強調德先生「民主」與賽先生（科學），但都忽略了（艾先生）倫理的價值似有稍嫌偏頗之處，但它有當時的時代意義。清末鴉片戰後激情民族主義猖獗，此非理性的民族主義與愛國主義，故步自封一昧反對西方外來思想，此成事不足，敗事有餘的舉措貽害國家的現代的發展巨大，遂有「五四運動」追隨著四川省學者吳虞率先提出「打倒孔家店」的訴求。這個「五四運動」新文化當然有其新時代的意義，但是錯覺「五四運動」的本質，一昧「打倒孔家店」也非中國人之福。須知「五四運動」有當時階段性的時空背景，若欲矯枉過正也必將造成國家發展的傷害。

　　「五四運動」新文化的精神多少造成中國主流文化的真空狀態，促成西方主義的抬頭，這包括自由主義與共產主義

的東來，形成中國近代史上的「西禍」和「赤禍」。[2]西方的史密斯資本主義和馬克斯共產主義造成中國的分裂。孔孟主義使中國的統合；馬列主義使中國分裂，這都已成為過去式。如今一般來說，中國已從過去「批孔揚秦」，轉變成為今日「尊儒敬孔」的時代。「五四運動」的階段性「打倒孔家店」的結果卻是逐漸形成「打醒孔家店」的新時代，這個發展方向一定可以使中國富強與現代化。

第五節　北京大學對中國現代化的貢獻

　　北京大學是中國最高的學府，其學術地位崇高；但到目前為止還沒有諾貝爾獎的學者，這是為什麼呢？北京大學「五四運動」的策源地其實是強調的民主和科學的精神確實有當時的時代意義，但是使中國文化「變形」，尤其儒家思想被質疑是西方文化的囫圇吞棗；然而強調西化所帶來了西方文化的「赤禍」和「西禍」中國。繼之中國的分裂，也是歷史的必然；這一切的一切皆與北京大學有關。這臺灣大學也不例外。臺灣大學曾是北京大學的影子大學；它影響臺灣政治與經濟方向甚大。在這個新時代中，北京大學的重新定位甚為重要。因為其扮演著國家盛衰興亡的重責角色。

　　北京大學的創辦始自康有為、梁啟超等發起的「戊戌變法」維新的主張；當時建議廢科舉、興學校，北京大學由京

---

2 這是形勢發展的必然，但只是短期的現象，終將回歸中國文化的懷抱。

師大學堂改制而成。大學堂的方針在於實踐「中學爲體、西學爲用」基本主張。其實應該是中西並用、融會貫通；同時以開通智慧、振興實業等爲目的。一九〇四年的京師大學堂首次選派四十七名學生出國深造。一九一〇年三月京師大學堂已是擁有文科、農科、工科、商科、醫科等八個學門。一九一二年更名爲北京大學，首任校長是嚴復，他也是當時的大學堂總監。民國初年，軍閥亂政造成時局不安，北京大學頗受干擾。一九一六年蔡元培接任北京大學校長整頓校務有方。蔡元培主持北京大學校務時提出學術思想自由、民主和兼容並包的治學原則。因此奠定了北京大學在世界上崇高學術的特色與地位。[3]

　　北京大學始自一八九八年（清光緒二十四年）十二月的京師大學堂，一九一二年（民國二年）五月改爲北京大學，它是戊戌變化的產物；北京大學也是中國近代史上第一所大學。北京大學與一九一九年的「五四運動」息息相關；是乃「五四運動」的策源地。「五四運動」是中國現代化的搖籃地，也是西方中國自由主義和馬克斯主義思想的發祥地。北京大學愛國、進步、民主、科學的學術精神以及勤奮、嚴謹、求實、創新的學風因而培養了許許多多國家學術精英和治國人才，導引了中國現代化。[4]

---

3 臺灣大學於一九四九至一九八八年自以爲是北大的傳人。
4 應該稱之爲西方主義；其包括自由主義派和自由派二者差異明顯。美國民主黨的觀念傾向於自由派，共和黨則傾向於自由主義。此二者合稱之爲西方主義。

第三章　臺灣大學：閩南文化的變遷

第一節　廈門大學是學術之重鎮

　　廈門大學於一九二一年創辦，迄今已超過九十年，廈門大學是中國的重點大學，也是中國南方的名校，這是眾所週知的。廈門大學不但是閩南的學術之重鎮，也是中國的國家之干城；這與北京大學方向相同，但重點不同。廈門則為閩南的文化與經濟的中心點，一向為海外華僑和臺灣同胞的重要口岸。它經常被視為中國福建閩南文化的象徵地。臺灣的閩南文化與福建的閩南文化同根同源，同是中華文化大家庭中的重要成員。臺灣的閩南文化雖然是福建閩南文化的延伸，但自有其特色。廈門大學有福建閩南文化的影子；臺灣大學亦不例外，它自有臺灣閩南文化的象徵。臺灣大學是臺灣最高的學府，它與中央研究院有著密切的關係。臺灣大學的閩南文化走向可以看出臺灣過去、現在以及未來臺灣政治、經濟、社會等等方面的定向。臺灣大學不但其學術地位傑出，況且也可以看出臺灣海峽兩岸的關係。若要談起海峽兩岸關係的新思維，不能不重視臺灣大學的閩南文化本質。

第二節　臺灣大學的文化變遷

　　臺灣大學始自一九二八年日本人的統治，是乃日本所屬的「臺北帝國大學」；這是日本文化為主要的時期，這個時期延至一九四五年十月二十五日臺灣的光復為止（第一時期）。臺灣光復後的臺灣大學，尤其是國民政府遷臺初期的臺灣大學深受北京大學西方主義的籠罩和影響。[1]這個時期一直到一九八〇年代中葉，特別是蔣經國時代的結束（第二時期）。一九九〇年代以後的臺灣大學乃是臺灣閩南文化的發展時期（第三時期）。以上三個時期的臺灣大學文化雖有不同，而第三個時期卻是一個長期的趨勢，也是臺灣閩南文化的代表。

　　第一個時期的臺灣大學文化。基本上是日本「武士道」文化的影響時期。臺灣人的「皇民化」是日本統治時期的政策主張。臺灣的閩南文化曾被日本人看穿了，被征服了。這個時期的臺灣大學文化是典型的日本殖民地文化，對其主人言聽計從。日本文化為主軸的「武士道」精神的特色是務實的；在求真、求實的原則下，日本的「武士道」精神其所表現的政策主張既準又穩也狠。在當時「皇民化」的政策下，臺灣人的閩南文化被強姦得很徹底。這表現在於臺灣人配合、支持日本本土的建設；配合、支持日本的對外侵略。其

1　不是自由主義，它是包括自由派等思想的西方主義。

間，一般來說臺灣人的怨言不多，甘心的被奴役。臺灣的閩
南文化誠如日本人後滕新平所言有「畏威而不懷德」的本性，
只有在日本人「皇民化」政策「恩威並重」既奸詐又懷柔的
作風下才能得逞。[2]臺灣閩南文化的本質富有投機性、冒險
性、務實性、妥協性、堅忍性和功利性的民系特質；具體的
說臺灣人的閩南文化在表面上可塑性很高，在實際上是富有
「堅硬性」的，這與福建人的閩南文化憨厚本質是有相當程
度的差距。[3]這與臺灣人的長期移民殖民歷史有關，尤其多長
達五十年的日本人統治有關。

　　第二個時期的臺灣大學文化。這個時期最主要的是北京
大學西方主義思想的影響最大。一般來說臺灣大學這個西方
主義的文化是傅斯年校長等人的貢獻。一九四八年至一九五
〇年間，正值國民政府的遷臺，北京大學與中央大學等許多
德高望眾的名流學者移往臺灣大學任教；此時的臺灣大學頗
有北京大學傳承的氣勢。[4]臺灣大學的個人主義學術風範一時
蔚成風氣，於是臺灣大學的學術水準和學術形象大為改善。
這個階段的臺灣大學師生不但有國家憂患意識，而且也有中
原意識。何況當時是蔣氏國民黨的統治時期，國家分裂主義
意識淡薄。因此臺灣大學當時能秉承北京大學的薪火相傳，
一時成為美談。這個時期正好中國大陸比較封閉，北京大學

2　一八九八年日人第三任臺灣總督兒玉源太郎執政時期的行政長官。
3　魏萼，「臺灣的閩南文化與經濟」，第三屆閩南文化學術研究會，福建省
　炎黃文化研究會等主辦。福建、漳州。二〇〇五年十一月二十八日至十二
　月一日。
4　北大的學者到臺大任教的人數很多，例如董作賓、毛子水、臺靜農、李濟、
　傅斯年等等人，當時已形成一個力量。

表現相對得不甚亮麗，而臺灣大學卻是人才輩出，在海內海外等表現得相當耀眼。但後來這個階段的中原文化臺灣本土化趨勢漸見明顯，取而代之的是臺灣閩南文化為主軸的臺灣大學新文化。[5]

　　第三個時期的臺灣大學文化。隨中國大陸的開放與改革腳步愈走愈遠，愈走愈寬廣，中國大陸「馬列主義中國化」的步伐愈是正確，於是北京大學的活力再現。北京大學逐漸恢復北京大學過去的驕傲，今日的北京大學光彩再現，已經在國際上已另出鰲頭，這一方面廈門大學也是如此。北大永遠是北大，廈大永遠是廈大；中國永遠是中國。相同的，第三時期的臺灣大學文化逐漸突顯臺灣大學應有的特色；它是臺灣閩南文化的典型。臺灣閩南文化是福建閩南文化的延伸，也是閩南文化在臺灣海島本土化的結果。福建閩南文化是中原文化的一支，也是中華文化大家庭的一個成員，當然的臺灣閩南文化也是中原中華文化的一份子，但有其獨特。理由是歷史、地理和人文等因素所造成的。這時臺灣大學的文化雖然還是個人主義精神很重，學術風氣依然旺盛，但是深受東方日本和西方美國等文化的衝擊，復加上臺灣移民的歷史上屢次遭受到不同民族與政權的統治，在多種因素交互影響下孕育形成一種臺灣獨特的閩南文化。於是此時期的臺灣大學文化已遠離北京大學的傳承，而且自成體系，影響了

---

5 它影響力普及學術界、政界、工商界、文化界等等層面。已經形成臺灣政治、經濟、社會、文化等的主流力量。某些文化已轉化成為臺灣獨立運動的理論基礎。

臺灣的政治、經濟、社會等發展的方向。[6]

第三節　臺灣閩南文化的形成

　　臺灣閩南文化的形成是由於以下幾個因素所促成的。

　　第一、臺灣移民史的本質：福建的閩南地區山地、丘陵地多，耕地少，百姓謀生不易。閩南人向東南亞，向臺灣等地不斷移民。移民臺灣島的閩南人歷盡艱辛，基本是爲了討生活；一般來說他們到達臺灣以後的心態是以「落地生根」者居多，以「落葉歸根」者爲少。自從明朝天啓三（西元一六二三）年以至今日，閩南人爲了謀取生活資源橫跨臺灣海峽，歷經生死的危險來到臺灣開拓新天地，持有一去不回的決心和壯志。爲了保衛得來不易的新天地，他們當然要保護自己的鄉土；並且日久他鄉是故鄉。閩南文化臺灣本土化是必然的，此容易被混淆成爲臺灣文化。[7]這是臺灣獨立的理論依據。

　　第二，臺灣一葉孤島歷經荷蘭人、西班牙人、明鄭三代、清朝政府、日本人和國民政府的統治；臺灣人爲了在不同政權之下生存下來，因此人在屋簷下不得不低頭。臺灣人也因此不得不面對現實，屈服於現實。所以臺灣的閩南人比較勤

6　臺灣大學已逐漸遠離北京大學的影子。臺灣大學已走出自己富有代表臺灣閩南文化的特色，並且帶領臺灣發出同胞某些心聲。

7　臺灣閩南文化與臺灣文化是有區別的。新加坡文化的模式值得認真面對、澄清；此臺灣文化與新加坡亦不同。

勞、節儉、務實、投機、功利等；臺灣人一切是爲了生命、
生存與生活。如果說臺灣人比較投機而取巧，容易見風而轉
舵，這也是歷史所造成的。前述日人後藤新平曾說臺灣人有
畏威而不懷德民系性格，這樣看法只對了一半；臺灣人容易
被殖民，這也可以說只對了一半。[8]因爲在表面上臺灣的閩南
人是很柔順的，其實在本質上臺灣人的民系性格是軟中帶
剛，頗有堅忍性和生命力的。

　　第三、臺灣環繞著海洋形成的文明。福建的閩南文化中
的漳州與泉州文化也是有區別的；這何況臺灣的閩南文化。
不只如是，在東南亞的閩南文化也有特色，這是本土化必然
的現象。漳州是擁抱大地，泉州是面向大海，臺灣則是環繞
海洋。在歷史上、地理上、人文上等彼此的背景，還是有差
異的。漳州人傾向於農業的特色，泉州人傾向於商業的特色，
臺灣人則傾向於富有農工商並重的本質；這是一個相對性的
比較性的分析，各有所長。雖然漳州、泉州、臺灣等均有相
同的閩南文化、海洋文化、農業文化的共同背景，但個別的
特色，所呈現於經濟發展和現代化文明的成果是有些不同
的。漳州人比較保守，泉州人比較務實，臺灣人比較前進。
何以致此？還是歷史、地理、人文等因素所造成的。由於東
西方文化的交流與融合的過程有所不同，閩南文化圈內各地
區的文明表現得有所不同；文化沒有優劣的區別，否則將構
成文化歧視，但文明是普世價值，它的具體事實是市場經濟、
民主政治、人權、法治、科學社會福利和宗教意由等等層面

---

8 同註3。

的現代化。各地區文化雖然不同，無所謂優劣，但其在文明「普世價值」的表現是不同的。[9]文化因各地區皆有不同的偏好，見仁見智，所以文化彼此是有衝突的可能性，但文明應該是一個現代化普世價值的表徵。因此臺灣閩南文化是有其特色的。它在國際化、全球化等的表現上與其他地區有所差異。這可以從臺灣的儒學（臺儒）與媽祖文化的特色看出一些端倪。

　　第四、臺灣儒家文化與媽祖民間信仰。儒家思想若能「與時俱進」則對於經濟發展是有助益的，否則是負面的。在明治維新之後的日本儒家思想很理性的接受西方文化的挑戰，因此能產生經濟發展的動力，戰後的亞太「四小龍」亦復如此。儒家思想是臺灣閩南文化的重心，屬於功利型的儒學，此與日本明治維新以後的儒家思想相似，卻是與福建的閩南儒家思想顯然有些不同。[10]另外，福建湄洲島的媽祖文化在臺灣也有獨特的發展，媽祖文化臺灣本土化與臺灣移民社會有著密切的相關性。臺灣媽祖文化是儒釋道的大結合，而且是以儒家爲主要。它是臺灣最主要的民間信仰，其宗教意味甚爲濃厚。媽祖文化是臺灣文化精神之所在。臺灣文化精神乃是臺灣價值觀的核心，它是居安思危，求真務實，富有科學性的創新和勤勞、節儉等優勢，這些都是臺灣邁向現代化文明社會的本錢。[11]

9　這個看法與西方學者杭亭頓（Samuel P. Huntington）的看法不同。

10　福建的閩南人、客家人的殖業精神可以拿猶太人來比喻，而臺灣的閩南人、客家人的殖業精神則可以拿日本人來比喻。

11　同註 3。

第四節　臺灣閩南文化的特質

　　誠如前述，臺灣的閩南文化有其歷史、地理和人文等的特色，它雖然與福建的閩南文化有些差距，但它卻是閩南文化的延伸；在本質上是屬於閩南文化的一支，更是中華文化、中原文化等中國主流文化的一支。這也是因為歷史、地理、人文等特色，使臺灣閩南文化無法脫離中國文化的大洪流。另外，臺灣與中國大陸一樣是中國不可分隔的一部份，這我也贊同。事實上臺灣的閩南文化已構成整體閩南文化的主要文化，它在福建閩南生根、發芽，可是已在臺灣成長、茁壯。這與臺灣的媽祖文化一樣，在福建湄州灣發芽，成長，但卻是在臺灣成長、茁壯；臺灣的媽祖文化已成為整體馬祖文化中的領導地位。另外，這種現象還有當今的基督新教大本營已在美國，並非基督新教發源地的西歐；天主教的大本營已在中南拉丁美洲，並非天主教中心地的意大利；佛教的大本營是已在中國及日本，並非佛教誕生地的印度等明顯的例子。

　　臺灣的閩南文化以中原文化儒家思想為中心，但臺灣的儒家思想在特性上為：是將中國文化整合之、持續之、創新之；在本質上為：是將中國文化一以貫之，與時俱進、本土化[12]。因此臺灣的儒學，一方面能從縱貫面看是歷朝歷代各種文化思想的大融合，特別是儒釋道等思想垂直面文化的大

---

12 魏萼，《中國國富論》（經濟中國的第三隻手），時報文化出版公司，臺灣，臺北，二○○○年，第一章。

融合；具體的意義是漢儒、宋儒、清儒等的一體化。另一方面從橫斷面看是東西方各種思想的大結合，特別是基督新教、天主教文化自由、民主、人權、法治、科學、宗教等思想水平面文化的大結合；具體的意義是西歐、北美等文化的現代化。從上述縱貫面、橫斷面的整合來說，以臺灣儒學為中心的臺灣閩南文化是有活力、有動力、有生命力的，它們在臺灣經濟發展上表現得很入世，臺灣進而是邁向現代化文明的助力。[13]這與福建的閩南文化的本質相同，但有內涵的差異。在本質上福建的閩南文化受到朱熹「閩儒」的影響甚大；「閩儒」在閩南（尤其是漳州）的農業社會裡是很順勢的。閩南漳泉兩地一向文風鼎盛，就以漳州為例，書院肇於唐代，興於宋代，盛於明清兩代。漳州明清兩代書院有七十餘處，為八閩之首，科舉得進士者乃居全省之冠，在全國也甚罕見。漳泉（尤其是漳州）地區士大夫風氣盛，難免產生腐儒，阻礙經濟的發展。[14]泉州因長期面向大海，功利性的儒學比較容易在此發展，這種「入世」非「出世」的儒學在臺灣更為務實。[15]臺灣的閩南文化有利於市場經濟資本主義社會的發展，而且正在形成一種與西方「契約式」資本主義不同的「倫理式」資本主義；此過程漫長而艱鉅，代價亦高，但此方向正確。南宋新儒家朱熹等人對於中國學術思想是有貢獻的，因為其再整合魏晉南北朝以來中國學術思想的分

---

13 同註 12。

14 郭上人，「明清時期的漳州書院」，《閩南文化交流》，（彰州師範學院閩臺文化研究所編），福建・漳州，二〇〇五年六月，第一〇六頁至一一二頁。

15 同註 14。

歧，並且融合了儒釋道思想於主流，使南宋以後的中國學術思想有了重新的定位和定向。然而新儒學需要與時俱進的；因而有所謂清儒的產生。朱熹新儒學乃是理學，此容易成為封建主義思想的護身符，助長了官僚主義的歪風，特別是培養了「偽君子」的儒生和特權的官僚，此成為中國現代化邁向自由、民主、人權、法治等的阻力。南宋朱熹的理學戰勝了陳亮的實學，這是歷史環境所使然的。乾隆嘉慶時代的清儒，也是另一個時代的產物。晚清張之洞的「中學為體、西學為用」也是另一波浪的學術思想。義和團之後的民國和「五四運動」新文化皆為歷史發展的必然。

第五節　臺灣新「新儒學」與兩岸關係新思維

　　一九一九年「五四運動」反孔急先鋒吳虞大力響應「打倒孔家店」的看法，這是晚清義和團歷史背景的具體反射。孔儒思想是中國文化的主軸，至聖先師孔子的思想將永垂不朽，但歷經二千五百多年的儒學難免產生異化、腐朽的現象，此已曲解了儒學的基本精神，形成了廚餘、垃圾儒學或庸俗儒學，這已被政客或假儒者所利用，當然對於社會經濟發展和國家現代化有障礙的。所以說「打倒孔家店」是有其時代性的意義。但是在實質意義上如何回歸儒家思想的基本精神，才是智慧。此處堅持的主張應該是「打醒孔家店」，並

不是「打倒孔家店」。[16]特別強調儒學「內聖外王」的本質，它是富有實用性的，並非僅使用在官僚統治系統或者文人「無病呻吟」的狹隘層面上。南宋朱熹的新儒學（Neo-Confucianism）有其時代性，其理學的價值也應當被肯定的，但其崇高的理想容易被官僚、文人所誤用。

　　一九七八年實施改革開放以後的中國大陸「現代儒家」和香港「新儒家」、臺灣當代「新儒家」等思想支流勢將融合「入世」、「功利型」的新「新儒家」。[17]「五四運動」主要人士胡適在一九一七年美國哥倫比亞大學博士論文早已發現此一問題的關鍵性。[18]日本十九世紀的儒學是與時俱進的，因此能在儒學發展過程中得到好處，減少其害處。舉凡日本在奈良時期（十二世紀至十四世紀）、鎌倉時期（十四世紀至十六世紀）或江戶時期（十六世紀至十七世紀）等都能夠就佛、道、儒等在不同時代背景下很清楚各有所取捨。明治維新以後更能夠很理性的吸收西方外來思想並融合之，這一方面日本成功了，已逐漸成為當今東亞文明的楷模。臺灣的閩南文化也有日本文化精神的影子。具體的說，此與中國大陸的文化同源，但是似有著明顯的區隔。其實在中國大陸各地區的文化也有地區性的差異；臺灣閩南文化自然不能例外。

---

16 陳獨秀、胡適等於一九一九年五月四日所領導「五四運動」的思想主軸之一就是「打倒孔家店」。

17 魏萼，「新新儒學的釋疑」，《新儒、新新儒》，文史哲出版社，臺灣·臺北，二〇〇三年，第三十五頁至四十四頁。

18 胡適先生於一九一七年在美國哥倫比亞大學哲學博士論文。胡適的思想深受杜威教授「實證論」的影響。

　　正因為上述歷史、地理與人文等因素的特殊性，臺灣的政治經濟等文化有其獨特；所以在一個中國的原則下，兩岸關係的定位舉世關注。盱衡國內、國外現勢以及臺灣的現實環境，中國和平統一的時機似尚未成熟，只在一個中國的大前題下，實施不同的政權，是當前的方向。基本上是一個中國，階段性的兩個區域；這也就是「階段性」的「一國兩區」，邁向一個中國之路。在這個邁向中國和平統一的過程中，兩岸似可以簽訂一個和平協定，並且進行談判，其間彼此可以著手於一個中國新憲法的修訂工作。

第四章　中國邁向民主共和之路？

—— 回歸文化中國

第一節　從馬列共產主義到
孔孟大同主義

　　經過長期的檢驗與實踐，已充分證明了馬列主義禍世界；蘇聯以及東歐諸國的土崩瓦解，這是歷史發展的大必然。馬克斯、列寧的思想在中國，必需從新定位。若從瀯瀯滾滾的中國大歷史長河觀之，「中國馬列化」發展到「馬列中國化」，也是順理成章的事。中國文化的本質是多元文化的融合體；馬列主義思想終將被中國文化所吸引、消化，共同組成「與時俱進」的中華文化大家庭。屆時，已非馬列共產主義，而是孔孟的共產主義。具體的說乃是以禮運大同世界理想為共同奮鬥的目標；這才是真正的富有中國特色社會主義的具體內涵。準此，馬列共產主義在中國將自然消失於無形。文化是民族的血液，中華文化血液裡自然而然有馬列思想的成份。

　　過去蔣介石所領導的中國國民黨是反共的。所反的是那

些違背中國文化的馬列主義思想，這是有道理的。如今中國共產黨也非馬列主義的共產主義，這兩個與中國文化相結合的政黨自然從相對抗趨向於相合作的新局面。在臺灣新興的政治勢力臺灣民主進步黨也逐漸從反共的意識形態轉變成為反中國文化的訴求。其實所謂的臺灣文化是無法從中華文化中獨立出來的。如此臺灣的民主進步黨企圖要以臺灣文化為號召來對抗中華文化或中國文化是不容易得逞的。

　　換言之，若從文化長期發展的意義分析之，反中國文化的任何政治經濟勢力終將被推進歷史的灰燼，逐漸回歸到那潺潺滾滾的中國文化大洪流之中。因此，一方面馬列主義外來的文化與思想將被中國文化所吸收，另一方面中國共產黨所領導的中華人民共和國勢將把憲法中的「四個基本堅持」撤走[1]。根據中華人民共和國憲法一九八二年十二月四日（第五屆全國人民代表大會第五次會議通過）制定的，以及一九八八年、一九九三年、一九九九年等多次修正案中均離不開其所謂的「中國各族人民繼續在中國共產黨領導下，在馬克思列寧主義、毛澤東思想指引下，堅持人民民主專政，堅持社會主義道路，不斷完善社會主義的各項制度，發展社會主義民主，健全社會主義法制，自力更生，艱苦奮鬥，逐步實現工業、農業、國防和科技的現代化，把我國建設成為高度文明、高度民主的社會主義國家」等等。[2]在此憲法的序言中

1　《中華人民共和國憲法》，於一九八二年十二月四日第五屆全國人民代表大會（第五次會議通過）。於一九八八年、一九九三年、一九九九年等通過修正案。
2　同註1，序言。

特別重視中華人民共和國成立後的中國人民掌握了國家的權力，成為國家的主人。但是事實上中共的許多做為曾違背了民主的精神，特別違背了中國傳統市場經濟思想和私有財產制度的精神，其結果是民不聊生。這種違背傳統文化「民貴君輕」和「藏富於民」的思想與作為，直至一九八○年代鄧小平的新思維以後才有了翻天覆地的變化。鄧小平一言興邦的改變了中國，使中國人有尊嚴的站起來了。鄧小平治天下有功，將永恆中國歷史。此一再度證明舉凡中國的道路只要回歸中國文化，中國一定富強。因此以「四個基本堅持」為主軸的國家大政方針是錯誤的，必需重新作定位。所以我們建議違背中國價值文化的馬列主義思想等四個基本堅持必須從「憲法」中撤走，讓中國重新回歸到中國文化應有的道路，如此中國一定富強，中國人一定更能頂天立地而且有尊嚴的站起來，然後只要有富強的中國，那裡會有可分裂的邊陲呢？具體的說那是違背中國主流思想的「中國馬列主義化」只會使中國的貧窮與落後，並且促使中國的分裂。一九六○年代的文化大革命便是一個典型的例子，這就是馬列主義禍中國的道理；置五千年的中國文化與文明於何地。如今，中國政治經濟的走向是正確的，臺灣與中國大陸的所謂兩岸關係日益和諧，中國和平統一的前景一片看好。這一切都要感激鄧小平的卓見與其對中國的貢獻。

中華人民共和國憲法（一九八二年十二月四日）序言中提及中國世界上最悠久的國家之一。中國各族人民共同創造了光輝燦爛的文化，具有光榮的革命傳統。又說一八四○年以後，封建的中國逐漸變成半殖民地、半封建的國家。「中

國人民爲國家獨立、民族解放和民主自由進行了前仆後繼的英勇奮鬥」。[3]序言中也說一九一一年孫中山先生領導的辛亥革命，廢除了封建帝制，創立了中華民國。但是，中國人民反對帝國主義和封建主義的歷史任務還沒有完成。一九四九年，毛澤東終於推翻了帝國主義、封建主義和官僚資本主義的統治，取得了新民主主義的偉大勝利，建立了中華人民共和國。」[4]毛澤東「打天下」是有功的，他與孫中山「救天下」，蔣介石「保天下」等在中國劇變中寫下歷史，而鄧小平「治天下」的貢獻更將永垂典範。以上四位「偉人」豐功偉業歷史學家自將有評斷。然而二十一世紀誰是中國「平天下」大功臣呢？尚待觀察。[5]

第二節　民主政治是一國文明發展的重心

臺灣、中國大陸、香港、新加坡以及澳門等地同屬中華文化圈，其中以臺灣的民主發展最具代表性。臺灣的民主政治發展經驗頗富爭議性，惟其民主政治發展的方向甚是正確。此是繼一九八〇年代臺灣經濟奇蹟之後的另一亮麗民主成績。臺灣土地面積不大，人口也不甚多；況且臺灣教育普及、電訊發達；一般來說臺灣人的文明水準還算及格。這些

---

3 同註 1。
4 同註 1。
5 魏萼，《中國國富論》（一個富有中國特色的新國富論），時報文化出版公司，臺北‧臺灣，二〇〇〇年。

都是臺灣實施全民普選總統、立法委員、縣市長等等公職人員的必備條件，於是臺灣做到了。雖然臺灣實施民主政治過程中有許許多多缺失，但基本上的表現還是令人滿意的。這是全世界華人社會中最民主的地方。

　　民主政治是決定一國邁向文明社會的重要指標，但是民主政治的定義，因為歷史文化的背景不同各地因而有所不同。這個文明發展的方程式，中國大陸當然不能例外。在這個二十一世紀裡中國民主政治發展何去何從，舉世關注。

　　臺灣也是中華文化的一個重要地方，她曾經歷過經濟奇蹟的典範，也成功的邁向政治現代化的嘗試。臺灣的政治經濟發展經驗難免有些缺失，但仍可以做為中國大陸的參酌。

　　中國的民主化頗受中國傳統腐朽儒家文化的影響，此富有封建保守主義的遺毒根深蒂固，若要與全球化普世價值的民主化相接軌，則有相當困難，然而中國文化裡民本思想中「民貴君輕」卻是家喻戶曉。但是實踐後的中國官僚政治展示出的卻是「君貴民輕」的事實。[6]

　　二十一世紀的中國，終將富強。從中國的歷史觀之，只要有一個富強的中原，那會有分裂的邊陲呢？中國的富強將與民主發展等相關。若臺灣與中國大陸邁向市場經濟與民主政治的方向一致，則彼此意識形態的差距將消滅於無形，其中「四個基本堅持」勢將從中共的憲法中撤走了。海峽兩岸同屬中華文化的政治經濟文明圈則將經過幾個共和憲政後趨於統合。所謂的邦聯、聯邦、國協等憲政體制均不適合於中

---

6 這是腐朽儒學的典型，它曲解了孔孟儒家思想的本質。

國，中國必然要走的民主共和國的道路，也不是那些「人民共和國」的附庸模式。

　　鴉片戰後百餘年來的中國，歷經內憂與外患，民不聊生。此時國人非理性的民族主義甚囂塵上，於是狹隘的愛國主義聲勢高漲，顯示國人缺乏真正的民族自信心。這是中國近代史上的「黑暗時期」。今日的中國已經富強，中國人終於站起來了，但是國人邁向現代化文明的境界仍有相當差距。

　　中國，這裡是我們的祖國，我們要使她文明，使她更美麗；我們不但要愛她，並且要使她更可愛。

第三節　經濟發展是一國邁向文明的動力

　　文化是文明的種子，而文明是文化的花朵；而文化使人和諧，文明使人幸福。其中經濟發展是文化邁向文明的動力。經濟發展雖不是萬能，但沒有經濟發展是萬萬不能。一國的國民經濟生活水平改善之後，遂有追求文藝、人權、民主、法治、自由等等文明內涵的需求；特別是政治民主化的欲望，過去臺灣的經驗正是如此。

　　臺灣在一九八〇年代創造了所謂經濟奇蹟之後，臺灣人於是力求臺灣人的民主自治；這就是飽暖思權力的道理。一九五〇年代以後在臺灣的國民黨統治下，當時所謂的外省人基本上是統治臺灣人的。臺灣人在政治上居於劣勢，於是全力配合臺灣發展經濟，因而他追求個人的財富。這一方面隨著臺灣經濟發展而有政治民主化，此結局乃是順著臺灣本土

化和民主化的雙重大形勢，產生今日基本上是「臺人治臺」的政治經濟大環境。具體的表現是「臺灣獨立」主張的政治意識形態一度高唱入雲。這當中還有美國和日本等外國勢力的介入。

然而臺灣民主政治發展的方向是正確的。目前臺灣是全球華人文化圈裡最爲民主開放的地方。臺灣民選總統、立法委員、縣市長、縣市議員等等傑出的民主典範，已爲臺灣經濟奇蹟之後發展出政治奇蹟立下基礎。臺灣民主政治的模式或許不足爲其他華人地區傚法，然而其成敗得失確實可以做爲殷鑑；尤其是做爲未來中國民主政治發展上的參考。

中國國民黨曾是反共的，但不反中國，這正是因爲當時中國共產黨是依靠馬列主義起家，而且反對儒家文化的；這已違背了中國人應有的價值觀。如今的中國共產黨已回歸中國文化的道路，也反對傳統、教條式的馬列主義。這個發展新方向已與中國國民黨不謀而合。所以今日的「國共合作」是有道理的。然而中國國民黨在臺灣多少已經臺灣本土化了，因此其有關的中國意識並沒有如蔣介石、蔣經國父子領導的時期那麼強烈，甚至於國民黨內有不少人士與民進黨看法相似的；還有前總統李登輝所籌辦的「臺聯黨」，基本上也是國民黨人士轉移過去的。「臺聯黨」的中國意識非常薄弱，甚至於是反對中國的。

在臺灣，李登輝以及陳水扁二位民選總統執政期間的「臺獨」勢力最爲囂張，這可以從臺灣每逢選舉期間，那些富有「臺獨」特色的候選人操弄臺灣族群分裂做爲號召以獲取選票的事實可以得到明證。但是隨著中國的掘起，美日兩國不

敢正面支持「臺獨」，復加上陳水扁執政的政績不佳，臺灣同胞已逐漸清醒過來，因此「臺獨」的聲浪已逐漸下降。今後臺灣海峽的兩岸關係，其前途被看好；明言之，中國和平統合的方向甚爲明確。又從中國歷史發展的規律看出，中國統合的政權基本上來自西北方，而文明的導向卻源自東南方。這或許將由未來的兩岸關係到明證。[7]

　　中國統合的模式如何？令人關注。這必需從中國的歷史、文化、宗教以及民族性格等等因素去考量。那些所謂的國協、邦聯、聯邦等模式都不適合於中國。誠如孫中山先生的主張，中國要走的肯定是「民主共和國」的道路。

第四節　中國民主政治發展前景樂觀

　　三十幾年來中國經濟快速發展以及中國國力大幅崛起，這方面中共是有貢獻的。然而中國社會貧富懸殊擴大、區域發展嚴重失衡、農村都市差距加深等現象呈出不窮。經濟發展是促進文明的動力，而貧窮是文明發展的絆腳石。貧窮包含物資的貧窮、金錢的貧窮和知識的貧窮等，三者之間彼此是關聯的；展現出經濟貧窮的惡性循環，反之則是經濟富裕的良性循環。

　　然而中國已是全球第二經濟大國，預料有可能在西元二○二○年以前可能躍居世界經濟第一經濟大國。中國經濟發

7　黃仁宇，《中國大歷史》，聯經出版社，臺北‧臺灣，一九九三年，第一○九頁至二六七頁。

展之後的新挑戰是政治發展的中國民主化問題了。中華人民共和國憲法也將重視中國民主與自由的前途，同時也重視公民有言論、出版、集會、結社、遊行、示威的自由，還有中華人民共和國有宗教信仰自由等等。二〇〇五年十月十九日中華人民共和國國務院也發表了《中國的民主建設》白皮書中指出：中國社會主義政治、植根於中華民族幾千年賴以生存和發展的廣闊沃土。[8]民主建設白皮書中亦強調中國的社會主義民主政治具有鮮明的中國特色。[9]

　　中國要走上民主的道路是必然，也是必要的。這是時代的潮流，也是繼中國經濟崛起之後，另創政治奇蹟要走的文明道路。這條中國特色政治發展的道路方向明確，但路途遙遠；其面臨的挑戰是嚴厲的，但必需確實去面對。

　　中國傳統的民本思想與西方的民主思想相似而不相同。民本思想含蓋了先後「為民做主」，然後「以民為主」的民主政治發展過程。民主政治不是一蹴而成的，它是要循序漸進，逐漸培養的。這與市場經濟的發展一樣，先是經過政府計劃經濟的過渡。這是一個和諧社會發展的規律，但事實有些困難。這正是傳統文化，尤其是受「腐朽儒家」思想的影響。「民貴君輕」以民為主的思想經常被「君貴民輕」為民做主的文化所取代。中國傳統儒家文化經常異化成為封建主義、官僚主義、宗法主義、宿命主義、保守主義等等民族文化的劣根性。這些都是中國民主政治發展的障礙。因此孫中

---

8 《中國的民主建設》白皮書，中華人民共和國國務院，二〇〇五年十月十九日。

9 同上註。

山提出「革命民權」的主張，這與西方「天賦人權」的觀念是不一樣的。[10]

三十幾年來中華人民共和國的經濟改革成績亮麗，二〇〇八年八月也成功的舉辦了世界奧林匹克運動會；這是一個與全球接軌的重要時刻。中國人掃除了「東亞病夫」的陰影，邁向文明典範的時機已經到來。期許二十一世紀是中國是貢獻人類文明的新世紀。準此，民主政治在中國，舉世關注。今日的中國如何從「多黨參政」發展至「多黨監督」、「多黨競爭」的民主政治奇蹟，這均在考驗著中國人的智慧。

臺灣民主政治發展過程中多少產生政治、經濟和社會不安的現象，值得重視。但是中國實施民主政治的道路勢在必行，不能規避。

第五節　中國邁向中華民主共和國的必然途徑

天下合久必分，分久必合。自從西周文王以來，這三千多年的中國歷史總是分分合合的；分裂的時間超過一千四百年。但是在群雄並起，逐鹿中原的前瞻性下，中國是終極是統一的。這今日的中國，自然也不會例外。當中必然要經過幾個共和立憲的過程。

（一）一九一一年，國父孫中山先生的國民黨推翻滿清

---

10 孫文，民權主義第二講，中國國民黨中央委員會，臺北・臺灣，一九八二年。

建立中華民國（中華共和國，The Republic of China），這是
中華第一共和。二〇〇八年五月二十日這個共和到了馬英久
擔任總統時告終。因為他宣佈了一個中國，各自表達的基本
立場，同時也提出臺灣海峽兩岸關係不統、不獨、不武的主
張。他就任總統後不久，同意了當時中國國民黨主席吳伯雄
赴北京會見中共總書記胡錦濤，此可以說結束了國共長期的
內戰，完全肯定了中國共產黨的中華人民共和國的正統性。

　　期間，一九三三年中共曾在江西瑞金成立中華蘇維埃政
權，一九四九年中共則在北京成立中華人民共和國，而中國
國民黨退居臺灣繼續執政；於是臺灣海峽兩岸敵對的分治中
國。當中李登輝以及陳水扁的執政多少實施臺灣本土地運
動，助長臺灣獨立的政治氣氛。

　　（二）一九四九年毛澤東的中國共產黨「人民解放軍」
戰勝了中國國民黨的「國軍」，佔領了中國大陸，建立中華
人民共和國（The People's Republic of China），這是第二共
和。期間中華人民共和國開始實施馬列共產主義，採取計劃
經濟和公有制為主要的經濟體制，此與崩潰前的蘇聯以及東
歐共產主義方向相同，但蘇聯等國均已於一九九〇年前後解
體。中國共產黨已於一九七八年在鄧小平領導下提出改革開
放的新思維。此救了中國，中國於是頂天立地的站起來了，
逐漸以中國傳統文化中的孔孟思想取代了馬列思想。這也可
從昔日中共的「批孔揚秦」轉變成為今日的「尊儒敬孔」的
政策看出。中共已回歸了中國，這與中國國民黨在臺灣的施
政方針相似。臺灣海峽兩岸的經濟制度逐漸趨於相同；在臺
灣的中國國民黨也逐漸的不反共了，終於展開了第三次國共

合作的歷史新頁。於是國共內戰宣告結束。馬列主義在中國已經名存實亡；中華人民共和國憲法中的四個基本堅持應該從「憲法」中撤走，結束第二共和的時代。

　　（三）第三共和始自二〇〇八年五月二〇日臺灣的中華民國總統馬英九就職後新的中國政策明確指出：一個中國，各自表述的新的大陸政策，並強調不統、不獨、不武的基本立場。這顯示馬英九新政府的國家領導方向是反臺灣獨立的，但對中國統一的態度是不明確的。這就是不修改國號的臺灣主權宣示，即所謂的「獨臺」模式，此與主張改變國號以「臺灣共和國」等宣佈臺灣獨立的「臺獨」模式有所不同。第三共和在中國大陸的胡錦濤總書記所領導的「中華人民共和國」繼續發揚中華文化的精神，對內以和諧社會取代階級鬥爭；對外國際和平取代輸出革命。這顯示中共的「馬列中國化」政策的深化。基本上中共正在尋找以中華文化消化馬列主義的道路。中共早已以一九八九年五月一日勞動節時已不再懸掛馬克斯、恩格斯、列寧、史太林等畫像於天安門廣場。預料中共勢將把憲法中的四個基本堅持從憲法中撤走。這個修憲工程勢在必行，而且將是水到渠成。[11]

　　在一個中國原則下，兩岸簽訂和平協定，其中臺灣也設想從事於「獨臺」模式的修憲工程，尤其是中華民國憲法中

---

11 北京天安門廣場原來每逢重要節日例如「五・一勞動節」及「十、一國慶」大典時均懸掛馬克斯、恩格斯、列寧、史太林等畫像，然而於一九八九年「五一勞動節」時已不再懸掛此四畫像，此頗富時代意義；特別二〇一二年一月十二日至四月十日天安門廣場懸掛了孔夫巨幅的雕像，真有趣。薄西來曾任重慶市委書記，大搞其所謂的「唱紅打黑」；這是反中國改革的道路，也是反世界現代化的道路。此終將失敗。

臺灣的領土主權不包括外蒙古、中國大陸等議題。這個修憲工程必有爭議，但是這是一個現實問題的考量。

（四）第四共和乃是臺灣與中國大陸兩個不同的政權共同展開修憲的工程，這是一部中國統一的新憲法。這涉及中華共和國長治久安的道路；它包括國家的體制、國號、國歌、國旗等等問題的重新定位。中華人民共和國的國號富有蘇維埃的特色不適合於中國。一九九〇年左右，蘇聯以及東歐等共產主義等國家土崩瓦解後，那些昔日的蘇維埃國家或人民共和國隨著政權崩潰之後在新體制下已紛紛修改了國號、國旗和國歌等的舉措，早已揚棄了那些蘇維埃或人民共和國等附庸式的招牌；何況中國呢？富有五千年歷史的古老文明古國的中華民族，怎不以為意呢？那是中國的希望、中國人的前途。如此，在這個世界裡中國人才能真正頂天立地、有尊嚴的站起來。

鴉片戰後，中國內憂外患，民不聊生；國人民族自信心喪失。一方面崇洋媚外，另外義和團等非理性的愛國主義猖獗，於是一方面反中國傳統的孔孟等中國主流思想，另外也反西方傳統的資本主義等西方主流思想，促使那些反西方的西方馬列主義文化凌虐了中國。今日中國的知識份子已醒過來了，中國的基本國策也已從「以俄為師」，轉變成為「以俄為鑑」，進而「以俄為戒」的時代新潮流，用以建設中國新文明。

第六節　中國不做西方外來文化的殖民地？

　　清初康熙等皇帝的漢化及德政，其結局是中國富強與統一；反之，清末光緒等皇帝的無能及亂政，其結局是中國貧弱與分裂。如今中共回歸中國文化中的尊儒敬孔，中國經濟重還「藏富於民、民富國強」的市場經濟道路，因此中國經濟一定可以崛起，然後展開中華文化文藝復興，重新解釋孔孟思想的大同主義，終將樹立新「普世價值」的新境界。我們深信文化使人和諧、文明使人幸福，而經濟發展是促進文明的動力。

　　中國現代化的道路要鏟除三座思想大山：保守主義、自由主義、功利主義等障礙物。中國現代化要實事求是、解放思想；發展經濟乃是首務。西方文藝復興的經驗便是先從經濟人的崛起開始。經濟發展與宗教自由相關性甚高。唯物論的意義甚為重要，但不是唯物主義價值觀之所在。「心物合一」論的境界甚高，它是一個理想；經濟發展才是真正社會、歷史發展的重心，然後文化、文藝進而文明的發展自然水到渠成。因此實踐孫中山思想應從民生主義開始。

　　孫中山思想是中國文化的產物，發揚孫中山思想是以子反哺其母的表現。

　　文明是文化的花朵，中國現代化文明的道理不做西方外來文化的殖民地，也不做中國古代思想的奴隸。在這二十一

世紀裡中國的崛起邁向富有東方特色的文明是要「洋爲中用，古爲今用」，同時也要與時俱進；這是儒家思想的本質。

　　中國的現代化文明不等於西化，但是趨向於西化。東西方文化是不衝突的，它們是相輔相成的。現代化文明的重點是自由、民主、法治、人權、環保、科技、社會福利、宗教自由以及禮、義、廉、恥等等的和諧社會。貪污腐化以及「君貴民輕」等均是文明發展的恥辱，同時也要消除儒家思想中的垃圾。

　　繼成功實施了富有中國特色的市場經濟之後，民主政治發展的中國特色是什麼，舉世關注。中國的歷史長河潺潺滾滾，西方的時代巨浪浩浩蕩蕩，中西方文化相融合蔚成中國現代化文明之路勢不可擋。中國大陸與中華臺灣攜手互動邁向「一國一制」的過程中是階段性的「一國兩區」。其中港、澳、臺、陸兩岸四地的「修憲」工程至爲重要。消化西方文化，用以深化中華文化，其終極目標乃是中國回歸文化的中國。

　　中華文化富包容性，它是多樣文化的融合性，尤其是珍惜吸收世界各地各種優秀文化；它是富有整合之，持續之，創新之的意義。這正是魯迅「拿來主義」的精神；這也是孫中山思想的精義。鄧小平一九七八年以後改革開放的新思維一言興邦的改變了中國。不管白貓黑貓，只要能抓老鼠的貓，乃是好貓；不管中醫西醫，只要能治病者之醫，乃是好醫。等都是魯迅「拿來主義」的精神與實踐。

　　中國的崛起，中國人頂天立地的站起來了。在這個二十一世紀裡儒家孔孟思想爲主軸的東方型文藝復興將可貢獻世界。孔孟思想的共產主義（大同世界）勢將取代過去的馬列

思想的共產主義。中華人民共和國憲法中的「四個堅持」終將被撤走。為了中國的長治久安，那些所謂的國協、邦聯、聯邦等均不適合於中國。一個自由、民主、均富、和平、法治、人權而且統一的中國即將到來；那是中華民主共和國的輝煌時代。

第十一篇

閩南文化與文明

第一章　閩南學派與新「新儒學」
── 閩臺的和平特區的建構

第一節　新「閩儒」

　　閩南學（Minnanology）本可以成學，但尚未成學；閩南學派（Minnanese School）本可以貢獻給社會國家，但尚未成型、成派。閩南學應以中華文化爲本位，而與全球普世價值相接軌；閩南學派則應以新「新儒學」爲主軸。朱熹的新儒學（Neo-Confucianism）有其時代性，但是新「新儒學」（New Neo-Confucianism）卻是與時俱進的。「入世」的臺灣閩南文化是「新閩儒」的典型，它是富有功利性儒學的特質，也與清朝乾隆嘉慶年間戴震等的皖儒蘇儒相似，它具有經濟發展的潛在動力。

　　中華文化富有「五族共和」「多元一體」的時代意義，而閩南文化正是中華文化「一體多元」的具體表現。臺灣的閩南文化甚有特色，這是歷史、地理、人文等因素所形成的。臺灣的「新閩儒」（入世功利型的閩儒）是朱熹閩儒的臺灣本土化，亦可稱之爲「臺儒」。「臺儒」入世的本質乃是新

「新儒學」的重要內涵。[1]

第二節　閩南學

　　閩南文化圈的許多不同成員是閩南文化的「一體多元」化。閩南文化源自中原文化，它乃是中華文化的一支，但是其亦有分支；此亦是中原文化在閩南本土化「落地生根」的結果。這也已有一千多年的歷史。閩南地區原為「南蠻」越人的故土，越人的族群眾多，號稱百越。因為越人同中有異，是有後來的泉州、漳州、潮州等大同小異的閩南人。其實當今閩南語系的同胞約有十大族群，這包括漳、泉、廈等閩南三角州地區、潮汕地區、閩西龍巖地區、浙江溫州地區、廣東湛江流域地區、海南島地區等的許許多多縣治、東南亞等地的華僑以及臺灣（包括金門）等皆為閩南文化圈主要成員地，其人口應在六千萬至八千萬人之間；其中以臺灣閩南文化人口為最多，約在一千七百萬人以上。

　　中華民族「五族共和」是「多元一體」的時代意義。漢、滿、蒙、回、藏、苗、越、壯等八大族群人口數量佔了中華民族五十六族絕對大多數的人口。中華民族是各民族的綜合體，是乃「多元一體」的表現。上述各族群均有其個別地區文化的特色，例如藏文化、蒙文化、回文化以及漢文化、越文化等等。就以綜合體的大漢文化為例，亦有所謂的楚文化、

1　道教是入世的思想，人們理性的追求福、祿、壽等目標是正確的，尤其是民間信仰例如馬祖的信仰等也來自道教的思想。道家與道教同源但異途。

秦文化、齊文化、魯文化、吳文化等等分支。何況文化與文化之間是可交互融合和融和，這是中華文化「合和」的本質；「一體多元」，「多元一體」等不斷融合與融和，進而不斷的創新。因此構成中華民族是富有生命力的民族，中華文化也因而生生不息。閩南文化圈即是其可見的一斑，自有其特色。

　　臺灣閩南文化是整體閩南文化的一支，它當然與中華文化息息相關；臺灣文化與臺灣閩南文化卻是一線之隔。臺灣文化曾被誤以為是臺灣獨立的理論基礎。臺灣閩南文化已締造了臺灣現代化文明的現實。戰後六十幾年來臺灣在推動市場經濟、民主政治、多元社會等的貢獻已被深深被世人肯定，但有些爭議。

　　臺灣閩南文化乃是臺灣學（Taiwanology）的基礎。臺灣學與閩南學（Minnanology）之間的互動至為重要。除了形成閩南金三角的經濟特區具體成就之外，可進一步推動閩南文明特區，同時也期能完成「閩臺一家親」的和平特區，此舉世關注。

第三節　儒、釋、道

　　閩南文化所屬各次文化地區皆有其文化特色。文化並無所謂的優劣之分，但其對於文明普世價值的經濟發展是有所不同的。例如泉州的文化或許對於工商業發展比較有利，而漳州的文化或許對於農礦業發展比較有利。在一九七八年中國改革開放以前的泉州經濟比不上漳州；反之在一九七八年

中國改革開放以後的泉州經濟遠遠超過漳州，而且其差距將是越來越大。究其原因：泉州面向海洋的經濟發展模型顯然與擁抱大地的漳州經濟是有所區別的。臺灣閩南文化是環繞著海洋，其在經濟發展的表現當然與泉州、漳州，甚至於與潮汕地區等有所不同。

　　臺灣的閩南文化自有獨特。臺灣一島移民社會，歷經多次外族統治等因素，造成臺灣同胞缺乏安全感和富有投機性和功利主義的區域民系性格。馬祖民間信仰特別發達自有其道理。臺灣閩南文化儒釋道結構中則似偏向於道教文化思想性質，這與泉州閩南文化相似而不相同。漳州的閩南文化則似偏向於儒教文化思想，而潮汕閩南文化則似偏向於釋教文化思想；這在經濟發展的表現上當然有所差異的。[2]

第四節　臺灣佛

　　閩南學術文化的基本精神。中國經濟文化本體上可以分為稻米文化圈、小麥文化圈和畜牧文化圈等三大塊。閩南經濟文化圈為稻米文化圈的一個重要成員。這個稻米文化圈的人文特色是人們重視理性、務實與功利；這與小麥文化圈的人文特色人們強調義氣、忠厚與真誠的看法有些不同，這更與富有霸氣又豪放且感情的畜牧文化圈也有著明顯的差距。因此閩南文化圈人們的行為方式是比較「入世」的。這尤其

2　魏萼，《中華文藝復興與閩南文明》，文史哲出版，臺北·臺灣，二〇〇七年，第五十八頁至七十一頁。

以臺灣的閩南文化最具代表性。

　　臺灣的儒家思想不只與人文科學相結合，它更要與社會
科學、管理科學、自然科學，甚至於與科學及技術相結合，
所以說這是與「外王」「內聖」的結合。此外臺灣的佛教也
有其獨特。譬如說臺灣佛光山佛教會、慈濟功德佛教會、法
鼓山佛教會、中臺寺佛教會等四大佛教體系，雖然源自中國
東南的大乘儒教傳承，但卻有臺灣本土生根的特質，其「入
世」的成份相當濃厚，其發展潛力較之東南沿海各地的佛教
基地亦有不同；有其獨特的生命力和發展的動力。這就臺灣
閩南文化息息相關。具體的說這是「入世」的臺灣佛教。另
外，臺灣的儒家思想亦是「入世」的儒家思想－新「新儒家」。

第五節　新新儒

　　南宋大儒朱熹整合了儒釋道等思想重新解釋儒學的精義
是乃新儒學（Neo-Confucianism）的新紀元。朱熹新儒學在
儒學學術史上的意義重大，具有劃時代的訊號；朱熹在中國
文化思想上的貢獻是永垂歷史的。不過朱熹的新儒家思想被
誤解了，它使之無法與時俱進，於是變成了時代經濟發展的
障礙物。他的學術思想有功，但在實踐上難免也有過。朱熹
曾任漳州刺史，也在漳州各地講學，他的學術思想影響閩南
甚為深遠（尤其是漳州的學術發展史）。這也是建議重新檢
討朱熹儒家「閩學」的動機所在。新「新儒學」於是有進一
步推展的學術空間。這個新的學術思想是一九九七年七月一

日香港回歸祖國以後的學術觀念，也是臺灣閩南文化的主軸思想之一。這個學術觀點與泉州學所謂「海上絲路」學術思想可以相接軌；這或許也可以做為「閩南學」理論建構的核心思想。這個入世的儒家學術思想也可提供做為「閩南學派」的參考。

第二章　漳州海商文化之重建

第一節　海洋文化是經濟發展的動力

　　西方世界自從西元一四九二年義大利人哥倫布（Christopher Columbus, 1450-1506）發現新大陸之後展開了航海世界的新紀元。此後海洋文明逐漸取代大陸文明。繼之西方重商主義興起；荷蘭人、西班牙人、葡萄牙人等的崛起，他們創造了世界新的海上貿易新紀元。他們不但開展重商主義「互通有無」賺取金銀的新觀念，也興起了資本主義殖民世界的新風潮。他們因資本主義而崛起的思想觀念或許不足取法，然而他們從商致富的經濟行為是新的「普世價值」。這已使西歐自從文藝復興之後由於經濟發展進而創造了西方文明，因此領先世界文明五百多年。其中英國產業革命和古典派比較經濟利益原則的經濟理論，展開了國際貿易和分工，也帶動了國際間的經濟發展和全球性的人民福址。

　　當今全世界經濟已開發國家的北美、西歐等地其對外經濟貿易與對內經濟的發展等「相關」；對外貿易是一個經濟發展的發動器。戰後的亞太儒家文化經濟圈也是如此；戰後的日本、韓國、臺灣、新加坡和香港等的經濟發展與對外貿

易的實證情況也是如此。一九七八年鄧小平改革、開放以後的中國經濟崛起，此與對外經濟貿易的相關性也甚為顯著。

此外上述儒家文化經濟圈的國家或地區與海洋文化也有密切的關係。其中韓國、臺灣等曾為日本人的殖民地，香港、新加坡等曾為英國人的殖民地，而日本一八六八年「明治維新」以及一九七八年改革、開放的中國等也是儒家文化與海洋文化相結合；這是中國的「小平維新」。儒家文化與海洋文化相結合產生經濟發動的動力，促進這個地區人民的經濟福址。[1]

第二節　漳州經濟擁抱大地、臺灣經濟環繞海洋

當前中國經濟發展也是以沿海地區最為旺盛；而沿海地區的珠江三角洲、閩南金三角、長江三角洲等地區因為接近海洋文化，比較容易發展「外向型」的經濟，其有利於輕工業、重工業以及服務業的發展，這些服務業包括金融業、保險業、航空業、航海業以及其他相關技術密集、資本密集等產業的發展。相對的廣大的中國內地，其經濟發展就沒有這些海洋經濟的優良命運。就以閩南金三角地區的漳州、泉州、廈門等經濟發展也有區域內比較文化特色的不同而有所不同。同屬閩南文化圈的臺灣經濟亦有其特色。

---

1 余英時，《文明論衡》，高原出版社，香港，一九七〇年，第一頁至二十一頁。

　　漳州經濟「擁抱大地」、泉州經濟「面向海洋」、臺灣經濟「環報海洋」，因為此三地文化背景彼此不同，其所展現的經濟發展結局亦當然有所不同。[2]文化與宗教是經濟發展「另一隻看不見的手」。[3]文化雖無所謂的優劣之分，但對於經濟發展的程度卻有不同；經濟發展是文化邁向文明的動力。同屬閩南文化圈的漳州、泉州與臺灣等的文化互有特色。[4]從經濟實證得知漳州經濟發展不如泉州，而泉州經濟發展又不如臺灣。關鍵因素是閩南文化的海洋文化性格各地均不同。

　　改革、開放以前的泉州經濟尚不如漳州經濟的百分七十；改革、開放以來三十年的泉州經濟已經超過漳州百分之三十以上，預料這差距還在擴大之中；主要原因乃是泉州經濟在工商業發展的勢頭、潛力遠在漳州之上。[5]漳州人靠著傳統的農業為生；雖然漳州土地肥沃，是閩南的一大穀倉。漳州人基本上可以自立更生，不太必要去依賴其他外來經濟力量，例如工商業等。因此其在工商業的生命力就比較薄弱。漳州人的民系性格也比較憨厚與自信；漳州人民風保守，他們依靠耕讀傳家，缺乏經濟發展的創造力和生命力，不利於工商業的發展。農業經濟的成本與效益比率（簡稱本益率）是比不上工商業的，其所創造的國民總生產數字不大。這是

---

2 約翰・蓋伯夫著，孫成煜譯《群體貧窮本質之探討》，今日世界出版社，臺北・臺灣，一九八五年，第七一頁至七十九頁。
3 魏萼，《中國國富衡》，時報文化出版公司，臺北・臺灣，二〇〇一年，第一〇一頁至二〇〇頁。
4 魏萼，〈福建的文化與文明〉，《福建》（通向臺灣之大道），牛津出版社，牛津，英國，一九九六年，第一頁至二十頁。
5 同註4。本著作英文版的編者為 B.Hook。

農業社會的天性。泉州人的經濟生命力強，不但有利於其發展工商業，也有利於其發展對外貿易。因此在改革開放以後的泉州經濟發揮其應有的經濟創造力和生命力，其工商業日新月異，成績亮麗。泉州是有「海上絲路」的重鎮，自唐代以後即是重視海外經濟，尤其興盛於宋元時期，至於明朝中葉以後開始衰落。

　　泉州人的民系性格比較務實、理性、求真、求是以及冒險、進取的精神。在宗教以及民間信仰方面比較傾向於「入世」的態度，所以泉州的道教和禪宗佛教比較發達。道教雖然從道家發展而來，其重視福祿壽等的現實生活與功利主義，完全符合於經濟發展的要素，這是泉州人「面向海洋」的人文性格，難怪能夠在改革開放以後重現經濟發展的生機與潛力，因此其經濟發展成果，令人刮目相看。

第三節　朱熹思想與漳州的農業社會

　　漳州人除了富有農人的民系性格之外，儒家思想在漳州也是根深蒂厚的，這尤其是宋儒朱熹「新儒學」的影響力特別顯著。[6]朱熹的儒學重視「去人慾，存天理」的功夫，其強調義理的意義，並且重新解釋君子與小人的區隔性，甚富當時的學術價值、令人敬重。但是宋儒朱熹的儒家思想與中國農業社會相結合，無法「與時俱進」和「因地制宜」，使得

---

6 南宋紹熙元年（西元一一九〇年），朱熹被任命爲漳州太守，歷時一年。

「閩儒」衍生許多的「腐儒」，此深深影響了中國的經濟發展。朱熹曾任漳州的太守；他在漳州設立書院，教育鄉民，推展儒學，其貢獻卓著。[7]

朱熹的閩儒是融合儒佛道思想於一體；此是儒學的新思想、新時代。朱熹儒學富有「整合性、持續性和創新性」的意義；朱熹儒學也富有「一以貫之，與時俱進和本土化」的特性。朱熹儒學的學術性、教育性和政策性等應給於肯定的，然而八百多年來，歷經宋、元、明、清以至於民國等各朝各代，這難免將儒學世俗化、政治化、腐朽化和醬缸化了，其已失去了原來儒學的真義，因此其實用價值自然減退。這些異化的儒家思想對於經濟發展是沒有幫助的，因為這些儒學的腐朽與漳州農業社會有關；不能「與時俱進」以及「因地制宜」的儒學其已失去儒家思想的價值，這不能稱之為儒家思想。因此我們認為漳州農業社會經濟無法擺脫停滯狀態，這或許與朱熹的儒學「異化現象」有關。

日本在十四世紀江戶時期也是崇尚朱熹的儒學，但在十九世紀明治維新以後則所崇尚的是王陽明的儒學。非但如此，日本還能夠垂直的融合奈良時期儒教、鎌倉時期的道家以及江戶時期的儒家一以貫之成為日本的武士道精神。這些日本的新文化創造日本的新文明。這漳州人要效法的，也是中國經濟發展要檢討的一個文化力量。

7　陳國代，《朱熹在福建的行蹤》，作家出版社，北京・中國，二〇〇七年，第九十八頁至第二二一頁。

第四節　臺灣人的民系性格與經濟發展

　　臺灣曾被日本統治了五十年，臺灣多少秉承了日本儒學的真傳，其儒家思想也多少是「入世」的；這另一方面乃是臺灣移民社會所造成的。臺灣本是孤島蠻荒之地；荷蘭人於明天啟三年（西元一六二三年）開始統治臺灣，以後的三百多年以來，漢人不斷移民臺灣，尤其是閩南人和客家人居多數。漢人之所以移民到臺灣，基本上是為了討生活。來自福建的閩南人渡過臺灣海峽來到臺灣是有目標的，過程是千辛萬苦的。這些移民者是有決心、有勇氣才能冒此渡海的危險到達臺灣。一旦到達臺灣之後就是落地生根了，雖然他們也想落葉歸根回到閩南家鄉，其實這個想法是不實際的；換言之，他們落地生根以後「日久他鄉即故鄉」。在臺灣的閩南人是為了生命、生存、生計、生活、生涯等等目的，再加上臺灣海島環繞著海洋的許多客觀因素，何況還經過日本很用心的殖民臺灣五十年，這多多少少已形成了臺灣人的民系性格的特色。臺灣人與漳州人、泉州人、廈門人等都是同根同源，同屬閩南文化圈，也就是中華民族的炎黃子孫，但他們有特色；那是有冒險患難和風雨同舟的民系性格；他們求真、務實、勤勞、節儉、堅毅、樸實等等特質充分顯示在所謂「愛拼才會贏」的精神層面上。他們在表面上呈現出很隨和恭順的姿態，事實上內心裡卻很有所堅持，即所謂的「表面柔順

但有所堅持」。[8]日本人統治臺灣時的第四任總督兒王源太郎時的行政長官後滕新平曾說臺灣人「畏威而不懷德」的看法，大致是正確的。這也可以從臺灣人對於馬祖海神的崇奉堅定不移的心志得到答案。他們信奉女神天后的保佑下得到平安，另一方面會揭力的去拓展海上、陸上的市場經濟以求經濟力量的報酬。這與西方資本主義世界信奉基督新教後發揮市場經濟的功能，用以累積經濟財富等的企業家精神在本質上是殊途同歸的。臺灣本爲蠻荒之地，開拓遲，誠如台史公連雅堂所說的臺灣本無史，荷人啓之，鄭人作之；[9]可是臺灣經濟發展，始終領先福建閩南的漳泉等地，遂有「孔雀東南飛」之美名，也因此不斷吸引漳泉等閩南移民；在經濟發展的表現上漳州不如泉州，泉州不如臺灣。關鍵在於經濟文化的差異。文化與宗教是經濟發展的動力，也是決定經濟發展另外一隻看不見的手。民族文化、民系性格的基因似有超穩定的力量，它也可代代相傳；不容易突破。質言之，臺灣、泉州、漳州等閩南文化重鎮，如何彼此交流、互動，用以彰顯市場經濟的功能，尤其是海洋市場經濟的時代性意義，刻不容緩。

　　漳州的海洋貿易經濟始明代中葉；當時因爲泉州的海權逐漸勢微。泉州港的功能源遠流長，在宋元期間逐漸趨於鼎盛，尤其是義大利人馬哥勃羅（Marco Polo，1254-1324）　曾

8　魏萼，《中國文化與西方文明》，文史哲出版社，臺北‧臺灣，二〇〇八年，第一頁至二十七頁。

9　魏萼，《中華文藝復興與臺灣閩南文明》，文史哲出版社，臺北‧臺灣，二〇〇七年，第七十五頁至一五〇頁。

譽泉州爲東方威尼斯；可見一斑。由於泉州河川淤塞和倭寇
騷擾日盛，漳州於是取代了泉州港的許多功能。漳州港在清
末鴉片戰爭以後，其重要性逐漸被廈門取代。

第五節　漳州要擁抱世界，走向世界與貢獻世界

　　如何加速漳州經濟發展，開拓海商貿易、市場經濟均是
一個關鍵性的議題。但如何改善漳州人的經濟文化體質可能
是一個重要的切入點。漳州人重視耕讀傳家，文化行爲上呈
現安身立命、安土重遷、安份守己、安貧樂道、安享餘年等
保守主義、封建主義的心態，缺乏功利主義居安思危向上性
格的心志。這些保守主義、封建主義的消極、被動思維若一
日不除，則漳州經濟發展將難有突破之明天。

　　漳州人要有「立足漳州、胸懷中國、放眼世界」的志氣
與胸懷；漳州人也要「擁抱世界、走出世界、貢獻世界」的
氣節與抱負。漳州人更要有「面對現實、徹底反省、大智大
仁」的智慧與慈悲。其目的乃在於以調整漳州文化經濟體質，
重新啓動漳州經濟發展的大門。

　　漳州人要善用其經濟發展的優勢，結合海內外閩南人的
經濟發展資源，尤其在臺灣、香港、新加坡等地的資源；以
拓展航空、航海、金融、外匯、保險、科技、環保、觀光旅
遊等現代化的各行各業。其重點乃在於發展高科技的產業以
及服務業，此必要與全世界經濟之開發地區相接軌。這些都

是漳州經濟發展的走向，也是漳州面向產業升級的正確途徑。漳州經濟主要方向是「以農立鄉、以工強鄉、以商富鄉」；其中農業，在漳州已有相當的基礎，工商業的現代化走向是主要任務。

文化是文明的種子，文明是文化的花朵。[10]文化的不同會產生經濟發展上的差異，進而影響文明的現實；因此研究漳州海商文化的意義甚為深遠。特別是漳州傳統農業文化對於推動漳州經濟發展的得失有待進一步檢討的必要。中國經濟發展要剷除三座思想大山，即是保守主義、封建主義、功利主義；這三座思想大山我們漳州人也要徹底檢討。朱熹宋儒甚富學術性，然而八百多年來的閩儒難免無法與時俱進，因而產生腐朽儒學，此足以影響經濟發展，也值得進一步探討何者乃是新「閩儒」或新「新儒」的時代意義。還有漳州是閩南文化圈的重鎮，如何接合各地閩南文化圈成為中華儒家文藝復興的策源地，那其價值更具前瞻性。

10 黃秉泰，《儒學與現代化》，社會科學文獻出版社，北京・中國，一九九五年，第一七六頁至第二二八頁。

第三章　從閩南文化到閩南文明

第一節　中國民主之路，閩南先行

一國經濟發展到相當程度之後，一定要發展其民主政治；這是一個普世文明發展的規律，中國也將不例外。臺灣在邁向現代化過程中也是先發展其經濟，爾後發展其民主政治。然而臺灣實施西方民主政治的方式，不適合於中國。既然民主政治的發展在中國是個必然的趨勢，則必須正確面對；這當然是中國之希望，也是中國人的前途。

中國邁向民主之路，閩南之行。如何建設閩南（金三角）成為一個富有中國特色民主政治的模範特區，其意義重大。

第二節　富有中國特色民主政治的實驗區

第三屆閩南文化研討會已於二〇〇五年十一月底在福建漳州召開了。會議是很成功的。類似的閩南文化研討會也曾在福建的廈門、泉州召開過。藉著此次的會議，筆者有機會多次看到閩南金三角（漳、泉、廈）地區的繁榮和進步，內

心無比的喜悅與敬佩。

　　的確自從一九七八年改革開放以來，閩南地區的經濟有了翻天覆地的變化，這不能不感激百年來中國巨變中的偉人鄧小平先生「一言興邦」的貢獻。若沒有他的遠見，那會有今天閩南經濟發展的奇蹟呢？閩南的經濟發展與閩南的文化息息相關。閩南經濟、文化等的發展之後，這必須重新檢討和面對閩南地區的民主政治發展，特別是要建設閩南金三角成爲一個社會主義民主政治的模範特區。這正是一個富有中國特色民主政治的實驗，也將是一個典範。

　　漳、泉、廈閩南金三角地區與臺灣的文化與經濟等關係密切，這毋庸再贅述。臺灣與大陸同屬中國的一部份，而是實施不同的政治、經濟與社會制度。臺灣邁向現代化過程中那些正面或負面的經驗均可做爲中國大陸的參考。對於中國大陸來說，過去許多學者專家均暢談臺灣的經濟發展經驗，鮮有人提及臺灣的政治發展經驗得失，特別是臺灣民主政治發展的經驗；其有正面的價值，也有負面的教材。

　　臺灣邁向現代化過程中先發展經濟；經濟發展到一定水準之後，政治發展必然隨之。臺灣民主政治發展過程中方向雖然正確，但其也有許多亂象，值得警惕；換言之，臺灣民主政治發展的方向正確，其方式則有待斟酌。所以在此強調建設一個富有中國特色民主政治的重要性。

第三節　中國民主政治發展的模式

　　民本是中國政治思想，它含蓋的意義有兩層，先是「爲

民做主」，後為「以民為主」。在一個經濟落後，民智未開、民品低劣的社會確實無法實施民主政治的，但一個經濟發展到某一階段後，因為民智已開、民品高尚，此時卻非實施民主政治不可。臺灣現代化的經驗正是如此。中國大陸經濟發展到相當水準之後，也必需「與時俱進」實施一個富有中國特色的民主政治。這個嚴肅問題一定要認真面對，不能逃避。問題是富有中國特色的民主政治是什麼？它如何與西方的民主政治接軌、脫軌。換言之，中國走向民主政治是遲早的事；它的方向甚為明確，但方式有待研討。

　　中國民主政治的發展是順應國內外發展中的時代潮流，這與中國傳統政治思想也相符合。二○○五年十一月中共發表了「民主白皮書」強調富有中國國情的民主制度，這個看法甚是正確。然而中國特色的民主政治是什麼？臺灣模式，香港模式（含澳門模式）、新嘉坡模式、日本模式、韓國模式等等均有其利弊得失，可以檢討、參酌。可是中國地域廣闊，況且各地經濟發展狀況不同、文化水平互異，絕對無法全面實施民主政治，這必需先找到一個比較恰當的民主政治試點（或實驗區）。筆者認為閩南金三角的漳州、泉州和廈門是個率先實施民主政治的好地方。如何建設閩南金三角成為一個富有中國特色民主政治的模範特區，甚為重要。閩南金三角與臺灣關係密切；臺灣實施了近似西方民主政治之後，形成臺灣政治的亂象，值得警惕。閩南金三角的現代化應依中國的國情擬訂並實施優良的民主政治模式，然後逐步推廣到整個中國大陸。

第四節　閩南文明特區的形成

　　閩南文化圈是指講閩南語言等有關的文化地區，這包括福建的閩南金三角、臺灣的大多數縣市、廣東的潮汕、湛江等地區、海南的許多縣治以及廣大東南亞的僑社等等地方的同胞，其所包含的人口，應已超過六千萬人。這些地區的文化源頭活水當然是中華文化為主流的中原文化，經過大約一千七百年的中原文化南遷，落實在上述的文化地區，尤其是以漳泉廈等乃是閩南「母文化」的中心點。

　　閩南文化所屬的地區由於地理與文化等的優越性，其在經濟發展傑出的表現，已自然形成「閩南經濟圈」的模型，這已在這些地區內外加速推動了經濟發展。特別是一九八〇年代以後閩南金三角的經濟特區，促進了閩、臺、港、澳以及東南亞僑社的經濟成長，這已令世人刮目相看。「閩南文化圈」推動了「閩南經濟圈」，而「閩南經濟圈」又發展「閩南文化圈」，這是一種「閩南文明」的良性循環。「閩南文明」不僅是指閩南人經濟「生活水準」的提高，還要求閩南人文化「生活品質」的提昇。生為閩南人的筆者當然關心閩南人的文明與福祉。因此，在二十年前的一九八〇年代曾大力提倡「閩南經濟特區」的觀念；在十幾年前的一九九〇年代則呼籲促成「閩南文化特區」的形成。今日的「閩南經濟特區」、「閩南文化特區」等的規模多少於焉形成，可喜可賀。但在這個二十一世紀裡，尚待進一步推動的自然是「閩

南政治特區」了。如此可以使「閩南文明特區」水到渠成，臻於完善，以邁向全球化的普世價值。在此願意強調的是：臺灣閩南文明發展的經驗與過程雖然有許多缺失，但其發展的方向是正確的。

第四章　陳元光精神與漳州的海商文化

第一節　漳州商人貢獻了海外中華

　　開漳聖王陳元光的精神是蓽路藍縷、開拓創業的文化，他們自一千多年以來從中原中國衣冠南渡到閩南漳州，進而從閩南漳州移民到南洋或臺灣等地創業；其過程備極艱辛，但他們貢獻是永垂歷史。

　　漳州人的驕傲在海外，漳州人海商文化的重點亦不在漳州。漳州人貢獻了海外中華，但對於漳州本地產生的大企業家、大思想家、大藝術家、大科學家、大建築家等並不多見，甚至於這些海外中華的英雄回饋家鄉漳州、建設漳州的具體表現亦不甚多。這種現象很像當今世界上的猶太人。[1]漳州人創造財富在海外，這與當今許許多多經濟「開發中國家」一樣，其資金、人力均是外流的，流向經濟「已開發國家」，使這些「已開發國家」的經濟與文明有錦上添花的現象。如何扭轉這個形勢，使漳州不再是個經濟的「散財童子」而確實真正成為閩南文化經濟圈的「聚寶盆」，這是當前漳州人

1　宇野正美著，吳玉貴譯，《認識猶太人掌握世界（猶太的世界戰略）》，臺北國際商學出版社，臺北‧臺灣，一九八七年，第四頁至二十一頁。

的使命。

第二節　陳元光文化的精神

　　五胡亂華之後，中原人士大舉衣冠南渡。中國歷史的變遷中似乎有一個規律：政權經常來自北方，民族則是紛紛南移。隨著政權的更替、民族的遷移，中國版圖日益擴大，中華民族日益融合，中華文化日益精深。開漳聖王陳元光拓殖漳州的精神正是這個典型。

　　陳元光精神是代表著冒險患難、開疆拓土、拓殖創業、奮發圖強、求真務實以及和平和諧等的意義。陳元光精神是富有生命力的，它不斷拓殖創業的行徑不但賡續了中華民族的命脈，也厚植了中國市場經濟的基礎。此外，漳州人移民的民系性格有「落地生根」的特質，貢獻了僑居地的經濟，也富裕了僑居地的民生。這是陳元光精神與漳州海商文化的意義。漳州海商文化曾是中國「重商主義」史上一個重要的環結。[2]

　　陳元光精神有「移民性格」的特色，因此漳州海商文化也有「移民性格」的基因。漳州人向海外移居的風潮一直盛行。漳州人移民到東南亞各地以及臺灣者為數甚眾，而且有「落地生根」的傾向；他們在僑居地「安土重遷」、「落地生根」，也貢獻了僑居地的經濟發展與現代化。漳州的海外

2　林仁川，〈漳州月港督餉館的功能和性能〉，《漳州海商論壇論文集》，政協漳州市委會漳州，福建，二〇〇九年十一月，第十九四頁至二十四頁。

華僑是否有「衣錦返鄉」或「落葉歸根」的現象呢？這是有的，但為數不多，這包括所謂的僑匯亦復如此。漳州的海外僑民有成就者甚多，他們有企業家、工程師、學者、文學家、藝術家、醫師、律師等等，但他們在海外，而不在漳州。時值二十一世紀的今日漳州，應以「與時俱進」和「因地制宜」的眼光來發展漳州本地經濟，要以科學的發展視野來看陳元光精神與漳州海商文化。

第三節　漳州的海商貨殖文化

太史公司馬遷《史記》中「貨殖列傳」強調市場經濟與私有財產制度的功能，其所謂人潮熙熙、攘攘，皆以利趨、利往之，這與西方經濟學之父亞當・史密斯（Adam Smith, 1723-1790）所著《國富論》（The Wealth of Nations）所強調的「利潤」與「一支看不見的手」為是推動經濟發展的主力；其意義相似。[3]

漳州港曾經繁榮鼎盛，特別是明代中葉至清代鴉片戰爭之前的漳州月港。明代中葉以後的泉州屢遭倭寇的侵凌，何況當時泉州港河川淤塞不利航行；於是泉州有所謂東方威尼斯美號已不復存在。漳州遂將泉州取而代之；漳州海商一時繁盛。漳州人下南洋可溯自唐代，歷經宋元二代，直至明代則是商務與移民頻繁，有大量的漳州人移民印尼、菲律賓、

---

3 亞當・史密斯（Adam Smith）原著，謝宗林、李華夏（合譯），《國富論》（The Wealth of Nations, 1776），先覺出版社，臺北・臺灣，二〇〇〇年。

新加坡、馬來西亞以及中南半島的越南、泰國等地。漳州的僑民先到海外經商，進而在僑居地「落地生根」。漳州人深受儒家思想的影響，家庭觀念甚重。漳州人在海外經商本有「落葉歸根」的想法，但是因為遠渡重洋，返鄉不易。基於現實生活環境的考量，一般來說，他們「落地生根」的可能性增高；隨之所謂僑匯也逐漸減少。他們在僑居地代代相傳，成為當地社會經濟的新生力量。這也就是漳州人貢獻「海外中華」的由來。

河洛人乃是漳州人的主要來源，一千多年來他們的祖先翻山越嶺、衣冠南渡陸續來到百越民族的故居，也逐漸成為百越之地的新主人。繼之，漳州的海商文化正是促成這些河洛人遠渡重洋到海外謀生、創業，進而開拓了「海外中華」的新天地。

第四節　漳州人是中國的「猶太人」嗎？

猶太人對於世界文明發展是有貢獻的。猶太人散居全球各地，其在科學、技術、醫學、文學、藝術、天文、地理、政治、經濟等等領域的成就是世人有目共睹的。就以在美國的猶太人為例，猶太人只佔全美國人口的百分之三左右，然而其國民生產毛額佔美國百分之七；科學家則佔美國的百分之二十以上。[4]漳州人在海外僑居地的成就及其貢獻亦是如

---

4 同註 1。

此。猶太人對於其祖國以色列的貢獻雖然是明顯，但並沒有想像中的那麼傑出。這或許與以色列地區是中東的火藥庫有關，然而最主要的是與猶太人的民族文化性格有關。

猶太人富勤儉、耐勞、求真、務實、冒險、刻苦等善良的習性，這些都是猶太人散居世界各地居安思危，富有求生存、求發展的本能。猶太人是有智慧的，他們很聰明而且有進取心；尤其是在海外，他們展現的是團結合作的現實，而在海內（祖國以色列）則表現出似有相互排斥的現象。這種情況漳州人似也有警惕。

漳州是重要的僑鄉，當然有僑匯，可是並不算太豐富，甚為可惜。漳州的人才是外流的，但資源也並沒有太多內流。經濟「已開發國家」是人才與資源是內流的，這是「錦上添花」的現象。當今的美國與西歐諸國等經濟「已開發國家」就有這種好處。她們呈現著經濟發展的「良性循環」，而許許多多「開發中國家」的經濟就沒有這麼的幸運。這是一個很現實的經濟發展上的問題。漳州人才與資源外流，這也是一個事實。所謂的漳州海商文化曾經是漳州人的驕傲；如何重整漳州海商文化，發展貨殖「重商主義」經濟的本質，創造在漳州本地經濟的「良性循環」，時機似已經到來。

第五節　海峽西岸經濟的「聚寶盆」

當前世界發展潮流是人們往文明地區的方向行走；這包括人才、資金在內。因此有所謂貧者愈貧、富者愈富全球南北差異的現象；這個當前的世界是現實、功利，也是缺乏國

際正義的。

　　漳州是以農業為本位的經濟特色。漳州地區土地肥沃，適合農林漁牧產品的生產，有利於漳州人擁抱大地以發展農業。但是農產品的附加經濟價值偏低，因此漳州的國民生產毛額相對低落。漳州人的農業社會心態比較保守，其表現出來的是「安於現狀」的靜態思維。這也是漳州經濟發展難有突破的瓶頸。漳州人才外流、資金外流的現像早已成為事實。這個靜態的惡性循環必須突破，才能轉變漳州經濟發展的現實。換言之，漳州經濟發展的體質必需改變。漳州如何達成「以農立鄉」，「以工強鄉」、「以商富鄉」的經濟結構等甚為重要。具體的說，漳州經濟必需轉形、必需從本質上的改變做起。這有賴政府的「拉力」來帶動漳州經濟發展。

　　漳州自從唐武后重拱二年（西元六八六年）正式建州以來已達一千三百多年，這是一座歷史名城與寶地。漳州人有歷史上光輝一頁，此階段性任務業已完成。展望未來漳州經濟有待及時的突破與轉形。[5]

　　值此海峽西岸經濟發展正熾時期，漳州可乘機因勢利導，把握住此關鍵時刻發展一些指標性的經濟產業和文化產業，以提高漳州經濟水平和文化水平。其目的在於透過市場經濟來吸收外來人才與資金使漳州成為海峽西岸經濟的「聚寶盆」；過去漳州不但吸引不到外來豐富的人才與資金，況且也有漳州人才與資金外流的疑慮。漳州人不做經濟「散財

5　《漳州府誌》（萬曆版），漳州市圖書館。另請參閱林祥瑞、劉祖陛，〈論陳元光的歷史功績〉，《陳元光國際學術討論會論文集》，廈門大學出版社，廈門，福建，一九九三年，第十二頁至二十三頁。

童子」，要成爲經濟「聚寶盆」的先驅。其實漳州人在漳州似也有英雄無用武之地之慨。

　　海峽西岸經濟大至少包括福建、浙江、江西與廣東等省、幅員廣大、人口眾多、其經濟基礎雄厚。這些都可以成爲漳州經濟發展的腹地。準此，經濟轉形時刻的漳州適宜發展一些經濟附加價值高的產業或許是一個重要的方向。另外漳州需要興辦一個高水準的綜合性大學，還有漳州亦需要有一些夠水準的圖書館、博物館、音樂廳、歌劇院等等文化設施，此目的在於創造漳州文化、文明的條件，進而加速其成爲閩南文明圈的重鎮。[6]

第六節　中華民族、文化的大融合

　　閩漳聖王陳元光的南下閩越「蠻獠」地區的另一意義，是促成中華民族與文化的大融合。華夏神州中原文化源自黃河洛水，地跨河南、山西與陝西等省，是乃九州故地。[7]華夏神州亦是中華民族與中華文化的發祥地。中華民族是各民族的大融合，中華文化也是各民族文化的大融合。中華民族文化有海納爲川，有容乃大的特質；甚富包容性，也甚富融合性。陳元光的南下漳州促成中原文化和閩越文化的交流與融合，貢獻卓著，也促成了河洛民族與閩越民族的交流與融合。

---

6 魏萼，《中華文藝復興與臺灣閩南文明》，文史哲出版社，臺北·臺灣，二〇〇七年，第一八八頁至一九三頁。

7 同註5。

孔子作《春秋》，此乃魯國歷史。魯國原爲東夷故地，中原民族東入夷地，展開華夏民族與東夷民族的融合。孔子的《春秋‧公羊》的《三世說》中闡明華夷共處而融合的三步曲。清末康有爲《大同書》中亦有〈三世論〉，亦即據亂世，昇平世、太平世等的三個階段。中原華夏民族南下與閩越民族共處融合的過程亦經過此三個階段。[8]

福建本爲「七閩」之地，此乃以「蛇」做爲圖騰的百越民族故居；主要的有七種閩越族。此閩越族正是所謂蠻獠民族。當今漳州人則是閩越族之一支的本地人與中原華夏外來民族的結合。其所謂的閩南語乃是唐話，這個看法不一定正確，閩南語乃是中原官話與漳州地區閩越土語的結合而成。而中原官話中的山西、陝西、河南等地也有地區性的差異。何況百越民族的方言亦有地區性的差異，於是有漳州、泉州、潮州等地閩南話亦因地區性而有所不同。[9]

第七節　閩南文藝復興的策源地

十五世紀以後的西方文藝復興帶動了西歐以及北美的經濟發展和文明現代化。文藝復興之所以發生，乃在於西方曾經過中古世紀歐洲的「黑暗時期」經濟悲情過渡，後來外在因素起了變化，特別是十字軍東征和蒙古西征的刺激。整個歐洲經濟結構產生了基本的變化。「新經濟人」的崛起，進

---

8 康有爲的大同思想主要來自孔子的《春秋‧公羊》。
9 同註 5。

而對於藝術的熱烈渴求，於是展開了文藝復興的序幕。意大利的海商經濟文化扮演著舉足輕重的角色；而佛羅倫斯‧米蘭、威尼斯等地逐成爲西歐文藝復興的策源地。有了文藝復興就有了西歐重商主義的思想和產業革命，啓蒙運動和現代化的文明。[10]

漳州一向有「重農主義」的傾向，如何與時俱進從過去的「重農主義」轉換成爲「重商主義」的漳州，進而邁向文明的漳州，這是漳州的希望。文化是文明的種子，文明是文化的花朵；而文化邁向文明的橋樑是經濟的力量。漳州的重農主義文化在本質上必需轉形，才能提昇經濟發展的潛力，這是漳州能否成爲閩南文藝復興策源地的關鍵。

漳州乃是一個寶地，也是閩南文化圈的重鎮，又是當前海西經濟發展的聚焦所在；其地理位置以及時代意義有其獨特。這是漳州經濟脫胎換骨的良機，也是漳州貢獻中華文明的關鍵時刻，因此，漳州、泉州、廈門等閩南金三角的角色定位，並且如何有效的結合臺灣的文化與文明資源共創海西經濟發展與文藝復興的歷史共業，甚爲重要。

第八節　從重農主義邁向重商主義

漳州經濟一向重視農業，況且深受儒家文化的影響；耕讀世家安居樂業代代相傳，這在閉鎖性的農業社會裡，當然有傲人之處。因此朱熹宋儒在漳州是根深蒂厚的。這也難免

---

10 麥克尼爾（William H. McNeill）著，楊萬運、賈士蘅（合譯），《世界通史》，正中書局，臺北‧臺灣，一九七一年，第三五一頁至四八五頁。

產生儒家思想無法與時俱進的危機，這正是漳州有封建主義儒學據點的由來。

漳州經濟必需轉形；從重農主義邁向重商主義。換言之亦即如何從大陸黃土文明轉化成為海洋藍色文明。而且也要使漳州的海商文化從在海外的「落地生根」發展到在漳州的「落葉歸根」，其目的是要將漳州經濟從「散財童子」轉變成為閩南經濟「聚寶盆」的功能。

十六世紀的英國女王伊莉沙白一世的海洋經驗可以做為典範。英國自此掌握了大海，成為主導世界政治與經濟海權的重鎮。昔日的英國曾被北歐的瑞典、挪威等海權所籠罩，伊莉沙白以後英國則稱霸世界的海權，成為日不落國的大英國協的主人。

從開漳聖王陳元光等的中原人士落地生根於漳州，這是第一階段的中原移民，此基本上是以農業為主要；宋元以後漳州人移民海外，是乃第二階段的中原移民，這個階段基本上是以商業為主要。這個階段的漳州人也是在海外落地生根的。展望第三階段的漳州人經濟發展方向上應該是以建設漳州本地使其成為海西經濟重鎮的關鍵時刻。

第五章　有關蘭陽閩南文化的一些思維

第一節　蘭陽溪文化與「臺灣學」的形成

蘭陽溪是宜蘭的母親溪，自古以來，她不知孕育多少的宜蘭文化與文明。

蘭陽溪是南北宜蘭的分界，溪南與溪北的宜蘭偶而有競爭和合作，但總體來說都擁有「蘭陽文化」的特色。

文化使人和諧，文明使人幸福，政治使人分裂，武力使人分離。研究並推動蘭陽溪文化可以促進宜蘭人的族群和諧，使其邁向文明和現代化。尤其是推動蘭陽溪文化與福建漳州九龍江文化的交流與合作，意義更為深遠。

蘭陽溪文化必然可以結合漳、泉、廈等閩南金三角，共同形成「閩南文明圈」以貢獻世界華人。蘭陽文化是閩南文化的獨特；它在文學、藝術、音樂、戲劇、舞蹈、繪畫、雕刻、建築、飲食、風俗習慣，乃至於宜蘭的民間信仰、民系性格等等均有其特色，這已構成臺灣學（Taiwanology）的一個重要部份。

蘭陽地區的文風鼎盛，是乃耕讀的故鄉；這似乎與閩南漳州相似。所不同的是臺灣是移民的社會，其民系性格更富

有活力和生命力。宜蘭的開發始自一七九六年漳州人吳沙入頭城。宜蘭人勤儉耐勞的生活方式是務實的，這包括宜蘭的儒家思想也比較「入世」的，此也與閩儒的發源地，宜蘭人的祖居地福建漳州多少有些不同。宜蘭人被喻之為臺灣的猶太人，這或許與蘭陽的移民社會有關。[1]

第二節　蘭陽溪文化是中華文明的重鎮

　　蘭陽，它是中華文化趨向文藝復興的策源地，它是臺灣文化邁像現代化文明的典範之一。文化是文明的種子，文明是文化的花朵。宜蘭人可以稱為臺灣的猶太人，而宜蘭的羅東則也可以喻之為小漳州。宜蘭文明有許多的獨特，它是臺灣學（Taiwanology）中的一個重要環結。它在臺灣的藝術、文學、建築、社會、政治、經濟等等層面均有傑出的貢獻，因此也有不少富有代表性的人物名留臺灣青史。

　　經濟是社會發展的重心，也是從文化發展到文明的動力。不同文化與文化之間或許是會有衝突的，但文明是普世價值；有經濟發展，就有文明，這以十五世紀以後的西歐、北美等地最為典型。十字軍東征，西歐封建經濟解體，新的自由人興起。人們一旦經濟物質面得到滿足之後，他們追求的是精神面的充實，例如文藝、文明等有關生活素質的提昇；

---

1 宜蘭的原住民移之為葛瑪蘭，當今宜蘭縣人口約為四十六萬人，因為謀生困難，許多宜蘭人到臺北或高雄等地去工作。賺了錢以後寄回家鄉宜蘭去奉養父母親及其他家人之生計。

於是有了歐洲的文藝復興。文藝復興從意大利的佛羅倫斯開始，發展到全歐洲，尤其是西歐的英國、法國、德國等地。意大利是海洋藍色文明與大陸黃色文明結合產生了西歐文藝復興的動力與生命力。因此佛羅倫斯、米蘭、威尼斯等三地成爲歐洲文藝復興的三大策源地。

從文藝復興古希臘羅馬文化的再生開始，發展到西歐的宗教改革、產業革命、文化新啓蒙、美國獨立宣言等等新生事務，它改變了世界，也領導了世界的新文明。文明普世價值的具體內涵是自由、民主、人權、法治、科技、環保、社會福利與宗教自由等等。

在這個二十一世紀裡，西方文明勢將相對的沒落，東方的儒家文化經濟圈必將崛起。孔孟思想的文藝復興時代終將到來；此際臺灣是中國邁向文明的希望。其中臺灣的經驗如何與中國的道路、華人的福祉、亞洲的價值、世界的展望等等的連接起來甚爲重要；當中蘭陽溪文化的角色與功能可以突出無虞。臺灣是閩南文化經濟圈的重鎮，此與中國大陸閩南的漳、泉、廈等金三角一樣是海洋藍色文明與大陸黃色文明的交匯地區，可以成爲中華文化展開文藝復興的首要基地。

第三節　蘭陽溪儒家文化與文明

臺灣現有人口二千三百多萬，其中約有百分之七十八的祖先來自閩南的漳、泉、廈等地。蘭陽地在人口則有百分之九十以上源自福建的漳州，而蘭陽溪以南的羅東鎮可以視之

爲小漳州，這與彰化縣的鹿港鎮可以相提並論，因爲鹿港人的祖先基本上來自福建的泉州；於是鹿港鎮自然也可以喻之爲小泉州。

福建漳州是南宋朱熹閩儒的重要據點。朱熹（西元一一二四～一二〇〇），他曾任漳州的知州，並講學於漳州的鄞山與龍山書院等地。朱熹是宋儒的代表性人物，他是集儒、釋、道三家於一體的大儒，富有劃時代的意義，其貢獻自當永垂中國學術與文化史冊。

南宋理學其中之一即所謂的閩儒；朱熹的閩儒對於儒學的發展貢獻卓著，但是後來的閩儒與中國的封建主義，官僚主義相結合，多少形成了腐儒與醬儒，甚是遺憾。然而朱熹的閩儒在臺灣，尤其在蘭陽地區是「入世」的。這是宜蘭閩儒的特色與成就，因而宜蘭人可以被視之爲臺灣的猶太人。

全球猶太人不只在經濟上有卓越的成就，而且在科學技術、文學藝術、學術思想等等方面也有驚人的貢獻。宜蘭人也如是。其人才濟濟；例如楊英風、藍蔭鼎（藝術），郭雨新、林義雄（政治），蔣渭水、張建邦（社會），陳五福，許文政（醫療），林燈、林坤鍾（企業）等等人士對臺灣的文明與現代化做出了許多具體的貢獻。此外宜蘭人在蘭陽境外所賺取的資金與外匯匯回宜蘭；也繁榮了宜蘭經濟。這與全世界上的猶太人一樣；他們也是集資匯回以色列，貢獻了以色列的經濟。[2]

---

2 宜蘭民進黨的勢力比較大，最近幾十年來都是由民進黨人士執政。在宜蘭民進黨人士比較理性，不會一再唱反調；這與臺灣中南部的民進黨人士有些不同。

　　宜蘭人要走出世界，也要擁抱世界，更要貢獻世界。宜蘭人要以蘭陽溪文化爲主軸發展經濟，然後邁向文明；當中也要以宜蘭人的蘭陽經驗分享給所有的臺灣人、閩南人、世界華人，甚至於國際友人。在二十一世紀裡，若儒家文化能成爲全球文明的重心，此蘭陽文化當然不能缺席。

第十二篇

中華文明的崛起？

第一章　中華文藝復興時刻已經到來

—— 西方文藝復興的海洋文明

第一節　中華經濟文化的本質

一、大而有活力的市場，小而有效力的政府

　　中華經濟文化是以「藏富於民」、「民富國強」等爲本位的市場經濟思想，但是政府經濟也扮演著一個舉足輕重的角色與功能。這是因爲市場經濟不是萬能，然而沒有市場經濟卻是萬萬不能；基本上中國這部經濟思想史乃是以民間市場自由經濟爲主軸，輔之以政府計畫經濟爲政策的經濟制度。而且這種市場經濟與政府經濟的最佳組合不但要「與時俱進」而且也要「因地制宜」。若從長期趨勢言之，具體的結局：國家經濟發展模式應該是一個大而有活力的市場經濟和一個小而有效力的政府經濟的最佳組合。這是在理論上沒有「自由病」的經濟制度；儒家思想就是要使整個國家經濟達到這個理想的境界。戰後東北亞的日本、新加坡各國就是以此爲目標。事實上這個理想的經濟制度將再被世界經濟制

度論者所重視。這是一個經濟學的問題，也是一個文化的問題。預料儒家文化將在二十一世紀裡發光發熱。

　　亞當‧史密斯的《國富論》大作出版以後改變了世界經濟發展歷史，他不但是資本主義締造者，也被譽為經濟學之父。其實亞當‧史密斯出版《國富論》之前的先行著作《道德情操論》的基本假設是人的本性是善良。但是這個假定若不存在，那《國富論》一些看法就演變成為《資本論》和《共產黨宣言》等所持的觀點，馬克斯和恩格斯等的許多主張被政客所利用了。

二、資本主義的人性與社會主義的人道甚難兼顧

　　須知人性的《道德情操》不一定全是善良的；春秋戰國時代的孟子認為「人性本善」，而荀子則認為「人性本惡」。荀子與韓非子的看法類似，儒家思想重視教育改變性惡的一種本質，而韓非子則以為嚴刑峻罰，這是儒家思想與法家思想不同的地方，這也是儒家、法家等思想中比較務實的部份看法。

　　資本主義社會滿足了「人性」的需求；企業家主動不斷的追求利潤，從而促進社會經濟的繁榮與進步。社會主義的主張經濟發展反對貧富不均是基於為「人道」的立場而發聲。二戰後世界性的資本主義有發展成為社會資本主義的趨勢，而社會主義也有發展成為資本社會主義的現象。此後發展當然有利於人性主義或人道主義的調和。然而資本主義似乎與社會主義在本質上是對立的；很難二者兼顧。資本主義似乎

不得不做出反社會主義的結局；這也使資本家們不得不做出一些反人道的行為；資本家們終將與貧窮階級們對立。資本家常以其強大的經濟財力影響學者們的學術研究、影響國會議員的發言、影響媒體的輿論等等。雖然社會資本主義者試圖社會正義，但是始終有著無力感。這是很現實的問題；於是貧富懸殊、社會正義蕩然無存。最後演變成為社會問題與經濟危機。這些都是經濟的「自由病」所引起的。一九三〇年代，一九七〇年代，二〇〇〇年代等的世界經濟危機的源頭活水等都是「有效需求」不足所引起的；基本上離開不了凱恩斯一九三六年的《一般理論》的主要分析。其解決方案莫非引用政府經濟的功能性扮演著一定的角色。自由主義的貨幣金融政策被強勢的資本家所操縱引發成為貨幣、金融危機。一九九七年、九八年的亞太金融危機亦復如此。

　　以上有關世界性的金融風暴都是由於自由資本主義經濟的運作有先天性的優勢所產生的弊病。這些弊病在東亞儒家文化經濟的日本與中國等則相對減少衍生的副作用，此亦引起世界經濟學家們的關注。這無形中顯示著這些儒家文化經濟圈的國家或地區政府經濟的威力。

三、耕者有其田與司馬遷的「善因論」

　　中國市場經濟思想源遠流長；始自伏羲、神農氏的「天人合一」和「日中為市」。繼之，周文王、武王以及周公等發展和集其大成。自由市場經濟的思想在中國古代的原始畜牧與農業經濟裡展現無遺。春秋戰國時期經濟學術思想百花

齊放和百家爭鳴。九流十家基本上也是維護自由市場經濟的，其中以法家管子思想最爲典型。他雖主張「五均六筦」歸於公有，但自由市場經濟本質不變。管子是法家開山祖師爺。他雖重視國營企業的重要性，反而認爲私有財產制的本質依然不變。其次孔孟經濟思想亦是自由市場經濟思想與私有財產制度的主張。另外西漢桑弘羊御史大夫等與儒生賢良文學的《鹽鐵論》也是如此。御史大夫雖然主張行「均輸」和「平準」，但自由市場經濟與私有財產制度的本質亦不變。[1]其實中國經濟思想的本質依然是「藏富於民」，終將「民富國強」；司馬遷《史記》裡的攘攘、熙熙皆以利趨、利往的民生主義爲標的；並且提出善因之、利誘之、教誨之、爭與之、和整齊之等五個步驟。[2]基本上以「富民」爲主要的市場經濟與私有財產制度爲本位的基本經濟制度與政策爲取向。至於土地政策呢？「耕者有其田」乃是土地政策的最高理想；所謂普天下之田皆爲皇田和普天下之民皆爲皇民，這是斯民、斯土的意義。基本上是國有民用的意義甚爲清楚，然而國家有需要時也可征爲國用，這是「藏富於民、民富國強」的具體意義。王莽時期的「王田」、太平天國時期的「天田」等皆是公田制，此有號召性，因爲西漢末期以及清朝中葉以後社會正義嚴重消失所致，但都沒有實施。顯然全面的公有制是不合乎中國「耕者有其田」的國情。孫中山的民生主義有關均富思想以及一些國營事業的概念甚值重視。所幸的是一九四九年以後的臺灣以及一九七九年以後的中國大陸均朝

1　司馬遷，《史記》（貨殖列傳）。
2　桓寬整理，《鹽鐵論》，中華書局，臺灣・臺北，一九八五年。

向民生主義的經濟制度與政策，也因此彼此創造了經濟發展的奇蹟。不僅如此；除臺灣與中國大陸的經濟發展之外，其他的儒家文化經濟圈的日本、韓國、香港、新加坡、澳門等等其經濟發展成績亮麗，顯然它們與東亞儒家文化有關，但其間彼此各有其重點與特色。

四、剷除阻礙經濟發展的三座大山

儒家思想是中國文化的主流，而中國文化又是中華文化的核心。幾千年來儒家文化因時因地的異化和演變，不斷融合其他文化而形成今日的中華文化與文明。儒家思想有兼容並蓄的文化融合力以及創新力，展現出其有一個特殊的生命力和動力。其也難免產生一些文化的殘渣，例如封建主義、保守主義、官僚主義等的劣根性；此當然不利於中國現代化的進程。中華文化必需俱備有整合性、連續性和創新性的意義。具體反應在古為今用、洋為中用、與時俱進和本土化、因地制宜等的特質。就經濟發展來說日本儒家文化偏向「忠」的本能，此有利於大企業的生存環境；因此資本密集和技術密集的產業比較容易有所發展。日本人把儒家文化看成一個本土的外來文化，其不必背著歷史文化的包袱。所以能握有儒家文化的長處，不太可能產生儒家思想的「腐朽」。一八六八年明治維新以後日本很快的就能吸收西方產業革命以及文藝復興以來的優勢。日本人也是實踐魯迅「拿來主義」最成功的國家之一。

五、東亞各國經濟發展重點的差別

　　中國的儒家文化來自中國內部，所以以較保守。它不能以很理性的態度來處理儒家文化。因此外來文化的優勢很難被中國人所用。中國儒家思想偏向以家庭為主。中國的儒家文化比較傾向於「孝」的本能；此有利於勞力密集的產業，因此那些資本密集和技術密集的產業則依靠政府來經營或由政府來推動。同屬儒家文化圈的中國與日本也有文化的差距，甚至於有文化的衝突。香港與新加坡的儒家文化比較傾向於中國。所不同的是香港與新加坡曾經是英國人的殖民地，其在經濟發展上比較能吸收西方文明，其經濟發展的動力似乎比較有生命力。[3]

　　韓國的儒家文化介乎於中國與日本之間，二戰時期韓國曾是日本的殖民地三十六年（西元一九一〇至一九四五年），戰後長期接受美軍的駐防。它是文化衝擊的地方，難免要經過多文化整合的過程。對於韓國經濟來說一九九七年、九八年深受亞太金融危機的影響。然而二〇〇〇年以後這個多文化似乎已經痛定思痛的走出文化融合的境界，因此二十一世紀以後的韓國經濟發展情況甚為樂觀。

　　因此韓國儒家文化經濟將從傾向於「忠」的日本經濟發展模式和傾向於「孝」的中華經濟發展模式結合，其結果韓國經濟將在技術密集、資本密集和勞力密集等三方面兼顧的

3　黃秉泰，《儒學與現代化》（中日韓儒學比較研究）。社會科學文獻出版
　　社，中國‧北京。一九九二年，第九十二頁至一九八頁。

同步進行。韓國有關激情民族主義時代已經結束，理性的文
化融合已經逐漸到來。[4]

　　儒家文化有助於經濟穩定、社會穩定和政治穩定等方面
同時發展。儒家文化與基督新教不同的地方因爲基督新教是
宗教與倫理，而儒家新教則是道德規範。基督新教的信徒是
從「愛」出發，勤勞的工作以及信義誠實等是爲了榮耀祖國
而工作，此促進經濟發展，其也企圖改變世界，要使世界更
美好。而儒家新教不能產生資本主義的精神乃是儒家信奉者
重視安定與認命，也就是安居樂業、安份守己、安土重遷、
安享餘年等等苟安的現象，近似乎有宿命論者的趨勢，這種
現象當然會影響國家的現代化。

第二節　閩南文化與文明的特色

一、閩南經濟文化與文明

　　中國經濟的騰飛，已創造了奇蹟。[5]中國正在現代化，邁
向文明；這要與全球化的普世價值相接軌。西方的文明源自
十五世紀的文藝復興，這已擺脫了中世紀歐洲的「黑暗時期」
的陰影。歐洲的文藝復興的策源地是意大利，然後往西歐、
北歐等地發展。西方的文藝復興，尤其是海洋文化改變了世

4　趙靖、石世奇，《中國經濟思想通史》，北京大學出版社，中國‧北京。
　一九九一年，第八頁至九十七頁。
5　中國經濟騰飛的速度超乎中外經濟學者和政官員的預料，真是難能可貴。

界的面貌。中國呢？中華文化的文藝復興必將到來，這將在二十一世紀裡發光發熱，這是時勢之必然。然而何處是中華文藝復興的策源地呢？「泛閩南金三角」以及「泛珠海金三角」等地似將成為中國文藝復興的軸心地區。其中廈門、臺北和新加坡重要城鎮將扮演著舉足輕重的角色。她們是從閩南經濟面出發、經閩南文化，進而促進閩南文明的發展。

　　中國中原文化底蘊相當雄厚，這包括古神州故地的河南、山西、陝西等地，以及其他中國文化腹地的湖北、湖南、江西、安徽等地則因文化保守主義呈現了不少中國文化的「腐朽」，一時要成為中華文化文藝復興的策源地則有相當的困難；然而在來自中華文藝復興的聲浪中當然不會缺席。[6]

　　經過中世紀歐洲的「黑暗時期」，義大利在十五世紀之後已成為文藝復興的發源地，繼之歐洲的文藝復興啟動了新文化運動和產業革命。今日西歐、北美文化的源頭活水是義大利。西歐文藝復興乃是古希臘、希伯來和羅馬文化的再生，不只是文化生態的保護而已。閩南文化的特色可以以意大利為典範，因為意大利是歐洲現代文明之母。

　　佛羅倫斯是西方文藝復興運動的重鎮。西歐經過十字軍東征和蒙古西征之後，封建制度從動搖到崩潰；當時帝王、貴族、武士、貴婦等封建特色勢微；自由「經濟人」的崛起。佛羅倫斯在十五世紀中葉由麥等奇氏家族數代的統治，建立了許多經濟、政治、社會、文化等的新制度與新文明，於是興盛於一時；百姓安和樂利，文學與藝術等的人文主義因而

---

6 文化使人和諧，文明使人幸福，而經濟發展是文化落實於文明的重要因素。

鼎盛。佛羅倫斯於是成爲意大利一個經濟和文藝中心。佛羅倫斯的美術、音樂、舞蹈、雕刻、戲劇、建築等等都澎勃起來。閩南文化圈的三個文化重鎮；廈門、臺北、新加坡等也可比論歐洲文藝復興的三個聖地；佛羅倫斯、米蘭、威尼斯等之美譽。

西方文藝復興從意大利的三重鎮爲起頭，發展到西班牙、荷蘭、英國、法國、德國，而北歐諸國等地的大都市。人們的經濟生活提升了，進而需求在文化、社會、政治等等各層面的發展於是西歐有了產業革命，也有了現代化的啓蒙運動，進而創造了西歐、北美等的現代化文明。這一方面，閩南文化的文藝復興似可以再創中華文明的新楷模。

閩南文化爲中華文化的支流，臺灣的閩南文化當然也離不開這個源頭活水。但是所謂的臺灣文化正在蘊釀一種文化的分離主義意識，因此閩南文化生態的保護與創新，其意義自然甚爲深遠。

閩南文化生態的保護與創新，在本質上要古爲今用，但不做中國古代思想的奴隸。它是文化的再生，不是文化的復古，它要給閩南文化富有生命力和再生的活力。

二、中華文藝復興的策源地

今日中國經濟創造了奇蹟，這要感激鄧小平的睿智，他一言興邦的改變了中國的面貌。中國經濟仍將持續發展，中國人則富裕起來了。隨著中國的建設也日新月異，所謂中國「硬體」配備不斷地向國際化、全球化接軌，而所謂的「軟

體」的配備是否也能迎頭趕上，同步的邁向現代化的文明呢？中國經濟崛起之後，那將是中國文明如何崛起的問題了。

　　三十幾年來，中國經濟騰飛已是事實，民生問題大大的改善。但是百餘年來中國歷經外患與內憂，中國人民不聊生；因為中國經濟底子薄，中國人因之民智未開、民品低落。今日中國經濟已是全球第二大國，然而人均國民所得仍在全球百名之外。有待努力的空間仍然甚為寬廣。

　　西方世界自從西元四七六年西羅馬滅亡之後，經過大約一千多年的「黑暗時期」；自從文藝復興之後，西歐終於站起來了。五百多年來以至今日的西歐、北美等地卻是全球「普世價值」文明的典範。雖然我們不主張全盤西化，尤其是我們的主張不做西方外來文化的殖民地，畢竟幾百年來西歐的文明水平遠遠領先世界各地，這已是舉世的共識。因此我們則也主張大膽的西化；然而我們是反對全盤西化。二次世界大戰後，東亞儒家文化經濟圈傑出的表現，令世人刮目相看，這也已引起全世界關注孔孟思想的價值，並且也已使中華文化的文藝復興出現了端倪。中華文化文藝復興的策源地到底在那裡？閩南三角文化圈、珠三角文化圈、長三角文化圈等沿海地區等等均有特色。尤其是閩南文化的臺灣文化與文明。

　　中華文化的文藝復興勢在必行；儒家文化中的封建主義必需根除，並且以嶄新的姿態面對二十一世紀中國的現代化，特別是與西方文化的融合。富有代表性的中國各地區文化特性很多，例如湖湘文化、齊魯文化等在中華文藝復興的過程中不能缺席。湖湘文化是中華文化的一支，但它是屬於內陸文化，比較保守。湖南土地肥沃、物產豐富，尤其人才

濟濟。湖南人聲稱惟楚有才、於斯爲盛，敢爲天下先，洞庭天下水，岳陽天下樓；湖南人傲視天下，並且常以天下自居；湖南就是天下，天下就是湖南；以天下爲己任，先天下之憂而憂，後天下之樂而樂等等。湖南要成爲中華文化的策源地似有相當的困難。然而湖湘文化乃中華文化的重要支流，因此在中華文化的文藝復興過程，它不能缺席。可是我們則建議如何做到湖湘文化不做中國古代思想的奴隸，當然也不做西方外來文化的殖民地，同時也要注重到古爲今用、洋爲中用、與時俱進、因地制宜等的基本精神。湖湘文化也要做到擁抱世界、走出世界、貢獻世界等的胸懷和氣度；這有待大家進一步的努力。

臺灣地區秉承了中國古文化，同時也提早接受西方新文化的影響；其以理性拿來、調和東西方文化精華的可能性比較高，這是其優點。臺灣是中國的希望，然而中國人的前途卻是大陸。臺灣與中國大陸的現代化發展方向雖歷經差異，這是中國歷史的偶然；然而其發展方向逐漸趨同，這也是中國歷史的必然。中國現代化未來前途似甚樂觀。

還有，吳越文化也有其代表性。吳越地區是當今中國經濟騰飛的引擎，它有動力也有活力。

中國在盛唐之前的歷史重心一直在北方。唐朝末期藩鎮割據連年戰亂，復因黃河災害頻仍，中國北方遭受到社會與經濟的破壞，相對的中國南方社會經濟一片繁榮，尤其以長江三角洲爲中心的吳越地區最爲繁榮與進步。

吳越地區魚米之鄉、絲綢之府、水鄉澤國，人民安居樂業。杭州、蘇州等地文風鼎盛更有「上有天堂、下有蘇杭」

之美譽。自從五代期間，中原大亂，南方的吳越地區人民卻能享受太平的日子。吳越地區水利資源豐富、交通便捷、人文薈萃，頗有富甲東南之態勢。也孕育了吳越文化。

　　吳越地區包括今日的江蘇與浙江等地為核心，其中應可包括安徽和江西部份的地區。商末周初泰伯東遷吳地，得到當地越人的擁護，建立了吳國。春秋時期吳越兩國戰爭不斷。西元前四百九十四年，吳國大敗越國，越王勾踐二十年的臥薪嘗膽，終於於西元前四百七十三年攻滅了吳國成為霸主，在戰國時代越國又為楚國所滅。吳越地區文化經濟之優勢，在中國歷史上成為中原人士衣冠南渡的重鎮。吳越地區與水有淵源，舉凡江、河、湖、洋等交錯縱橫、水利資源非常豐富。吳越江南風光秀麗、錦繡大地，人才濟濟已創造了中華新文明的代表之一。

　　然而珠三角、長三角、閩南金三角等地區深受海洋文化的影響，其保守主義性格比較鬆綁，比較容接受外來的好文化，所以這些地區經濟發展比較快速。這些地區平均國民所得因而比較高，同時也容易與全球化普世價值接軌。這些地區在這個二十一世紀似將成為中華文化與文明的重鎮。

三、西方文藝復興的借鏡

　　西方文藝復興的策源地是意大利，她是近、現代西歐、北歐、北美等地文明之母。意大利的城市管理是歐洲各地成為現代化新興國家的典範，其基本要義是統一徵稅制度和統一行政管理；這以佛羅倫斯和威尼斯的實施開始，然後普及

全歐洲。新國家和新城市的崛起，便是中古封建社會的崩潰和商人中產階級的浮現。中世紀歐洲是一個封建社會的「黑暗時期」。這個時期是少數的領主、貴族、武士等，他們統治了大多數的農奴。這種情景在十三世紀以後才開始有了轉機。

十字軍（西元一○九五～一二四○年）東征結束後，許多貴族、武士等免了債，於是許多有儲蓄的農奴購得了土地，繼而經商。他們是新階級、新自由人。這些人逐漸增加變成了一股推動社會秩序的新力量，進而使得封建社會解體。文藝復興是西歐從封建主義社會轉向為資本主義社會的過渡。它使歐洲的政治、社會、文化、經濟等重大的改變。以至今日，它是現代的文明、普世價值的代表。

文藝復興的策源地是意大利；意大利於十四世紀發展了毛紡織業，此為意大利資產階級奠定了深厚的基礎，他影響了政治、社會，並且對於古希臘、羅馬文化重新研討，同時負於新時代的使命。此與中古世紀歐洲的封建社會完全不同；因為新的社會是有創新性、進取性、冒險性、現實性、合理性、積極性、動態性等特質。這無非給新社會帶來一股新的生命力和活力，也使整個歐洲新社會充滿了新希望。這個新觀念和新趨勢是歐洲社會發展的新方向。於是歐洲展開了研究哲學、神學、文學、文藝、科學、天文、地理、法律、教育、政治、經濟、社會等等層面的新境界，蔚成風氣、勢不可擋，產生一股巨大的文明風暴，吹向整個歐洲大陸。

文藝復興不是希臘羅馬文化的復古，而是此古典文學、哲學等的再生和復活。文藝復興一詞源自法文 Renaissance，是指文化的復活。文藝復興最主要的精神是以人性為中心，

取代了過去中世紀歐洲的神性世界，以人性爲生活中心的現實世界取代以神秘虛幻世界的神權時代；文藝復興恢復了人文主義精神世界，反對那些高高在上的教會和神職人員。基本上是「天人合一」的現實社會，追求以理性和科學爲主軸的人文社會反對那些神秘的「天國」，因此人與神的距離拉近了。由於人的尊嚴也提昇了，人的功能也提高了，人對社會的貢獻也就增加了。於是有一四九二年意大利水手哥倫布的地理大發現，一四九八年葡萄牙水手達伽瑪的印度之行，一五一九年西班牙航海家麥哲倫的繞地球一週等等奇蹟。其他在科學、在法制、在宗教、在倫理等等層面的貢獻均有具體的表現，茲不一一贅述。可是意大利的佛羅倫斯、威尼斯、米蘭等三個城市國家終於變成了文藝復興的三個聖地。這三個自由都市在當時的地位是相當卓著的城鎮，因爲共和國各階層都有權力參與政務，造成政權的紊亂，於是不斷的政改，不斷的修憲。直至十五世紀中葉，佛羅倫斯大家族麥第奇氏幾代的統治數十年政權。麥第奇氏家族等代均能以專業治國，因此樹立了許多典範。這個時期，政治清明、民生樂利，文學、藝術也登峰造極。除了佛羅倫斯的特色之外，意大利的共和城市國家例如威尼斯、米蘭、羅馬、熱內亞、比薩等均各有特色，但她們的共同特色是政權掌握在新興商人之手，此時此刻意大利的工商業一時甚爲繁榮，堪稱歐洲的新希望。文藝復興的花朵自然滋長出來，在整個歐洲遍地開花。但是一四五三年以後的土耳其取代了東羅馬的根據地君士坦

丁堡，於是東方的文化與經濟的交流，甚受限制。意大利的繁榮逐漸被西歐北歐所取代，地中海的重要性因而衰落。[7]

四、從神權時代、君權時代到人權時代

文藝復興運動是以精研古希臘、羅馬文學的基本精神為主要，進而發展文學、藝術、繪畫、雕刻、建築甚至於天文地理等等領域的傑出表現；這些人文主義的生命力在日耳曼人入侵以後的西歐似乎已成絕跡。文藝復興時它是東羅馬的阿拉伯人文化與文明回流到西歐。早期這些古希臘的經典著作是與西歐基督教的專制相結合的，由意大利出發，然後傳遍了英、法、荷、西以及北地歐洲諸國等。一四五三年，土耳其入侵君士坦丁堡之後，這些人文主義思想更是大力的在西歐有所發展，這包括東歐的拜占庭文化在內。

文藝復興時期三位傑出文藝作家均具有代表性的，他們是但丁、披脫奇和薄伽邱。他們文學的取向是人文主義發展成為國家主義，進而成為國民主義的代表作品，也是當時的時代產物。除了意大利國民文學有傑出的表現之外，西班牙人則從與伊斯蘭教徒的惡鬥中有所發展。新大陸的發現，這給西班牙人和葡萄牙人的鼓勵甚大。法國在十六世紀之後，巴黎已成為西歐文藝復興的新中心點。英國則十六世紀以後伊利沙伯女王的鼓勵與支持，在國民文學方面創造了黃金時代，其中以沙士比亞的作品做為代表。另外，德國、荷蘭等

---

7 中國經濟的崛起是邁向儒家文化文藝復興的先決條件。

地在此文藝復興的時潮中。

　　文藝復興時期的繪畫已從中世紀以宗教爲核心的「神權時代」發展到以人文爲主要的「君權時代」、「人權時代」。這種從虛幻的神爲本位的藝術思想發展到以人文爲主軸的現實生活的藝術思想。時代是演進的，西歐文藝復興的藝術發展也是與時俱進的。藝術是反映那時代的一個文化與思想的指標，尤其是繪畫。繪畫、雕刻、建築、音樂等是文藝復興的具體表現。實事求是、解放思想乃是文藝復興的本質。達文西、米開蘭基羅、拉斐爾等三人是意大利文藝復興的三大畫家，達文西的代表作品是「最後的晚餐」和「蒙娜麗莎」等的名畫，米開蘭基羅的代表作品是教堂天井畫，拉斐爾的代表作品是教堂的壁畫。他們的作品均永垂青史。

　　文藝復興的三大聖地、三大作家、三大畫家等等均出自意大利，十六世紀是意大利文藝復興的策源地。但是東羅馬中止之後，意大利向東歐向南歐的發展不甚順利。取而代之的文藝復興發展地是西歐與北歐。此地區基督教文化的底蘊甚爲雄厚，代表文藝復興當時的潮流，勢不可擋。西歐與北歐終於成爲文藝復興的大本營。

　　文藝復興多少受到十字軍東征和蒙古西征的影響。在此之前中國西域的陸上絲路曾經盛極於一時。敦煌從第三世紀至第十三世紀，繁榮了約一千年。東西方文化與經濟等的交流曾經鼎盛。十字軍東征影響了東西方的交流，而蒙古西征則中斷了東西方的交流。十三世紀末的《馬哥孛羅遊記》介紹了東方的進步與文明，十五世紀鄭和下西洋七次（一四〇五年至一四三三年），繼之葡萄牙人、西班牙人、荷蘭人等

的東來，這些事蹟的影響也甚深遠；尤其葡萄牙人在澳門，荷蘭人在印尼、臺灣，西班牙在菲律賓、臺灣等等。他們大體上是從海上絲路到東方來到中國；阿拉伯人，波斯人等到中國進行文化與經濟的交流，也是多半經由「海上絲路」，於是交州、廣州、泉州、揚州等已成為海上絲路的四個重鎮，取代了昔日的張掖、武威、酒泉、敦煌等「陸上絲路」的四個重鎮。

第二章　臺灣客家文化探原

第一節　客家人的由來

　　很多學術爭論認爲客家人是中原漢人，也有很多人持不同看法，認爲客家人是百越人的一支。經過長期的觀察與爭辯，現在可以看出，客家人來自中原，也是漢人，南下畬族而本土化。廣東的梅江流域、福建的汀江流域和江西的贛江流域是全世界共同認同的客家發源地，贛江、汀江、梅江等是客家的母親河。客家人怎樣從中原來到這個三角地落腳的研究是非常有學術性的，也是很有趣的問題。

　　打開中國歷史一覽，可以看到內戰頻仍，但基本是由北打向南的，受災難的老百姓不斷從北邊向南逃走，這是規律。除此之外，北方不斷的天災也是北方人南渡的原因。中國歷史，早在秦國統一中國時，就大量將北方人南遷，不斷與南方人融合。這種融合不止是民族的，也是文化的。秦一統中國，天下復歸統一。漢武帝滅閩越，閩越就是福建的越人，使得百越屬於漢統治，這是又一次的民族與文化的融合。三國時代孫吳曾經五度入福建，就是從吳越伸展到閩越，使得原先漢越結合的吳伸展到閩，這又是民族與文化的融合。福

建七閩之地完全與漢民族融合。越人在三國時候已經與漢人融合了。西晉末年，北方戰亂，衣冠南渡，很多氏族沿著河流南遷。南部地區不僅可以避開戰亂，而且土地肥沃，適宜居住，所以西晉末年是民族大遷移的時期。以後東晉由於內政不安，形成另一階段的衣冠南渡。唐朝安史之亂、黃巢之亂，以後形成五代十國的割據局面，五代十國中原戰亂，也使得人口南渡。此後各代陸續有南遷的事實，以避免天災與戰亂。[1]

南渡現象使得民族與文化的融合，開拓了南部。由於南北經濟交流，不但開拓了中國疆域，土地充分利用，商業隨之發達，南部因而繁榮。南部地區經濟文化的興盛，更進一步吸收了北方人士南下。

中國歷史上戰亂是由北往南的，民族大遷移也是由北往南的，文化融合是由北往南的，經濟發展也是由北往南的，於是南部尤其是東南沿海興盛了。

另外南部百越也看到了蘇南跟浙江地區的肥沃，氣候宜人，越人也移向這裏。所以越人土地範圍非常廣，包括蘇南、浙江、福建、廣東、廣西、貴州等地。越人跟中原人的結合，主要原因是衣冠南渡。中原人跟不同地區的越人結合產生了不同的文化融合，但多少是語言、風俗的不同。越人與中原人的結合是多元一體的。

客家人是越人的一支？客家人分佈在贛江、汀江、梅江

---

1 戚嘉林，《臺灣史》（第一冊），農業股份有限公司，臺北・臺灣，一九九八年，第一頁至第四三七頁。另可參閱戚嘉林，《臺灣史》，海峽學術出版社，臺北・臺灣，二〇〇七年，第一頁至第二十二頁。

地區；中原人與這些地區的畬族越人結合產生客家。三條河流雖然都屬於客家地區，但也彼此不同，有區分，大同小異，多元一體。客家地區是小多元一體，整個大百越區域跟中原人結合是大多元一體。閩南地區包括漳州、泉州、潮州（廣東）這些講閩南話的地區，是中原漢人與越人結合，但漳州、泉州、潮州畢竟有所不同。小多元一體處在大多元一體的背景下，是中原人與越人結合的不同形態。

客家人到底是不是中原人或者漢人與當地百越人的結合，看法有所不同。有一些看法認為客家人是純種的百越人後裔，排除與中原人的結合。但從語言與風俗習慣看，這一點似乎站不住腳。整個客家人的語言、生活習慣推敲起來跟中原有些接近，因此客家人是純粹的百越人後裔的說法也並不太合理。

第二節　臺灣的客家人

客家人原來是來自北方的中原漢族，如果這個命題正確，客家人基本是經過江西鄱陽湖到贛南，構成一支；另外一支是經過贛南直接到粵東北；另一批是經過贛南直接到福建西南。所以客家人基本上以鄱陽湖為界分為贛、粵、閩三支。客家人跟閩南人結合，或者與粵語地方人結合，他們很快被當地語言同化，變成講粵語的，或閩南語的人，只有在客家人地區長久生存發展的客家人才被認為是客家人。

很特殊的現象是他們處在山區，比較單純，這些現象不

僅在閩粵贛省山地存在，閩南山地也是，比如漳州的平和縣、詔安縣的山區講客語，臺灣的客家人也是在山地、丘陵地，像桃園、新竹、苗栗地區也講客語，給人的印象是客家人在山區，非客家人在平原。這種看法有待進一步解釋。只是客家人長期在山區所以保持在山區的單純客家人，而在非山區則容易被同化，所以給人的印象是客家人在山區。臺灣的客家人也有這種明顯的現象，給人的印象是客家人到臺灣比閩南人晚，其實不然，客家人到臺灣，與閩南人是一樣的。臺灣的客家人講閩南話的多，閩南人講客家話的少，很多平地的客家人都忘了自己是客家人，所以客家人在比例上少。他們被閩南人同化了。客家人在臺灣占總人口的 17%，大約有 450 萬人。[2]

　　現在臺灣有四大族群。閩南人就是所謂的福佬人，約占 68-70%，外省人占 11-13%，原著民占 2.5-3%。客家人從福建移民到臺灣，起初時候比重很大，後來慢慢減少。[3]

　　有一點說明：有一些福建、廣東、江西地區的客家人在山地或丘陵地分佈，確實可能的原因是當時南下的時間比較晚。客家人刻苦耐勞，勤儉節省，保留了非常淳樸的中國文化，基本以農業為生，這種好習性傳移到臺灣，臺灣的客家人不在乎居住在平地或是山地丘陵地，早期移民到臺灣，客家人跟閩南人在時間上應該是沒有所謂先後，特別是漳州地區移民到臺灣，客家人跟閩南人相差不太多。漳州的很多縣

2　黎淑慧，〈閩南人與客家人在臺灣的互動〉，《閩南文化研究》，中央文獻出版社，北京。中國，二〇〇三年，第二六二頁至二七七頁。
3　同註 2。

份是有客家人的，比如前面所講的詔安縣、平和縣、南靖縣、雲霄縣、龍岩縣，龍岩縣現在劃歸閩西，這裏是早期客家人跟閩南人混合居住的地方。所以早期移民到臺灣的，客家人跟閩南人應該是一起的。他們不在乎是平地還是在山地，很多人卻留在山地或丘陵地。

臺灣的移民社會發展過程中，族群難免發生衝突，比如閩客衝突，閩南人中的漳泉衝突。據統計，清朝統治臺灣的二百一十二年中，臺灣發生有記載的大型械鬥五十二次，平均每四年一次，小型的不可記數。械鬥中居強勢的是閩南人，而客家人居弱勢，客家人因此比較團結。臺灣歷史上，客家人支持中國統一，是義民，臺灣桃園、新竹、苗栗地區的義民廟比較突出。客家人組成的海外華僑基本上也比較支持中國統一。閩南人到臺灣去，經常有獨立運動的事實。

如何區分臺灣的閩南人跟客家人？界限非常含糊，追溯歷史因素，更是複雜。在臺灣閩南人居於強勢，經常被誤解爲閩南話就是臺灣話。客家話應該也是臺灣話。客家話推展困難，客家人變成閩南人的多，閩南人變成客家人的少。如何推展客家文化，很有重要的意義。

客家人移民到臺灣，歷史上重要的有三次。第一階段是跟鄭成功來的，一六五九年鄭成功軍隊跟清朝軍隊在南京決戰，明軍大敗，鄭成功決定打臺灣，收回荷蘭統治下的臺灣。荷蘭統治臺灣三十八年，一六六一年鄭成功率二萬五千軍隊攻臺灣，之後鄭氏三代統治臺灣二十三年，其中來到臺灣的客家人很多。領導抗荷蘭的將領劉國軒就是閩西的客家人。第二次高潮是在一六八三年施琅打臺灣之後，很多客家人到

臺灣，施琅攻打臺灣之後的十年間，客家人多偷渡到臺灣的。明鄭時期，清政府發往臺灣的是遊手好閒的人，甚至是流民，施琅建議禁止大陸人移民到臺灣。一六八三～一六九六年的十四年間禁止大陸人到臺灣。偷渡的人中客家人很多。施琅過世後，禁令開放，客家人大量來到，尤其是朱一貴事件以後。形成第二階段。第三階段是國民黨撤退到臺灣，一九四九年前後，中國大陸戰亂，很多客家人移民到臺灣，國民黨撤退，很多客家人跟進來了。

客家人對中國統一是做了貢獻的，劉國軒是閩西長汀人，追隨鄭成功打臺灣。清廷看到鄭成功三代經營臺灣不善，臺灣民不聊生，施琅打臺灣時，劉國軒響應，劉國軒在臺灣收回和回歸滿清中貢獻很大，是起關鍵作用的人物。日本統治臺灣期間，即一八九五～一九四五年間，客家人不願入日本籍，到臺灣的少。客家人跟閩南人比較是少數，居弱勢，比較傾向中國大陸，傾向中國統一，民族意識強。一八九五年，就是光緒二十一年清政府割讓澎湖、臺灣給日本，臺灣人抗日的領導人物，比如唐景崧、劉永福、丘逢甲，成立臺灣民主國，臺灣民主國抵抗日本統治過程中傷亡很大。

第三節　客家人、閩南人都是河洛人

客家人、閩南人、講粵語的廣東人，都來自中原，最早的中華民族發祥地。南遷是為了避開災難、戰爭、饑荒、瘟疫，遷移的各種人都有，有仕族、老百姓、軍人眷屬。南下

是定律，歷史的必然趨勢，歷朝歷代只要有戰爭就有南遷，就有民族和文化的整合。民族包容力強，容他性強是中華民族的特色。內戰很不幸，避免戰爭非常重要，免除百姓痛苦、奔波南遷。中原地區最主要的戰亂是西晉的永嘉之亂和東晉的五胡亂華，唐朝的安史之亂緊接著五代十國。承平時候老百姓安居樂業，沒有水旱災時也是穩定時期，否則就是遷移階段。

南遷人口漳泉潮各有不同。漳州的基本來自河南省，泉州基本來自山西省，潮州基本來自陝西省。陝西、山西、河南是最主要的中原地帶，是堯舜禹的故居。漳泉潮等地區和梅江、汀江、贛江流域的客家人也是如此，只是遷移來的人跟當地的不同越人結合。

中原人南遷有三大體系，一是湖南，一是閩南，一是嶺南。三者間不同，但源頭都是一樣的。

移民到臺灣是荷蘭人佔領臺灣後才有的，外傳到臺灣的漢人三國時已經有，這個看法不正確。如有記載說三國時孫權已經派人到琉球，聲稱首開大批漢人到臺灣的記錄，此看法有待證明。我想當時所指的琉球應是琉球而不是真正現在的臺灣。臺灣島過去也被誤以為琉球，現在真正的琉球不是臺灣。另外一說是大陸跟臺灣建立關係很早，這是有的，指的是澎湖，而不是臺灣。澎湖歷史上經常屬於福建省，南宋曾討伐過澎湖是事實，但當時的澎湖並不是臺灣。臺灣跟大陸血脈是相通的，文化淵源是一體的。臺灣人口中籍貫是福建、廣東的比例很大，閩粵兩省之外的也不少，但多是軍人或統治者做官的，就是臺灣的外省人。他們經過幾代融合變

成臺灣人，講閩南話，他們進而跟本土臺灣人結合。這種現象歷來如此。這些統治者到臺灣後經過幾代並且加入本土力量，進而經常抵制大陸外省人，這值得注意。臺灣客家人則經常站在大陸的立場，維護中國統一和祖國文化的尊嚴。[4]

　　客家方言是中國的八大方言之一，客家文化是一支中華的主流文化。其不但融入了儒家、釋家、道家三方面的中國文化，同時發揚光大，發揚到全世界各地。臺灣也不止是西北的桃園、新竹、苗栗地區，其他各地如高雄、屏東、宜蘭、花蓮、雲林、彰化、台中都有客家人聚居。海外全世界都有，特別是東南亞地區的印尼、馬來西亞、新加坡等地是客家人密集的地方。美國、歐洲也有散佈，因此，客家文化也發揚到世界各地。

　　客家的發源地是閩粵贛三角地帶，汀江、梅江、贛江是客家的母親河。怎樣發揚客家文化，推展中國文化，甚為重要；特別是客家文化如何與經濟發展結合促成客家文化經濟圈，或客家經濟圈是 21 世紀很重要的課題。目前客家的學術發展雖有相當基礎，但路途還需要成長。

　　在宗教信仰方面是多神論者，主要原因是客家人經過戰亂南遷，在安全感上比較欠缺，由於離家背景，要求有一個精神寄託。在對神明的崇拜上與閩南人一樣，比如對佛教的釋迦牟尼、觀世音菩薩、濟公活佛都有崇拜，對道教及其引申的民間信仰─拜天、拜地、拜鬼神─一向非常重視，客家人對民族英雄特別重視，也對祖宗膜拜。這些信仰有助於客家

4 邱彥貴、吳中杰，《臺灣客家地圖》，貓頭鷹出版社，臺北・臺灣，二〇〇一年，第一〇九頁至一一四頁。

人的社會團結和善良風俗習慣的維繫，是社會安定的基石。由於民間信仰因素，使得他們更有信心的從事工商業活動和農業耕作，對市場經濟有貢獻。

客家人與閩南人一樣海外關係很多，對媽祖的崇拜很有特殊意義。客家人不止發展了中原文化的黃土文明，還接合了海洋文化的藍色文明，他們對海外僑居地的經濟發展有很具體的貢獻。

客家人在中國傳統文化資產的發揚與維持上做了很多貢獻。中原文化和越族文化的結合，唱山歌是客家人的特色，還有傀儡戲、雕刻、客家手工藝品如雨傘、客家舞蹈如山歌劇、採茶戲等特色。閩南泉州人有所謂南管，客家人有北管，北管是福建客家的音樂。這些都是客家人自以為特色，並感到驕傲的。

客家人經常以當代很多歷史大人物是客家人感到光榮，如孫中山先生是廣東中山縣翠亨村人，據瞭解他也是從福建搬過去的，另外新加坡資政李光耀是新加坡獨立的靈魂人物，他來自福建永定；臺灣總統李登輝也來自福建永定，甚至還有一說認為鄧小平也是四川省廣安縣的客家人，他的祖先也是從福建去四川的。

臺灣族群中客家人對經濟發展貢獻很大，政治上亦複如此，政治上比較傑出的知名人物，除李登輝之外，邱創煥曾經擔任國民黨副主席、考試院長、臺灣省省主席，劉闊才擔任過立法院院長，吳伯雄擔任過國民黨中央黨部主席和總統府秘書長，民進黨民主人士許信良擔任過民進黨主席，都非常傑出。客家人是臺灣第二大族群，在臺灣三百八十幾年的

歷史中，扮演的角色很重要，他們的忠義和勤勞苦幹是傳統文化的表徵，客家人自命的硬頸精神正表現了他們的忠孝節義、有骨氣、有俠氣，這種氣節代表了客家人精神。

第四節　客家人的閩南化

在臺灣社會中客家人年輕一代講普通話的多，客家話推展不快，不如閩南話普遍，在族群上居於劣勢。

此外一樣重要的是閩南文化的研究，問題相當複雜，臺灣同胞佔百分之七十以上來自閩南，但閩南文化往往被人忽略，還以為這個就是臺灣文化，臺灣文化當然有自己的特色，但它不過是閩南文化的一支，不宜忘了中國的歷史，以及閩南文化是臺灣文化的根。談到臺灣文化甚至會忽略客家文化，事實上臺灣文化由客家文化和閩南文化為主體，有時忘了客家文化，更忘了閩南文化，而以臺灣文化為代表，這種現象容易產生誤差。這種誤差會造成民族分裂，很危險。臺灣的許多教科書上曾只知道臺灣文化，不知道閩南文化，這是分離主義的現象，俗話說“欲亡其國，必先亡其史”。臺灣陳水扁執政期間推展臺灣文化，忽略閩南文化，特別是修改教科書，從年輕幼苗給予臺灣文化的教育，這種現象可能會造成民族分解，會帶來臺灣的不幸，也是中國人的不幸。如何推展閩南文化與推展客家文化同樣重要。

振興客家文化和閩南文化需要臺灣以及閩南、客家發源地，以及海外閩南以及客家鄉親共同努力，使富有傳統文化特色的閩南文化以及客家文化發揚光大。一國的文化必須是

多元的，中華民族是多元民族，中華文化也是多元文化，如
何發展客家文化以及閩南文化相當重要。

這些都是中華民族的民族資產，臺灣文化現在面臨轉捩
點，處在十字路口，何去何從十分關鍵。臺灣文化何去何從
現在面臨本土化、中國化、國際化，甚至西化、日本化等的
考驗。一方面由於臺灣的地理位置處於海洋文化跟大陸文化
的交叉地帶，還有臺灣跟中國關係非常微妙。歷史上真正屬
於中國的是滿清時代，就是施琅打臺灣到甲午戰爭，即從一
六八三年到一八九五年間的二百十二年，其他的都是處於不
穩定的狀態。臺灣從一六二一年到現在不到四百年，期間幾
次受外國佔領。早期荷蘭佔領三十八年，鄭成功三代統治二
十三年，清朝統治二百一十二年，日本統治五十年，一九四
五年臺灣光復，歸屬中國，一九四五～一九四九期間屬於中
國國民黨統治，期間發生 228 事變。臺灣處於國際衝擊的地
理環境和政治環境，這種環境產生了文化特色。文化影響到
這個地區的政治、社會、經濟發展的制度與政策。

臺灣面臨的新形勢是 1990 年代以後所強調本土化，強調
以臺灣作為主體，曾經提倡過 "經營大臺灣，建立新中原"，
這種理念是否正確值得思想家、政治學家亟需進一步探討。

以多元一體來說，不止要發展閩南文化、客家文化，使
他們與中華文化結合非常重要。還要尊重另外的族群，亦即
原住民。臺灣原住民有九族，他們目前沒有文字，只有語言，
而且原住民長期處於弱勢，教育水準差，市場經濟觀念弱，
經濟條件差，在經濟導向的臺灣，原住民始終處於劣勢地位，
其文化沒有得到好好的發展。

　　目前臺灣文化最重要的是將臺灣文化與中國文化調和，使不至於產生文化衝擊。文化衝擊會給臺灣造成災難，1947年 2 月間發生的 228 事變是典型的文化衝擊的例子。大陸文化與海洋文化構成外在文化衝擊，內在的文化衝擊是中國文化資產跟文化現實間的差距。雖然中國有豐富的文化資產，但鴉片戰爭後內憂外患產生現實文化低落，現實文化低落與經濟發展落後直接相關。228 事變發生不止是內在文化衝擊也是外在文化衝擊交叉產生的結果，帶給臺灣不幸。[5]

　　如何結合大陸閩南地區、客家地區以及海外僑鄉的閩南與客家文化，以凝聚出共同的文化精髓，刻不容緩的。閩南文化的精義是什麼？客家文化的精義又是什麼？精神在哪里？要找到共同點。臺灣歷史上發生了漳泉械鬥、閩客械鬥，這是閩南文化與客家文化衝擊產生的不幸現象。怎樣使得閩南文化、客家文化與原住民文化結合，進而使中國文化與西方文化凝聚出好的模式出來，這個模式可以對國家政治現代化、經濟現代化、社會現代化產生示範性作用。這就是所謂臺灣經驗。過去幾十年臺灣做得不錯，但到底能否在 21 世紀進一步發揚光大，這不止對閩南、臺灣、客家、海外華僑的福祉做出貢獻，也要在新世紀裏為世界人類做出貢獻。

第五節　閩南人與客家在文化上的差異

　　經濟發展才能提供文化、政治、社會現代化的需要。政

5 李喬，《文化‧臺灣文化‧新國家》，春暉出版社，高雄‧臺灣，二〇〇一年，第二七九頁至三〇一頁。

治、文化、經濟以及社會等這幾個因素是相互關聯的。此外，科學、文化與宗教等三個因素配合得好有利於市場經濟和社會發展，以客家人來說，族群屬於保守防衛性的，這跟他的僑居或客居的歷史有關。保守不利於經濟發展，有利於家族保護，因此客家人族群有利於中小企業的經濟發展，不利於大企業或資本密集或技術密集經濟的發展。這與閩南人有明確的不同，閩南人比較開放、冒險，尤其是閩南人民間信仰是向外開放的，而客家的民間信仰是內向性的保守的，閩南人雖然屬於家庭儒家以孝為主的經濟區，但與客家人有些不同。閩南地區本身也不同，基本上漳州人務農，泉州人務商，泉州在市場經濟發展上超過漳州。

　　總之，民族性格與市場經濟以及經濟發展息息相關，客家與閩南，不管是漳州、泉州、潮州整體說屬於重視儒家以孝為主的倫理的儒家經濟圈，但彼此之間也有不同。

　　客家研究牽涉範圍很廣，包括歷史學、地理學、人類學、社會學、語言學等等。客家研究目前還沒有得到結論性的共識，甚至還有學術界研究認為客家人本非漢人，引起了不少的反彈與爭議。客家人的民族意識很強，自認為是來自中原的漢人。此可以確定的是客家人是歷史上南遷的漢人，特別是南遷的中原人。

　　中國歷史上有無數的民族大遷移，每次內戰、內亂時民族以南遷為主；反之，南到北的少。比較重要的有五次民族大遷移，是乃晉永嘉之亂和五胡亂華、唐朝安史之亂、黃巢之亂、宋朝南遷、清朝太平天國戰爭等，他們與當地的百越人結合，客家人特別是與畬族結合，產生漢越共同體。

　　據羅香林先生調查研究，客家人的姓氏淵源來自中原，可以追溯到周朝和晉朝，甚至許多是王室官宦世家，他們是中原漢族，與邊疆地區入侵的野蠻民族不同；客家人是有文化的，野蠻的外族是比較沒有文化的。羅香林研究認為客家人文化底子很深厚，富沙文主義。當然這個看法引起很多爭論。[6]

　　歷朝歷代客家人居住在群山環繞的地方，比較孤立，因為抵禦外侮，比較團結，文化上較保守，外來文化介入少；因為山上謀生不易，比較節儉，這些都是客家人的特性。

　　客家人民間信仰敬奉山神，三山國王是客家原鄉的鄉土神，以三山國王為主的民間信仰充斥了客家文化，客家人遠離家鄉到到外地去是要祭拜三山國王的廟。三山國王廟隨著客家人到世界各地，形成了結社的中心，甚至經濟和政治重鎮。全世界有華人的地方就有三山國王廟，它形成了社會、文化、經濟甚至政治的中心。臺灣到處都有三山國王廟，雖然許多三山國王廟地區已經不講客家話了，他們為當地的福佬文化圈所同化，但廟還在。廟的存在證明曾是客家聚集的地區，只不過是被福佬人同化掉而已。

　　臺灣的閩南福佬文化是主流文化，客家文化雖然跟福佬文化有重疊的地方，但是非主流文化，非主流文化經常被主流文化同化。客家文化被福佬文化同化，使得客家文化雖然散佈各地，但慢慢不見了，消失了，這是長期現象。客家人在臺灣數字是很大的，但給人的感覺是少數，原因主要是被

---

6 同註 5，第三三五頁至三五九頁。

同化了。

　　三山國王廟是客家人的遺跡，客家文化圈的中心。漳州地區的人分散到世界各地建的則是開漳聖王廟，漳州人聚集地區的開漳聖王廟在臺灣很明顯。同樣泉州人聚集的地方則是廣澤尊王廟十分典型，它構成泉州人民間信仰的中心。大泉州地區的清水祖師廟，信仰的以安溪人為主，漳州保生大帝廟信仰的以龍海人為主。

　　臺灣社會中還有義民、亂民問題。義民對臺灣地區有所貢獻，他們開拓臺灣，有具體貢獻的功臣被臺灣人所尊重、供奉，奉為神靈，這就是義民廟的由來。臺灣歷史上由於政治變遷，義民的含義有所變化。客家人特別重視義民，它涵蓋有“忠”的意思，要敬忠職守，忠於國家。客家人在臺灣屬於少數，經常被閩南人欺負，客家人被欺之後，就要依靠中央政府、依靠中原地區的人士，所以盡忠中土國，效忠中央政府，是故義民多少有中央政府順民的意思。

　　甲午戰後日本人佔領臺灣，唐景崧建立臺灣民主國，還有劉永福、丘逢甲等人的義行，這些人都被列為義民。唐景崧反抗日本統治，要獨立，就是傾向滿清政府，劉永福與丘逢甲也一樣。義民比較傾向中央政府。當今臺灣客家人比較重視一個中國的政策，當然客家人當中也有主張臺灣獨立的，但不如主張中國統一的人多。海外的客家人也是這樣，以美國為例，臺灣客家同鄉聯誼會基本主張中國統一。義民比較傾向與中央政府。當然義民定義，南臺灣跟北臺灣不同，前面所說是北臺灣的義民定義。南臺灣亂民較多，他們是從福建逃來的地痞流氓，就是所謂羅漢腳，當初這些人在臺灣

是無業遊民，有時會爲非作歹，是流民。相對於他們，守規矩的、有正規職業的、定居的地方紳士叫義民，南部的義民是守規矩的同胞，亂民是相對的，不受重視，沒有固定職業。明言之，臺灣的許多義民廟，但其意義有些不同。[7]

第六節　臺灣的原住民

　　義民客家人多，亂民閩南人比較多。閩南人分成漳州、泉州兩部分，漳州、泉州的民系性格不同，漳州的以務農爲主，泉州務商，務商的比較隨遇而安，漳州務農的比較憨厚，個性梗直；因此，亂民中漳州人特別多，泉州人少。泉州義民，明顯的例子是一六八三年施琅海軍提督攻打臺灣，施琅就是泉州人，鄭成功的孫子鄭克塽投降，迎合施琅的劉國軒也是客家人。客家人和泉州人義民多，亂民少，漳州人也有義民，亂民多。臺灣歷史上的朱一貴事件、林爽文事件都是地方勢力造成社會不安的事件，主謀者他們都是漳州人。

　　客家話含有許多中原古音，在詩、辭、經文等文學方面客家話讀得特別好。顯示出客家人是來自中原的，這些情形也適於閩南人，閩南人包括潮州、漳州、泉州，以及廣東嶺南地區講廣東白話的，都應該是中原人與當地越人的結合，這些人是南遷的漢人，從這個推理可以證明臺灣同胞基本上也是來自中原的漢人。

---

7 戚嘉林，《臺灣史》，海峽學術出版社，臺北，臺灣，二〇〇七年，第一四八頁至一五〇頁。

　　南遷形成漢人與百越人的結合，越人分很多種，江蘇、浙江的越人叫吳越，福建的越人叫閩越，廣東地區的越人叫古越。越人分佈很廣，南越王趙陀建國以後，勢力擴大，從廣東到廣西、雲南、貴州地區，甚至現在越南北部，海南島黎人也是越人的一支。東南中國有兩個大島，一是海南，一是臺灣之越人先渡海到臺灣，跟越人渡海到海南島一樣，時間大約在西元前四千多年前，距現在六千多年，越人南遷到臺灣。學者們認爲現在臺灣泰雅族、布農族的祖先都應該是越人；越學家阮昌銳、歷史學家黃大受有這個觀點，認爲他們都是中國大陸過來的，特別是平埔族更是如此。其他的原著民如阿美族，因爲跟菲律賓很多少數民族的特徵很相近，認爲是從菲律賓的玻里尼西亞人過來的。顯然與前面的泰雅族和布農族不同，後者的很多生活習慣很象古越文化。

　　根據學者的看法，現在廣東人紋身屬於古越文化，這種古越文化跟泰雅族等表現的特徵一樣，舞蹈方面也很接近，所以這值得，找到進一步證據。許多臺灣原住民是大陸東南地區古越人的後裔，查證如果屬實，許多臺灣原住民也是中華民族的一支，並不是真正原住民。這些看法尚有爭議。

　　臺灣歷來有統獨之分，統一派的人認爲臺灣原住民是大陸來的古越人，主張臺灣獨立的人認爲臺灣原著民來自南太平洋的玻里尼西亞，跟中國大陸沒有關係。考古發現很多，比如臺北圓山地區發現了新石器時代文化，以臺北盆地爲中心分佈，出土了很多陶器、石器，距離現在約三千至四千年，發現時間是一八九七年，稱圓山文化；一九六三年在臺北縣八里鄉也發現了新石器時代的遺址，出土了石斧、石鏟以及

碗、罐等，距離現在五千至七千年，稱八里文化。除這兩個文化外，一九六八年臺灣大學考古學家在台東縣長濱鄉發現了許多舊石器遺跡，出土的有石器、骨器，稱長濱文化，距今一萬五仟年；一九七〇年在台南縣左鎮鄉發現古人類化石，時代是舊石器時代，左鎮文化距今二千至三千年，當時發現了一個男青年的骨化石，左證人比中國大陸上考古發現的人類還早；一九八〇年台東縣卑南鄉發現了一個大石棺和許多石器、玉器，構成卑南文化，距今約三千年；高雄縣林園鄉發現了新石器文化遺址，距今四千至五千年，出土的石器、陶器跟福建閩侯地區曇石山遺址的發現很相近。圓山文化、八里文化、長濱文化、左鎮文化、林園文化、卑南文化散佈臺灣，這是很重要的考古資料。中國大陸學者認為，臺灣原住民是來自大陸的古越人，主要原因是福建的東山島向東經過臺灣海峽到澎湖列島和台南，之間有一條橫跨海峽的淺灘。就是從東山島向東南到臺灣是連接在一起的，並不是現在的海峽，這條線叫東山陸橋。所以福建跟臺灣聯在一起，稱閩台半島，經過時間演變，陸橋割斷。到底臺灣原住民是原住民，還是大陸人經過東山陸橋來的，這引起了很大爭論，不能武斷說臺灣先民來自大陸，可能是也可能不是。海南島也一樣，黎族人到底是來自廣東還是本來海南島就有，值得進一步探討。[8]

　　臺灣很多先民遺跡文化跟漳州考古發現的很多文化非常接近，漳州文化的遺跡包括石片、石刀、石缸、石鑴，年代

8　邱彥貴、吳中杰，《臺灣客家地圖》，貓頭鷹出版社，臺北‧臺灣，二〇〇一年，第一三〇頁至一三九頁。

距今一萬年左右，比左鎮文化短。漳州文化跟東山文化接近，東山靠近廣東，東山發現很多石器時代的遺留文化，大概也是一萬年左右，它們與臺灣發現的文化比較接近，這顯然是相通的。從這些敍述可以知道閩南地區，尤其是漳州、泉州，跟臺灣先民應該是同一文化區，判斷都應屬於閩越。福建過去叫七閩之地，就是因爲有七個越族，福建簡稱閩就是因爲越人以蛇作爲圖騰。臺灣先民應屬於越族；大越族包括廣東、福建、江西三角地帶的山區的畬族。[9]

第七節　臺灣史的撰述

　　澎湖很早就與中國建立關係，可能是從隋朝或者更早在三國時開始，而漢人到臺灣來，並沒有歷史記載。真正有歷史記載的是一六二四年漳州海澄人（現在的龍海市），顏思齊到臺灣本島，他是開台王，嘉義縣新港鄉媽祖廟前的思齊閣就是紀念顏思齊的。顏思齊的一生滿傳奇，生於西元一五八九年，死於西元一六二五年，活了三十七歲，個性豪爽、仗義，有號召力，傳說中他有武功。臺灣與大陸的歷史關係始于顏思齊。顏思齊本來在日本，一六二四年不滿日本德川幕府的統治，反抗失敗，轉移到臺灣。日本有海盜在臺灣，顏思齊反日不成，與海盜結合，從事日本跟臺灣間的走私貿易，甚至再跟大陸福建貿易，構建三角關係，他很有號召力。他於明朝天啓四年，即一六二四年到臺灣，時農曆八月

9　曾少聰，〈閩南文化對閩西南客家人的影響〉，《閩南文化》，中央文獻出版社，北京・中國，二〇〇三年，第一三一頁至一四九頁。另同註一。

二十三日，船隊到笨港。笨港是現在嘉義新港原址，也是嘉義縣媽祖廟奉天宮所在地。

顏思齊到臺灣開疆拓土，非常有創意，有號召力，天啓五年，即一六二五年九月，顏思齊與部屬一起到豬羅山上打獵，暴飲暴食，得病，英年早逝，享年僅三十七歲。之後鄭芝龍接替他盟主地位，顏思齊短暫而傳奇的一生是有意義的。

從以上敍述可知，臺灣歷史很短，從荷蘭人攻陷臺灣算起，之前叫史前史。東山陸橋學者們雖然議論紛紛，說法不一。有人在澎湖海峽撈獲的古生物化石很多，證明臺灣海峽本是土地。在臺灣海峽找到了古人頭顱化石，據人類學家判斷距今四萬年，左鎮人大約在二萬至三萬年間。考古學家的東山陸橋、左鎮人、圓山文化、卑南文化、長濱文化等都是有依據的，證明臺灣很早就有人存在。

可以得到一個結論！臺灣人來源是很複雜的，有出於大陸體系的，因爲臺灣與大陸是聯繫在一起的，這是一說；另外一說就是臺灣人從玻里尼西亞來，從九族的區分可得到依據。九族與大陸隔離，自然而然產生自己的文化，因爲交流，相似的地方是可以理解的。

總之，客家人是來自中原人是可以確立的，閩南人也是來自中原人也可以確立的，中原人與不同的越人結合產生出閩南人和客家人，閩南人有些是到泉州的，有些是到潮州的，有些是到漳州的，客家人到贛州、梅州、汀州，彼此間大同小異。潮州話、泉州話、漳州話彼此間有區別，贛州話、梅州話、汀州話之間也有區別，但大體上大同小異。客家人跟閩南人之間也有很多共同文化，這是目前的狀況。

　　漢人到臺灣是一六二四年之後發生的，就是發生在荷蘭人佔領臺灣之後，之前的沒有記載。一六二四年之前基本上臺灣跟外界隔離，談不上現代化，先民變為原住民，之後才有臺灣歷史。荷蘭人在臺灣是有貢獻的，希望以臺灣作為中國大陸和日本經濟之間的跳板，荷印公司是荷蘭人在東方的組織，包括殖民地統治，他們希望從殖民地得到好處，但多少也對殖民地區也有些建樹。

　　中國的太史公是司馬遷，臺灣的太史公連雅堂先生，他說臺灣人要知道臺灣事，所以寫了《臺灣通史》。這部著作六十二萬字，貢獻很大，不過基本從荷蘭人佔領臺灣寫起，荷蘭人佔領之前的歷史沒涉及，非常可惜。史前史部分留下了很大的空間，讓學術界，尤其是人類學、歷史學者去探討，結論應該有助於臺灣跟大陸的關係之研究。

　　應瞭解的是中國大陸跟臺灣之間的關係雖然有一些歷史記載，但不明確。比如三國時有官員到夷州、硫球等的歷史記載，之後隋朝、唐朝、宋朝、元朝、明朝也有，但都是到硫球、澎湖等地，沒涉及臺灣本土。

　　以開台王顏思齊為例說，過去中國歷史上沒涉及臺灣本土，直到明朝天啓四年，西元一六二四年，才開始到臺灣。歷史是否準確，問題很嚴肅，學者們應該花很多工夫研究。人類學、歷史學應該在此做貢獻，這有助於臺灣地位的確立。現在由於臺灣地位未定論，日本人想涉及，美國人想涉及，這些爭議實在非中國人之福，也不利於亞太地區安定。如果能夠理清歷史，將有助於中國領土完整，並對亞太和平穩定做出貢獻。

第三章　閩南人的海外中華

第一節　閩南人的海商文化

　　漳州建州於唐朝德宗垂拱二年（西元六八六年），宋代是漳州繁榮進步的年代，這一直到了明朝中葉，尤其是漳州月港的商務再度繁榮進步。惟因爲明鄭的臺灣問題，漳州的發展屢遭挫折。

　　漳州海商的興盛曾帶動了漳州各行各業的發展，這是漳州市場經濟資本主義社會的萌芽時期，也造成了漳州人的榮耀。漳州海商與海盜的發展是明清兩代是否海禁的關鍵。從海盜蛻變成爲海商或從海商變成海盜經常取決於明清的海禁政策；其間有一個很微妙的轉換過程。然而明鄭的臺灣問題的確是影響明清之交是否海禁的主要因素。清代康熙二十二年（西元一六八三年）福建海軍提督施琅攻打臺灣之後，漳州又恢復了昔日的繁榮與驕傲。然而一九四九年到二〇〇九年臺灣海峽風雲的變化無常亦影響了漳州的經濟發展，甚爲可惜。相反的，如今的漳州將迎接一個嶄新的經濟發展機運。漳州的海商文化發展比較慢，時間也比較短。泉州就不一樣

了。[1]

泉州曾被譽爲東方的威尼斯，因爲它曾是海上絲路的重鎮。閩南人的海上文明均以泉州的海商爲傲。其實除了泉州經濟能創造閩南人的海上世紀外，漳州海商也有光輝的歷史意義；潮州人亦不例外。他們共同爲閩南人創造了大航海的時代。明成祖永樂二年（西元一四〇五年）開始的鄭和七次二十八年下西洋的盛事，主要基礎乃是閩南人建立的。

明代中葉泉州受到倭寇的騷擾甚巨，繼之瘟疫來襲；何況泉州港陳舊的設施屢遭破壞，因而泉州港的功能漸退，漳州的月港遂有取而代之之氣勢。明代中葉的東南中國經濟繁榮也是促進漳州海商經濟發達的要因。此時歐州文藝復興之後，新航路的發現，歐洲商人的東來也加速了漳州月港的功能性任務。月港位於漳州市龍海的九龍江出海口處，鄰廈門港；爲河海交流處，交通甚是方便；爲一優秀的港口。明代中葉以後中國東南半壁工商業發達，資本主義市場經濟蓬勃發展形成另一個高峰。此時海上貿易繁盛，月港因此商務興旺，晉入了黃金時期。

第二節　閩南人的海上絲路

由於明代實施嚴苛的海禁政策，以嚴刑竣罰對付海上貿

1　林仁川，〈漳州月港督餉館的功能與性質〉、《漳州海商論壇論文集》，政協漳州市委會，福建・漳州，二〇〇九年十一月，第十九頁至二十三頁。

易者，海商人士爲了生存、自救，於是有了武裝走私船的產生，此爲數甚眾。他們爲了生存，生活和生計而冒險從事海上活動，此乃是出於無奈。其實這些所謂的海盜，許許多多本是善良人家。他們進而結合「倭寇」的力量，爲的是從事一些海上的商務。明確的說，這種海禁政策是錯誤的。此終將實施開禁的新政策。於是打開了漳州海商文化歷史新一頁。此時正值西方文藝復興時期新航發現後的新海洋文化；意大利人、西班牙人、葡萄牙、英國人等的東來。東方的中國也有明成祖永樂二年（西元一四〇五年）起的鄭和下西洋。東西方文化與文明碰撞產生了史無前例的火花。此時漳州月港便是順勢而行迎合這個世界商務的新潮流；漳州海商廣泛的與東南亞菲律賓、印尼、馬來西亞、越南、緬甸、邏羅等地來往，甚至足跡到達東北亞的日本等地。因而充實了漳州人海洋文化與文明的內容。[2]

　　漳州地區雖有農業發展的優勢，但仍感可耕地不夠，百姓謀生不易；惟其亦有海洋文化發展的優勢。漳州月港爲九龍江的出口，靠近廈門，爲一重要的海上交通重鎮。明朝海禁期間，民不聊生，漳州海港曾是海寇的據點。明朝穆宗隆慶元年（西元一五六七年）海禁解除，漳州月港逐成爲一個臺灣的民間人士對外貿易的合法港口，於是漳州月港商務鼎盛，政府稅收大增。明朝中葉起這是漳州月港繼泉州港之後的大繁盛時代，時至鴉片戰爭之後，漳州港的商務始被廈門港取而代之。漳州月港曾與泉州共創「海上絲路」的美好時

2　湯錦台，《閩南人的海洋世紀》，果實出版社，臺灣·臺北，二〇〇五年，第一七九頁至二〇八頁。

代。當然的，「海上絲路」一向以泉州爲主要，但漳州的海商事業並沒有缺席。中國經濟發展與文明的創造也隨之從昔日的「陸上絲路」發展到「海上絲路」，此與文藝復興以後的歐洲重視海上經濟相似。隨著海上絲路的發達，東西方互通有無，增進民生的福祉。東方中國的絲織品、瓷器、茶葉等運到西方，西方的物資，例如玻璃、皮革、草蓆等也就陸陸達到東方。[3]

第三節　閩南人的海上商務

　　漳州月港的繁榮大約中止於鴉片戰爭。鴉片戰後簽訂南京條約，確定五口通商，廈門港的優勢條件逐漸突顯進而取代了漳州月港的許多功能。漳州月港的沒落與清初的海禁有關；其中臺灣問題是一個重要的關鍵。從漳州月港的興起到漳州月港的衰退，大約一百二十年。漳州月港之興起主要原因是泉州海盜橫行等因素。漳州月港的興起中止了許多海上走私的活動，明穆宗隆慶二年（西元一五六七年）海禁解除後，走私船隻列入正常管理，進而發展與世界各地正常的經濟貿易關係。月港的繁榮鼎盛也帶動了整個大漳州地區的經濟發展。例如九龍江沿岸閩西、閩南等地木材業、紡織業、製糖業、造船業、陶瓷業、工藝業等等均隨著發達。這是漳州港市合一共同發展市場經濟的具體表現。也是漳州經濟與

---

3 同註 2，第一五四頁至一七九頁。

世界經濟接軌的一個輝煌時代。[4]

　　新航路的發現始自一四九二年意大利人哥倫布發現新大陸，而鄭和下西洋始自一四〇五年，這比西方航海史上的新航路還早了許多。漳州・漳平人王景弘在陪同鄭和下西洋的偉大創舉中擔任副手。鄭和七次下西洋中，漳州人有許多。漳州人的足跡隨著鄭和下西洋到達印度洋、阿拉伯海以及南洋各地。漳州人僑居海外協助了鄭和下西洋，而鄭和下西洋又協助了漳州人在海外的發展。漳州爲重要的僑鄉，其來有自。這些都與漳州倚山面海有密切的關係；還有漳州的月港扮演著舉足輕重的角色。月港對於漳州人來說，它曾經輝煌過一個多世紀，但因爲明清政府的海禁，復加沿海地區歷史上政治、軍事紛爭等因素，月港終於沒落了。

　　禁海是違背市場經濟原則的，它會產生走私等地下經濟行爲。明嘉靖年間海盜橫行，這些海盜的武裝船隻結合成爲當時社會經濟的亂源。這均與禁海有密切的關係。由於漳州、泉州地小人稠，人民謀生不易，人們需要往海上發展。明朝的禁海政策，使百姓生計發生困難。此時漳州月港的功能無法正確發展，走私貿易甚熾。西元一五六七年，明政府開禁，使漳州月港成爲合法私人貿易港口。[5]

---

4 毛麗、張曉松，〈萬帆集月港、洋風已入澄〉、《漳州海商論壇論文集》，政協漳州市委會，福建・漳州，二〇〇九年十一月，第一二八頁至一三三頁。
5 鄭鏞，〈漳州明清時期的海商與海盜論略〉、《漳州海商論壇論文集》，政協漳州市委會，福建・漳州，二〇〇九年十一月，第一九八頁至二一七頁。

第四節　漳州月港的崛起

　　月港位於漳州城東南角大約五十里處，本隸屬於海澄，為九龍江的出海處，是江海匯集之地的一個好港口。明代嘉靖年間，倭寇入侵，政府與百姓深受其害。漳州月港與漳州經濟相關性甚高。月港的開禁，其私人的貿易行為均屬於合法化，於是月港商務一時鼎盛。月港通商地區包括臺灣、菲律賓、越南、柬埔寨、暹羅、印度、日本、琉球等，貿易商品包括漳州出口的絲織、瓷器、糖、紙、茶等，凡此帶動了漳州農業、手工業的發展，因此漳州也賺取不少白銀。漳州商人富足者不少，依規定納稅，也同時富裕了國庫。漳州月港的開海原因很多，其中一個是漳州海商集團的形成，此不只海商與日本倭寇合作形成對明政府的威脅，開海是明政府對此海商的讓步。然而漳州海商在海內海外被此合作或勾結形成一個強大的力量，此亦威脅到明朝的政府。換言之，明代禁海與開海，對於漳州海商來說有其管理上的盲點。漳州月港曾經繁榮過，這在閩南對外貿易史上有著光輝的一頁，這是一個事實。如何恢復漳州月港昔日的榮耀，這恐怕是一個重要的課題。

第五節　閩南人的海外中華

　　漳州可耕地狹小，人口稠密，人民謀生不易。東南亞的

南洋則是一塊寶地。漳州人移民到東南亞各地始自唐代，到了宋代漳州人移民到南洋則是爲數日增。鄭和下南洋是依漳、泉等地閩南人的足跡而進行的。

閩南人的海上絲路及茶路是海外中華的主要經濟命脈。閩南人本爲中國中原華夏神州的主人。因爲歷史的變遷而衣冠南渡，人們與當地閩越族人相混合，遂爲今日閩南人的源頭與活水。閩南人有海外移民的文化，先是從北方中原中國的南遷，繼之有東南亞的大遷移。閩南人的足蹟遍及印尼、馬來西亞、菲律賓、越南、泰國、緬甸等地。閩南人也在明末清初之際登上了臺灣島。

閩南人的海上絲路與阿拉伯、波斯人、印度人甚至於與拜占廷的土耳其人相接觸、展開了商務關係。其間中西文化交流頻繁，西方的基督教、伊斯蘭教的東來，其意義甚是重大。還有十五世紀以後的文藝復興和歐洲人的崛起，西班牙人、荷蘭人、葡萄牙的東來也是一件史無前例的事。閩南人因此與歐洲人展開了文化與宗教的交流。臺灣於一六二四年被荷人登陸，而北臺灣於一六二六年被西班牙人佔領，這也是歷史上的一件大事。葡萄牙人也於一五五七年佔領了澳門。

鄭和下西洋七次長達二十八年。鄭和下西洋與閩南人是有關係的，而鄭和下西洋也再度促成了閩南人的下南洋。彼此互爲因果的關係。

第六節　從陸上絲路到海上絲路

敦煌莫高窖千佛洞等是「路上絲路」的遺跡。第一窟落

實於三國時期約於西元二三六年，然後歷經魏晉南北朝隋唐等各朝名代一脈相承。以後取而代之的海上絲路。中國海上貿易始自秦漢時期。海上絲路發軔於唐代；閩南耕地少，人口稠密，謀生不易，閩南人經海外移民這也是必然的事。漢高祖曾封趙佗之孫為南越王。從南越王的墳墓中發現不少的文物，尤其是陶器、象牙等文物的出土，足以證明西漢已經展開了海外中華。此時也是佛教從印度傳到東方中國的時期。值得重視的是東晉法顯首先赴印度取經。此比唐玄奘還早了二百多年。法顯的足跡經過甘肅河西走廊、新疆、巴基斯坦以及尼泊爾、印度、獅子國等地取經。法顯六十五歲從長安出發，八十一歲回國，歷十六年。[6]

　　泉州、交州、廣州、福州、明州與揚州等為中國對外文化與經濟交流的重要門戶。泉州則始自南北朝與印度僧侶有所交流。有唐一代泉州人口已超過十萬人；泉州商務鼎盛。玄宗天寶年間發生了「安史之亂」，陸上絲路嚴重受阻，海上絲路有機會得以發展。此時泉州成為印度人、阿拉伯人以及南洋人等與中國互通有無的重要據點。波斯人與大唐的經濟往來主要是經過「陸上絲路」而泉州則是以阿拉伯人為主要的海上絲路商務重鎮。時至十一世紀，泉州的海外經濟貿易，成為海上絲路的主要基地。泉州的發展有其象徵性的意義，它代表了中國經濟重心的南遷，這在宋朝以後最為明顯。宋元二代皆鼓勵海外貿易，泉州、廣州、揚州、明州等沿海港口於是發達。此時歐洲因為新航路的發現，義大利人、荷

6　湯錦台，同註2。

蘭人、西班牙、葡萄牙人、阿拉伯人等的航海事業直入東南亞與中國人的交流。閩南人與南洋各地展開貿易互通有無的機會，此後來的鄭和下西洋確立了基礎；亦即漳、泉二地的閩南人在海外爲鄭和下西洋鋪成一條路，而鄭和下西洋也爲後來的閩南人在海外樹立了長期穩定的事業。鄭和下西洋始自明成祖永樂二年（西元一四〇五年），這此西方人士於一四九二年義大利人哥倫布發現新大陸早了八十七年。隨之，閩南人逐與印度人、阿拉伯人、西班牙人、葡萄牙人、英國人等在東南亞的西洋展開一連串的合作與競爭的關係。這就是閩南人創下了開拓海外中華的特殊意義。

第七節　閩南人在臺灣

　　閩南人在東南亞的經濟行爲不但貢獻了福建家鄉的經濟，也貢獻了東南亞地區的經濟。由於閩南地區地小人稠，謀生困難；閩南人於是有移民的想法。閩南人在東南亞地區遂行成了落地生根的事實。這就是華僑的由來。華人的聚落地區由少而多，進而有了所謂會館的成立，這是華僑聚會聯誼的地方，其中有泉州會館、漳州會館、潮州會館等等。這些會館具體的功能先是聯誼爲主要目的，發展成爲華僑的經濟、社會和文化中心的功能。此由點而面，進而形成所謂唐人街的事實。這是華人長久定居僑居地的意義，這多少產生了政治性的功能以確保海外華僑的社會、經濟利益。

　　閩南人的海外世界集中於東南亞，此外是臺灣。臺灣與

東南亞地區皆是海外閩南人的重要基地，但在時間上閩南人
開發臺灣的時代比較遲。一六二三年荷蘭人佔領臺灣之後開
始引進大量閩南人，然而西班牙人於一六二六年佔領臺灣北
部，直至一六四二年後由荷蘭人接管爲止。閩南人在臺灣的
經營比較晚。在荷蘭人統治臺灣之前閩南人在臺灣的政治經
濟並沒有確實的記載，姑且暫不涉及。但是由連雅堂先生所
撰述的《臺灣通史》中提及臺灣本無史，荷人啓之，鄭人作
之。臺灣在荷蘭人統治之前，可供參考的史料甚少。時至今
日，臺灣是全球閩南人聚集最多人口的地方。早期移民至臺
灣的閩南人以未攜眷者爲多，基本上爲數不眾。直至鄭成功
攻打臺灣以後漢人才大量的閩南人進入臺灣。然而清初禁
運，致閩南人偷渡者眾。同治年間，開放閩南人赴台開墾，
於是赴台者又掀起了另一高峰。時至如今在臺灣的閩南人佔
臺灣總人口的百分之七十以上，約爲數一千七百餘萬人。這
是全球最大的閩南人聚落地區。[7]

　　臺灣的閩南人來自閩南的漳州、泉州地區等地，其風俗
習慣與在福建的閩南人相同，然而在臺灣的閩南人亦有臺灣
本土的特質。畢竟臺灣的環繞海洋與泉州的面向海洋不同，
與漳州的擁抱大地更有差距；何況臺灣的閩南人是冒險經過
臺灣海峽而來的，這在民系性格上與在福建的漳泉閩南人在
本質上有些不同。

---

7 湯錦台，同註 2。

第四章　以孔孟主義取代馬列主義

—— 與時俱進的儒家大同主義思想

第一節　從圍堵共產主義到疏導共產主義

　　「美國總統尼克森（Richard Nixon）於一九七三年初訪問中國大陸；此時正值自由世界與共產世界嚴峻對立的冷戰時期。因爲世人幻想共產主義的聲勢浩大；當時自由世界採取的是「圍堵」共產主義的政策。例如東南亞防禦公約、中（臺灣）美防禦條約、日美安保條約等等莫非在於抵抗蘇聯以及中共勢力的擴張。而以臺灣與中國大陸涇渭分明的形勢最典型。在臺灣的中國國民黨則採取對大陸的中國共產黨「三不」政策（不談判、不妥協、不接觸）等事宜。此爲「防衛乃是最好的攻擊」戰略。一九九〇年前後，蘇聯以及東歐的共產世界相繼土崩瓦解之後，這已充分證明共產主義已經禍中國，也禍世界。其間美國等自由世界則信心勃勃的主張對共產世界粉碎的信心與決心；於是在臺灣的中國國民黨政府也改變了過去對中國大陸共產主義的看法而採取「疏導」中共的新政策，一改過去的「圍堵」中共的舊政策。換言之，

正確的『實事求是』對中共政策是「與時俱進」的；因此，「反共」的定義隨著大形勢主客觀因素的改變而做了重大調整。不僅如此，「愛國」的定義不是保守主義、封建主義而是如何要使國家更美麗、更文明、更可愛，使人民更幸福；與絕對不是「義和團式」的愛國主義行為。

第二節　中共已回歸到了中華文化

三十幾年來中國大陸逐漸恢復了中華文化之後，基本國策也有了重大的改變。經過鄧小平、江澤民、胡錦濤等人一脈相承謹慎的逐步調整過去那些「教條式」的共產主義舊思維而邁向以中華文化為主軸的治國大戰略。其中，對國內則以和諧政策取代階級鬥爭，對國際則以世界和平取代輸出革命，對台政策則以和解取代武力等的新思維。

「反共愛國」觀念是與時俱進的。反共不是反中國，而是「救中國」；一九七〇年代初期，中國剛剛經過了那些「禍中國」的「文化大革命」；此國家發展的方向明確違反中國文化的道路。反共是基於反對那些非理性的教條馬列主義；因為當時中共信奉馬列主義是反對財產私有制和市場經濟，此無法產生經濟的激勵性，使國家經濟無以成長。何況當時的中共是西方外來馬列主義思想的殖民地。馬列共產主義在蘇聯實施的經驗也是反民主的政治高壓、獨裁、專制。反共是為了救中國；因此「反共」是「愛國」行為的具體表現。如今中國已不是昔日共產主義左傾的中國；一九七八年以後

鄧小平的改革開放維新政策，這是共產主義右傾的中國。三十幾年以來的今日中國「民富國強」，中國人終於又頂天立地有尊嚴的在這個世界裡站起來了。換言之，只要中國當局能夠從善如流把治國戰略方向回歸中華文化的道路，中國一定富強。此外臺灣海峽兩岸的中國人一定是團結與和諧的。具體的意義是中華文化若在中國出了問題，中國則積弱；反之，中國則富強。如今經過了全球實證與檢驗的結果已充分證明那些教條共產主義不但禍中國，也禍了世界。

第三節　從「批孔揚秦」到「尊儒敬孔」的思維

　　中國以及全世界有識之士都已醒過來了；這可以說明中國的知識份子已經從昔日的幻想共產主義演變成為今日的反對共產主義；中間還經過了模索共產主義、懷疑共產主義和否定共產主義的過程。同樣道理；中共的文化戰略已從昔日的「批孔揚秦」回歸到今日「尊儒敬孔」的文化中國的戰略道路；天安門廣場的孔子雕像已於二〇一一年一月十二日屹立不搖的站立於天安門廣場，這個富有中華文化高度象徵意義的孔子雕像足以證明現階段中國往何處去的明確走向（雖然此雕像於四月二十二日又移走了）。[1]這給五四運動「者」

1　北京的雕像於二〇一一年一月十七日高高的站立於北京天安門廣場，而於同年四月二十二日取走。為期一百天的天安門孔子雕像懸屹立的事蹟，其意義深遠。

嚴酷的警告，其所謂的「打倒孔家店」是站不住腳的，尤其是那些中國馬列主義「者」的衝動和無知。到如今，中國的共產主義者不得不邁向「馬列主義中國化」的途徑，一反一九七八年以前的「中國馬列主義化」的主張。樂見臺灣海峽兩岸的中國人所選擇的現代化文明的路向趨於相同；彼此互相交流、擇善而且固執之。目前臺灣海峽兩岸的中國人互動頻繁，正在尋找一個彼此都能接受的富有中國特色的共產主義——孔孟大同主義的世界。此不只爲中國文明崛起於這個世界而努力，也爲全球儒家文化的文藝復興做出貢獻。因此「反共愛國」的觀念必需與時俱進；亦即從過去的圍堵共產主義轉變成爲疏導共產主義的主張，彼此共同爲中國邁向文明社會的普世價值集思廣義，用以創造人類的福址。

第四節　世界經濟與文明重心將在東亞

現階段的中國共產主義已非一九七〇年代初期的中國共產主義，世界的共產主義亦非一九七〇年代初期的世界共產主義。如今東亞儒家文化經濟圈的中國、日本、韓國、新加坡、臺灣等等地區在經濟發展上的傑出表現已令世人刮目相看。其中日本在明治維新以後的一百年；亦即於一九六八年起已經成爲世界第二經濟大國，而中國自從鄧小平先生主導改革開放新思維後，其中「一言興邦」的作爲已經改變了中國，更以二〇一〇年中國經濟已取代日本成爲世界第二經濟大國，而日本仍居全球第三經濟大國。一八六八年的「明治

維新」與一九七八年的「小平維新」前後可以媲美；日本與中國前後成爲全世界第二經濟大國；日本用一百年，中國則僅用了三十二年。強而有力的中國與日本經濟發展之後應創造東方的文明。文化是文明的種子，而文明是文化的果實。文化使人和諧，文明使人幸福。文明是全球人類所追求的普世價值。這一方面西歐與北美等自從西方文藝復興之後貢獻以及影響全世界的普世價值超過五百年。[2]西方的文明一時成爲世界普世價值的代表。這是因爲西方經濟發展而帶動世界文明的走向；經濟發展是手段，而文明表現是目的。任何文化不一定能產生各自文明、主要的是文化發展與經濟發展不一定是相關的；所以文化不一定能產生文明；而不同文化可能產生衝突，然而文明是普世價值，因此其並沒有所謂的文明衝突。

　　東亞儒家文化經濟圈在戰後的表現傑出，其將自成體系的儒家孔、孟文明圈已逐漸形成，這將在這個二十一世紀裡發光發熱，此將取代西歐，北美的希臘，羅馬文明圈而成爲全球普世價值的代表。「反共愛國聯盟」已是「四十而不惑」之年；[3]在這個嶄新的大環境中如何自我重新定位，然後再出發，用以迎接這個大時代並且做出貢獻，大家拭目以待。

2 註二：西歐、北歐等的現代化基本上是希臘、羅馬文化的再生。。
3 反共愛國聯盟的「保釣運動」始自一九七二年十二月二十五日

第五章　決定澳門經濟發展的文化因素

第一節　澳門無煙囪的工業

　　澳門旅遊業是一項服務業，也是無煙囪的工業。一九七九年鄧小平遊黃山時發表談話，亦即所謂的黃山感言；認爲發展旅遊業是賺錢的機會。社會主義也要賺錢的；貧窮不等於社會主義。發展旅遊業是突破貧窮的瓶頸，也是推動社會主義建設的一個重要環結；目前澳門的經濟發展方向是正確的。在文革時期或許有些保守主義者認爲發展旅遊業是資本主義的玩意兒；其實並不然。因爲旅遊業是改革開放、推動建設的一扇門窗。這在過去的所謂左傾保守主義者當然要反對的。世界上舉凡經濟先進的國家都是重視旅遊業，這是一個沒有煙囪的工業。例如瑞士、瑞典、日本、新加坡等平均國民所得高的國家、基本上也是重視觀光旅遊業的。香港、澳門的旅遊業在其經濟發展中的重要性是個範例。一個經濟先進的已開發國家，其第三產業在國民經濟生產總值中的比重逐漸擴大，這是一個定律。香港、新加坡的經濟發展情勢亦復如此，臺灣當然不能例外。然而最爲典型的是澳門經濟，特別是澳門一九九九年回歸以後的經濟發展現象最爲明顯。

澳門的第三產業在其國民總生產的比例已達百分之九十以上；超過香港、新加坡的百分之八十以上，臺灣的百分之七十以上。可見目前澳門在經濟發展的過程中的方向是正常也是正確的，特別在發展觀光旅遊業的重要方向上此戰略目標是可圈可點的。[1]

第二節　富有香山文化特色的經濟發展

　　澳門、珠海、中山等三角地帶構成香山文化的重心；這與香江文化的特色略有不同。香江文化經濟圈是以香港、深圳與廣州等經濟圈為主軸。香山文化經濟圈與香江文化經濟圈等共同形成泛珠江三角洲文化的重鎮，也是嶺南、南越文化的核心地帶。然而香山文化與香江文化因歷史文化的淵源略有不同，前者受天主教羅耀拉耶穌會的影響比較重，後者與基督路德基督新教的影響比較大。香山文化與葡萄牙人的統治有關，而香江文化則與英國人的統治有關。葡萄牙人與英國分屬南歐天主教文化和西歐基督教文化經濟圈的分際，其在經濟發展是有所不同的。文化與宗教是經濟發展的另一隻「看不見的手」；這也可從澳門與香港回歸中國以前在經濟發展上的不同表現得到證明。另外中國大陸經濟發展是香港、澳門經濟發展最重要的腹地。[2]

1　吳志良，《一個沒有悲情的城市》，澳門日報出版社，澳門，二〇〇六年。
2　同註1。

第三節　澳門回歸中國文化的懷抱

　　中國大陸最近三十幾年的經濟發展已驚動了世界。它是世界經濟的工廠，也是世界經濟的市場。澳門經濟與中國大陸的互動性相當高。中國大陸經濟發展自然輕易的帶動澳門的經濟，尤其是「一國兩制」互補性的政治經濟關係。澳門自從一九九九年十二月結束了葡萄牙人四百多年統治後，回歸中國，這十年來的回歸正好是中國經濟發展最爲快速的時期。回歸前的澳門經濟人均國民所得約爲香港的百分之六十，如今澳門人均國民所得都已超過香港百分之三十。[3]

　　不「與時俱進」和「因地制宜」的儒家思想已失去其本質，則容易形成儒家思想的腐朽；另外，腐朽儒家是排外的，因爲它並不是融合性。如此看來西漢董仲舒獨尊儒家，罷黜百家的主張確實已失去儒家思想的基本精神；此與今日澳門的文化與經濟表現顯然不同。

　　戰後亞太地區經濟發展傑出表現正是在於其能把握儒家思想的要旨，因此其經濟發展得以表現亮麗。香港、澳門等地就是其典型的例證。尤其是一九七八年以後中國大陸經濟發展是回歸中國文化儒家思想的正確結局；這又提供了澳門經濟發展的佐證。換言之，文化並不可能評斷它有良污之分，但其在經濟發展的表現肯定有些不同的。西方文藝復興以後

---

3 魏萼，《中華文藝復興與臺灣閩南文明》，文史哲出版社，臺北·臺灣，二〇〇七年，第一七〇頁至一七六頁。

的基督新教與資本主義的經濟發展有關，它影響了世界，主導了世界已達五百多年，而東方世界在戰後六十幾年來的亞太經濟發展的表現也足以證明儒家文化對於經濟發展的貢獻。[4]

第四節　文化是文明的種子，文明是文化的花朵

　　經濟發展有關的三隻手：市場的主力，政府的拉力，文化的動力。市場經濟是第一隻看不見的手，文化經濟是第二隻看不見的手，政府經濟則是一隻看得見的手。亞當‧史密斯強調市場經濟的功能，而卡爾‧馬克斯強調政府經濟的功能，然而這裡要強調文化經濟的功能。儒家思想不只有文化經濟的意義，也含蓋著市場經濟的本質，當然也有政府經濟的功能。

　　儒家思想要有「與時俱進」與「因地制宜」等的時空意義，因而可以放諸四海而皆準；否則反之。當前的香山文化與香江文化等經濟圈日益趨同，融合，但基本上還是同中有異的傾向，前者偏向側重於文化與教育的特色，後者重視實質的經濟發展意義。改革開放以後珠江三角洲的經濟發展有了傑出的表現，這是世人有目共睹的。

　　文化是文明的種子，文明是文化的花朵；文化是邁向文明的起點，文明是文化的表徵。但是文化與文明之間的臍帶

---

4 同註 3。

是經濟發展；因為經濟發展是文化邁向文明的動力。文化之間是有衝突的，文明是普世價值。不同文化可產生不同的經濟發展成果。

第五節　澳門是中華文藝復興的策源地

戰後經濟發展的主要地區：臺灣、香港、澳門、新加坡、韓國以及改革開放以後的中國大陸等地甚引人注目、它們文化特色是開放性的儒家文化思想。韓國和臺灣曾是日本的殖民地、新加坡和香港曾是英國的殖民地；而日本自從明治維新以後就已經採取東西方文化融合的思想體系、而中國大陸自從「小平維新」以後也採取東西文化融合的現代化途徑。從一八六八年的日本「明治維新」到一九七八年的「小平維新」相隔了一百一十年，彼此都已展現從文化的發展到經濟的發展，進而文明的發展，逐步推展國家的現代化；這香港、新加坡等地在戰後的現代化發展模式也是如此。

從文化發展到經濟發展進而到文明發展的規律在十五世紀以後的歐洲也是如此。具體的範例是從義大利的文藝復興。

西方文藝復興從意大利的佛羅倫斯出發，結合了米蘭、威尼斯等地，成為文藝復興的三個重鎮。意大利本著能夠吸收海洋文化的機會，其潤飾了原有的希臘羅馬文化，產生了經濟發展的動力。此刻的歐洲正是因為十字軍東征和蒙古西征的結果；中世紀歐洲的封建社會崩潰，產生了新的自由人，意大利商人乘機發展經濟。於是歐洲的經濟思想膨勃發展，

遂有荷蘭、西班牙、葡萄牙人的重商主義思想，進而有法國
等地的重農主義思想，才有後來英國古典學派的經濟思想。
凡此也帶動了整個歐洲的產業革命和新文化的啓蒙運動。最
後帶來了西方世界的新文明，領先、領航了世界的現代化，
它的自由、民主、人權、法治、環保、社會福利以及宗教自
由等等已經成爲全球普世價值的楷模；領導了世界五百多
年。展望世界現代化的新趨勢，儒家文化經濟圈在二戰後傑
出的表現已使東方的崛起帶來了曙光。

第六節　中華文明崛起中的澳門

　　東方文明的崛起，中國要扮演著重要的角色，但是中國
現代化文明發展要有一個過程，它不是一蹴而成的。因此澳
門的角色與功能令人關注。澳門、珠海、中山等地的香山文
化；香港、深圳、廣州等地的香江文化，臺灣、漳州、泉州、
廈門等地的閩南文化，甚至於長江三角洲上海、蘇杭等吳越
文化圈似可結合共同成爲儒家文化文藝復興的策源地。因此
澳門的文化與文明的功能性定位日益重要與明確；文化是文
明的種子，文明是文化的花朵，澳門回歸中國以後實施「一
國兩制」的具體意義不只是資本主義的特色有所彰顯，更重
要的使命要使其成爲中華再造文明的典範。但是值得注意的
是：儒家思想是「理學」與「實學」；它重視理學的理論與
實踐性。因此它有時空的主觀性和客觀性，具體的說，它富
有「與時俱進」和「因時制定」的本性。所以儒家思想是放

諸四海而皆準，否則乃是放之四海皆不宜的窘境。[5]

第七節　邁向澳門的文明 ——「馬列思想孔孟化」的時代

鄧小平是開創馬列中國化的代表性人物；一九七八年以前的中國共產主義是「孔孟馬列化」。後者是馬列共產主義，前者是孔孟共產主義。《春秋》〈公羊篇〉所描述的「三世說」以及康有為『大同書』所描述的「三世論」等皆描述文化衝擊和文化融合後，孕育出中華文明。再度強調：文化是文明的種子，而文明是文化的結晶；文化邁向文明的動力是經濟發展。

（一）孔子的「三世說」

「三世說」源自孔子的《春秋》著作。此論及以夷夏共處的原則，言明愚昧與文明互動的過程以及最終的結局。此揭露中華文化與文明的前瞻性是光明的。

（二）康有為的「三世論」

依據孔子所著《春秋》之原理，清末康有為引出「三世論」。孔夫子的「三世說」：乃是夷勝過夏（據亂世）、夷夏共存（昇平世）和以夏化夷（太平世）等的三個階段；而康有為則以據亂世，昇平世和太平世等三個階段取而代之。中原華夏文化具有融合外來文化的本能；起初的是蠻夷勝過

5 魏萼，《中國國富論》（上下二冊），時報文化出版公司，臺北·臺灣，二〇〇四年。

中華文明，進而蠻夷與中華文明共處，最後終將中華文明化解蠻夷，這是一個發展的定律。

（三）澳門的「三世律」

澳門回歸中國以後經濟發展快速，其平均國民所得成長率高。所以致此；部份原因已如上述。主要是與中華文化富有融合性有關。澳門原為葡萄牙人的屬地，葡人引進天主教文化，推廣天主教文化；當時可謂中華文化忍氣吞聲的時代。繼之為中華文化與天主教文化和平共存的時代。最後終將展現中華文化的包容力量，融化了天主教文化；天主教中國化。

馬列主義在中國亦是如此。一九七八年以前的中國是中國馬列化的年代，一九七八年以後則是馬列中國化的年代，其間則有中華文化與馬列文化的過渡共處年代。

如今的澳門已回歸中國十年，此正處於馬列主義中國化與天主教文化中國化的時代。換言之，今日的澳門香山文化是以中華文化結合了馬列文化與天主教文化的三者融合性，此已構成了推展澳門發展經濟的動力。

澳門文化的「三世律」先是外來文化凌駕中華文化之上，這是一個開始的一個現象，也是第一個必須的「事律」，繼之為中華文化與外來文化共處的年代，這也是一個必經的「規律」，再者中華文化終將消化外來文化更是一個必然的「定律」。[6]

因此可以看出澳門回歸中華文化的主軸後，其經濟發展的前景是樂觀的。

---

6 同註5。

附件一：關於臺灣回歸祖國實現和平統一的方針政策*

（1981 年 9 月 30 日）

葉　劍　英

今天是中華人民共和國三十二周年國慶前夕，又欣逢辛亥革命七十周年紀念日即將來臨之際，我首先向全國各民族人民，包括臺灣同胞、港澳同胞以及國外僑胞致以節日祝賀和親切問候。

1979 年元旦，全國人民代表大會常務委員會發表《告臺灣同胞書》，宣佈了爭取和平統一祖國的大政方針，得到全中國各族人民，包括臺灣同胞、港澳同胞以及國外僑胞的熱烈擁護和積極回應。臺灣海峽出現了和緩氣氛。現在，我願趁此機會進一步闡明關於臺灣回歸祖國，實現和平統一的方針政策：

（一）爲了儘早結束中華民族陷於分裂的不幸局面，我們建議舉行「中國「中國共產黨」」和中國「中

---

* 這是葉劍英以全國人民代表大會常務委員會委員長的名義，向新華社記者發表的談話。

國國民黨」兩黨對等談判，實行第三次合作，共
同完成祖國統一大業。雙方可先派人接觸，充分
交換意見。

（二）海峽兩岸各族人民迫切希望互通音訊、親人團聚、
發展貿易、增進瞭。

我們建議雙方共同爲通郵、通商、通航、探親、旅遊以
及發展學術、文化、體育交流提供方便，達成有
關協定。

（三）國家實現統一後，臺灣可作爲特別行政區，享有
高度的自治權，並可保留軍隊。中央政府不干預
臺灣地方事務。

（四）臺灣實現社會、經濟制度不變，生活方式不變，
同外國的經濟、文化關系不變。私人財產、房屋、
土地、企業所有權、合法繼承權和外國投資不受
侵犯。

（五）臺灣當局和各界代表人士，可擔任全國性政治機
構的領導職務，參與國家管理。

（六）臺灣地方財政遇有困難時，可由中央政府酌情補
助。

（七）臺灣各族人民、各界人士願回祖國大陸定居者，
保證妥善安排，不受歧視，來去自由。

（八）歡迎臺灣工商界人士回祖國大陸投資，興辦各種
經濟事業，保證其合法權益和利潤。

（九）統一祖國，人人有責。我們熱誠歡迎臺灣各族人
民、各界人士、民衆團體通過各種渠道、採取各

種方式提供建議，共商國是。

臺灣回歸祖國，完成統一大業是我們這一代人光榮、偉大的歷史使命。中國的統一和富強，不僅是祖國大陸各族人民的根本利益所在，同樣是臺灣各族同胞的根本利益所在，而且有利於遠東和世界和平。

我們希望廣大臺灣同胞，發揮愛國主義精神，積極促進全民族大團結早日實現，共用民族榮譽。希望港澳同胞、國外僑胞繼續努力，發揮橋梁作用，爲統一祖國貢獻力量。

我們希望「中國國民黨」當局堅持一個中國、反對“兩個中國”的立場，以民族大義爲重，捐棄前嫌，同我們攜起手來，共同完成統一祖國大業，實現振興中華的宏圖，爲列祖列宗爭光，爲子孫後代造福，在中華民族歷史上譜寫新的光輝篇章！

葉劍英

附件二：致蔣經國先生信

（1982 年 7 月 24 日）

廖　承　志

經國吾弟：

　　咫尺之隔，竟成海天之遙。南京匆匆一晤，瞬逾三十六載。幼時同袍，蘇京把晤，往事歷歷在目。惟長年未通音問，此誠憾事。近聞政躬違和，深爲懸念。人過七旬，多有病痛，至盼善自珍攝。

　　三年以來，我黨一再倡議貴我兩黨舉行談判，同捐前嫌，共竟祖國統一大業。惟弟一再聲言“不接觸，不談判，不妥協”，余期期以爲不可。世交深情，于公於私，理當進言，敬希詮察。

　　祖國和平統一，乃千秋功業。臺灣終必回歸祖國，早日解決對各方有利。臺灣同胞可安居樂業，兩岸各族人民可解骨肉分離之痛，在台諸前輩及大陸去台人員亦可各得其所，且有利於亞太地區局勢穩定和世界和平。吾弟嘗以“計利當計天下利，求名應求萬世名”自勉，倘能于吾弟手中成此偉業，必爲舉國尊敬，世人推崇，功在國家，名留青史。所謂“罪人”之說，實相悖謬。局促東隅，終非久計。明若吾弟，

自當了然。如遷延不決，或委之異日，不僅徒生困擾，吾弟亦將難辭其咎。再者，和平統一純屬內政。外人巧言令色，意在圖我臺灣，此世人所共知者。當斷不斷，必受其亂。願弟慎思。

　　孫先生首創之中國「中國國民黨」，曆盡艱辛，無數先烈前仆後繼，終於推翻帝制，建立民國。光輝業迹，已成定論。國共兩度合作，均對國家民族作出巨大貢獻。首次合作，孫先生領導，吾輩雖幼，亦知一二。再次合作，老先生主其事，吾輩身在其中，應知梗概。事雖經緯萬端，但縱觀全局，合則對國家有利，分則必傷民族元氣。今日吾弟在台主政，三次合作，大責難謝。雙方領導，同窗摯友，彼此相知，談之更易。所謂"投降"、"屈事"、"吃虧"、"上當"之說，實難苟同。評價歷史，展望未來，應天下爲公，以國家民族利益爲最高準則，何發黨私之論！至於"以三民主義統一國"云云，識者皆以爲太不現實，未免自欺欺人。三民主義之真諦，吾輩深知，毋須爭辯。所謂臺灣"經濟繁榮，社會民主，民生樂利"等等，在台諸公，心中有數，亦毋庸贅言。試爲貴党計，如能依時順勢，負起歷史責任，毅然和談，達成國家統一，則兩黨長期共存，互相監督，共圖振興中華之大業。否則，偏安之局，焉能自保。有識之士，慮已及此。事關「中國國民黨」興亡絕續，望弟再思。

　　近讀大作，有"切望父靈能回到家園與先人同住"之語，不勝感慨系之。今老先生仍厝于慈湖，統一之後，即當遷安故土，或奉化，或南京，或廬山，以了吾弟孝心。吾弟近曾有言："要把孝順的心，擴大爲民族感情，去敬愛民族，

奉獻於國家。"旨哉斯言，盍不實踐于統一大業！就國家民族而論，蔣氏兩代對歷史有所交代；就吾弟個人而言，可謂忠孝兩全。否則，吾弟身後事何以自了。尚望三思。

　　吾弟一生坎坷，決非命運安排，一切操之在己。千秋功罪，系於一念之間。當今國際風雲變幻莫測，臺灣上下眾議紛紜。歲月不居，來日苦短，夜長夢多，時不我與。盼弟善為抉擇，未雨綢繆。"寥廓海天，不歸何待？"

　　人到高年，愈加懷舊，如弟方便，余當束裝就道，前往臺北探望，並面聆諸長輩教益。"度盡劫波兄弟在，相逢一笑泯恩仇"。遙望南天，不禁神馳，書不盡言，諸希珍重，佇候複音。

　　老夫人前請代為問安。方良、緯國及諸侄不一。
　　　　順祝
近祺！

　　　　　　　　　　　　　　　　　　廖　承　志
　　　　　　　　　　　　　　　　　1982 年 7 月 24 日

附件三：蔣夫人發表給廖承志公開信

（1982 年 8 月 17 日）
蔣宋美齡

> 廖承志為先烈廖仲愷先生之
> 哲嗣，自幼即思想左傾，而
> 加入共產匪黨，抗日時期，
> 幾度為政府逮捕，夫人為顧
> 世誼及承志幼年失怙，而不
> 時予以照顧、指導……編者

承志世姪：7 月 24 日致經國函，已在報章閱及。經國主政，負有對我「「中華民國」」賡續之職責，故其一再聲言「不接觸，不談判，不妥協」，乃是表達我「「中華民國」」、中華民族及中國「中國國民黨」浩然正氣使之然也。

余閱及世姪電函，本可一笑置之。但念及五十六七年前事，世姪尚屬稚年，此中真情肯綮，殊多隔閡。余與令尊仲愷先生及令堂廖夫人，曩昔在廣州大元帥府，得曾相識，嗣後，我總理在平病況阽危，甫值悍匪孫美瑤在臨城綁劫藍鋼

車案後，津浦鐵路中斷，大沽口並已封港，乃祇得與大姊孔夫人繞道買棹先至青島，由膠濟路北上轉平，時逢祁寒，車廂既無煖氣，又無膳食飲料，車上水喉均已冰凍，車到北平前門車站，周身既抖且僵。離滬時即知途程艱難，甚至何時或可否能如期到達目的地，均難逆料，而所以趕往者，乃與總理之感情，期能有所相助之處，更予二家姊孫夫人精神上之奧援，於此時期中，在鐵獅子胡同，與令堂朝夕相接，其足令余欽佩者，乃令堂對總理之三民主義，救國宏圖，娓娓道來，令余驚訝不已。蓋我「中國國民黨」黨人，固知推翻滿清，改革腐陳，大不乏人，但一位從未浸西方教育之中國女子而能了解西方傳來之民主意識，在五十餘年前實所罕見。余認其為一位真正不可多得之三民主義信徒也。

　　再者，令尊仲愷先生乃我黃埔軍校之黨代表，夫黃埔乃我總理因宅心仁恕，但經多次澆漓經驗，痛感投機分子之不可恃，決心手創此一培養革命精銳武力之軍校，並將此尚待萌芽之革命軍人魂，交付二人，即是將校長之職，委予　先總統，以灌輸革命思想，予黨代表委諸令尊，其遴選之審慎，自不待言。觀諸黃埔以後成效，如首先敉平陳迥明驍將林虎、洪兆麟後，得統一廣東。接著以北伐進度之神速，令國民革命軍軍譽鵲起，威震全國，猶憶在北伐軍總司令出發前夕，余與孫夫人，大兄子文先生等參加黃埔閱兵典禮，先總統向學生訓話時，再次稱許廖黨代表對本黨之勳猷（此時廖先生已不幸遭兇物故，世姪雖未及冠，已能體會失怙之痛矣。）

　　再次言及仲愷先生對黃埔之貢獻時，　先總統熱淚盈眶，其真摯慟心，形於詞色，聞之者莫不動容，諒今時尚存

之當時黃埔學生，必尙能追憶及之。余認爲仲愷先生始終是
總理之忠實信徒，真如世姪所言，爲人應「忠孝兩全」，倘
謂仲愷先生乃喬裝爲三民主義及總理之信徒，而實際上乃爲
潛伏「中國國民黨」內。則廖氏父子二代對歷史豈非茫然自
失，將如何作交代耶？此意尙望三思。

　　再者在所謂「文化大革命」鬥臭、鬥垮時期，聞世姪亦
被列入鬥爭對象，虎口餘生，亦云不幸之大幸，世姪或正以
此認爲聊可自慰。

　　日本讀賣新聞數年前報導，中共中央下令對全國二十九
省市，進行歸納，總結出一「正式」統計數字，由 1966 年開
始，到 1976 年十年之內，被迫害而死者有二千萬人，波及遭
殃者至六億人。雲南省、內蒙古等地，有七十二萬七千名幹
部遭到迫害，其中三萬四千人被害致死。

　　「北京日報」亦曾報導，北京市政府人員在「文革」中，
就有一萬二千人被殺，共黨高層人物，如劉少奇、彭德懷、
賀龍等人，均以充軍及飢餓方式迫死，彼等如九泉有知，對
大量幹部自相殘殺，豆箕相煎之手段，不知將作何想法？毛
澤東老奸巨黠，爲其個人之尊榮，使盡屠沽流寇作風，歷史
將如何評判？須知嘉興南湖十二共黨首領中之陳公博、周佛
海最後自毀個人歷史，均尙能漸悟蘇聯式共產主義草菅人
命，殘暴行爲，正禍及全國，乃自動脫黨。三十餘年來，大
陸生靈塗炭之鉅，尤甚於張獻忠、李自成數十百倍，未知世
姪有動于衷乎？昔黃巢礫殺八百萬，聞者莫不咋舌，外人且
以其較俄帝伊凡之畜生行爲尤甚。今自共黨在大陸僭政以
來，美國時代雜誌即曾統計遭其殺戮迫害而死者近五千萬生

命，以此數額與全世界殺人魔王相比擬，彼等均有遜色，毛酋變本加厲，確如斯魔名言，「一人死可悲，千萬人死乃一統計。」世姪所道「外人巧言令色」，旨哉斯言，莫非世姪默詆奸邪之媚外乎。

　　相對言之，「「中華民國」」開國以還，除袁世凱之卑鄙覬覦野心失敗外，縱軍閥時代，亦莫敢竄改國號，「「中華民國」」自國民政府執政以還始終以　國父主義及愛國精神為基據，從未狎褻諏外，如將彼等巨像高懸全國，靈爽式憑，捧為所宗者，今天有正義感之猶太人尚唾棄其同宗之馬克思，乃共黨竟奉之為神明，並以馬列主義為我中華民族之訓條，此正如郭沫若宣稱「斯太林是我的爸爸」實無恥之尤，足令人作 3 日嘔。

　　國學大師章太炎為陳炯明撰墓誌，謂我　總理聯俄容共鑄成大錯，「中國「中國共產黨」」曲解　國父聯合世界上以平等待我民族之要旨，斷章取義，以　國父容共一詞為護身符，因此讕言　國父批牘墨跡中曾親批「以時局誠如來書所言，日人眼光遠之人士，接主結民黨，共維東亞大局；其眼光短少之野心家，則另有肺腑也；現在民黨，係聯日為態度。」此一批示顯見：（一）總理睿知，已洞察日本某些野心家將來之企圖；（二）批示所書「現在」民黨當以聯日為態度，所言亦即謂一切依國家之需要而定。聯日聯俄均以當時平等待我為準繩。當時日本有助我之同情心，故總理乃以革命成功為先著，再者毋忘黃花崗七十二烈士中，有對中山先生肝膽相照之日本信徒為我革命而犧牲者。世姪在萬籟俱寂時，諒亦曾自忖一生，波劫重重，在抗戰前後，若非先總

統懷仁念舊，則世姪何能脫囹圄之厄，生命之憂，致尙希冀三次合作，豈非夢囈？又豈不明黃台之瓜不堪三摘之至理耶？

　　此時大陸山頭主義更爲猖獗，貪污普遍，賄賂公行特權階級包庇徇私，蓁蓁叠聞；「走後門」之爲，也甡甡（註「甡甡」眾多也。）皆是，禍在蕭牆，是不待言，敏若世姪，抑有思及終生爲蟒螫所利用，隨時領導一更，政策亦變，旦夕爲危，終將不免否？過去毛酋秉權，1日數驚，鬥爭侮辱，酷刑處死，任其擺佈，人權尊嚴，悉數蕩盡，然若能敝帚自珍，幡然來歸，以承父志，澹泊改觀，養頤天年，或能予以參加建國工作之機會。倘執迷不醒，他日光復大陸，則諸君仍可冉冉超生，若願欣賞雪竇風光，亦決不必削髮，以淨餘劫，回頭是岸，願捫心自問。款款之誠，書不盡臆。順祝安謐。

蔣宋美齡

附件四：有關中國心‧臺灣情的思維

—— 根植漳州、家住宜蘭

一、在臺灣貧困中成長

　　魏萼，福建省漳州市薌城人，一九四三年一月二十四日生。由於國共內戰日熾，遂於一九四九年九月十三日隨父母從廈門遷移到臺灣的臺南、臺北等地短暫的居住，並於一九五一年六月再遷居至臺灣宜蘭。初抵臺灣，全家生活極為困頓。宜蘭當今人口約為四十餘萬人，其中百分七十八的居民來自福建的漳州。宜蘭因而被譽稱為小漳州。筆者在宜蘭完成小學，初中和高中等學業，繼之於一九六○年到臺北，進入國立臺灣大學經濟系就讀，也於一九六四年初夏取得學士學位。經過一年服役的預備軍官（國軍政治作戰少尉）後，回到宜蘭中學擔任教員，同時一方面準備赴美留學。幸運的是，在貧困中順利成長。

　　一九六六年八月赴美國南伊利諾大學，一九六八年取得經濟學碩士學位；繼之，又於一九七二年獲得聖路易大學經濟學博士學位。一九七二年至一九七三年曾在伊梨諾大學（香檳城）經濟學系擔任一年的博士後研究。期間曾獲得臺

灣大學經濟學系、臺灣政治大學經濟系以及新加坡南洋大學經濟系等校的聘請擔任副教授等職務，經過審慎考慮後選擇，回母校國立臺灣大學擔任教職。於是一九七三年八月一日自美國束裝回國，展開了長期在臺灣教學與研究的學術生涯。期間於一九七七年升任臺灣大學正教授，時年三十五歲；同時也獲得中央研究院合聘擔任研究員。筆者的學術生涯還包括擔任國立中山大學教授（兼中山學術研究所所長）。一九九八年八月從國立中山大學辦理公職退休後，又擔任私立淡江大學教授（兼美國研究所所長暨國際研究學院院長）等職。在過去三十八年來在臺灣的學術生涯當中曾數度赴國外擔任學術研究工作，其中也應聘赴美國柏克萊加州大學東亞研究所擔任研究員（一九八三－一九八四年、一九九一年），史丹佛大學胡佛研究所研究員（一九八五年－一九八六年）美國懷俄明大學政治學特約講座（一九八八年），蘇聯莫斯科大學經濟學院客座教授（一九九〇年），英國牛津大學（哈佛特學院）訪問學人（二〇〇三年），另外也應聘授予北京大學客座教授（兼東西文化研究中心學術委員會主任）、南京大學客座教授、中央民族大學客座教授、廈門大學客座教授、東北財經大學客座教授等等職務。

二、立志研讀經濟學術

　　憶起當年在臺灣參加大專聯考時是第一志願進入國立臺灣大學經濟學系的；當時臺灣同胞一般生活水準並不高，筆者曾立志想做一個經濟學人，為臺灣經濟發展有所獻替。然

而筆者堅信經濟學與政治學、社會學甚至於文化層面等等的
關聯性甚高；因此學術研究的方向雖然仍以經濟學為主軸，
但偏向於社會科學的科際整合。換言之，為學的方向不但朝
向著「專精」的方面走，也希望渴求達到「融通」的境界。
因此迄目前為止，筆者有關的學術著作已有十五冊，這包括
《中國國富論》上中下三冊（時報出版社，臺北，二○○○
年），《中華文藝復興與臺灣閩南文明》（文史哲出版社，
臺北，臺灣，二○○八年），《中國文化與西方文明》（文
史哲出版社，臺北，臺灣，二○○七年），《臺灣經濟發展
之路》（三聯出版社，上海，二○○六年），《中國的迷惘
與出路》（美國史丹佛大學胡佛研究所的當代中國檔案，史
丹佛·加州，二○○六年），《中國政治文化史論》（與謝
幼田先生合著，五南出版社，臺北，一九九八年），《民生
主義經濟學》（中央文物供應社，臺北，一九八一年），《蛻
變中的國際政治與經濟》（幼獅出版社，臺北，一九八二年），
《財政學》（三民書局，臺北，一九七八年）等；英文著作
則有《富有中國特色的資本主義（臺灣）》，（英文，美國
俄亥俄州大學，東亞研究中心出版，哥倫布城，俄亥俄州，
一九九六年），《中國邁向市場經濟之路》（英文，美國印
弟安那波里斯大學出版社，印弟安那波里斯，印弟安那州，
一九九四年），《中韓經濟比較的計量經濟分析》（英文，
亞州與世界社，臺北，一九九二年），《臺灣二二八事件：
一個悲劇的開始》（英文，與賴澤涵先生、馬若孟先生等合
著，美史丹佛大學出版社，史丹佛 加州，一九九一年）等。
另外，譯述名著有《統計學》（上下二冊）（臺灣銀行經濟

研究處出版，臺北，一九八四年）及《財政政策的理論基礎》
（臺北市銀行經濟研究處出版，臺北，一九八二年）等。還
有，有關學術論文百餘篇分別刊登於國內外的學術期刊，這
包括刊登於美國柏克萊加州大學出版社，英國牛津大學出版
社，臺灣大學法學院、北京大學出版社等等的出版品在內。

三、藏富於民、民富國強

　　所有學術著作中以在美國史丹佛大學出版社所出版的有
關《臺灣一九四七年「二二八事件」》在主題上，在時間上
最為敏感，因此被引用的次數相當多。另外《中國國富論》
（上中下三冊）的出版，這是筆者對中國經濟發展模式的大膽
嘗試；中國經濟發展要走向「藏富於民、民富國強」的道路。

　　筆者在黨政的參與多少也有所涉及。雖曾應召參加革命
實踐研究院國家建設研究班第一期受訓，這是蔣經國先生擔
任中國國民黨主席之後第一批重要幹部；筆者有參與但介入
不敢說深厚。曾擔任主管思想的中央文化工作會副主任（蔣
經國先生擔任黨主席）以及中央黨務顧問和中央評議委員等
職務。筆者在中國國民黨中央黨部服務期間，深深體會到孫
中山思想可以救中國；因此也有機會參加規劃有關「孫中山
思想與中國前途」的論題（由嚴家淦先生擔任召集人，嚴家
淦先生曾任中華民國總統）。此已列入中國國民黨第十三次
全國代表大會的第三議題，此關係到中國如何和平、均富、
自由、民主的統一問題，甚為重要。後來，筆者也追隨杭立
武先生於一九九二年在美國舊金山以南的加州史丹佛大學成

立「中國自由、民主，和平統一促進會」。杭立武先生是位
教育學者、外交家，他曾任國民政府南京時代理教育部長；
他是自由、民主、人權、法治等的愛好者，當然他也是堅決
反對「臺獨」的。當時杭立武先生是「亞州與世界社」的董
事長，筆者因關中教授的推薦則有幸擔任該社的主任。「亞
洲與世界社」是以民間人士為主體的學術智庫；成立於一九
七六年。

　　有關兩岸關係的發展，筆者深深體會到蔣經國主席所領
導的中國國民黨重視中國現代化必需走中國文化的道路，於
是他對於一九七八年以來中共領導人鄧小平先生在中國大陸
採行「改革與開放」的道路是默默的祝福。迄今為止，這也
已證明鄧小平的新思維「一言興邦」地改變了中國，中國人
已經有尊嚴而且「頂天立地」站起來了。這些都是臺灣海峽
兩岸所有中國人所樂予見到的。

四、推展閩臺文經交流

　　漳州耆老彭沖先生（原名許鐵如）暨夫人駱萍女士（原
名陳素蘭）於一九九二年漳州水仙花節時，在漳州賓館設宴
招待筆者，並特別邀請胡宏先生（前福建省省委常務副書記，
時任福建省閩臺文化經濟交流會理事長）參與此宴會，旨在
協助筆者能夠在臺灣也成立相對機構的方便。餐會中還有當
時漳州市委書記童萬亨先生、漳州市政府副秘書長湯健先生
等人士。筆者返臺灣之後，遂於一九九二年在宜蘭成立「臺
閩經貿發展協會」，這是正式立案的社團法人機構。當時兩

岸交流並不頻繁，要成立類似機構並不容易。宜蘭地區來自漳州的移民特別多，已如前述有「小漳州」的雅號。該會第一任會長是先父魏永綏先生，他於一九四九年國民政府遷臺之前，曾任漳州龍溪縣國民黨書記長兼漳州地區黨務特派員。先父到達臺灣以後，一直以神州為念，關心中國和平統一的前途，並曾接受漳州耆老彭沖先生暨夫人之邀請，也已辦妥出境護照和臺胞證，計劃先赴北京然後到廈門、漳州等地訪問。行前不幸腦中風引發肺炎，病逝宜蘭羅東聖母醫院，享年八十。啊！天不從人願，先父沒有落葉歸根的命，他安葬在宜蘭龍潭軍人公墓。他生前也曾擔任宜蘭縣閩南同鄉會理事長等、宜蘭縣議會秘書長職。

五、協助兩岸扶貧工作

　　一九九一年四月五日筆者應邀參加廈門大學建校七十周年校慶，因而有機會認識項南先生（時任中國扶貧基金會會長）和賈慶林先生。隔日，項南先生邀約在廈門賓館晚宴，由廈門市委員書記石兆彬先生召集，席間也有賈慶林先生等人（曾任中國政協主席等職）。其目的在於促進海峽兩岸之學術、文化以及經濟交流等事宜，尤其是兩岸扶貧工作的展開等。

　　項南先生思想觀念新穎、作風開明，並富慈悲心。他成立「中國扶貧基金會」，從事中國老、少、邊、窮等地區的扶貧工作，意義重大。筆者甚受感動與啟發，於是在臺灣也隨著成立臺灣扶貧基金會，用以配合項南先生的「中國扶貧

基金會」有關的工作。

　　在臺灣方面，筆者獲得宜蘭羅東聖母醫院呂道南院長的支持，除了在北京舉辦全國性的中國扶貧工作學術研討會外，也分別在陝西省商州丹鳳縣、廣西省馬鳴縣、貴州省納雍縣等地舉辦中國扶貧工作學術座談會，並實際展開醫生、護士的兩岸交流，還有分別在各地捐贈數百萬新臺幣醫療器材。此外也在閩西、新疆、寧夏等地繼續有關的文化、學術扶貧工作。筆者有機會從事於這些中國扶貧工作，不僅意義深遠，更深深體會到「貧窮不是社會主義，所得分配不均也不是社會主義」的道理；也深知扶貧工作是千秋大業，這包括美國、西歐、日本等經濟已開發國家也要展開扶貧工作。因此，這將是筆者終生的志業。

　　扶貧工作是一項功德的事業，它是中國傳統經濟思想的精華所在；孫中山先生則特別重視扶貧工作的大同思想。

六、新「新儒學」學術思想

　　大儒家朱熹（西元一一三〇至一二〇〇）在福建漳州地區講學並設立鄞山書院，是南宋「閩儒」的代表。南宋書院學術思想甚發達，學派林立，歸納之可以濂、洛、關、閩等四派稱之，而以閩儒為此「四派」之首，最富代表性。朱熹重新解釋孔子的「四書」，是乃有《四書集註》等著作，於是朱熹以後的新儒學（Neo-Confucianism）因為不含蓋「五經」不同於漢儒。筆者粗研朱熹的新儒學，認為此富有劃時代的意義。惟朱熹的新儒學陳義甚高，尤其是其所主張的「棄

人慾、存天理」等觀念無法與現實的人性自然相結合，有欠實踐性的意義；幾百年以來新儒學對於中國學術與思想當然有功，也難辭其咎。因此，筆者大力主張儒學的「一以貫之」、「與時俱進」與「因地制宜」相結合的新「新儒學」（新「閩儒」）；此外，新「新儒學」秉承儒學思想是整合性、持續性和創新性等本質，強調理論性和實踐性以達「內聖外王」的理想境界。期望這個「新閩儒」能夠對於中國的邁向文明與現代化有所貢獻。

新「新儒學」的基本思想是不做外來西方文化的殖民地，也不做中國古代思想的奴隸，其要求能夠臻於通古今之變，究天人之際，力求走出富有中國特色的「國富論」道路；換言之，中國現代化要邁向「洋爲中用」、「古爲今用」和「與時俱進」的「致中和」模式。中國經濟則要力求藏富於民和民富國強。筆者認爲中國經濟要回歸中國文化應有的精神與本質，如此中國一定會富強。依此，一九八〇年初期筆者甚爲敬佩中國領導人鄧小平先生的「改革開放」新思維，並認爲鄧小平先生思想與在臺灣的蔣經國先生觀念不謀而合。因此筆者曾大力推薦鄧小平先生「改革開放」的經濟思想，並提出相應的建議方案，例如曾主張臺灣與大陸的直接通商、通郵和通航等等「三通」措施，同時身體力行地組織臺灣學術文化界人士等進行大量的兩岸文化與經濟交流，直接、間接地促成一個中國的架構和邁向自由、民主、均富的中國內涵。特別是主張自然形成閩南金三角的「小臺北」和「小臺灣」、珠江三角洲的「小香港」和「小九龍」以及渤海灣地區的「小東京」和「小漢城」等構想；再者也預測臺海兩岸

彼此的貿易與投資關係將是彼此依存程度相當密切的前途。這些主張與預測在一九八〇年初的臺灣是相當不可思議的天方夜譚，因此引起了臺灣當局許多人士的不滿。但是很慶幸的是從當前的中國經濟崛起以及兩岸關係看來，這多少是與當初的看法一致的。

七、「閩南文明圈」的構想

　　一九八三年底筆者應柏克萊加州大學東亞研究所所長施伯樂（Robert A. Scalapino）教授的邀請赴美擔任研究員的工作，有機會聆聽施伯樂教授暢談中國問題的權威性看法，也喜見施伯樂教授對其所研擬的「康隆計劃」（有關兩個中國的論述）的不可能性以及不可行性等的有關論點；他更建議筆者應該接受北京大學以及中國社會科學院的邀請去從事一些學術交流，這一切的一切筆者都有強烈的同感，並且也逐一的實現與落實了。因為臺灣海峽兩岸的關係也有了重大的改變，亦即彼此從昔日的激情回歸了今日的理性。

　　一九八七年七月十五日在臺灣的國民黨「中華民國」政府宣佈了解嚴的政策，隨著也於十一月二日開放了赴中國大陸探親的許可；筆者終於可以合法取得回家鄉漳州探親、訪問機會。三十幾年來，筆者足跡也已遍及中國大陸東、南、西、北各地，這當然包括訪問了邊陲地區的新疆、西藏、蒙古、寧夏、青海以及東北等地，飽覽祖國大陸美麗的河山與名勝古蹟；更一步深深體會到中國文化底蘊的深厚以及吾土吾民之濃郁感情；進而也體認到鴉片戰後百多年來中國遭受

到內憂外患的雙重破壞，民不聊生，國人因此距離現代化文明的「普世價值」尚稱遙遠。幸好一九七八年以後中國國家領導人鄧小平先生及時提出了「改革與開放」的新思維，他「一言興邦」地改變了中國的面貌。如今中國已經崛起，尤其是中國經濟的崛起，中國人終於在這個世界上有尊嚴而且頂天立地的站起來了。在這個世紀裡，中國經濟以及「綜合國力」勢將名列世界前茅，然而中國的人的國民所得仍低，中國人的文明指數仍有待進一步推進。筆者深信「文化使人和諧」，「文明使人幸福」；其中經濟是文明發展的重心；準此，筆者曾於一九八〇年代陸續建議依發展的順序形成「閩南經濟圈」、「閩南文化圈」以及「閩南文明圈」的時代性功能。其中漳州擁抱大地、泉州面向海洋、臺灣環繞海洋，因此這三個閩南文化的重鎮如何相輔相成，其意義相當重大。自從一九四九年以來臺灣的中國國民黨與中國大陸的中國共產黨採行截然不同的政治經濟體制下，已產生各有特色的文明模式。同屬閩南文化圈的漳州、泉州、臺灣等地區如何互動與融合，並逐漸形成一個「富有中國特色的文明實驗區」，進而期望促其成為全中國現代化的典範。

八、鄧小平是治國能臣

一九八八年至一九九七年間，筆者經常訪問中國大陸，並有機會多次應邀與中國國家領導人鄧小平先生、楊尚昆先生、江澤民先生等的會面並餐敘，論述中國現代化有關的重要議題；深深敬佩他們的睿智以及其對中國現代化的貢獻。

今日中國的崛起，他們的貢獻巨大，這尤其是鄧小平先生的智慧，他是近百年來中國巨變中的偉人。假若沒有鄧小平先生高瞻遠矚的「改革與開放」新思維，則沒有今天的新中國。鄧小平先生「治天下」的貢獻將永垂青史。另外，從多次與楊尚昆先生談話，也深深敬悉楊尚昆先生是中國知識份子的典範，他熱愛中國，堅持執行鄧小平先生「改革與開放」的新思維，其功厥偉。江澤民先生執政的十二年是中國有史以來經濟發展最快速的時期，他是中國經濟崛起的大功臣。

附件五：有關照片

（一）：從臺灣中華文化出發，向世界普世價值接軌。

1.陳立夫先生（右一）主張「貫徹以中國文化統一中國」。

2.翁振宗（臺灣企業家。二排左二），
　翁祖模（臺灣傑出建築師。台商。前排左一），
　李莉莉（女企業家。二排右一），
　林碧雲（淡江大學美國研究所博士。二排右二）。

3.北京大學經濟學徐雅民教授（右）。

4.北京大學國際政治學趙寶煦教授（左）。

5.全國人代會副委員長彭沖先生暨夫人駱萍女士（右二，右一）。

6.漳州市人代會副主任陳易洲（左一），政協主席林殿國（右二），
　旅居臺灣漳州鄉親李廷桂先生（右一）。

7.閩台學術交流，漳州政協副主席張國舉先生（右四）。
高雄海洋大學校長魏兆歆博士，（右二）。

8.宜蘭縣閩南同鄉會理事長林紀炳先生（左）。

9.中國社會科學院副院長李慎之先生（右一），國務院學者吳明瑜先生（左二），中國社會科學院學者戴天先生（左一）。於北京「臺灣飯店」。

10.陳明（左一）、關中（左二）、張京育（右二）等臺灣資深學者。

11.王兆國（全國人代會首席副委員長，右一）。

12.翟文伯（旅美資深學人，右三），季挺、陳祥元（上海人民政府
　臺灣事務辦公室主任，副主任，右二，左一）。

13.習近平先生（福州市委書記。右一）。

14.李在方先生（臺灣駐韓國代表，左）。

15.訪問北朝鮮，與北朝鮮經貿官員。

16.訪問北朝鮮，與北朝鮮涉外官員。

17.臺灣大學文學院院長林耀福教授暨夫人（右二，左一），臺灣大
學歷史系趙雅書教授暨夫人（右一，左二）。於美國西雅圖。

18.廈門大學教授陳孔立（中右），美國柏克萊加州大學葛麗絲、何
頓（右二，左二），高棣民教授（右一）等於廈門大學。

19.盧嘉錫教授（中國科學院院長，左一），林雲山教授（淡江大學
校長，右二）。於廈門大學。

20.廈門大學陳孔立教授（右一）。於廈門大學。

21.許智偉教授暨夫人（右一，右二）。於南京大學。

22.美國伊梨諾大學（香檳城）教授史因博士（左）。
　　於美國伊梨諾香檳城。

23.臺灣大學教授朱志宏博士（右）。於印度‧新德里。

24.張豫生教授（右二）、管東貴教授（右一）。於陝西‧黃陵。

25.臺灣師範大學王中孚教授（右一），企業家翁振宗先生（右三）。
　　於陝西・西安。

26.北京大學羅榮渠教授（右一）、晏智杰教授，經濟學
　　院院長（右二）。於北京大學勺園。

27.臺灣大學教授施建生先生（右二），孫震先生（右三）等。於臺灣大學。

28.臺灣大學經濟學系 1964 年畢業同學王彼得先生（二排右三）等人。於臺灣大學。

29.美國加州柏克萊大學葛麗絲教授（右二）、高棣民教授（左二）
　　等人。於廈門大學。

30.丁守中立委（左一），政治大學唐屹教授（右二），臺灣大學朱
　　志宏教授（右一）等。與蒙古人民共和國官員。於烏蘭巴托。

31.臺灣大學王友釗教授（左三），臺灣農委會專家屈先澤（左二），
　　與蒙古人民共和國外交部官員。

32.王友釗/臺灣大學教授（右二）。屈先澤農委會專家（左一）與
　　蒙古人民共和國總理（中）。

33.臺灣大學農業經濟學教授王友釗博士（左一）。於烏蘭巴托。

34.王友釗（臺灣大學教授，中立者）。與蒙古人民共和國官員。

35.訪問蒙古人民共和國農村。

36.駐波蘭代表吳慶堂博士（左）。於波蘭‧華沙。

37.臺灣大學教授朱志宏博士（左一），吳慶堂代表（右一）等訪問
　　波蘭大學。

38.臺灣大學教授朱志宏博士（左一）等訪問波蘭大學。

39.應邀擔任莫斯科大學經濟系客座教授。瑪琍金教授（左一）。莫
斯科大學國際經濟系主任。於莫斯科大學。

40.柯洛瑟夫教授（右二）莫斯科大學經濟學院院長。於莫斯科大學。

41.北京大學校長吳樹青教授（右）。於北京大學勺園。

42.北京大學李德彬教授（前排右二）等。於北京大學。

43.胡代光教授（北京大學經濟學院院長。左一），劉詩白教授（西南財經大學校長，中）。於江蘇·無錫。

44.訪問蒙古人民共和國。於烏蘭巴托。

45.宜蘭聖母醫院院長呂道南先生等臺灣扶貧教授訪問西安法門寺。

46.余傳韜（中央大學校長。左二），陳治世（政治大學校長。左三），
　謝孟雄（實踐大學校長。左四）等。於大連。

47.中山大學中山學術研究所師生們。於高雄西子灣。

48.二〇一〇年七月臺灣淡江大學國際事務與戰略研究所退休改任榮
　　譽教授。張家宜教授（淡江大學校長，右）。

49.訪問青海師範大學。於青海‧西寧。

50.訪問蘇聯社會科學院。於蘇聯‧莫斯科。

51. 訪問莫斯科紅場。

52. 邀請莫斯科大學馬利金教授（國際經濟學系主任。左二），克洛瑟夫教授（經濟學院院長，右二）來台訪問。

53.訪問臺北市議會。莫斯科大學瑪琍金教授（右三），莫斯科大學教
　　授克洛沃瑟夫教授（左三）。臺北市議會議長陳健治先生（左四）。

（二）：從中國國情出發，向西方文明融合。

China: In Search of the Wealth and Power-Deng Xiao-Ping
and the Sun Yat-Senism. Tamkang University, Taipei, Taiwan.
R.O.C.

取材自美國史丹佛大學胡佛研究所當代中國檔案（二〇
〇八年九月十三日）或臺灣淡江大學國際事務與戰略研究所
圖書館。

Chen Li-Fu (Left); On Communist Four Cardinal Principles (i.e.Marxism, Maoism etc.)。
should be Replaced by the Traditional Chinese Four Maintainers (Li, Yi, Lien, Tzu).
1.陳立夫（左）。研究如何以中國文化的「四維」取代外來的「四個堅持」。

Wu Shu-Qing (Right, President of Beijing University); On Chinese New Cultural Enlightenment and the Confucian Renaissance.
2.吳樹青（右）。研商如何展開儒家思想的文藝復興與新啟蒙（吳樹青先生為北京大學校長）。

〈Deng Xiao-Ping (Left); On the Market Economy with Chinese Characteristics. (Source: Modern China's Collection Archive, Hoover Institution on War, Peace and Revolution, Stanford University)〉.

3.鄧小平（左）。談富有中國特色的市場經濟。

〈Deng Xiao-Ping (Lift); On China's Economic Reform and the Open Door Policy〉.

4.鄧小平（左）。談中國改革與開放的新經濟政策。

〈 Deng Xiao-Ping (Lift); On China's Economic Community 〉.
5. 鄧小平（左）。論中華經濟共同體。

〈Deng Xiao-Ping (Middle); Yang Sang-Kun (Right); On Sun Yat-Senism and the Confucian Culture.〉.
6.鄧小平、楊尚昆（右二、右一）。論儒家思想與孫文主義。

Yang Sang-Kun (Left); On China and America Economic Relations.
7.楊尚昆（左一）。論中美經濟關係發展。

Deng Xiao-Ping (Second from Left); On the Chinese Traditional Economic Thought-Land to the Tillers System.
Yang Sang-Kun (Left); On Taiwan's Economic Development Experience and the Future China.
8.鄧小平（左二）。析中國傳統經濟思想中「耕者有其田」的意義。
楊尚昆（右一）。談臺灣經濟發展與中國文化的關係。

Yang Sang-Kun (Right); On China Under Deng Xiao-Ping:
In Search of the Wealth and Power Through Market
Economy.
　　9.楊尚昆（右一）。探討「中國國富論」與市場經濟。

〈 Yang Sang-Kun (Left); On the Role of Overseas Chinese
in the Process of China's Modernization. 〉
　　10.楊尚昆（右一）。談華僑對於中國現代化的貢獻。

Yang Sang-Kun (Left); On America Economic Experience
and the China' s Economic Develorment.
11.楊尚昆（左一）。談美國經濟發展與中國經濟的未來。

Yang Sang-Kun (Left); On Soviet Economic Experience
and the China' s Economic Development.
12.楊尚昆（左一）。談蘇聯經濟發展經驗與中國經濟的
未來。

Jiang Ze-Min (Right); On the Importance of the Chinese Social, Political, and Economic Stabilities.

13.江澤民（右）。論中國經濟、政治、社會等穩定的重要性。

Jiang Ze-Min (Left); On the China's Capital Market-Securities and Exchanges System. (Source: Modern China's Collection Archive, Hoover Institution on War, Peace and Revolution, Stanford University).

14.江澤民（左）。論中國資本市場與證券交易制度的重要性。

Deng Xiao-Ping (Second From Right); On Taiwan issue and the Peaceful Unification of China. (Source: Modern China's Collection Archive, Hoover Institution on War, Peace and Revolution, Stanford University).

15.鄧小平(右二)、楊尚昆(右一)。論中國和平統一的道路。

Hu Fuh-Ming (Right; Professor of Philosophy, Nanjing University) On Theory and Practice of the Deng Xiao-Ping' s Doctrine.

16.胡福明（右）。談如何從理論到實踐鄧小平的改革與開放政策。（胡福明先生為南京大學哲學系教授）。

China：In Search of the Wealth and Power through Market Economy.
17.鄧小平先生（左一）。從市場經濟中尋中國富強之道。